國家社科基金重大項目（10&ZD104）

上海師範大學古籍整理研究所編
項目首席專家、主編　戴建國
主編　朱易安　傅璇琮　周常林

全宋筆記

第十編

一

国家出版基金项目
NATIONAL PUBLICATION FOUNDATION

大象出版社

序

傅璇琮

上海師範大學古籍研究所於二十世紀九十年代後期就開始創議編纂《全宋筆記》，並將這一設想與專家們磋商、交流，立即得到文史學界的認同與支持，學者們不僅對這一計劃提出不少寶貴的建議，有些還積極參與具體的點校工作。此後，這一項目又得到教育部高校古籍整理研究工作委員會的大力支持和幫助。這樣，這套《全宋筆記》就作為上海師大古籍研究所的重點科研選題，在校内外共同合作的基礎上，積極進行。歷經數年寒暑，現在第一編書稿，即從宋初的《北夢瑣言》起，至北宋中期的《月河所聞集》，約近五十種，已編定付印，即將面世。由此起步，編委會與大象出版社密切配合，按預定計劃，每年分編出版，爭取在五六年内將現已大致確定的約五百種宋人筆記全部整理完成，齊全出書。

中國古代筆記的整理出版，二十世紀五十年代起，就受到出版界的關心和支持。上海古籍出版社前身，即上世紀五六十年代的古典文學出版社（中華書局上海編輯所），就出版過好幾種唐宋筆記，如《隋唐嘉話》、《大唐新語》、《唐國史補》、《唐摭言》、《雲麓漫鈔》、《南部新書》等，同時還印有《明清筆記叢刊》。北京中華書局則於同一時期編印有

《元明史料筆記叢刊》、《清代史料筆記叢刊》、《近代史料筆記叢刊》。近二十年來，筆記的出版則更多，上海古籍出版社在已有基礎上，更計劃編印「歷代筆記小説大觀」，上起漢魏，下迄清末，按漢魏六朝、唐五代、宋元、明清，分批出版。中華書局則除已有的元明、清代、近代外，又增設《唐宋史料筆記叢刊》，已出有四十餘種。其他出版社也陸續有單本筆記問世，如文學性强、頗有閲讀興味的晚明小品文性質的筆記《陶菴夢憶》、《西湖夢尋》等，已有好幾家出版社出版。

以上情況，應當説促使人們對這方面的文獻整理有進一步通盤的考慮，即擴大範圍，加强計劃性，注意對某一朝代、某一歷史時期的筆記著作進行系統、完整的輯集。這也就是《全宋筆記》的編纂設想得到學界與出版界首肯的基本原因。現在，除了這套《全宋筆記》外，學術界又有提出編《全唐五代筆記》，以與《全唐五代詩》、《全唐五代詞》、《全唐五代小説》配合（見《古籍整理出版情況簡報》二〇〇二年第三期《唐人筆記亟待整理》）。現在《全唐五代筆記》已由原湘潭師範學院（現合并於湖南科技大學）中文系承擔，正在啟動中。可以期望，遼金元、明、清各朝筆記總集的編纂，當也能引起相應的關注。

這應當説是二十一世紀古籍整理研究的一個新界。以宋代文獻來説，總集方面已出版的，先後有《全宋詞》、《全宋詩》、《全宋文》，《全宋筆記》整理完成，則宋代文學的文獻資料，基本上就能呈現出一個完整的概貌（當然還可考慮輯集宋元話本小説）。由《全宋筆記》啟動，引起其他歷史時期筆記總集的整理、出版，其意義當不僅限於文獻整理，應當説，這將會引起對筆記這一傳統門類作現代科學含義的總體探索。過去很長時期，與詩、文、詞、小説、戲曲等相比，筆記的研究是相對薄弱的，現在我們應當把筆記的系統研究提到日程上來。當前的筆記研究，可以考慮的，一是將筆記的分類如何從傳統框架走向現代規範化的梳理，二是如何建立科學體系，加強學科意識，把筆記作為相對獨立的門類文體進行學科性的探究。

「筆記」一詞，倒是很早就出現的，南朝蕭梁時劉勰《文心雕龍》在《才略》篇中，論建安時期作家時，説陳琳、阮瑀「以符檄擅聲」，徐幹「以賦論標美」，劉楨情高，應瑒學優，然後説：「路粹、楊修，頗懷筆記之工；丁儀、邯鄲，亦含論述之美。」此處的筆記、論述，是與詩賦等韻文對稱的散文文體，雖然與後來唐宋時期的筆記，概念不同，但劉勰未將筆記與小説相連，是頗有識見的。因為在中國傳統目錄分類中，從來就不將筆記作為一個獨立門類來處理，而在具體論述中，又往往將筆記歸屬於小説，有時則統稱為筆記小説。如明代胡應麟《少室山房筆叢》卷二十九丙部，將小説分為六類，前兩類是志怪、傳奇，後四種為雜錄（《世説新語》、《唐語林》等）、叢談（《容齋隨筆》、《夢溪筆談》等）、辨訂（《鼠璞》、《鷄肋編》等）、箴規（《家訓》、《世範》等）。這後四種所舉的書名，實際上即是現代意義的筆記。又如明顧元慶所輯《顧氏文房小説》，就收有唐劉餗《隋唐嘉話》、宋龔頤正《芥隱筆記》等；同是明人的商璿，其小説類叢書《稗海》，即收有宋人筆記四十八種，及宋人詩話二種。民國時期進步書局輯印的《筆記小説大觀》，更收有不少唐宋筆記。

宋洪邁《容齋隨筆》，其卷首自序謂：「予老去習懶，讀書不多，意之所之，隨即記錄，因其後先，無復詮次，故目之曰隨筆。」這就是説，筆記乃讀書所得，見聞所及，隨筆雜錄，不分先後，文筆自由，不拘形式。至於筆記的内容，唐李肇《國史補》在其短序中則有較確切的概述：「紀事實，探物理，辨疑惑，示勸戒，采風俗，助談笑。」首次以「筆記」命名的北宋宋祁《宋景文筆記》，其書分三卷，上卷稱釋俗，中卷稱考訂，下卷稱雜説，全書大多為考訂名物音訓，評論古人言行，雜采文章史事。這些都應當説是符合我們現代意義的筆記内涵的。但筆記的分類歸屬，在古代書目著錄中，卻極為紛雜。

中國古代目錄著作，自《隋書·經籍志》確定以經史子集為四大部類，至清《四庫全書總目》，歷一千四百年，經過不斷調整，已正式固定，成為典範。當然，現在編制古籍書目，從傳統習慣來説，是可以繼續使用這四部分類法的，但我們現在對古代文化與典籍文獻的研究，則應從現代科學分類的概念出發，而不能受四部分類的限制。如四部之首的經部，其《詩經》類，應屬於文學研究；《易經》類，應屬於哲學研究；《書經》類，應屬於歷史學研究；《小學》類，應屬於語言文字學研究。因此我們現在把筆記研究作為一門學科，就應擺脱傳統的框架。

前面説過，古代目録書中從未將筆記列為專類，但仍録有不少筆記書，不過對筆記的分類，並未有固定、明確的準則，有時甚至將同一書分列於兩個部類。如唐劉餗《大唐新語》，《新唐書·藝文志》將其一屬於史部雜傳記類（《新唐書》卷五十八），一屬於子部小説家類（《新唐書》卷五十九）。清朝官修的《四庫全書總目》，則更為繁雜，如我們這次收入第一編的兩種筆記，《洛陽搢紳舊聞記》與《五國故事》，都系雜記五代舊事，不過一是記洛陽，一是記四川及江南，體裁相同，而《四庫全書總目》卻將前者列入子部小説家類，後者列入史部載記類。怪不得南宋文獻目録學家鄭樵早就説過：「古今編書，所不能分者五，一曰傳記，二曰雜家，三曰小説，四曰雜史，五曰故事，凡此五類之書，足相紊亂。」（《通志·校讎略》）

這裏還可舉一些例子，以備今後對筆記分類作歷史的考察。以唐宋筆記來説，《四庫全書總目》將裴廷裕《東觀奏記》、佘知古《渚宫舊事》、王林《燕翼詒謀録》等列為史部雜史類，范成大《吴船録》、陸游《入蜀記》列為史部傳記類，龍衮《江南野史》、鄭文寶《江表志》、周羽翀《三楚新録》列為史部載記類，龔明之《中吴紀聞》、周去非《嶺外代答》、周密《武林舊事》列為史部地理類。子部則更不易辨别，如《東觀餘論》、《靖康湘素雜記》、《能改齋漫録》、《容齋隨筆》、《野客叢書》等，列為子部雜家類雜考，《封氏聞見記》、《石林燕語》等，列為子部雜家類雜説，而與《封氏聞見記》、《東坡志林》、《容齋隨筆》體裁相同的《唐國史補》、《涑水記聞》、《東齋記事》、《唐語林》等卻又另列入子部小説家類。《四庫全書總目》在《中吳紀聞》提要中曾明確提及，此書「仿范純仁《東齋紀事》、蘇軾《志林》之體」，而實際上此三書，卻分屬三類，即分列於史部載記類、子部雜家類、子部小説家類。如果我們按傳統目錄框架來取捨筆記，恐怕就很難措手。就是説，我們現在研究古代筆記，不能拋開傳統目錄著作，但不能受這些框架限制。這次《全宋筆記》所輯五百種筆記，其涵蓋的門類是相當廣的，這也促使人們意識到文獻整理與研究有機結合的必要。

關於筆記的研究，應當説，現在還是起步階段，有不少問題，還需作認真探討，如中國古代筆記的淵源和分類，筆記與其他文體的關係，其自身的歷史發展階段，它所包含的史料價值和文化意義，等等。至於宋代筆記，也已開始受到人們的注意。過去有的論著曾把魏晉至明清的筆記分為三大類，即小説故事類、歷史瑣聞類、考據辨證類（參見劉葉秋《歷代筆記概述》，中華書局，一九八〇年六月）。當然，按學科來説，還可再加細分，但這三大類大致的框架是可以成立的。比較起來，宋人筆記，小説的成份有所減少，歷史瑣聞與考據辨證相對加重，這也是宋代筆記的時代特色與歷史成就。限於篇幅，這裏不可能對宋代筆記作全面的介紹與評論。我這裏有一個建議，即待此書全部完成後，可以再作兩件事，一是將所收五百種筆記的點校説明，再加補充、訂正，匯為一編，這實際上是繼清修《四庫全書總目提要》以後，另有一個新編的《宋人筆記總目提要》，以使今天的研究者能了解和掌握宋代筆記的全貌；二是結合筆記文獻的特點，對整理工作經驗作一系統的總結，如底本的選擇，校讎的趨向，本事考證的取捨，傳統目録分類的探討，等等，並在此基礎上，就文史結合的角度對筆記（不限於宋代）的史料價值和文化涵義作較深的理論探討。

應當説，宋人筆記的價值與意義，是很值得研究的，有些恐怕我們現在還未有充分的認識。如北宋的《夢溪筆談》，其中記載畢昇發明活字印刷，其在中國印刷史上的史料價值已廣為人所知，而外國學者李約瑟博士在其所著《中國科學技術史》中，更對《夢溪筆談》有關自然科學方面的記載，檢出二百多條，並認為涉及數學、天文學、氣象學、地質和礦物學、物理學、灌溉和水利工程學、農藝學、醫藥和製藥學等（第一卷第六章，見科學出版社一九七五年一月中譯本）。這種從現代科學觀念來探索這部筆記的史料價值，對我們是頗可借鑒的。又如南宋末周密所作《武林舊事》，《四庫總目提要》確認並肯定「是書記宋南渡都城雜事」，「目睹耳聞，最為真確」，但我們現在還可以從廣闊的社會背景對書中所記的「雜事」作一次文化考察：如卷六《諸色伎藝人》記録有四百八十位民間藝人姓名，同卷《諸色酒名》記有五十四種酒名，同卷《糕》條記當時臨安（杭州）民間富有特色的食品糖糕、蜜糕、粟糕等十九種，同卷《書會》記録臨安市内六個書會成員姓名或綽號，卷一〇《官本雜劇段數》記錄南宋當時官本雜劇劇本二百八十部，這些都是官方正史或作家專集都未曾記有的。如像考古工作那樣，我們可以從中挖掘出過去未曾發現或未予重視的文物資源。又如我們研究宋代詩文，也可以從筆記中查獲不少材料，現在新編的《全宋詩》、《全宋文》，其中相當多的作品就是從宋代筆記中考索出來的，《四庫總目提要》在談及《武林舊事》時就特别提到：「南宋人遺篇佚句，頗賴以存。」

又如宋代科舉，在整個中國科舉史上有其特殊地位，其登科人數是歷朝最多的。幾年前我與浙江大學古籍研究所學者龔延明、祖慧等合作，編撰《宋登科記考》，曾多次從宋人筆記中檢尋出極有用的材料。如洪邁《容齋隨筆》卷一三《金花帖子》條，謂北宋真宗咸平元年孫僅榜五十人，其中提及「自第一至十四人，唯第九名劉燁為河南人，餘皆貫開封」。此劉燁為其他史籍未載，據此可補咸平元年登科錄。又如宋李燾《續資治通鑒長編》卷二四，記太宗太平興國八年三月乙酉：「斬孟州進士張兩。」而《容齋隨筆》卷一三《下第再試》條，也記述宋太宗怒斬「孟州進士張兩光」，據此可補《長編》之缺字。又北宋太宗朝開始，唱名賜進士第後，皇帝特賜進士御詩，這是宋科舉試的一次創例，而王辟之《澠水燕談錄》卷六《貢舉》條明確記為：「賜詩自興國二年呂蒙正榜始。」又如《宋史》卷四四〇《文苑傳》載柳開應舉，只簡云「開寶六年舉進士」一句，而葉夢得《石林燕語》則詳記柳開此次應舉，最初為「被黜下第」，後為宋太祖「特賜及第」，可見不是一般性的應試及第，此可補正史之不足。又如仁宗嘉祐二年（一〇五七）科試，宋《咸淳臨安志》卷六一《國朝進士表》及清修《福建通志》均載是科登第者有葉温叟，但僅簡記其姓名，而葉夢得《避暑録話》卷下則有具體記載，記其與蘇軾同年登第及此後與蘇軾的交往（參見傅璇琮、龔延明合撰《〈宋登科記考〉劄記》，載《新宋學》第一輯，上海辭書出版社二〇〇一年十二月）。

這裏還應一提的是，近十餘年來出版的幾部中國文學史著作，在論及宋代文學時，已把筆記作為宋代散文的一種文體，稱「宋代散文中還出現了獨具一格的筆記文，這種文體長短不拘，輕鬆活潑，是古代文體解放的重點標志」，特別是南宋時期，如陸游《老學菴筆記》、《入蜀記》、范成大《吴船録》，以及吴曾《能改齋漫録》、王明清《揮麈録》、羅大經《鶴林玉露》等，都列入文學史論述的範圍，認為在宋代文學史上應佔一席之地（參見袁行霈主編《中國文學史》第五編，高等教育出版社，一九九九年八月；孫望、常國武主編《宋代文學史》下册第一章，人民文學出版社，一九九六年九月）。不少古典文學論著已提出宋代筆記已是晚明小品的先驅。另外，宋代詩話的體裁也受筆記的影響，不少筆記就有評詩記事之作，如《四庫全書總目》列為子部雜家類的陳郁《藏一話腴》，《提要》稱其「多記南北宋雜事，間及詩話」；現在也有把《藏一話腴》列為宋詩話的。這樣，古典文學界已把筆記作為文學類的一種文體，與詩、文、詞、曲及詩文評并列，這確有益於拓展筆記研究的視野。

關於編纂中的具體問題，本書的《編纂説明》已有述及，這裏不再贅述。本書所收的面較寬，把符合於筆記體裁的著作盡可能收輯起來，以省卻讀者的翻檢之勞，但有些專題書，如詩話、語錄，以及譜錄類的茶經、畫譜等，其形式雖近於筆記，實質為專書性質，為收錄標準規範起見，仍不予收錄。至於收錄的時代斷限，凡由五代入宋，而其成書在宋建國以後的，則輯入。如列於本書首部的《北夢瑣言》，著者孫光憲，長期仕宦於五代後期荆南高季興，後隨高氏入宋。《四庫總目提要》據其書名「北夢」，以為比喻荆州，就定此書「仕高氏時作」。其實根據當今研究，其最終成書，在入宋以後。又如周密，為南宋人，而其《武林舊事》作於宋亡入元以後，但其書主要仍記故都臨安舊事，故與其所著《齊東野語》、《癸辛雜識》均收入本書。可見，整理工作中時代斷限問題必須與考證、研究相結合。

作為一代筆記的匯集，其整理原則，應是一求全，二求正。求全，前已約述，在這方面，全確是有其優勢的。如中華書局的《唐宋史料筆記叢刊》，至今已印有四十餘種，但與這部《全宋筆記》相比，如本書第一編，自宋初《北夢瑣言》至北宋中期司馬光《涑水記聞》，收有三十多種，而同一時段，中華書局出版的僅有五種，其匯集的長處就自然顯示出來。至於求正，則要求文字、標點方面，力求無誤，提供一種信實的版本。宋人筆記，涉及不少史事，其中也有記事之訛及評議之誤，如果有人作專書整理，可以下工夫進行考訂、校正，這對研究者極有用，如周勛初《唐語林校證》、劉永翔《清波雜志校註》，都極見功力。但匯集不可能如此作，這是總集匯集編纂的通例。這裏要提的是，筆記由於記事雜，且所記多為口語俗事，因此文字的訂正與句斷的準確，難度較大，這方面有時比詩文總集的編纂更難。已出版的筆記，其中文字與標點訛誤，經人指摘、批評的，相當多。李一氓先生於上一世紀八十年代擔任古籍整理出版規劃小組組長時，曾囑咐小組辦公室將古籍整理（包括標點、校勘、註釋、今譯）的批評性文章，匯編成《古籍點校疑誤匯錄》，由中華書局陸續出版。從已出版的六册中，有關筆記點校失誤的書評就很多，而且大部分是關於宋代筆記的。由此也可見出本書整理點校工作的艱辛。

這裏我想再提兩事。一是多年從事古籍整理研究的資深編審陳新先生，受大象出版社的兼聘，對本書認真通讀，嚴謹審閱。陳新先生長期在人民文學出版社編輯部工作，八十年代後期起，作為《全宋詩》的主編之一，又好幾年參與《全宋詩》的編纂，極有閱稿、審訂的經驗。二是大象出版社得悉《全宋筆記》的編纂信息，就立即與上海師範大學古籍研究所聯繫，他們從文化積纍與學術建設的大計出發，毅然承擔這一艱巨的出版任務，再次顯示其多出文化精品、傳揚中華文明的抱負和氣概，確令人敬佩。我想借此向大象出版社領導及其他有關同志深致謝忱。

二〇〇三年五月

編纂説明

宋人筆記是宋代文獻的重要組成部分，數量龐大。據初步統計，現存宋人筆記約有五百餘種，内容幾乎涉及宋代社會的各個領域，具有較高的史料和文化價值。

目前學術界和出版界已對一批主要的宋代史籍和詩文進行了整理，出版有《全宋文》、《全宋詩》、《全宋詞》。新中國成立以來，尤其是二十世紀八十年代後，學術界和出版界日漸重視對宋人筆記的整理工作，如中華書局編輯出版的《唐宋史料筆記叢刊》、上海古籍出版社的《宋元筆記叢書》等。但迄今為止，尚無一部系統整理過的收羅齊全的宋人筆記總匯。因此，對現存所有宋人筆記進行系統整理，編輯出版一部《全宋筆記》，是一項很有價值的學術活動。《全宋筆記》整理出版後，連同《全宋文》、《全宋詩》等，宋代經整理的文獻資料基本上能呈現出一個完整的概貌，這對於發掘和發揮這批文獻的價值，方便學術研究，保存祖國文化遺産，弘揚祖國優秀文化，無疑有着積極意義。

上海師範大學古籍整理研究所在程應鏐等老一輩學者的率領下，曾經整理出版過《宋史》、《續資治通鑑長編》、《文獻通考》等大型宋代史籍。多年來在宋代古籍整理方面積纍了一定的資料和經驗。上世紀八十年代後期，在全國高等院校古籍整理研究工作委員會支持下，我們曾開展過用計算機對宋人筆記進行系統檢索的科研嘗試工作。經過多次討論和論證，我們將工作重點放在了宋人筆記整理方向上。我們選了二十種宋人筆記進行試點，以《宋人筆記集成》為名申請立項，獲得全國高校古籍整理研究工作委員會的資助。在整理此二十種宋人筆記基礎上，我們將整理範圍進一步擴大到所有現存宋人筆記，製定了全面承擔《全宋筆記》校點整理的工作計劃，對現存五百種宋人筆記進行系統整理，計劃分十編出版，每編收錄五十種左右宋人筆記。我們打算用五六年時間完成這項富有意義的工作。

我們的工作從一開始就得到了全國高校古籍整理研究工作委員會的指導和大力支持。我們的計劃和試點工作也得到了上海師範大學人文學院領導的關心和肯定。國內外許多專家學者給予了熱心的支持和幫助，向我們提出了不少指導性的建議。上海圖書館、復旦大學圖書館、華東師大圖書館、上海師大圖書館等單位為我們的工作提供了極大方便。此外，我們的整理工作還借鑒利用了不少學者的成果。大象出版社在日益市場化的出版形勢下，從整理國故，傳承文化遺產出發，毅然挑起了出版《全宋筆記》的重擔，解決了我們的後顧之憂。在此，我們謹向來自各方面的支持和關心表示誠摯的謝意。

關於本書的編纂體例，特作如下説明：

有關「筆記」的涵義，學界看法不一，我們取以下之説：　筆記乃隨筆記事而非刻意著作之文。本書所收者，以宋人著述的筆記專集為限，未成專集的，散見的單條筆記不在整理之列。筆記叙事雖或有所側重，然其内部並無嚴密體系，各條記事互不相關，表現了其信筆劄錄，叙事紛雜的特性。故凡題材專一，體系結構緊密的專集，雖亦有逐條叙事者，則已非隨筆之屬，如專門的詩話、語錄、譜錄類的茶經、畫譜、名臣言行錄、官箴等，不在收錄之列。

宋人已有把當世筆記分類彙編成册者，如《類苑》之類。後人亦有《宋稗類鈔》、《宋人軼事彙編》等，此種書籍亦不收錄，但可從中輯佚，以補現存版本之缺。

本書所收筆記以宋朝人所撰為限，與宋朝同時的辽、西夏、金等少數民族政權所屬作者之筆記不收。本書收錄斷限，凡五代入宋以後有筆記者，則連帶收其入宋前的筆記。宋亡以前有筆記者，連帶收其入元後的筆記。

本書按作者世次分編出版，原書不存而由他書輯得者，則編入末編。

本書編次，原則上以作者生年先後為準；不知生年的，則參以科舉及第之年；未曾登第的，參以入仕之年；以上皆無考者，則以卒年為準；佚名或無生卒爵里可考者，依筆記反映的與作者同時人的生活年代依次排列。然完全依作者的世次排列，會導致每册書篇幅大小不一。故按出版要求，對作者的排序作適當調整，以求得每册書篇幅相對均等。

每部筆記均由整理者撰寫一篇有學術價值的點校説明，内容包括作者小傳（凡正史有傳者，則略言之）、成書經過、内容評價、版本情况及源流、所用底本及校勘概况等等。

本書的編纂宗旨在於為學術界提供一套收羅齊全，便於查找和使用的宋人筆記資料。故全書不作繁瑣校勘，以是非校為主。筆劃小誤顯係誤刻、誤抄者，徑改之，不出校。其他錯訛，據版本或他書校正，並附簡明校勘記。所用工作底本以常見的通行本為主，以有價值的本子參校。

本書采用繁體字豎排，新式標點。原書有標目者，仍沿其舊；無標目者，不再擬定。段落文字過長者，據内容酌情分段。各書視具體情况編制目録，列於書首。如屬殘佚之書，則廣加搜羅逸文，盡可能從類書或他書中輯佚，補録於書末，並注明出處。

古籍整理工作是一項嚴肅而慎重的學術事業，任重而道遠。希望我們的工作能對學界有所補益。同時，我們也真誠地企盼學界同仁和讀者對我們工作中的錯誤和不足之處提出寶貴意見。

上海師範大學古籍整理研究所

二〇〇三年八月

目録

◉真德秀撰

西山讀書記（一）

劉光勝　整理

點校説明

《西山讀書記》，真德秀撰。真德秀（一一七八—一二三五）字景元，號西山，建州浦城（今屬福建）人。慶元五年（一一九九）進士，開禧元年中博學宏詞科。歷任江東轉運副使，泉州、漳州、福州知州，官至參知政事。謚曰文忠，世稱西山先生。《宋史》卷四三七有傳。傳曰：「德秀晚出，獨慨然以斯文自任，講習而服行之。黨禁既開，而正學遂明於天下後世，多其力也。」真德秀爲朱熹再傳弟子，人稱「小朱子」，其對朱子思想的體會最爲精到，平生以恢弘朱子之學爲己任，身體力行，在理學成爲官方哲學的過程中，發揮了重要作用。

此書爲真德秀的讀書筆記，内容涉及頗廣，追述道統傳授，敘性、命、心、情，論仁、義、禮、智、道、德、誠、敬，並擇取歷代賢相良輔的治國功業，凸顯「導君以道，格君心之非」的治政理念。此書雖多抄撮他書，但其撰作手法却是「以述爲作」，在對古典文獻内容的擇取揚棄中，注重儒家爲人處事之道的培養，彰顯宋儒心性之學與修己治國的理學觀念，對於宋代理學的傳承研究，具有重要的學術價值。

《西山讀書記》原分甲、乙、丙、丁四集，現僅存甲、乙、丁三集。甲集三十七卷，乙集二十二卷，丁集二卷，共六十一卷。《西山讀書記》傳本可分爲兩類：一類是以宋代福州官刻元修本爲代表，甲、乙、丁三集兼收；一類以四庫本、乾隆本、咸豐本、同治本爲代表，只收録甲、丁兩集。此外，在篇卷分合、文字敘述上，兩種傳本也略有不同。陳振孫《直齋書録解題》、馬端臨《文獻通考·經籍考》皆著録《西山讀書記》甲集、丁集共三十九卷，不著録乙集，是知最初流行兩集本。宋元遞修本有真德秀弟子湯漢作的序，稱《乙集·上》爲《大學衍義》，已久進奉於朝廷，而下半部分直到真德秀去世時，仍未完成。開慶元年，湯漢從真德秀子真仁夫處抄得剩餘内容，分爲二十二卷，成《乙集·下》，在福州刊佈。兩種傳本得並行於世。和宋元遞修本相比，四庫本、乾隆本雖晚出，但文字訛誤較少，這或许與其承續宋兩集本有關。

此次整理以宋開慶元年福州官刻元修本爲底本，校以文淵閣四庫本、乾隆本、同治本，並參校了其他相關典籍。須説明的是，宋元遞修本雖爲善本，但多有缺頁，字跡模糊不清者爲數不少。此次整理，甲集、丁集所缺，主要據四庫本、乾隆本補；乙集，則據國家圖書館藏宋元遞修本殘卷補，但仍有少量文字乃至缺頁未能補足。此次點校，我們借鑒了《四書章句集注》、《資治通鑒》、《吕氏家塾讀書記》等文獻的點校成果，特此説明。

西山先生《讀書記》，惟甲、乙、丁爲成書，甲、丁二記，近年三山學官已刊行。《乙記·上》則《大學衍義》是也，其下卷未及繕寫而先生没，藁藏于家，學者罕見之。漢來建安，請於先生之嗣子仁夫右司，傳鈔以來，手自校定，釐爲二十二卷，將欲刊之倉臺。適福之郡文學吴思應丑以書來曰：「願得本併刻焉，以備一家之言。」乃以授之，而助其費之半。漢疇昔從先生遊，實與聞述作之大指，每竊妄論。四記中，惟《乙記》最爲世間奇偉，未嘗有之書。先生既以《衍義》上之帝，所讀之經，惟獨輔治之法，既不及見諸行事，而塵編蠹簡，久蟄屋壁，乃今出而流布，使夫有志於尊主庇民者，讀是書，蚤正而素講，一日當大任，據千載而施四事，真儒之效庶幾復見於天下，是則先生佐王之學，與天地相終始，豈非其平日至大至公之心也哉！綱目訖于五季，而藁本僅至李文饒止【一】，今不敢輒補。又元藁間有附注别説者，乃漢一時所見，先生未及有所去取，今皆削之。觀於初藁者，其無所疑云。開慶改元十月初吉，門人番陽湯漢謹書。

校勘記

【一】至李文饒止　「止」原作「正」，據四庫本改。

目録

甲記綱目

性命者，義理之源，故以爲編之首。性之發爲情，而心則統乎性情者也，故性之次曰心、曰情，三者一編之綱領也。其目則曰仁、義、禮、智、信者，天命之性也。父子、君臣、夫婦、長幼、朋友者，率性之道也。故五常之次，五典繼之。人所共由之謂道，得之於己之謂德，其實非有二也，故五典之次，道德繼之。曰中，曰一，曰極，曰誠，皆道也。而異其名，故以次于道德之後。士之求道入德，將何所自始，亦曰學而已矣。敬者，學之本根，故列于學之首。其泛言學次之。曰師道，曰教法，又次之。曰小學，曰大學，又次之。以聖賢爲師，而辨君子、小人之分與吾道、異端之所以異，皆學之事，故以次于大學之後。陰陽造化之理，其略已見《性命》篇，其未備者，復列于此，以爲編之終焉。

門人番陽湯漢再識【一】。

校勘記

【一】門人番陽湯漢再識　此句原脱，據四庫本補。

甲集一

《書·湯誥》曰：惟皇上帝，降衷于下民。若有恒性，克綏厥猷，惟后。此成湯誥萬邦之詞。

孔氏曰：「皇，大也。衷，善也。順人有常之性，能安立其道，則惟在於君。」唐孔氏曰：「天生蒸民，與之五常之性，使有仁、義、禮、智、信，是天降善於民也。」程子曰：「以形體謂之天，以主宰謂之帝。」朱子曰：「自天而言謂之降衷，自人受此衷而言則謂之性，其要在『降』字上。猷即道。道者，性之發用處。」又曰：「衷字只是無過不及之中，是恰好底道理。天生人物，各有一副當恰好底道理降與爾，與程子所謂『天然自有之中』，劉子所謂『民受天地之中』相似。昔人云『衷，善也』，却未親切。」林氏曰：「天能降衷于民，不能使民保其常性而勿失，故爲之君，而付之以教命之任。師曠曰：『天生民而立之君，使司牧之，勿使失性者，謂勿使失其所降之衷也。』民既有降衷之性，至於順其固有之性，以安其所謂道者，是乃君之事，故曰云云。湯欲言桀之暴虐夫民以亡天下，則以此言爲先。蓋推本上天所爲立君乂民之意，與《仲虺之誥》『惟天生民，有欲無主乃亂』之言相爲終始。」蔡氏曰：「天之降命，而具仁、義、禮、智、信之理，無所偏倚，所謂衷也。人之稟命，而得仁、義、禮、智、信之理，與心俱生，所謂性也。循其理之自然，而有仁、義、禮、智、信之行，所謂道也。以降衷而言，則無有偏倚，順其自然固有常性矣。以稟受而言，則不無清濁純雜之異，故必待君師之作，而後能使之安於其道，故曰『克綏厥猷惟后』。夫天生民有欲，以情言也。上帝降衷下民，以性言也。仲虺即情以言人之欲，成湯原性以明人之善，蓋互相發云。」愚按：六經言性始見於此。又伊川曰「茲乃不義【一】，習與性成」，是又兼習而言，與湯言「降衷之性」亦互相發也。聖賢之言衷曰「降衷」，命曰「降命」，才曰「降才」，深味「降」之一言，真若天之與人交相付受明命，赫然不離心目之間也，可不敬哉！蔡氏說「若有恒性」，與諸說異，恐未安。

校勘記

【一】又伊川曰　「川」原作「尹」，據乾隆本、四庫本改。

安於其道，謂父安於慈，子安於孝之類。

《詩·烝民》之首章曰：天生烝民，有物有則。民之秉彝，好是懿德。此尹吉甫美宣王之詩。朱子曰：「天生衆民，有是物必有是法。蓋自百骸、九竅、五藏，而達於父子、君臣、夫婦、長幼，無非物也，而莫不有法焉，如視之明，聽之聰，貌之恭，言之順，君臣有義，父子有親之類是也。是乃民所執之常性，故其情無不好此美德者。昔孔子讀詩至此而贊之曰：『爲此詩者，其知道乎！』而孟子引之以證性善之説，其指深矣。」按：朱子此語本之龜山楊氏而小異。蓋楊氏曰：「視聽言動必由禮焉，此一身之則。爲君止於仁，爲臣止於敬，爲子止於孝，爲父止於慈，此君臣、父子之則。」愚謂有物有則，乃天理之自然，今曰必由禮，止於仁，則人道之當然矣，故朱子不盡取也。朱子又曰：「物指形氣，則乃理也。物之理，方爲則，若便以物爲則，非也。」而南軒張氏有曰：「夫有是物，必有是則；苟失其則，實已非矣，其得謂是名哉？故凡言君不君，臣不臣，父不父，子不子，皆以失其則故也。人生於天地之中，其所以名爲人者，以天之降衷，善無不備也。失其所以爲人之道，則雖名爲人也，而實何如哉？」其言深有警焉，故附于此。

《春秋左氏傳》：劉康公曰：「民受天地之中以生，所謂命也。是以有動作、禮義、威儀之則，以定命也。」程子曰：「民受天地之中以生，天命之謂性也。」問：「受中與程子天然自有之中，是一意否？」朱子曰：「只是一意，蓋指大本之中也。」又問：「劉子所謂中，即周子所謂太極否？」曰：「只一般，但名不同。中是恰好處。」又曰：「這幾个字自古聖賢，上下數千年喚得都一般，必竟是聖學傳授不斷，故能如此。至春秋時，其傳猶未泯，如劉康公論人受中以生，其窮理甚精。」愚按：民受天地之中以生，故凡動作、禮義、威儀，皆有自然之準則，過之非中也，不及亦非中也。所以然者，以其有定命也，命出於天，一定而不可易，雖欲違之，得乎？動作以身言，禮義以理言，威儀以著於外者言。

《易大傳》：一陰一陽之謂道。朱子曰：「陰陽迭運者，氣也，其理則所謂道。」程子曰：「離陰陽便無道。陰陽，氣也。所以陰陽者，是道也。氣形而下者，道形而上者。」又曰：「道非陰陽也，所以一陰一陽者，道也，如一闔一闢謂之變。」繼之者，善也。成之者，性也。道具於陰而行於陽，繼言其發也，善謂化有之功，陽之事也。成言其具也，性謂物之所受，言物生則有性，而各具是道也，陰之事也。問：「性具仁義禮智？」曰：「此猶是説成之者性。只一陰一陽之道，未知做人做物【三】，已具是四者矣。」問：「一陰一陽之謂道，便是太極否？」曰：「陰陽只是陰陽，道便是太極。」繼之者善，元亨也。成之者性，利貞也。繼是接續綿綿不息之意，成是凝成有主之意。問云云。曰：「以一日言之，則晝陽而夜陰；以一月言之，則望前爲陽，望後爲陰；以一歲言之，則春夏爲陽，秋冬爲陰：從古至今，恁地滚將去【四】，只是這箇陰陽。是孰使之然也？乃道也，此氣之動，爲人爲物，渾是一箇道理。故未生人物以前，此理本善，所以謂繼之者善。氣質既定，爲人爲物，所以謂成之者性。」大哉乾元，萬物資始，乃繼之者善也。乾道變化，各正性命，此成之者性也。繼之者善，自陰陽變化而言；成之者性，自人物稟受而言。陰陽變化流行，而未始有窮，陽之動也。人物稟受一定，而不可復易，陰之静也。天地變化，不爲無陰，然物之未形，則屬乎陽。物正其性，不爲無陽，然形氣已定，則屬乎陰。張忠定公云：「公事未著字以前屬陽，著字以後屬陰。」似窺見此意。繼之者善，繼字是動之頭。若只一闔一闢而無繼，便是合殺了。問：「繼是動静之間否？」曰：「是静之終，動之始也。」問：「孔子言性與天道不可得而聞，而孟子教人纔開口便説性善，是如何？」曰：「孟子亦大概説性善，至於性之所以善，亦少曾説。必如孔子所謂『一陰一陽之謂道，繼之者善也，成之者性也』，方是説性與天道耳。」

《孝經》子曰：「天地之性，人爲貴。」董子曰：「人受命於天，固超然異於羣生。入有父子、兄弟之親【五】，出有君臣、上下之誼，會聚相遇，則有耆老、長幼之施，粲然有文以相接，驩然有恩以相愛，此人之所以貴也。生五穀以食之，桑麻以衣之，六畜以養之，服牛乘馬，圈豹檻虎，是其得天之靈，貴於物也。故孔子曰：『天地之性，人爲

【三】未知做人做物　「未」原作「夫」，據《朱子語類》卷四改。

【四】滚將去　「滚」原作「衮」，據四庫本改。

【五】入有父子　「入」原作「又」，據四庫本改。

貴。』明於天性，知自貴於物；知自貴於物，然後知仁誼；知仁誼，然後重禮節；重禮節，然後安處善；安處善，然後樂循理；樂循理，謂之君子。故孔子曰：『不知命，無以爲君子。』此之謂也。」龜山楊氏曰：「人禀五行之秀氣，而靈於萬物者也，故曰『天地之性，人爲貴』。然人之下愚，卒至於同乎物者，豈賦予之異哉？失其性而自賊之過也。」西山李氏曰：「人之性，即天地之性也。」愚按：荀子曰：「水火有氣而無生，草木有生而無知，禽獸有知而無義，人有氣、有生、有知，亦且有義，故最爲天下之貴也。」其論似矣，至其論性則以爲惡，論禮則以爲僞，何其自相戾耶！

《中庸》：天命之謂性，率性之謂道，脩道之謂教。朱子曰：「命，猶令也。性，即理也。天以陰陽五行化生萬物，氣以成形，而理亦賦焉，猶命令也。於是人物之生，因各得其所賦之理，以爲健順五常之德，所謂性也。率，循也。道，猶路也。人物各循其性之自然，則其日用事物之間，莫不各有當行之路，是則所謂道也。脩，品節之也。性道雖同，而氣禀或異，故不能無過不及之差。聖人因人物之當行者而品節之，以爲法於天下，則謂之教，若禮、樂、刑、政之屬是也。蓋人之所以爲人，道之所以爲道，聖人之所以爲教，原其所自，無一不本於天而備於我。學者知之，則其於學，知所用力而自不能已矣。」或問：「云云，何也？」曰：「天命之謂性，言天之所以命乎人者，是則人之所以爲性也。蓋天之所以賦與萬物，而不能自已者，命也。吾之得乎是命以生，而莫非全體者，性也。故以命言之，則曰元亨利貞，而四時五行、庶類萬化莫不由是而出；以性言之，則曰仁義禮智，而四端五典、萬事萬物之理，無不統於其間。蓋在天在人，雖有性命之分，而其理則未嘗不一；在人在物，雖有氣禀之異，而其理則未嘗不同。此吾之性所以純粹至善，而非若荀、揚、韓子之所云也。率性之謂道，言循其所得乎天以生者，則事事物物，莫不自然，各有當行之路，是則所謂道也。蓋天命之性，仁義禮智而已。循其仁之性，則自父子之親，以至於仁民愛物，皆道也。循其義之性，則自君臣之分，以至於敬長尊賢，亦道也。循其禮之性，則恭敬辭讓之節文，皆道也。循其智之性，則是非邪正之分別，亦道也。蓋所謂性者，無一理之不具，故所謂道者，不待外求而無所不備；所謂性者，無一物之不得，故所謂道者，不假人爲，而無所不周。雖鳥獸草木之生，僅得形氣之偏，而不能有以通貫乎全體，然其知覺運動，榮悴開落，亦皆循其性而各有自然之理焉。至於虎狼之父子，蜂蟻之君臣，豺獺之報本，雎鳩之有别，則其形氣之所偏，又反有以存其義理之所得，尤可以見天命之本然，初無間隔，而所謂道者，亦未嘗不在是也。是豈有待於人爲，而亦豈人之所得爲哉？脩道之謂教，言聖人因是道而品節之，以立法垂訓於天下，是則所謂教也。蓋天命之性，率性之道，皆理之自然，而人物之所同得者也。人雖得其形氣之正，然其清濁厚薄之稟，亦有不能不異者。是以賢智者或失之過，愚不肖者或失之不及，而得於此者，亦或不能無失於彼。是以私意人欲，或生其間，而於所謂性者，不免有所昏蔽錯雜而無以全其所受之正【六】。性有不全，則於所謂道者，因亦有所乖戾舛逆而無以適乎所行之宜【七】。惟聖人之心，清明純粹，天理渾然無所虧闕，故能因其道之所在，而爲之品節防範，以立教於天下，使夫過不及者，有以取中焉。蓋有以辨其親疎之殺，而使之各盡其情，則仁之爲教立矣；有以别其貴賤之等，而使之各盡其分，則義之爲教行矣。爲之制度文爲，使之有以守而不失，則禮之爲教得矣；爲之開導禁止，使之有以别而不差，則知之爲教明矣。夫如是，是以人無知愚，事無大小，皆得有所持循據守，以去其人欲之私而復乎天理之正。推而至於天下之物，則亦順其所欲，違其所惡，因其材質之宜，以致其用，制其取用之節，以遂其生，皆有政事之施焉。此則聖人所以財成之道，而致其彌縫輔贊之功，然亦未始外乎人之所受乎大者而强爲之也。」問：「天命謂性之命，與死生有命之命不同，何也？」曰：「死生有命之命，是帶氣言之。氣便有稟得多少、厚薄之不同。天命謂性之命，是純乎理言之，然天之所命，不離乎氣。但《中庸》此句，乃是以理言。」天命之謂性者，是就人身中指出這箇是天命之性，不雜氣稟者而言。天命之謂性，是專言理，若云兼言氣，便説率性之謂道不去。如太極雖不離乎陰陽，亦不雜乎陰陽。按：《輯略》程子曰：「上天之載，無聲無臭，其體則謂之易，其理則謂之道，其用則謂之神，其命於人則謂之性，率性則謂之道，修道則謂之教。」生之謂性，與天地之性，同乎性字，不可一槩論。生之謂性，止訓所稟受也。天命之謂性，此言性之理也。今人言性柔緩，性剛急，皆生來如此，此訓所稟受也。

【六】其所受之正　「正」原作「王」，據《四書或問》卷三改。

【七】無以適乎所行　「乎」原作「子」，據《四書或問》卷三改。

【八】茫茫然　「然」原作「道」，據四庫本改。

【九】與天地不相似　「似」原作「以」，據四庫本改。

【一〇】如使所得於天者　「如」原作「衷」，「者」原作「道」，據四庫本改。

【一一】自斬衰至緦　「衰」字原脫，據四庫本補。

若性之理，則無不善，曰天者，自然之理也。又曰：「道即性也，若道外尋性，性外尋道，便不是。」又曰：「仁也者，人也。合而言之道也，率性之謂道也。」又曰：「率性之謂道，率，循也。若言道不先立下名義，則茫茫然何處下手【八】，何處著心？」又曰：「天命之謂性，率性之謂道者，天降是於下，萬物流形，各正性命者，是所謂性也，循其性而不失，是所謂道也。此亦通人物而言。循性者，馬則爲馬之性，又不做牛底性，牛則爲牛底性，又不爲馬底性，此所謂率性也。人在天地之間，與萬物同流，天幾時分別是人是物？脩道之謂教，此則專在人事。」呂氏曰：「中者，天道也，天德也，降而在人，人稟而受之，是之謂性。《書》曰：『惟皇上帝，降衷于下民。』《傳》曰：『民受天地之中以生，此人性之所以必善，故曰天命之謂性。』性與天道，本無有異，但人雖受天地之中以生，而梏於蕞爾之形體，常有私意小智撓乎其間，故與天地不相似【九】，所發遂至於出入不齊而不中節，如使所得於天者不喪【一〇】，則何不中節乎？故良心所發，莫非道也。在我者，惻隱、羞惡、辭讓、是非皆道也；在彼者，君臣、父子、夫婦、昆弟、朋友之交皆道也。在物之分，則有彼此之殊；在性之分，則合乎內外，一體而已。是皆人心所同然，乃吾性之所固有。隨喜怒哀樂之所發，則愛必有差等，敬必有節文。所感重者，其應也亦重；所感輕者，其應也亦輕。自斬衰至緦【一一】，喪服異等，而九族之情無所憾；自王公至皂隸，儀章異制，而上下之分莫敢爭：非出於性之所有，安能致是乎？故曰率性之謂道。」游氏曰：「天之命萬物者，道也。而性者具道以生也，因其性之固然，而無容私焉，則道在我矣，此率性之謂道也，若出於人爲則非道矣。」楊氏曰：「天命之謂性，人欲非性也。率性之謂道，離性非道也。性，天命也。命，天理也。道則性命之理而已。孟子道性善，蓋原於此。謂性有不善者，誣天也。性無不善，則不可加損也，無俟乎脩焉，率之而已。揚雄謂學以修性，非知性者也。故孔子曰『盡性』，子思曰『率性』，曰『尊德性』，孟子曰『知性養性』，未嘗言脩也。然則道其可脩乎？曰道者，日用而不知也。先王爲之防範，使過不及者取中焉，所以教也謂之脩者，蓋亦品節之而已。」又曰：「性、命、道，三者一體而異名，初無二致也。故在天曰命，在人曰性，率性而行曰道，特所從言之異耳。」又曰：「人性上不可添一物，堯、舜之所以爲萬世法，只是率性而已。所謂率性，循天理是也。外邊用計用數，假饒立得功業，只是人欲之私，與聖賢作處，天地懸隔。」　朱子曰：「程子之論率性，正就私意、人欲未萌之處，指其自然發見各有條理者而言，以見道之所以得名，非指脩爲而言也。呂氏『良心所發』以下，至『安能致是』一節，亦甚精密，但謂人雖受天地之中以生，而梏於形體，又爲私意小知所撓，故與天地不相似，而發不中節，必有以不失其所受乎天者，然後爲道。則所謂道者，又在格爲之後，而反由教以得之，非復子思、程子所指人欲未萌自然發見之意矣。游氏所謂『無容私焉，則道在我』，楊氏所謂率之而已者，似亦皆有呂氏之病也。」　此「率」字不是用力，伊川謂合而言之道也，是此義。　率性之謂道，只是隨性去皆是道。呂氏説以人行道，若然，則未行之前便不是道乎？　性是箇渾淪物，道是性中分派條理，隨分派條理去，皆是道。如穿牛鼻，絡馬首，皆是隨他所通處。仁義禮智，物豈不有？但偏耳，隨它所通處，道亦無不在。　性與道相對，則性是體，道是用，道便是在裏面做出底道理。　程子謂通人物而言，馬則爲馬之性，又不做牛底性，牛則爲牛之性，又不做馬底性，物物各有箇理，即此便是道。曰：「摠而言之，又只是一箇理否？」曰：「是。」或引伊川「循之而不失」語以問者，勉齋黄氏曰：「如此則循性不是道，而不失方是道也。」又引「類而循之，順而脩之」，以爲程子之密旨。又謂「因其良心之所發，順而循之者爲道」，終亦未免循之而不失之意。　循之而不失，病在不失；　順而循之，其病在順，須要見得性也者。　人物不能不循，循而見之，常行之間，便是道。　初非有意於不失，亦非有意於順，若是有意，便是人爲，纔是人爲，便不是自然底道理。　怵惕、惻隱是愛赤子之道，所以有是道者，是循其性而自然有是道，則良心所發，便是循性。今曰因其良心之所發，順而循之，則良心所發不是循性，又何自而發耶？待其既發而循之，則是率情，不是率性矣。　愚按：朱子論率性之義，蓋本程子之説。而黄氏又辨「不失」二字爲有病，又益精矣。或謂：「朱子於『告子生之謂性』章，深言人物之異，而於此章，乃兼人物而言，何也？」曰：「生之謂性，以氣言者也。天命之謂性，以理言者也。以氣言之，則人物所稟之不同。以理言之，則天之所命一而已矣。」「然則人物各循其性，斯謂之道，則虎狼之搏噬、馬牛之踶齧，亦道耶？」曰：「子思之所謂率性云者，循其天命之性也，虎狼之慈仁、馬牛之健順是也。若夫搏噬、踶觸，則氣稟之所爲，而非天命之本然矣。豈獨物爲然？凡人之爲善者，皆循天命之性也，而爲不善，則發乎氣稟之性矣。」以是而觀，則此章兼人物而言，尚何疑哉！

《禮運》：人者，其天地之德，陰陽之交，鬼神之會，五行之秀氣也。鄭氏曰：「言人兼此氣，性純也。」孔氏疏曰：「天以覆爲德，地以載爲德，人感覆載爲生，是天地之德也。陰陽則天地，據其氣謂之陰陽，據其形謂之天地。獨陽不生，獨陰不成，二氣相交乃生，故云陰陽之交也。鬼謂形體，神謂精靈，《祭義》云『氣也者，神之盛也。魄也者，鬼之盛也』，必形體、精靈相會，然後物生，故曰『鬼神之會』也。人感五行秀異之氣，故有仁義禮智信，是五行之秀氣也。故人者，天地之德，陰陽之交，是其氣也；鬼神之會，五行之秀，是其性也。」愚按：天地之德，蓋指乾坤健順而言，此天地之理，人之所得以爲性者也。陰陽、鬼神、五行，皆指氣而言，流行天地之間而人之所得以爲形者也。然氣之流行，理實寓焉，非氣之外，有所謂理也。但理無不善，氣則有清濁昏明之不同耳。疏以天地之德爲氣，鬼神五行爲性，恐非。

又曰：「故人者，天地之心也，五行之端也。」鄭氏曰：「此言兼氣性之效也。」《正義》曰：「天地高遠在上，臨下四方，人居其中央，動靜應天地。天地有人，如人腹内有心，動靜應人也，故云天地之心。王肅曰：『人於天地之間，如五藏之有心，人乃生之最靈，其心五藏之最聖也。』端，猶首也。萬物悉由五行而生，而人最得其妙氣，明仁、義、禮、智、信爲五行之首也。」邵子曰：「人居天地之中，心居人之中。」張氏《衍義》曰：「人者，天地之太極，故居天地之中，天地待之以爲主，亦賴之以爲用。心者，人之太極，故居人之中，人待之以爲主，亦賴之以爲用。」按：邵、張之言，本非爲此設，而其義略同，故附此。

滕文公爲世子，將之楚，過宋而見孟子。孟子道性善，言必稱堯、舜。朱子曰：「道，言也。性者，人所稟於天以生之理也，渾然至善，未嘗有惡。人與堯、舜初無少異，但衆人汩於私欲而失之，堯、舜則無私欲之蔽，而能充其性爾。故孟子與世子言，每道性善而必稱堯、舜以實之，欲其知仁義不假外來，聖人可學而至，而不懈於用力也。」程子曰：「性即理也，天下之理，原其所自，未嘗不善。喜、怒、哀、樂未發何嘗不善？發而中節，即無往而不善；發不中節，然後爲不善。故凡言善惡，皆先善而後惡；言吉凶，皆先吉而後凶；言是非，皆先是而後非。」世子自楚反，復見孟子。孟子曰：「世子疑吾言乎？夫道一而已矣。時人不知性之本善，而以聖賢爲不可企及，故世子於孟子之言不能無疑，而復來求見，蓋恐别有卑近易行之説也。孟子知之，故但告之如此，以明古今聖愚本同一性，前言已盡，無復有它説也。成覸謂齊景公曰：『彼丈夫也，我丈夫也，吾何畏彼哉？』顔淵曰：『舜何人也？予何人也？有爲者亦若是。』公明儀曰：『文王我師也，周公豈欺我哉？』孟子既告世子以道無二致，而復引此三言以明之，欲世子篤信力行，以師聖賢，不當復求它説也。今滕，絶長補短，將五十里，猶可以爲善國。《書》曰：『若藥不瞑眩，厥疾不瘳。』」言滕國雖小，猶足爲治，但恐安於卑近，不能自克，則不足以去惡而爲善也。孟子言性始見於此，而詳具於《告子》之篇，然默識而旁通之，則七篇之中，無非此意。其所以擴前聖之未發而有功於聖人之門，程子之言信矣。

告子曰：「性，猶杞柳也。義，猶桮棬也。以人性爲仁義，猶以杞柳爲桮棬。」朱子曰：「性者，人生所稟之天理也。告子言人性本無仁義，必矯揉而後成，如荀子性惡之説也。」孟子曰：「子能順杞柳之性而以爲桮棬乎？將戕賊杞柳而後以爲桮棬也？如將戕賊杞柳，而以爲桮棬，則亦將戕賊人以爲仁義與？率天下之人而禍仁義者，必子之言夫。」言如此，則天下之人皆以仁義爲害性而不肯爲，是因子之言而爲仁義之禍也。南軒張氏曰：「有太極則有兩儀，故立天之道曰陰與陽，立地之道曰柔與剛，立人之道曰仁與義。仁義者，性之所有，而萬善之宗也。人之有仁義，乃其性之本然。自親親而推之至於仁，不可勝用。自長長而推之至於義，不可勝用。皆順其所素有，而非外之也。若逆乎仁義，則爲失其性矣，而告子乃以杞柳爲喻，其言曰以人性爲仁義則失之甚矣。蓋仁義，性也，而曰以人性爲仁義，則性别爲一物，以人爲矯揉而爲仁義，其失豈不甚乎！」或謂：「杞柳之可爲桮棬，亦性也？」朱子曰：「杞柳之性，固可以爲桮棬，然須斬伐裁截矯揉而後可成，故孟子曰『戕賊杞柳而後可以爲桮棬』。若杞柳可爲，而楩楠不可爲，又是第二重義理，不當引以爲説。」愚按：程子曰：「服牛乘馬，皆因其性而爲之。胡不乘牛而服馬？理不可也。」或人之説，蓋本於此。然杞柳之爲桮棬，尚須人力，仁義之性本於自然，不待著力。此朱子所以不取之也，其義精矣。

告子曰：「性猶湍水也，决諸東方則東流，决諸西方則西流。人性之無分於善不善也，猶水之無分於東西也。」朱子曰：「告子因前説而小變之，近於揚子善惡混之説。」孟子曰：「水信無分於東西，無分於上下乎？人性之善也，猶水之就下也。人無有不善，水無有不下。今夫水，搏而躍之，可使過顙；激而行之，可使在山。是豈水之性哉？其勢則然也。人之可使爲不善，其性亦猶是也。」此章言性本善，故順之而無不善；本無惡，故反之而後爲惡。非本無定體，而可以無所不爲也。　或問告子、揚子之説如何，曰：「告子以爲性無善惡，揚子以爲性有善惡，其言雖同，而所以言則亦不無少異也。」

告子曰：「生之謂性。」朱子曰：「生指人物之所以知覺運動者而言。告子論性，前後四章，語雖不同，然其大意不外乎此，與近世佛氏所謂『作用是性』者畧相似。」孟子曰：「生之謂性也，猶白之謂白與？」曰：「然。」「白羽之白也，猶白雪之白；白雪之白，猶白玉之白與？」曰：「然。」白羽之下，孟子再問而告子以爲然，則是謂凡有生者，同是一性矣。「然則犬之性，猶牛之性，牛之性，猶人之性與？」孟子又言若果如此，則犬牛與人皆有知覺，皆能運動，其性皆無以異矣。於是告子自知其非，而不能對也。

今按性者，人之所得於天之理也。生者，人之所得於天之氣也。性，形而上者也。氣，形而下者也。人物之生，莫不有是性，亦莫不有是氣，然以氣言之，則知覺運動，人與物初不異也；以理言之，則仁義禮智之稟，豈物之所得而全哉？告子不知性之爲性，而以所謂氣者當之，是以杞柳、湍水之喻，食色無善無不善之説，縱横繆戾，紛紜舛錯，而此章之誤，乃其本根。所以然者，蓋徒知知覺運動之蠢然者人與物同，而不知仁義禮智之粹然者人與物異也。孟子以是折之，其義精矣。　人物之生，天賦之以此理，未嘗不同。但人物之稟受自有異爾，如一江水，杓取只得一杓，碗取只得一碗，至於一桶、一缸，各隨器量不同，故理亦隨以異。　物亦具有五行，只是得五行之偏者耳。　論萬物之一原，則理同而氣異；觀萬物之異體，則氣猶相近，而理絶不同。氣相近，如知寒煖，識飢飽，好生惡死，趨利避害，人與物都一般。理不同，如蜂蟻之君臣，只是義上有一點子明，虎狼之父子，只是仁上有一點子明，其他更推不去。　問：「人物皆稟天地之理以爲性，皆受天地之氣以爲形，若人稟之不同，固是氣有昏明厚薄之異，若在物言之，不知是所稟之理便有不全耶？亦是緣氣稟之昏蔽故如此耶？」曰：「惟其所受之氣只有許多，故其理亦只有許多。如犬馬形氣如此，故只會得如此事。」又問：「物物具一太極，則是理無不全也？」曰：「以理言之，則無不全；以氣言之，則不能無偏。」　性如日光，人物所受之不同，如隙竅之受光有大小也。　人與物都一般者，理也。所以不同者，心也。人心虛靈，包得許多道理過，故無不通。雖有氣質昏底，亦可克治，使明萬物之心，便包許多道理不過，大本論之，其理則一，纔稟於氣，便有不同。　問：「動物有知，植物無知，何也？」曰：「動物有血氣，故能知。植物雖不可言知，然一般生意亦可見。若戕賊之，便枯悴不悦懌，亦似有知者。」　問：「理是人物同得於天者，如物之無情者，亦有理否？」曰：「固是有理，如舟只可行之於水，車只可行之於陸。」　孟子言：「人之所以異於禽獸者幾希，庶民去之，君子存之。」不知人何故與禽獸異？又言「犬之性猶牛之性，牛之性猶人之性歟」，不知人何故與牛犬異？此兩處似欠一轉語，須著説是「形氣不同，故性亦少異」始得。恐孟子見得人性同處，自是分曉直截，却於此似未甚察。問：「氣有清濁而理則同，如何？」曰：「理如寶珠，在聖賢，則如置在清水中，其輝光自然發見。在愚不肖，則如置在濁水中，須是澄去泥沙，則光方可見。至如萬物，亦有此理，只爲氣昏塞，如置寶珠於濁泥中，不復可見。」生之謂氣，生之理謂性。孟子以理言性，告子以氣言性。問告子云云。曰：「合下便是錯了，他只是説生來精神魂魄，凡動用處是性。正如禪家説作用是性，只説得箇形而下者，故孟子闢之。」釋氏云作用是性，在目曰見，在耳曰聞，在鼻嗅香，在口談論，在手執捉，在足運奔，即告子生之謂性之説也。且如手執捉，若執刀妄亂殺人，亦可謂性乎？龜山舉龐居士云「神通妙用，運水搬柴」，以比徐行後長。不知徐行後長，方謂之弟，疾行先長，則爲不弟，如曰運水搬柴，即是妙用，則徐行疾行，皆可謂之弟耶？告子説生之謂性，二程都説他説得是，只下面接得不是。若如此説，却如釋氏言作用是性，乃是説氣質之性，非性善之性。按：程子曰：「告子云生之謂性，凡天地所生之物，須是謂之性。皆謂之性，則可於中却分别牛之性、馬之性，是他便只道一般，如釋氏説蠢動、含靈皆有佛性，如此則不可。」蓋不以生之謂性爲非，故朱子云云，其義益精矣。

告子曰：「食色，性也。仁内也，非外也。義外也，非内也。」朱子曰：「告子以人之知覺運動者爲性，故言人之甘食悦色者即其性，故仁愛之心生於内，而事物之宜由乎外。學者但當用力於仁，而不必求合於義也。」孟子曰：「何以謂仁内義外也？」曰：「彼長而我長之，非有長於我也，猶彼白而我白之，從其白於外也，故謂之外也。」曰：「異於白馬之白也，無以異於白人之白也。不識長馬之長也，無以異於長人之長與？且謂長者義乎？長之者義乎？」張氏曰：「上『異於』二字，疑衍【一二】。」李氏曰：「或有闕文焉。」今按：白馬、白人所謂彼白而我白之也，長馬、長人所謂彼長而我長之也，白馬、白人不異，而長馬、長人不同，是乃所謂義也。義不在彼之長，而在我長之之心，則義之非外明矣。曰：「吾弟

【一二】疑衍　「疑」原作「宜」，據朱熹《四書章句集註》改。

則愛之，秦人之弟則不愛也，是以我爲悦者也，故謂之内。長楚人之長，亦長吾之長，是以長爲悦者也，故謂之外也。」言愛主於我，故仁在内；敬主於長，故義在外。曰：「耆秦人之炙，無以異於耆吾炙。夫物則亦有然者也，然則耆炙亦有外與？」言長之、耆之皆出於心也。林氏曰：「告子以食色爲性，故因其所明者而通之。」自篇首至此四章，告子之辨屢屈，而屢變其説以求勝，卒不聞其能自反而有所疑也。此正其所謂「不得於言，勿求於心」者，所以卒於鹵莽，而不得其正也。

飲食男女固出於性，然告子以生爲性，則以性爲止於是矣，因此又生仁内義外之説，正與佛者之言以「作用爲性，義理爲障」者相類。然孟子不攻其食色之云者，使誠知義之非外，則性之不止於食色，其有以察之矣。

告子不知理之爲性，乃即人之身而指其能知覺運動者以當之，所謂生者是也。始而見其但能知覺運動，非教不成，故有杞柳之譬。既屈於孟子之言而病其説之偏於惡也，則又繼而爲湍水之喻，以見其但能知覺運動而非有善惡之分。又以孟子爲未喻己之意也，則又於「生之謂性」章，極其立論之本意而索言之，至於孟子折之，則其説又窮，而終莫悟其非也。其以食色爲言，蓋猶「生」之云爾；而公都子之所引，又湍水之餘論也。以是考之，凡告子之論性，其不外乎「生」之一字明矣。但前此未有深究其弊者，往往隨其所向，各爲一説以與之辨，而不察其所以失之端獨在於此，是以其説雖多，而迄無一定之論也。

告子只知有人心，不知有道心，故有「食色性也」及「義外」之説。

南軒張氏曰：「食色固出於性，然莫不有則焉。今告子乃舉物而遺其則，是固出於性無分於善不善之論也。其説行，則天理不明，而人欲莫之遏矣。至於仁内義外之説，其失又甚焉。彼以爲長之在人，如白之在彼，曾不知白之爲色，一定而不變，而長之所宜，則隨事而不同也。若一概而論，則馬之長將亦無以異於人之長，而可乎？長雖在彼，而長之者在我。蓋長之之理素具於此，非因彼而有也。有是性，則具是理，其輕重、親踈、小大、遠近之宜，固森然於秉彝之中而不可亂【一三】。事物至于前者，雖有萬之不同，而有物必有則，泛應曲酬，各得其當，皆吾素有之義，而非外取之，此天所命也。惟夫昧於天命，而以天下之公理爲有我之得私，而始有義外之説。

【一三】固森然於秉彝　「固」原作「面」，據四庫本改。

孟子告之曰：『且謂長者義乎？長之者義乎？』使思夫長之之爲義，則知義之非外矣。而告子猶惑焉，謂愛吾弟而不愛秦人之弟，是以我爲悦，故曰『仁内』也；　長吾長而亦長楚人之長，是以長爲悦，故曰『義外』也。曾不知所以長之者非在我，而何出哉？故孟子復以嗜炙喻之：同爲炙也，而所以嗜之則在我，然則以其在彼之同，而謂嗜炙之爲外，可乎？雖然長吾之長，義也，長楚人之長，亦義也，長則同，而待吾兄與待楚人，固有間矣。其分之殊，豈人之所能爲哉？觀告子義外之説，固爲不知義矣，則其所謂仁内者，亦烏知仁之所以爲仁者哉！彼徒以愛爲仁，而不知愛之施有差等，固義之所存也。徒以長爲義，而不知所以長者固仁之體也。不知仁義而以論性，宜乎莫適其指歸也。」

孟季子問公都子曰：「何以謂義内也？」曰：「行吾敬，故謂之内也。」朱子曰：「所敬之人雖在外，然知其當敬，而行吾心之敬以敬之，則不在外也。」「鄉人長於伯兄一歲，則誰敬？」曰：「敬兄。」「酌則誰先？」曰：「先酌鄉人。」「所敬在此，所長在彼，果在外，非由内也。」此皆季子問，公都子答，而季子又言如此，則敬長之心，果不由中出也。公都子不能答，以告孟子。孟子曰：「敬叔父乎？敬弟乎？彼將曰『敬叔父』。曰：『弟爲尸，則誰敬？』彼將曰『敬弟』。子曰：『惡在其敬叔父也？』彼將曰『在位故也』，子亦曰『在位故也』。庸敬在兄，斯須之敬在鄉人。」尸，祭祀所主以象神，雖子弟爲之，然敬之當如祖考也。在位，弟在尸位，鄉人在賓客之位也。庸，常也。斯須，暫時也。言因時制宜，皆由中出也【一四】。季子聞之曰：「敬叔父則敬，敬弟則敬，果在外非由内也。」公都子曰：「冬日則飲湯，夏日則飲水，然則飲食亦在外也？」此亦上章耆炙之意。范氏曰：「二章問答大指畧同，皆反覆譬喻，以曉當世，使明仁義之在内，則知人性善而皆可爲堯、舜矣。」南軒張氏曰：「季子不知性，故於義内之説有疑焉。公都子答以行吾敬故謂之内，亦未爲失也。蓋敬之所施，各有攸當，是

【一四】皆由中出　「中」原作「甲」，據乾隆本改。

乃義也。然公都子未能本於性而論，故聞季子先酌鄉人之論，則無以對之。蓋庸敬於兄，義也；以鄉人之長，酌而先之，亦義也。可敬雖在彼，而敬之者在我，故孟子以弟爲尸爲比。夫兄之當敬，鄉人之酌當先，與夫爲尸者之當敬，皆其理之素定而不易者也。然則其爲在内也，明矣。而季子猶惑焉，蓋以叔父與弟爲在外，而不知其義之存於内，内外之本，一也。公都子蓋有發於孟子之言，故以冬日飲湯，夏日飲水譬之，蓋冬之飲必湯，夏之飲必水，是乃義也，而豈外乎哉？」

公都子曰：「告子曰性無善無不善也。朱子曰：「此亦生之謂性、食色性也之意，蘇氏、胡氏之説蓋如此。」或曰性可以爲善，可以爲不善，是故文、武興則民好善，幽、厲興則民好暴。此即湍水之説。或曰有性善，有性不善。是故以堯爲君而有象，以瞽瞍爲父而有舜，以紂爲兄之子，且以爲君，而有微子啓、王子比干。韓子性有三品之説，蓋如此。今曰性善，然則彼皆非與？」孟子曰：「乃若其情，則可以爲善矣，乃所謂善也。情者，性之動也。人之情本但可以爲善，而不可以爲惡，則性之本善可知矣。若夫爲不善，非才之罪也。才猶材質，人之能也。人有是性，則有是才，性既善，則才亦善。人之爲不善，乃物欲陷溺而然，非其才之罪也。惻隱之心，人皆有之。羞惡之心，人皆有之。恭敬之心，人皆有之。是非之心，人皆有之。惻隱之心，仁也。羞惡之心，義也。恭敬之心，禮也。是非之心，智也。仁義禮智，非由外鑠我也，我固有之也，弗思耳矣。故曰『求則得之，舍則失之。』或相倍蓰而無筭者，不能盡其才者也。」言四者之心，人所固有，但人自不思而求之耳，所以善惡相去之遠，由不求不思而不能擴充以盡其才也。前篇言是四者爲仁義禮智之端，而此不言端者，彼欲其擴而充之，此直因用以著其本體，故言有不同耳。

《詩》曰：「天生蒸民，有物有則。民之秉彝【一五】，好是懿德。」孔子曰：「爲此詩者，

【一五】民之秉彝　「彝」原作「夷」，據四庫本改。

其知道乎！」故有物必有則，民之秉彝也，故好是懿德。有物必有法，如有耳目則有聰明之德，有父子則有慈孝之心，是民所秉執之常性也，故人之情無不好此懿德者。以此觀之，則人性之善可見，而公都子所問之三説皆不辨而自明矣。程子曰：「性即理也，理則堯、舜至於塗人一也。才稟於氣，氣有清濁，稟其清者爲賢，稟其濁者爲愚。學而知之，則氣無清濁皆可至於善，而復性之本，湯、武身之是也。孔子所言下愚不移者，則自暴自棄之人也。」今按程子所説「才」字，與《孟子》本文小異，蓋《孟子》專以其發於性者言之，故以爲才無不善。程子兼指其稟於氣者言之，則人之才固有昏明强弱之不同矣。所謂氣質之性是也。二説雖殊，各有所當然，以事理考之，程子爲密。蓋氣質所稟，雖有不善，而不害性之本善，性雖本善，而不可以無省察矯揉之功，學者所當深玩也。告子曰「性無善無不善」，非惟無不善，并善亦無之，謂性中無惡，則可謂無善，則性果何物？性既善，才亦可爲善，今乃至於爲不善，非是才如是，乃是我使才如此，故曰「非才之罪」。問：「孟子言情才皆善，如何？」曰：「情本自善，其發也未有染污，何嘗不善！才只是資質，亦無不善，譬物之白者，未染時只是白也。」人皆有許多才，聖人却做許多事，我不能做得些子出。故孟子謂「或倍蓰而無筭者，不能盡其才者也」。不能盡其才，謂發得略好，便自阻隔了，不順它道理做去。論情可爲善，因曰李翺論復性則是，滅情以復性則非，情如何可滅？此乃釋氏之説，陷於其中不自知。理醇而氣雜：理精一故醇，氣粗故雜。胡氏説性不可以善言，本然之性，其尊無對，纔説善時，便與惡對，非本然之性矣。孟子道性善，非是説性之善，只是贊嘆之辭，某嘗辨之。本然之性，固渾然至善，無惡可對，此天之賦予然也。然行之在人，則有善有惡，行得善者，即本然之性，豈可謂善者非本然之性乎！若如其言，有本然之性，又有善惡相對之性，則是有兩性矣。其得於天者，此性也，行得善者，亦此性也。只是纔有箇行得善底，便有箇不善底，所以善惡須着對説。不是元有箇惡在裏，與之爲對，只是行得錯底，便流入於惡爾。然文定之説，又得於龜山，龜山得之東林摠老。摠極聰明，龜山嘗問孟子道性善是否，摠曰：「是。」又問：「性豈可以善惡言？」摠曰：「本然之性，不與惡對。」摠之言本未有病，蓋本然之性是本無惡，及至文定父子，遂分成兩截，説善底不是性。若善底非本然之性，却那處得這善來？既以善爲贊歎之詞，便是性本善矣。若非性善，何贊歎之有？二蘇論性亦是如此，嘗言：「孟子道性善，猶云火之能熟物也。荀卿言性惡，猶云火之能焚物也。」龜山反其説，而辨之曰：「火之所以能熟物者，以其能焚故耳。若火不能焚，物何從熟？」蘇氏論性，自堯、舜至孔子不得已而命之，且寄之曰中、曰一，未嘗分善惡言也。自孟子道性善，而一與中始支矣。更不看道理，只認説得行底便是。諸胡之説亦然，《知言》論性曰：「不可以善惡辨，不可以是非分。」既無善惡，又無是非，則是告子「湍水」之説爾。　問：「《知言》萬事萬物性之質也，如何？」曰：「此未有害，最是『好惡性也』大錯。」　五峰言天命不囿於善，不可以人欲對天理，固無對。然有人欲，即天理便不得不與人欲相爲消長。善亦本無對，然既有惡，則善便不得不與惡對爲盛衰。且謂天命不囿於物可也，謂其不囿於善，則不知天之所以爲天矣。謂惡不足以言性可也，謂善不足以言性，則不知善之所從來矣。　好善而惡惡，人之性也。爲有善惡，故有好惡，君子順其性，小人拂其性。五峰言好惡性也，君子好惡以道，小人好惡以欲，是好人之所惡，惡人之所好，亦是性也，而可乎？或問：「天理、人欲同體異用，同行異情之説，如何？」先生曰：「當然之理，人合恁地底，便是體，故仁義禮智爲體。如五峰之説，則仁與不仁、義與不義、禮與無禮、智與無智皆是性，非小失也。性中只有天理，無人欲，謂之同體，可乎？若如此，則是性可以爲善，亦可以爲惡也。同行異情，蓋亦有之，如口之於味，目之於色，耳之於聲，鼻之於臭，四肢之於安佚，聖人與常人皆如此，是同行也。然聖人之情不溺於此，所以與常人異耳。」　龜山云：「天命之謂性，人欲非性也。」胡氏不取其説，是以人欲爲性矣。此其甚差者也。　又白雲郭氏言：「性善之善，非善惡之善，先生謂極本窮源之善，與善惡未流之善，非有二也，但以其發與未發言之，有不同耳。蓋未發之前，只有此善，而其發爲善惡之善者，亦此善也。既發之後，乃有不善以雜焉，而其所謂善者，即極本窮原之發耳。」　南軒張氏曰：「善者，性也。能爲善者，才也。」

孟子曰：「形色，天性也。惟聖人，然後可以踐形。」朱子曰：「人之有形有色，無不各有自然之理，所謂天性也。踐如踐言之踐，蓋衆人有是形而不能盡其理，故無以踐其形。惟聖人有是形，而又能盡其理，然後可以踐其形而無歉也。」程子曰：「此言聖人盡得人道，而能充其形也。蓋人得天地正氣而生，與萬物不同。既爲人，須盡得人理，然後稱其名。衆人有之而不知，賢人踐之而未盡，能充其形，惟聖人也。」楊氏曰：「天生烝民，有物有則。物者，形色也。則者，性也。各盡其則，則可以踐形也。」南軒張氏曰：「有是形者，皆可以踐形。其曰可以者，猶言事親若曾子可也，言至於聖人，而適得爲能踐其形也。然則有是形者，皆可以爲聖人；其不爲聖人者，以其不能踐之故耳。」

周子曰：「無極而太極。」朱子曰：「上天之載，無聲無臭，而實造化之樞紐，品彙之根柢也，故曰無極而太極，非太極之外復有無極也。」《大傳》云「太極」者，何也？即兩儀、四象、八卦之理，具於三者之先，而蘊於三者之內者也。正以其究竟至極，無名可名，故特謂之太極，猶曰舉天下之極，無如此云耳。《大傳》既云「形而上者謂之道」矣，而又曰「一陰一陽之謂道」，此豈直以一陰一陽爲形而上者哉？正所以見一陰一陽雖屬形器，然其所以一陰一陽，是乃道體之所爲也，故語道體之至極則謂之太極，語太極之流行，則謂之道。雖有二名，初無兩體。周子所以謂之無極，正以其無方所，無形狀，以爲在無物之前，而未嘗不立於有物之後；以爲在陰陽之外，而未嘗不行乎陰陽之中。以爲通貫全體，無乎不在，則又初無聲臭影響之可言也。今乃深詆無極之不然，則是直以太極爲有形狀、有方所矣。以其無器與形，而具天地萬物之理，故曰無極而太極。以其具天地萬物之理，而無器與形，故曰太極本無極。天地之間，只有動靜兩端循環不已，更無餘事，此之謂易。而其動其靜，則必有所以動靜之理焉，是則所謂太極者也。聖人既指其實而名之，周子又爲圖以象之，其所以發明表著，可謂無餘蘊矣。原「極」之所以得名，蓋取樞極之義。聖人謂之太極者，所以指夫天地萬物之根也。周子因之，而又謂之無極者，所以著夫無聲無臭之妙也。然曰「無極而太極」，太極本無極，則非無極之後，別生太極，而太極之上，先有無極也。又曰五行陰陽，陰陽太極，則非太極之後別生二五，而二五之上先有太極也。以至於成男成女，化生萬物，而無極之妙，蓋未始不在是焉。此一圖之綱領，大《易》之遺意，與老子所謂物生於有，有生於無，而以造化爲真有始終者，正南北矣。　又云：「老氏之言有無，以有無爲二，周子之言有無，以有無爲一。」　太極只是天地萬物之理，在天地則天地中有太極，在萬物則萬物中各有太極，未有天地之先畢竟先有此理。　或云：「太極便是人心之至理。」先生曰：「事事物物，皆有箇極，是道理之極至。」或曰：「如君之仁，臣之敬，便是。」先生曰：「此是一事一物之極，摠天地萬物之理，便是太極。」　無極是有理而無形，如性何嘗有形？　太極只是極至，周子恐人道太極有形，故曰無極，是無形之中有箇至極之理。　太極不是別爲一物，即陰陽而在陰陽，即五行而在五行，即萬物而在萬物，只是一箇理而已。　太極是箇極好至善底道理。　無極而太極，人都想象有箇光明閃鑠底物在那裏，却不知本是說無這物事，只是有箇理能如此動靜而已。　「上天之載」云云，是就有中說無；「無極而太極」，是就無中說有。　南軒張氏曰：「太極所以形，性之妙也。若只曰性而不曰太極，則只去未發上認之，不見功用。曰太極，則性之妙都見矣。體用一源，顯微無間，其太極之藴歟！」　無極而太極，猶言莫之爲而爲。

「太極動而生陽，動極而靜，靜而生陰。靜極復動，一動一靜，互爲其根。分陰分陽，兩儀立焉。」太極之有動靜，是天命之流行也。其動也，誠之通也，繼之者善，萬物之所資以始者也。其靜也，誠之復也，成之者性，萬物各正其性命也。動極而靜，靜極復動，一動一靜，互爲其根，命之所以流行而不已也。動而生陽，靜而生陰，分陰分陽，兩儀立焉，分之所以一定而不移也。蓋太極者，本然之妙也。動靜者，所乘之機也。太極，形而上之道；陰陽，形而下之器也。是以自其著者而觀之，則動靜不同時，陰陽不同位，而太極無不在焉。自其微者而觀之，則沖漠無眹，而動靜陰陽之理，已悉具於其中矣。雖然，推之於前，而不見其始之合；引之於後，而不見其終之離也。故程子曰：「動靜無端，陰陽無始，非知道者，孰能識之？」　問：「太極動而生陽，靜而生陰，見得理先而氣後？」曰：「二者有則俱有。」問：「未有一物之時，如何？」曰：「是有大下公共之理，未有一物不具是理。」　問：「太極之有動靜，是靜先動後否？」曰：「一動一靜，循環無端。無靜不成動，無動不成靜，譬如鼻息，無時不噓，無時不吸，吸盡則生噓，噓盡則生吸，理自如此。」　太極動而生陽，是且從動處説起，其實動前是靜，靜前又是動，如晝而夜，夜而晝，晝前已有夜，夜前已有晝。　動靜無端，陰陽無始，本不可以先後言，然就中間截斷言之，則亦不得不言其有先後也。　如太極動而生陽，則其未動之前，固已嘗靜矣；靜極復動，則已靜之後，固必有動矣：就此看又有先後也。　當初元無一物，只有此理，有此理便會動而生陽，靜而生陰，靜極復動，動極復靜，循環流轉。其實理無窮，氣亦與之無窮，自有天地，便只是這物事在這裏流轉，一日有一日之運，一月有一月之運，一歲有一歲之運，都只是這箇物事衮衮將去，如水車相似，一箇起一箇倒，一箇上一箇下，如人不語則嘿，不嘿則語，中間更無空缺處。　太極動而生陽，靜而生陰，不是動後方生陽，蓋才動便屬陽，靜便屬陰。問：「陰陽動靜以大體言，則春夏是動，屬陽。秋冬是靜，屬陰。就一日言之，晝陽而動，夜陰而靜。就一時一刻言之，無時而不動靜，無時而無陰陽。」曰：「陰陽無處無之，橫看竪看皆可見。橫看則左陽而右陰，竪看則上陽而下陰。仰手則爲陽，覆手則爲陰，向明處爲陽，背明處爲陰。《正蒙》云：『陰陽之氣，循環迭至，聚散相盪，升降相求，絪緼相揉，相兼相制，欲一之不能。』蓋謂是也。」　動而生陽，元未有物，且是如此動盪，所謂化育流行也。靜而生陰，陰主凝，然後萬物各正性命。　太極未動之前，便是陰靜。陰靜之中自有陽之根，陽動之中又有陰之根。動所以必靜者，根乎陰故也；　靜所以必動者，根乎陽故也。　問：「如何是所乘之機？」曰：「理搭於氣而行。」太極，理也。動靜，氣也。氣行則理亦行，二者常相依，而未嘗相離也。　《圖解》云：「動靜者，所乘之機。」識者謂此語最精。　蓋太極是理，陰陽是氣，理無形而氣有迹，氣既有動靜，則所載之理，亦安得無動靜？　陰陽有箇流行底，有箇定位底：一動一靜，互爲其根，是流行底，寒暑往來是也；　分陰分陽，兩儀立焉，是定位底，天地四方是也。　易有兩義，一是變易，便是流行底；　一是交易，便是對待底。　問：「太極是理，理不可以動靜言。　惟動而生陽，靜而生陰，理寓於氣，不能無動靜。所乘之機，乘載之乘，其動靜者，乃乘載在氣上，不覺動了靜，靜了又動。」先生曰：「然。」　自見在事物觀之，則陰陽函太極；　推其本，則太極生陰陽。　南軒張氏曰：「太極函動靜之理者也，有體必有用。　太極之動，始而亨也，動極而靜，利而貞也。動靜之端立，則陰陽之形著矣。一動一靜，互爲其根，動爲靜之根，而靜復爲動之根，非動之能生靜，靜之能生動。動而靜，靜而動，兩端相感，太極之道然也。故曰一闔一闢謂之變，往來不窮謂之通。語其體，則無極而太極，冥漠無朕，而動靜陰陽之理無不具於其中；循其用，則動靜之爲陰陽者，闔闢往來，變化萬物，而太極之體各全其形器之內：此易之所以爲易也。」

「陽變陰合，而生水火木金土，五氣順布，四時行焉。」有太極，則一動一靜而兩儀分；有陰陽，則一變一合而五行具。然五行者，質具於地而氣行於天者也。以質而語，其生之序則曰水火木金土，而水木陽也，火金陰也。以氣而語，其行之序則曰木火土金水，而木火陽也，金水陰也。又統而言之，則氣陽而質陰也。又錯而言之，則動陽而靜陰也。蓋五行之變，至於不可勝窮，然無適而非陰陽之道，至其所以爲陰陽者，則又無適而非太極之本然也。水陰根陽，火陽根陰，錯綜而生，其端乃天一生水，地二生火，天三生木，地四生金；其運行處，則水生木，木生火，火生土，土生金，金又生水，循環相生。陽變陰合，初生水火，水火，氣也，流動閃鑠，其體尚虛，其成形猶未定次，生木金則確然有定形矣。問：「陽變陰合如何？」曰：「陽動而陰隨之。」

「五行一陰陽也，陰陽一太極也，太極本無極也。五行之生也，各一其性。」五行具，則造化發育之具無不備矣，故又即此而推本之，以明其渾然一體，莫非無極之妙，而無極之妙，亦未嘗不各具於一物之中也。蓋五行異質，四時異氣，而皆不能外乎陰陽；陰陽異位，動靜異時，而皆不能離乎太極。至其所以爲太極者，又初無聲臭之可言，是性之本體然也。天下豈有性外之物哉！然五行之生，隨其氣質而所稟不同，所謂各一其性也。各一其性，則渾然太極之全體，無不各具於一物之中，而性之無所不在，又可見矣。

「無極之真，二五之精，妙合而凝，乾道成男，坤道成女。二氣交感，化生萬物，萬物化生，而變化無窮焉。」夫天下無性外之物，而性無不在，此無極、二五所以混融而無間者也，所謂妙合者也。真以理言，無妄之謂也；精以氣言，不二之名也。凝者，聚也，氣聚而成形也，蓋性爲之主，而陰陽、五行爲之經緯錯綜，又各以類凝聚而成形焉。陽而健者成男，則父之道也；陰而順者成女，則母之道也：是人物之始，以氣化而生者也。氣聚成形，則形交氣感，遂以形化，而人物生生變化無窮矣。自男女而觀之，則男女各一其性，而男女一太極也。自萬物而觀之，則萬物各一其性，而萬物一太極也。蓋合而言之，萬物統體一太極也；分而言之，一物各具一太極也。太極便是性，動靜陰陽是心，水火木金土是仁義禮智信，化生萬物是萬事。」又云：「『無極之真，二五之精，妙合而凝』，此數句甚妙，是氣與理合而成性也。」南軒張氏曰：「非無極之真爲一物與二五之精相合也，言無極之真未嘗不存其中也。」愚按：氣化形化本程子説，當考。

「惟人也得其秀而最靈。形既生矣，神發知矣，五性感動而善惡分，萬事出矣。人物之生，莫不有太極之道焉。然陰陽五行，氣質交運，而人之所稟，獨得其秀，故其心爲最靈。而有以不失其性之全，所謂天地之心，而人之極也。然形生於陰，神發於陽，五常之性感物而動，而五性之殊分爲萬事矣。問：「五行之生，各一其性，五性感動而善惡分，此性字是兼氣稟言之否【一六】？」曰：「性離氣稟不得，有氣稟，性方存在裏面，無氣則性亦無所寄矣。」聖人定之以中正仁義，聖人之道，仁義中正而已矣。而主靜，無欲故靜。立人極焉。」此言聖人全動靜之德，而常本於靜也。蓋人稟陰陽、五行之秀氣以生，而聖人之生，又得其秀之秀者，是以其行之也中，其處之也正，其發之也仁，其裁之也義。蓋一動一靜，莫不有以全夫太極之道，而無所虧焉。則向之欲動情勝、利害相攻者於此乎定矣【一七】。然靜者，誠之復而性之貞也。苟非此心寂然無欲而靜，則亦何以酬酢事物之變，而一天下之動哉？故聖人中正仁義，動靜周流，而其動也必主乎靜，此其所以成位乎中，而天地日月四時鬼神有所不能違也。蓋必體立而後用有以行，故程子論乾坤動靜而曰「不專一則不能直遂，不翕聚則不能發散」，亦此意爾。問：「何故不言禮智而言中正？」曰：「中正字尤切。」又曰：「中正二字，較有力。」中者禮之極，正者智之極。伊川解貞字，謂正而固也，一正

【一六】兼氣稟　「稟」原作「其」，據四庫本改。

【一七】利害相攻者　「攻」，乾隆本作「交」。

字未盡，必兼固字，所謂「智之實，知斯二者弗去」是也。知是端的真知，恁地便是正，弗去便是固，所以正字較親切。知是非之正爲智，故《通書》以正爲知。　主靜者，主正與義也，正義便是利貞，中是亨，仁是元。　問：「聖人定之以中正仁義。」曰：「本無先後，此四字配金木水火而言。中有禮底道理，正有智底道理，如《乾》之元亨利貞，元即仁，亨即中，利即義，貞即正，皆是此理。至於主靜，是以正與義爲體，中與仁爲用。聖人只是主靜，自有動底道理。」　中正仁義，四者常在這裏流轉，然常靠着箇靜做本。若無夜，則做得晝不分曉；若無秋冬，則做得春夏不長茂。如人終日應接，須少休歇，便精神較健；如生物而無冬，只管一向生去，元氣也有竭時。中仁是動，正義是靜，《通書》都是恁地説，如云禮先而樂後。　且如四時，有秋冬收斂，則春夏方能生長。若只管生長將去，却有甚了期？便有許多元氣，故復見天地之心，這便是靜後見得動恁地好。　主靜，看「夜氣」一章可見。　問：「無欲故靜。」曰：「欲動情勝，則不能靜。」　聖人定之以中正仁義而主靜，正是要人靜定其心，自作主宰。程子又恐只管靜去，遂與事物不交涉，却説箇敬云。敬則自虛靜，須是如此做工夫。　愚按：自五性感動而善惡分，萬事出，人心之太極始不能自保矣。於是聖人定之以中正仁義而主靜，所以在人之太極，此《中庸》所謂「修道之教」也。中正者，太極之全；仁義者，太極之分。程子嘗謂「中者，天下之大本，天地間亭亭當當、直上直下之正理」，此蓋以形性之本體，故愚敢以中正爲太極之全也。聖人之道，其體配太極，其用配陰陽，以此立道垂教，而使天下之人一惟中正仁義是趨，而向之擾擾不齊者，於是乎定矣。本文言中正仁義者，太極陰陽也；本注言仁義中正者，陰陽太極也：體用互舉，其旨明矣。然仁義性也，謂之用，可乎？蓋自性情言之，則仁義其體，而四端其用也；自太極言之，則仁義爲五行之性，而屬乎用矣。

「君子修之吉，小人悖之凶。」聖人太極之全體，一動一靜，無適而非中正仁義之極，蓋不假修爲而自然也。未至此而修之，君子之所以吉也；不知此而悖之，小人之所以凶也。修之悖之，亦在乎敬肆之間而已矣。敬則欲寡而理明，寡之又寡以至於無，則靜虛動直，而聖可學矣。

故曰：『立天之道曰陰與陽，立地之道曰柔

與剛，立人之道曰仁與義。』又曰：『原始反終，故知死生之説。』陰陽成象，天道之所以立也；剛柔成質，地道之所以立也；仁義成德，人道之所以立也。道一而已，隨事著見，故有三才之別；而於其中，又各有體用之分焉。其實則一太極也。陽也，剛也，仁也，物之始也；陰也，柔也，義也，物之終也。能原其始，而知所以生，則反其終，而知所以死矣。此天地之間，綱紀造化，流行古今，不言之妙。聖人作《易》，其大意蓋不出此，故引之以證其説。大哉《易》也，斯其至矣！」《易》之爲書，廣大悉備，然語其至極，則此圖盡之，其指豈不深哉！抑嘗聞之程子昆弟之學於周子也，周子手是圖以授之。程子之言性與天道，多出於此，然卒未嘗明以此圖示人，是則必有微意焉，學者亦不可不知也。

《通書》曰：「誠者，聖人之本。朱子曰：「誠者，至實而無妄之謂，天所賦、物所受之正理也。人皆有之，而聖人之所以聖者無它焉，以其獨能全此而已。此書與《太極圖》相表裏，誠即所謂太極也。」『大哉乾元，萬物資始』，誠之源也。『乾道變化，各正性命』，誠斯立焉，純粹至善者也。故曰：『一陰一陽之謂道，繼之者善也，成之者性也。』元亨，誠之通。利貞，誠之復。大哉《易》也，性命之源乎！」言乾道之元，萬物所取以爲始者，乃實理流出，以賦於人之本，如水之有源，即圖之陽動也。乾道變化，而萬物各得受其所賦之正，則實理於是而各爲一物之主矣，即圖之陰靜也。純不雜也，粹無疵也，言天之所賦、物之所受，皆實理之本然，無不善之雜也。陰陽氣也，形而下者也；所以一陰一陽者，理也，形而上者也。道即理之謂也，繼之者，氣之方出而未有所成之謂也；善則理之方行而未有所立之名也：陽之屬也，誠之源也。成則物之已成，性則理之已立者也：陰之屬也，誠之立也。元始，亨通，利遂，貞正，乾之四德也。通者方出而賦於物，善之繼也；復者各得而藏於己，性之成也。此於圖已爲五行之性矣。

又曰：「二氣五行，化生萬物，五殊二實，二本則一，是萬爲一，一實萬分，萬一各正，小大有定。」朱子曰：「二氣五行，天之所以賦授萬物而生之者也。自其末以緣本，則五行之異，本二氣之實，二氣之實，又本一理之極，是合萬物而言之，爲一太極而已也。自其本而之末，則一理之實而萬物分之以爲體，故萬物之中各有一太極，而小大之物，莫不各有一定之分也。」問：「如此説則是太極有分裂乎？」曰：「本只是一太極，而萬物各有稟受，又自各全具一太極爾。如月在天，只一而已，及散在江湖，則隨處而見，不可謂月分也。」又云：「所謂分以爲體，不是割成片去，只如月映萬川相似。」

程子曰：「性即理也。」全文見「孟子道性善」注。朱子曰：「伊川此語，自孔、孟後無人見得到此，便是千萬世説性之根基，真有功於聖門。」昔人言性惡、善惡混，都是不曾識性。性只是天理，天理又那得有惡？理是天地間公共之理，人稟得便爲我所有。性是天成許多道理。

張子曰：「乾稱父，坤稱母，予兹藐焉，乃混然中處。朱子曰：「天，陽也，以至健而位乎上，父道也。地，陰也，以其至順而位乎下，母道也。人稟氣於天，賦形於地，以藐然之身，混合無間而位乎中，子道也。然不曰天地，而曰乾坤者，天地其形體也，乾坤其性情也。乾者，健而無息之謂，萬物之所資以始者也。坤者，順而有常之謂，萬物之所資以生者也。是乃天地之所以爲天地而父母乎萬物者，故啟而言之。」故天地之塞，吾其體，天地之帥，吾其性。乾陽坤陰，此天地之氣塞乎兩間，而人物所資以爲體者也，故曰「天地之塞，吾其體」。乾健坤順，此天地之志爲氣之帥，而人物所得以爲性者也，故曰「天地之帥，吾其性」。深察乎此，則父乾母坤混然中處之實可見矣。問：「《西銘》之義。」曰：「緊要血脈，盡在『其體』、『其性』二句。」民吾同胞，物吾與也。」人物並生於天地之間，其所資以爲體者，皆天地之塞；其所得以爲性者，皆天地之帥也。然體有偏正之殊，故其於性也，不無明暗之異。惟人也，得其形氣之正，是以其心最靈，而有以通乎性命之全體於並生之中，又爲同類而最貴焉，故曰「同胞」，則其視之也，皆如己之兄弟矣。物則得夫形氣之偏，而不能通乎性命之全，故與我不同類而不若人之貴，然原其體性之所自，是亦本之天地而未嘗不同也，故曰「吾與」，則其視之也，亦如己之儕輩矣。惟同胞也，故以天下爲一人，如下文之云惟吾與也，故凡有形於天地之間者，若動若植，有情無情，莫不有以若其性，遂其宜焉。此儒者之道，所以必至於參天地、贊化育，然後爲功用之全，而非有所强於外也。《西銘》全文見《傳道》篇，今摘其首章論體性之所自出者載于此。昔游先生見《西銘》，即涣然不逆於心，曰此《中庸》之理也。明道先生稱其能求之語言之外，近世學者或未喻其旨。愚謂《中庸》綱領，在性、道、教三言，而終篇之義，無非教人以全天命之性。《西銘》綱領亦止在『其體』、『其性』之二言，而終篇反復推明，亦欲人不失乾父坤母之所賦予者，爲天地克肖之子而已。故游先生以爲即《中庸》之理也，豈不信哉！

又曰：「生者，萬物之一源。」朱子曰：「所謂性者，人物之所同得：非惟己有是，人亦有是；非惟人有是，物亦有是。」

右專言天命之性

甲集二

子曰：「性相近也，習相遠也。」朱子曰：「此所謂性兼氣質而言也。氣質之性，固有美惡之不同矣，然以其初而言，則皆不甚相遠也。但習於善則善，習於惡則惡，於是始相遠爾。」程子曰：「此言氣質之性，非言性之本也。若言其本，則性即是理，理無不善，孟子之言性善是也，何相近之有哉？」或問：「氣質之性，何也？」曰：「天地之所以生物者，理也。其生物者，氣與質也。人物得是氣質以成形，而其理之在是者，則謂之性。然所謂氣質者，有偏正、純駁、昏明、厚薄之不齊，故性之在是者，其爲品亦不一。所謂氣質之性者，告子所謂生之謂性【一】，程子所謂生質之性，所稟之性，所謂才者，皆謂是也。然其本然之理，則純粹至善而已，所謂天地之性者也。孟子所謂性善，程子所謂性之本，所謂極本窮原之性，皆謂此也。若夫子此章論性而以相近而言，則固指夫氣質而言之矣。」

子曰：「惟上知與下愚不移。」人之氣質相近之中，又有美惡一定，而非習之所能移者。程子曰：「人性本善，有不可移者。何也？語其性則皆善也，語其才則有下愚之不移。所謂下愚有二焉：自暴、自棄也。人苟以善自治，則無不可移，雖昏愚之甚者，皆可漸摩而進也。惟自暴者拒之以不信，自棄者絕之以不爲，雖聖人與居，不能化而入也。仲尼之所謂下愚也。然其質非必昏且愚也，往往彊戾而才力有過人者，商辛是也。聖人以其自絕於善，謂之下愚，然考其歸，則誠愚也。」或問：「云云，然則終不可移也耶？」曰：「以聖人之言觀之，則曰不移而已，不曰不可移也。以程子之言考之，則曰以其不肯移，而後不可移耳。」蘇氏說：「但泛言人才之短長瑕瑜，未曾言狂惘之可移也。柴、參亦不當以下愚例論。蓋『不移』二字，是承上知下愚兩端而言，不當專以下愚論之。蓋上知者，知之上，非尋常之知。下愚者，愚之下，亦非尋常之愚也。知之上者，固不可移而之惡矣。愚之下者，雖有可移之理，而無肯移之心，則亦

校勘記

【一】告子所謂　「告」，四庫本、乾隆本作「孟」。

終於不可移而已，故曰『考其歸則誠愚也』。」

周子曰：「性者，剛柔善惡，中而已矣。朱子曰：「此所謂性以氣稟而言也。」不達，曰剛善爲義，爲直，爲斷，爲嚴毅，爲幹固；惡爲猛，爲隘，爲彊梁。柔善爲慈，爲順，爲巽；惡爲懦弱，爲無斷，爲邪佞。剛柔固陰陽之大分，而其中又各有陰陽以爲善惡之分焉。惡者固爲非正，而善者亦未必皆得乎中也。惟中也者，和也。中節也，天下之達道也，聖人之事也。以得性之正而言也，然其以和爲中，與《中庸》不合，蓋就已發無過不及者言之。故聖人立教，俾人自易其惡，自至其中而止矣。」易其惡，則剛柔皆善，有嚴毅慈順之德，而無彊梁懦弱之病矣。至其中，則或爲嚴毅，或爲慈順，又皆中節，而無太過不及之偏矣。四者之中，去却剛惡柔惡，却於剛柔二善中，擇善而主焉。

程子曰：「論性不論氣，不備；論氣不論性，不明。二之則不是。」朱子曰：「孟子説性善，是論性不論氣，荀、揚而下，論氣不論性。孟子終是未備，所以不能杜絶荀、揚之口。然不備但少欠耳，不明則大害事。」天命之性若無氣質，却無安頓處。且如一勺之水，非有物盛之，則水無歸着。程子此論，所以發明千古聖賢未盡之意，甚爲有功。濂溪《太極圖》説陰陽五行之變不齊，二程因此推出氣質之性。纔説性時，便有氣質在裏。氣是無形之物【二】，才是有形之物，便有美惡。二氣五行，何嘗不正？只衮來衮去，便有不正。如陽爲剛躁，陰爲重濁之類。氣升降，無時止息，理只附氣。惟氣有昏濁，理亦隨而間隔。性之善，只一般氣便有不齊處。因指天氣曰：「且如清明舒豁時，便是好底氣。稟得這般氣，豈不好？到陰沉黯淡時，便是不好底氣。稟得這般氣，如何好？必竟好底氣常少，不好底氣常多，且以一歲觀之，不冬暖便夏寒，不愆陽便伏陰，要得氤氳不寒不暖，恰好底天氣，能幾時有？所以爲聖賢者常少，昏昧愚狠者常多。」問：「天地之性既善，則氣稟之性如何不善？」曰：「理固無不善，纔

【二】無形之物　「無」原作「有」，據四庫本改。

賦於氣質，便有清濁、偏正、剛柔、緩急之不同。蓋氣强而理弱，理管攝他不得。」大凡稟得一邊重，便占了其它底，如慈愛底人少斷制，斷制之人多殘忍。門人有言性如日月，氣濁者如雲霧。先生以爲然。舊見病翁云：「伊川言氣質之性，正猶佛書所謂水中鹽味，色裏膠青。」人性雖同，稟氣不能無偏重。有得木氣重者，則惻隱之心常多；有得金氣重者，則羞惡之心常勝。水火亦然。唯陰陽合德，五性全備，然後中正而爲聖人也。問：「人有敏於外而内不敏，又有敏於内而外不敏，莫是稟氣强弱。」曰：「不然。《淮南子》曰：『金水内明，日火外明。』氣偏於内，故内明；氣偏於外，則外明。」性譬之水，本皆清也。以浄器盛之則清，不浄器盛之則臭，以污泥之器盛之則濁。本然之清，未嘗不在，但既臭濁，猝難得便清，故雖愚必明，雖柔必强也，煞用氣力，然後能至。人之所以生，理與氣合而已。天理固浩浩不窮，然非有是氣，則理無所寓。故必二氣交感，凝結生聚，然後是理有所附著。凡人之能言語、動作、思慮、營爲，皆氣也，而理存焉。故發而爲孝弟、忠信、仁義、禮智，皆理也。然而二氣五行，交感萬變，故人物之生有精粗之不同。人得其正且通者，物得其偏且塞者。就人所稟而言，又有昏明、清濁之異，故上知生知之資是氣清明純粹，而無一毫昏濁，所以生知安行不待學而能，如堯、舜是也。其次則亞於生知，必學而後知，必行而後至。又其次者，資稟既偏，又有所蔽，須是痛加工夫，方能及亞於生知者。及進而不已，則成功一也。氣質之説，起於張、程，極有功於聖門，有補於後學，前此未曾有人説到，故張、程之説立，則諸子之説泯矣。有人能盡通天下利害而不識義理，或工於百工技藝而不解讀書【三】。如虎豹知有父子，蜂蟻只知君臣。惟人亦然，或知孝於親而薄於它人。是它性中只通得一路，故於它處皆礙。荀子只見得不好人底性，便説做惡。揚子見半善半惡人，便説善惡混。韓子見天下有許多般人，所以立爲三品之説。就三子中，韓子説又較近，只是中間過接處，少箇氣字。《書》説「天錫王勇智，亶聰明，作元后」，即是氣質之意。

程子曰：「生之謂性。性即氣，氣即性，生之謂也。人生氣稟，理有善惡，然不是性中元有此兩物相對而生也。有自幼而善，有自幼而惡，是氣稟有然也。善固性也，然惡亦

【三】工於百工技藝　前「工」字原作「二」，據四庫本、乾隆本改。

不可不謂之性也。蓋『生之謂性』、『人生而靜』以上不容説，纔説性時，便已不是性也。凡人説性，只是説『繼之者善也』，孟子言人性善是也。夫所謂『繼之者善』也者，猶水流而就下也。皆水也，有流而至海終無所污，此何煩人力之爲也。有出而未遠固已漸濁，有出而甚遠方有所濁，有濁之多者，有濁之少者，清濁雖不同，然不可以濁者不爲水也。如此，則人不可以不加澄治之功。故用力敏勇則疾清，用力緩怠則遲清。及其清也，則却只是元初水也，不是將清來换却濁，亦不是取出濁來置在一隅也。水之清，則性善之謂也。故不是善惡在性中爲兩物相對，各自出來【四】。此理，天命也。順而循之，則道也。循此而脩之，各得其分，則教也。自天命至於教，我無加損焉，此『舜有天下而不與焉』者也【五】。」朱子曰：「性即氣，氣即性。此言人生性與氣混合，有此氣爲人，則理具於身，方可謂之性。」理有善惡，此理字不是説實理【六】，猶云理當如此。問：「惡是氣稟，如何云亦不可不謂之性？」曰：「既是氣稟，惡便牽引那性不好。蓋性只是搭附在氣稟上。説性本善，今乃惡，亦是此性爲氣所汩。正如水爲沙泥所混，不成不唤做水。」性自稟賦而言，「人生而靜」以上未有形氣，理未所受，安得謂之性？問：「繼之者善，如何便指作性？」曰：「此是就人身上説『繼之者善』，若就向上説，則天理方流出，亦不可不謂之性。」性者渾然天理而已，纔説性時，便已帶氣矣。「人生而靜」以上不容説，乃天命之本體也。纔説性時，便已兼氣稟而言，「人生而靜」以上，只説得是天道，下「性」字不得。「人生而靜」這「生」字已帶氣質了，「生而靜」以上，便只是理。程先生説性有本然之性，有氣質之性。人具此形體，便是氣質之性。「纔説性」，此「性」字是雜氣質與本來性説，便已不是性，這「性」字，却是本然性。纔説氣質底，便不是本來底也。問：「明道言今人説性，只是説繼之者善，如孟子言性善是也。此莫是説性之本體不可言。凡言

【四】各自出來　「各自」原脱，據四庫本補。

【五】而不與焉者　「焉者」原脱，據四庫本、乾隆本補。

【六】不是説實理　「説」，四庫本作「真」。

性者，只是説性之流出處，如孟子言『乃若其情，則可以爲善』之類否？」先生然之。　「《易》言『繼善』，是説天道流行處，《孟子》言『性善』，是説人性流出處。明道是假彼以明此否？」曰：「然。此繼之者善也者，指發處而言，性之在人，猶水之在山，其清不可得而見，流出而見其清，然後知其本清也。所以孟子只就見孺子入井，皆有怵惕惻隱之心處，指以示人，使知性之本善也。《易》所謂『繼之者善』，在性之先，此所引『繼之者善』，在性之後。蓋《易》以天道之流行者言，此以人性之發見者言。唯天道流行如此，所以人性發見亦如此。」勉齋黄氏曰：「所譬水處尋常作兩截看，猶『水流而就下』一句，以『就下』譬性之善。孟子所謂『人無有不善，水無有不下』者也，此結上文。『人生而静』以上不容説，以下一段之意，皆水也，又是發端，别説人生氣稟不同，而性亦隨異，故有此五者之分：有無所汙者，氣之清明純粹者也；有未遠而漸濁；有已遠方濁；有濁多；有濁少。觀其文勢，皆以『有』字冠其上，則可見矣。」　愚按：《朱子語録》有問「水流就下以後，此是説氣稟否？若説氣稟，則生下已定，安得有遠近之别？」先生曰：「此是夾習説，愚謂黄氏『氣稟不同，性亦隨異』之云，最得此段之意。蓋人之氣稟，有至善而不可移奪者，有善少惡多而易於移奪者，有善多惡少而難於移奪者。凡皆指氣稟而言，不必兼習説也。」所記恐誤，當更詳之。　愚謂性之不能離乎氣，猶水之不能離乎土也。性之善，本不雜乎氣，亦猶水之清本不雜乎土也。雖不雜乎氣，而氣汩之，則不能不惡矣。雖不雜乎土，而土汩之，則不能不濁矣。然清者其先，而濁者其後也。善者其先，而惡者其後也。先善者，本然之性也。後惡者，形而後有者也。故所謂善者，超然於降衷之初；而所謂惡者，雜出於有形之後。其非相對而並出也，昭昭矣。故張子曰：「形而後有氣質之性，善反之，則天地之性存焉。故氣質之性，君子有弗性者焉。」程子曰：「性即理也，天下之理原其所自，未有不善。喜怒哀樂未發，何嘗不善？發而皆中節，則無往而不善。凡言善惡，皆先善而後惡；言吉凶，皆先吉而後凶；言是非，皆先是而後非。」觀二先生之言，則本然之性與氣質之性，其先後、主賓、純駁之辨【七】，皆判然矣。

又曰：「夫動静者，陰陽之本，况五氣交運，則益參差不齊矣。賦生之類，宜其雜揉

【七】純駁之辨　「駁」原作「駮」，據四庫本改。爲方便讀者，本書異體字多改爲常用字體，下同。

者衆，而精一者間或值焉。以其間值之難，則其數不能長，亦宜矣。」朱子曰：「此一節全用《太極圖》及《通書》中意。」又曰：「二氣交運兮，五行順施。剛柔雜揉兮，美惡不齊。稟生之類兮，偏駁其宜。有鍾粹美兮，會元之期。聖雖學作兮，所貴者資。便儇皎厲兮，去道遠而。」

張子曰：「形而後有氣質之性，善反之，則天地之性存焉。故氣質之性，君子有弗性者焉。」龜山楊氏曰：「人所資稟，固有不同。若論其本，則無不善，此孟子所以言性善也。横渠説氣質之性，亦以人之性有剛柔、緩急、强弱、昏明而已，非謂天地之性然也。今夫水，清者其常然也，至於湛濁，則沙泥混之爾。沙泥皆去，則其清自若也。是故君子於氣質之性，必有以變之，其澄濁而求清之義歟？」朱子曰：「有天地之性，有氣質之性。天地之性，則太極本然之妙，萬殊之一本也。氣質之性，則二氣交運而生，一本而萬殊也。」天地之性是理也，纔到有陰陽五行處，便有氣質之性，於此便有昏明、厚薄之殊。論天地之性，則專指理而言；論氣質之性，則以理與氣雜而言之。氣質是陰陽五行所爲【八】，性即太極之全體，但論氣質之性，即此體墮在氣質之中耳，非别有一性也。舜論「寬而栗」等，及臯陶論「九德」，所説是反氣質之意。吴伯豐曰：「匡衡論治性，亦是氣質。」黄㽦云：「『寬而栗』下一字，便是工夫。」先生然之。或問：「若是氣質不善，可以變否？」曰：「須是變化而反之。如人百己千，則『雖愚必明，雖柔必强』。」問：「季通主張氣質太過。」曰：「氣質也是重，被它生壞了後，理終是拗不轉來。」又曰：「陳了翁云氣質之用狹，道學之力大，與季通説正相反。若論其至，不可只靠一邊，如了翁之説，則何故自古只有許多聖賢？如季通之説，則人皆委之於生質，更不修爲。須是看人工夫多少如何，若工夫未到，則氣質之性不得不重；若工夫至，則氣質豈得不聽命於義理？」問：「氣稟在人身，既復天理，氣稟還去得否？」曰：「天理既明，則彼如何着得。」南軒張氏曰：「學者須是變化氣質，或偏於剛，或偏於柔，必反之。如禽獸是其氣質之偏，不能反也。人若不知自反，則天性日以遠矣。若變化得過來，只是本性所有，初未嘗增添，故言性者須分别出氣質之性。」勉齋黄氏曰：「自孟子言性善，而

【八】氣質是陰陽　「是」字原脱，據《晦庵集》卷六十一補。

荀卿言性惡，揚雄言善惡混，韓文公言性有三品，及至横渠、張子，又分爲天地之性、氣質之性，然後諸子之説始定。性善者，天地之性也，餘則所謂氣質之性也。然嘗疑之，張子所謂氣質之性形而後有，則天地之性乃未受生以前，天理之流行者也，故又以爲極本窮源之性，而又以爲萬物一源。如此，則可以謂之命，而不可以謂之性也。程子又有『人生而靜以上不容説』之語，又於所作《好學論》言性之本而後言形既生矣，則又疑所謂天地之性指命而言。命固善矣，於人性果何預乎？曰：程、張之論，非此之謂也。蓋自其理而言之，不雜乎氣質而爲言，則是天地賦與萬物之本然者，而寓乎氣質之中也，故其言曰『善反之，則天地之性存焉』。蓋謂天地之性，未嘗離乎氣質之中也。而其以天地爲言，特指其純粹至善，乃天地賦予之本然也。曰：形而後有氣質之性，而有善惡不同，何也？曰：氣有偏正，則所受之理隨而偏正；氣有昏明，則所受之理隨而昏明。木之氣盛，則金之氣衰，故仁常多而義常少；金之氣盛，則木之氣衰，故義常多而仁常少。若此者，氣質之性有善惡也。曰：既言氣質之性有善惡，則不復有天地之性矣。《子思子》又有未發之中【九】，何也？曰：性固爲氣質所雜矣，然方其未發也，此心湛然，物欲不生，則氣雖偏而理自正，氣雖昏而理自明，氣雖有嬴乏，而理則無勝負。及其感物而動，則或氣動而理隨之，或理動而氣挾之，由是至善之理聽命於氣，善惡由之而判矣。此未發之前，天地之性純粹至善，而子思之所謂中也。《記》曰：『人生而靜，天之性也。』程子曰：『其本也真而靜，其未發也五性具焉，則理固有寂感，而靜則其本也，動則有萬變之不同焉。』愚嘗以是而質之先師矣，答曰：『未發之前，氣不用事，所以有善而無惡。』至哉，此言也！」愚按：張子有言：「爲學大益，在自求變化氣質。」此即所謂善反之也。程子亦曰：「學至氣質變，方是有功。」是亦張子之意。

又曰：「凡物莫不有是性，由通蔽開塞，是以有人物之别。由蔽有厚薄，故有智愚之别。塞者牢不可開，厚者可以開而開之也難，薄者開之也易，開則達于天道，與聖人一。」

藍田吕氏曰：「人受天地之中，其生也，具有天地之德。柔强、昏明之質雖異，其心之所

【九】子思子又有　後「子」原作「千」，據四庫本改。

然者皆同。特蔽有淺深，故别而爲昏明；稟有多寡，故分而爲强柔；至於理之所同然，則聖愚有所不異。盡己之性，則天下之性皆然，故能盡人之性。蔽有淺深，故爲昏明；蔽有開塞，故爲人物。稟有多寡，故爲强柔；稟有偏止，故爲人物。故物之性與人異者幾希，惟塞而不開，故知不若人之明；偏而不正，故才不若人之美。然人有近物之性者，物有近人之性者，亦繫乎此。於人之性，開塞偏正，無所不盡，則物之性，未有不能盡也。己也，人也，物也，莫不盡其性，則天地之化幾矣。」問：「張、吕二説，孰爲親切？」朱子曰：「不如與叔分别得分曉。」又吕氏論「人百己千」一節，是亦變化氣質之意，見《言誠》篇，當參玩。

右兼論氣質之性

《易》：乾道變化，各正性命。程子曰：「乾道變化，生育萬物，洪纖高下，各以其類，各正性命也。天所賦爲命，物所受爲性。」

孟子曰：「口之於味也，目之於色也，耳之於聲也，鼻之於臭也，四肢之於安佚也，性也，有命焉，君子不謂性也。朱子曰：「程子曰：『五者之欲，性也，然有分不能皆如其願，則是命也。不可謂我性之所有，而求必得之也。』今按不能皆如其願，不止爲貧賤，蓋雖富貴之極，亦有品節限制，則是亦有命也。」仁之於父子也，義之於君臣也，禮之於賓主也，智之於賢者也，聖人之於天道也，命也，有性焉，君子不謂命也。」程子曰：「仁義禮智，天道在人，則賦於命者，所稟有厚薄清濁，然而性善可學而盡，故不謂之命也。」張子曰：「晏嬰智矣，而不知仲尼。是非命耶？」今按所稟者厚而清，則其仁之於父子也至，義之於君臣也盡，禮之於賓主也恭，智之於賢否也哲，聖人之於天道也無不脗合，而純亦不已焉。薄而濁，則反是，是皆所謂命也。或曰「者」當作「否」，「人」衍字，更詳之。 聞之師曰：「此二條者，皆性之所有，而命於天者也。然世之人，以前五者爲性，雖有不得而必求之；以後五者爲命，一有不至，則不復致力，故孟子各就其重處言之，以伸此而抑彼也。張子所謂『養則付命於天，道則責成於己』，其言約而盡矣。」 問：「君子不謂性。」曰：「這性字不全是。就理上説，口之欲食，目之欲色，以至耳、鼻、四肢之欲，固是天理之自然。然理附於氣，這許多都從血氣軀殼上發出來，故君子不當以此爲主，而以天命之理爲主。」「君子不謂命」，命字有兩説：一以所稟言之，一以所值言之。《集注》是以所稟言。「性也，有命焉」，此「性」字兼氣稟而言。「命也，有性焉」，此「性」字專言其理。 兩「性」字、兩「命」字都不同。上面「性」字是人心，下面「性」字是道心。上面「命」字是氣，論貧富貴賤，下面「命」字是理，論智愚賢不肖。 問：「君子不謂性命。」曰：「此不難解，只將自家身看便見。且如嗜芻豢而厭藜藿，是性如此，然芻豢分無可得，只得且食藜藿。如父子有親，然有相愛者，有不相愛者，有相愛深者，有相愛淺者，此便是命。然在我有薄處，便當勉强以致其厚；在彼有薄處，吾當致厚以感它，如舜於瞽瞍是也。 問「有命焉之命」。曰：「此『命』字却合理與氣而言，蓋五者之欲，固是人性，然有命分。既不可謂我性之所有，而必求得之，又不可謂我分可以得，而必極其欲。如貧賤不能如願，此固分也。富貴之極，可以無所不爲，然亦有限節裁制，又當安之於理。如紂酒池肉林，却是富貴之極，而不知限節之意。若以其分言之，固無不可爲，但道理却恁地不得。今人只説得一邊，不知合而言之，未嘗不同也。『命也，有性焉』，此『性』字却指理而言，如舜遇瞽瞍，固是氣數，然舜惟尽事親之道，期於底豫，此所謂盡性。大凡清濁厚薄之稟，皆命也。所造之有淺有深，所遇之有應有不應，皆清濁厚薄之分不同。且如聖人之於天道，如堯、舜則是性之，湯、武則是身之，禹則入聖域而不優，此是合下所稟有異。但其命雖如此，又有性焉，但當盡性而已，故不謂命。」 《孟子》此章只要遏人欲，長天理，故於人説性處，便曰有命；人説命處，却曰有性。

程子曰：「天之付與，謂之命。稟之在我，謂之性。」

問：「『純亦不已』理乎？氣乎？」朱子曰：「理也。天命之謂性，亦理也。天命猶君之命令，性猶受職於君，氣猶有能守職者，有不能守職者。」問：「性分、命分何以别？」曰：「性分以理言之，命分則兼氣言之也。命有厚薄多寡之不同，性則一而已矣。」

右兼言性命

《易大傳》：窮理盡性，以至於命。程子曰：「窮理盡性以至於命，其序不得不然，其實能窮理，便盡性至命。」又曰：「三事一時並了，元無次序，不可將窮理作知之事。若實窮得理，即性命亦可了。」又曰：「窮理盡性矣。曰以至於命，則全無着力處。」又曰：「理也，性也，命也，三者未嘗有異。窮理則盡性，盡性則知天命矣。天命猶天道也，以其用而言之，則謂之命。命者，造化之謂也。」張子曰：「二程解『窮理盡性以至於命』，只窮理便至於命，失於太快。此義儘有次序，須是窮理，便能盡得己之性，則推類又盡人之性。既盡得人之性，須是并萬物之性，一齊盡得，如此然後至於天道也。其間煞有事，豈有當下理會了？學者須是窮理爲先，如此方有學。今言知命與至於命，儘有近遠，豈可以知便謂之盡也？」朱子曰：「窮理是理會得道理窮盡，盡性是做到盡處。」問：「程、張之説，孰是？」曰：「各是一説。程子皆以見言，不如張子有作用。窮理是見，盡性是行，覺程子説得快了。如爲子知所以孝，爲臣知所以忠，此窮理也。爲子能孝，爲臣能忠，此盡性也。能充其性之所有，方是盡。性命謂天之所以予我者。」問云云。曰：「此本是説《易》，諸家借來就人上説，亦通。」

程子曰：「盡性至命，必本於孝悌。」問：「《明道行狀》云云，不識孝悌何以能盡性至命也？」程子曰：「後人便將性命别作一般事説了。性命孝弟，只是一統底事。就孝弟中便可盡性至命。如洒掃應對與盡性至命，亦是一統底事。無有本末，無有精粗，却被後來人言性命者，别作一般高遠説。故舉孝悌，是於人切近者言之，然今時非無孝弟之人，而不能盡性至命者，由之而不知也。」

張子曰：「德不勝氣，性命於氣；德勝其氣，性命於德。窮理盡性，則性天德，命天理。氣之不可變者，獨死生壽夭而已。」朱子曰：「横渠只是説性與氣，皆從上面流下來。自家之德，若不能有以勝其氣，只是承當得那所賦之氣。若德有以勝其氣，則我之所以受其賦予者，皆是德。故窮理盡性，則我之所受皆天之德，其所以賦予我者，皆天之理。氣之不可變者，惟死生壽夭而已。蓋死生壽夭、富貴貧賤，這却還它氣。至仁之於父子，義之於君臣，這箇却須由我。」性命於氣，性命於德，性命是兩字。勉齋黄氏曰：「性命一也，天所賦爲命，物所受爲性。性命係於氣，則天之所賦、吾之所受者，剛柔通塞，受制於不齊之氣【一〇】。性命純乎德，則天之所賦、吾之所受者，中正純粹，皆原於固有之德。窮理盡性，則不但德勝其氣而已，且將性命於天矣。天德天理，德以所得者而言，理以本然者而言，故性曰天德，命曰天理，亦一而已，非二物者。如此則氣之偏者變而正，柔者變而强，昏者變而明矣。其不可變者，死生壽夭有定數也。」李公晦曰：「此言義理，與氣質相爲消長。義理之力微，則氣用事。性命之正局於氣禀，氣禀之偏實爲之主，日用之間，大抵皆氣之爲也。義理之力强，則德用事，性命之正發於德行，氣質之偏消靡退聽，日用之間，大抵皆德之爲也。若夫學問已臻其極，則義理昭融，渣滓渾化【一一】，日用之間無非天道之流行矣。氣之可變者，莫不盡變，其不可變者數而已矣。」

邵子曰：「天使我有是之謂命，命之在我之謂性，性之在物之謂理。」

問：「天與命、性與理，四者之别。天則就其理之自然言之，命則就其流行而賦於物者言之，性則就其全體而萬物所得以爲生者言之，理則就事事物物各有其則者言之。合

【一〇】受制於不齊之氣　「制」字模糊不清，四庫本作「皆受於不齊之氣」。

【一一】渣滓渾化　「渣」原作「查」，據四庫本改。

而言之，則天即理也，命即性也，性即理也，是如此否？」朱子曰：「然。」但今人説天，非蒼蒼之謂，以某看來，亦捨不得那蒼蒼底。　愚謂蒼蒼者，天之形色也。曰理，曰性，曰命，天之道也。知以蒼蒼者爲天，而不知理性命之皆天，固失之矣。知理性命之皆天，而以蒼蒼者非天，則失之尤甚者也。程子曰：「天者，天之形體。乾者，天之性情。性情非在形體之外也。」深味此言，則天之爲天可知矣。

《詩》：「維天之命，於穆不已。」毛氏曰：「孟仲子曰：『大哉，天命之無極！』」鄭氏曰：「命猶道也，天之道於乎美哉！動而不止，行而不已。」程子曰：「天命即天道也。」朱子曰：「維天云云，萬古只如此。」問：「『維天之命，於穆不已』，蓋一元之氣運行無息，所謂『天行健』者也【一二】。」南軒張氏曰：「天命且於理上推原，未可只去一元之氣上看。」

子曰：「五十而知天命。」朱子曰：「天命即天道之流行而賦於物者，乃事物所以當然之故也。」程子曰：「知天命，窮理盡性也。」或問：「所謂知天命者，何也？」曰：「天道運行，賦與萬物，莫非至善無妄之理而不已焉，是則所謂天命者也。物之所得是之謂性，性之所具是之謂理，其名雖殊，其實則一而已。」「程子之直以窮理盡性言之，何也？」曰：「程子之意，蓋以理也、性也、命也，初非二物而有是言耳。夫三者固非二物，然隨其所在而言，則亦不能無小分別。蓋理以事別，性以人殊，命則天道之全，而性之所以爲性，理之所以爲理者也。自天命者而觀之，則性理云者，小德之川流；自性理者而觀之，則天命云者，大德之敦化也。故自窮理盡性而知天命，雖非有漸次階級之可言，然其爲先後，則亦不能無眇忽之間也。」「然或者又以天命爲窮達之命，則所知云者，又若別有所屬也。然則命有二乎？」曰：「命一也，但聖賢之言，有以其理而言者，有以其氣而言者。以理言者，此章之云是也；以氣言者，窮達有命云者是也。讀者各隨其語意而推之，則各得其當而不亂矣。」問云云。先生曰：「上蔡云：『性之所自來，理之所自出。』此兩句甚好。子貢謂夫子言性與天道，性便是自家底，天道便是上面腦子。上面有箇腦子，下面便有許多物事，

【一二】天行健　「健」原作「徤」，據四庫本改。

《太極圖》便是發明此理。箕子爲武王陳《洪範》，先言五行，次言五事。蓋在天則爲五行，在人則爲五事。知之者，須是知得箇模樣形體如何。舊見李先生云『且靜坐體認作何形象』，此箇道理，大則包括乾坤提挈造化，細則入毫釐絲忽裏去，無遠不周，無微不到，但須是見得箇周到底是何物。」問：「知天命與不知命之命，如何？」曰：「不同。知天命謂知其理之所自來，譬之於水，人知其爲水，聖人則知其發源處，不知命却是説死生壽夭、貧富貴賤之命。」

子罕言利，與命與仁。程子曰：「命之理微，仁之道大。」

伯牛有疾，子問之。自牖執其手，曰：「亡之，命矣夫，斯人也而有斯疾也，斯人也而有斯疾也。」朱子曰：「命謂天命，言此人不應有此疾，而今乃有之是，乃天之所命也。」或問：「曰命者，何如也？」曰：「有生之初，氣質之禀，蓋有一定而不可易者，孟子所謂『莫之致而致』者也。」南軒曰：「如顔子、伯牛之死，乃可謂之命。蓋其脩身盡道，以至於所爲謹疾者，亦無有憾而止於是焉，則曰『命也』。若有取死召疾之道，則是有所致而至，而非天命之正矣，孟子所謂『立乎巖牆之下』者也。」

司馬牛憂曰：「人皆有兄弟，我獨亡。」子夏曰：「商聞之矣：死生有命，富貴在天。」朱子曰：「命禀於有生之初，非今所能移。天莫之爲而爲，非我所能必，但當順受而已。」富貴在天，非我所與，如有爲之主宰然。南軒曰：「知死生之有命，則當受其正而已。知富貴之在天，則當行吾義而已。」《集義》張子曰：「論死生，則曰有命，以言其氣也；語富貴，則曰在天，以言其理也。」

孟子曰：「舜、禹、益相去久遠，其子之賢不肖皆天也，非人之所能爲也。莫之爲而爲者，天也；莫之致而至者，命也。」朱子曰：「以理言之謂之天，自人言之謂之命，其實則一而已。」

孟子曰：「莫非命也，順受其正。朱子曰：「人物之生，吉凶禍福皆天所命，故君子脩身以俟之，所以順受乎此也。」是故知命者，不立乎巖牆之下。命謂正命。盡其道而死者，正命也。盡其道，則所值之吉凶皆莫之致而至者矣。桎梏死者，非正命也。」上章脩身俟之，所以立命。見「盡心知性」章。

程子曰：「命者，天之付與，如命令之命。」《中庸》「人德必受命」章，程子曰：「『知天命』，是達天德也。『必受命』，是得其應也」云云。天之報應，皆如影響，得其報者是常理也，不得其報者非常理也。然而細推之，則須有報應。但人以淺狹之見求之，便以爲差互。天命不可易也，然有可易者，唯有德者能之。如脩養之引年，世祚之祈天永命【一三】，常人之至於聖賢，皆此道也。」

又曰：「言天之自然者，謂之天道；言天之付與萬物者，謂之天命。」

朱子曰：「天非氣，無以命於人；人非氣，無以受天所命。」問：「命字有專以理言者，有以氣言者。」曰：「也都相離不得，云云。」問：「先生説命有兩種，一種是貧富貴賤、死生壽夭，一種是清濁偏正、智愚賢不肖，一屬氣，一屬理。以某觀之，兩者皆似屬氣。蓋智賢愚不肖、清濁偏正，亦氣之爲也。」曰：「固然，性則是命之理而已。」問：「天地間只是一氣，所以爲壽夭者此氣也，所以爲賢愚者，亦此氣也。今觀盗跖極愚而壽，顔子極賢而夭，如此則壽夭之氣與賢愚之氣，或有異矣。明道《程邵公誌》謂：『其得氣之精一，而數之局者歟？』詳味此説，氣有清濁，有短長。其濁者固所以爲愚，然雖濁而長，故其數亦長。不知果然否？」先生曰：「此説得之。貴賤貧富亦是如此，但三代以上氣數醇醲，故氣之清者必厚必長，聖賢皆且壽且富，以下反是。」問：「命之不齊，恐不是真有爲之賦予者。蓋二氣五行經緯錯綜，未免參差，而人之受之，隨其所值，亦各不齊然。其所以然，蓋非人力所與，故亦謂天所命。不審是否？」先生曰：「只是從大原中流出來，不是真有爲之賦予者。據《詩》、《書》所説，如『帝乃震怒』之類，便似有箇人在上恁地分付。要之，只是理如此，天下莫尊於理，故以帝名之。『惟皇上帝，降衷于下民』，降便有主宰意。」又問：

【一三】世祚之祈天　「世」原作「出」，據四庫本、乾隆本改。

「『大哉乾元，萬物資始。乾道變化，各正性命。』萬物盈乎兩間，生生不窮，日往則月來，寒往則暑來，風雷之所以鼓動，山川之所以流峙，皆是蒼蒼在上者，有以主其造化之權邪？抑只是太極爲萬化樞紐，萬物自然如此？」曰：「此與前只一意。」因問：「數家之學，如邵康節之説，謂皆一定而不可易，不知如何？」曰：「只是陰陽盛衰消長之理，大數可見，然聖賢不曾主此説。如今人説康節之數，謂它説一事一物皆有成敗之時，説得都膚淺了。」

右專言命 《詩》、《書》所言國祚短長之命，不入此。

《記·樂記》：人生而静，天之性也。感於物而動，性之欲也。朱子曰：「此言性情之妙，人之所生而有者。蓋人受天命之正以生，其未感也，純粹至善，萬理具焉，所謂性也。然人有是性，則有是形。有是形，則有是心，而不能無感於物。感而動，則性之欲者出焉，而善惡於是乎分矣。性之欲，即所謂情也。」物至知知，然後好惡形焉。上言性情之别【一四】，此指情之動處爲言，而性在其中也。物至而知，知之者，心之感也。好好惡惡者，情也。形焉者，其動也，所以好惡而有自然之節者，性也。好惡無節於内，知誘於外，不能反躬，天理滅矣。此言情之所以流，而性之所以失也。情之好惡，本有自然之節，惟其不自覺知，無所涵養而大本不立，是以天則不明於内，外物又從而誘之，此所以流濫放逸而不自知也。苟能於此覺其所以然者，而反躬以求之，則其流庶乎其可制也。不能如是，而惟情是徇，則人欲熾盛而天理滅息，尚何難之有哉！此一節正天理人欲之機，間不容息處。夫物之感人無窮，而人之好惡無節，則是物至而人化物也。人化物也者，滅天理而窮人欲也。上言情之所以流，此以其流之甚而不返者言之也。物之誘人固無窮，然亦是自家好惡無節，所以被它誘去。若自有箇主宰，如何被他誘去？此語極好玩味，且是語意渾粹。又答學者云：「伊川先生曰：『天地儲精，得五行之正者爲人。其本也，真而静。其未發也，五性具焉。形既生矣，外物觸其情而動於

【一四】上言性情　「上」原作「止」，據四庫本改。

中矣。其中動，而七情出焉。情既熾而益蕩，其性鑿矣。』詳味此數語，與《樂記》指意不殊。所謂靜者，亦指未感之時言爾。當此之時，心之所存渾是天理，未有人欲之僞，故曰『天之性』。及其感物而動，則是非真妄自此分矣。然非性，則亦無自而發，故曰『性之欲』。動字與《中庸》發字無異，而其是非真妄，特決於有節與無節，中節與不中節之間耳。來教所謂正要此處辨得真妄是非，是也。然須是平日有涵養之功，臨事方能識得。若茫然都無主宰，事至然後安排，則已緩不及事矣。至謂靜字，所以形容天性之妙，不可以動靜言，則未然。蓋性無不該，動靜之理具焉。若專以靜字形容，則反偏却性字矣。《記》以靜爲天性，只謂未感物之前，私欲未有，渾是天性耳。不必以靜字爲性之妙也，明道先生云『人生而靜以上不容説』，蓋人生而靜只是情之未發，於此可見天性之全，非真以靜狀性也。」

《中庸》：喜怒哀樂之未發謂之中，發而皆中節謂之和。中也者，天下之大本也，和也者，天下之達道也。朱子曰：「喜怒哀樂，情也，其未發則性也。無所偏倚，故謂之中。發而中節，情之正也，無所乖戾，故謂之和。大本者，天命之性，天下之理，皆由此出，道之體也。達道者，循性之謂，天下古今之所共由，道之用也。」致中和，天地位焉，萬物育焉。致，推而極之也。位者，安其所也。育者，遂其生也。自戒懼而約之，以至於至靜之中，無少偏倚，而其守不失，則極其中而天地位矣。自謹獨而精之，以至於應物之處，無少差謬，而無時不然，則極其和而萬物育矣。蓋天地萬物本同一體，吾之心正，則天地之心亦正。吾之氣順，則天地之氣亦順。故其效驗，至於如此。此學問之極功，聖人之能事，初非有待於外也。按：此章當連性、道、教、戒懼、謹獨觀之。或問：「云云，何也？」曰：「天命之性，萬理具焉，喜怒哀樂各有攸當。方其未發，渾然在中，無所偏倚，故謂之中。及其發而皆得其當，無所乖戾，故謂之和。謂之中者，所以狀性之德、道之體也。以其天地萬物之理，無所不該，故曰『天下之大本』。謂之和者，所以著情之正、道之用也，以其古今人物之所共由，故曰『天下之達道』。蓋天命之性，純粹至善而具於人心者，其體用之全，本皆如此，不以聖愚而有加損也。然靜而不知所以存之，則天理昧而大本有所不立矣。動而不知所以節之，則人欲肆而達道有所不行矣。惟君子自其不睹、不聞之前，而所以戒謹恐懼者，愈嚴愈敬，以至於無一毫之偏倚【一五】，而守之常不失焉，則爲有以致其中，而大本之立日以益固矣。由於隱微幽獨之際，而所以謹其善惡之幾者，愈精愈密，以至於無一毫之差謬，而行之每不違焉，則爲有以致其和，而達道之行日以益廣矣。致者，用力推致而極其至之謂。致焉而極其至，至於靜而無一息之不中，則吾心正，而天地之心亦正，故陰陽動静各止其所，而天地於此乎位矣。動而無一事之不和，則吾氣順，而天地之氣亦順，故充塞無間，驩欣交通，而萬物於此乎育矣。此萬化之本源，一心之妙用，聖神之能事，學問之極功，固有非始學所當議者。然射者之的，行者之歸，亦學者立志之初所當知也。」「然則中和果二物乎？」曰：「觀其一體一用之名，則安得不二？察其一體一用之實，則此爲彼體彼爲此用。如耳目之能視聽，視聽之由耳目，初非有二物也。」　按：周子曰：「中也者，和也。中節也，天下之達道也。」或問：「子思之言中和如此，而周子乃舉中而合於和，然則又將何以爲天下之大本邪？」朱子曰：「子思之所謂中，以未發而言也。周子之所謂中，以時中而言也。學者涵泳而別識之，見其並行而不悖焉者可也。」　呂與叔曰：「中者，道之所由出。」程子曰：「此語有病。」呂曰：「論其所同，不容更有二名；別而言之，亦不可混爲一事。如所謂『天命之謂性，率性之謂道。』」又曰：「中者天下之大本，和者天下之達道，則性與道，大本與達道，豈有二乎？」先生曰：「中即道也。若謂道出於中，則道在中内，別爲一物矣。所謂論其所同，不容更有二名，別而名之，亦不可混爲一事，此語固無病。若謂性與道，大本與達道可混爲一，即未安。在天曰命，在人曰性，循性曰道。性也，命也，道也，各有所當，大本言其體，達道言其用，體用自殊，安得以爲一乎？」呂曰：「既云『率性之謂道』，則循性而行，莫非道。此非性中別有道也，中即性也。在天爲命，在人爲性，由中而出莫非道，所以云中者，道之所自出。」先生曰：「『中即性也』，此語極未安。中者，所以狀性之體段。如稱天圓地方，方圓既不可謂之天地，則萬物決非方圓之所自出。如中既不可謂之性，則道何從出於中？蓋中之爲義，自過不及而立名。若只以中爲性，則中與性不合。子居對以中者性之德，却爲近之。」呂曰：「不倚之謂

【一五】無一毫之偏　「毫」原作「豪」，據四庫本改。

中，不雜之謂和。」先生曰：「不倚之謂中，甚善。語猶未瑩。不雜之謂和，未當。」吕曰：「喜怒哀樂之未發，則赤子之心當其未發，此心至虛，無所偏倚，故謂之中。以此心應萬物之變，無往而非中矣。孟子曰：『權然後知輕重，度然後知長短，物皆然，心爲甚。』此心度物，所以甚於權度之審者，正以至虛無所偏倚故也。有一物存乎其間，則輕重長短皆失中矣，又安得如權度乎？大人不失其赤子之心，乃所謂允執厥中也。大臨始者有見於此，便指此心名爲中，故前言『中者，道之所自出也』。今細思乃命名未當耳。此心之狀，可以言中，未可便指此心名之曰中。」先生曰：「喜怒哀樂未發之謂中，赤子之心發而未遠於中。若便謂之中，是不識大本也。」吕曰：「聖人智周萬物，赤子全未有知，其心固有不同矣。然推孟子所云，豈非正取純一無僞，可與聖人同乎？非謂無毫髮之異也。大臨前日所云，亦取諸此而已。今承教乃云已失大本，茫然不知所向。聖人之學以中爲大本，雖堯、舜相授以天下，亦云『允執厥中』，何所準則而知過不及乎？求之此心而已。此心之動，出入無時，何從而守之乎？求之於喜怒哀樂未發之際而已。當是時也，此心即赤子之心，此心之發，純是義理，安得不和？前日敢指赤子之心爲中者，其説如此。來教云：『赤子之心可謂之和，不可謂之中。』大臨思之，所謂和者，指已發而言之。今言赤子之心，乃論其未發之際，純一無僞，無所偏倚，可以言中。若謂已發，恐不可言心。」先生曰：「所云非謂無毫髮之異，是有異也。有異者得爲大本乎？推此一言，餘皆可見。」吕曰：「大臨以赤子之心爲未發，先生以赤子之心爲已發。所謂大本之實，則先生與大臨之言未有異也。但解赤子之心一句不同爾。大臨初謂赤子之心，止取純一無僞，與聖人同。孟子之義亦然，更不曲折。一一較其同異，故指以爲言，未嘗以已發不同處爲大本也。先生謂凡言心者，皆指已發爲言，然則未發之前，謂之無心可乎？竊謂未發之前，心體昭昭具在，已發乃心之用也。」先生曰：「所論意雖以已發者爲未發，反求諸言，却是認已發者爲説。詞之未瑩，乃是擇之未精。凡言心者，指已發而言，此固未當。心一也，有指體而言者，寂然不動是也；有指用而言者，感而遂通天下之故是也。惟觀其所見何如耳。大抵論愈精微，言愈易差也。」

或問：「《雜説》中以赤子之心爲已發，是否？」曰：「已發而去道未遠也。」「大人不失其赤子之心，如何？」

曰：「取其純一近道也。」曰：「赤子之心與聖人之心若何？」曰：「聖人之心，如明鏡，如止水。」或問：「程、呂問答如何？」朱子曰：「考之文集，則是其書蓋不完矣。然夫子初謂凡言心者，皆指已發而言，而後書乃自以爲未當，向非呂氏問之之審，而不完之中，又失此書，則此言之未當，學者何自而知之乎？以此又知聖賢之言，固有發端而未竟者，尤當虚心悉意，以審其歸，未可執其一言而遽以爲定也。其説中字，因過不及而立名，又似并指時中之中，而與在中之義少異。蓋未發之時，在中之義，謂之無所偏倚則可，謂之無過不及，則方此之時，未有中節不中節之可言也。無過不及之名，亦何自而立乎？又其下文，皆以不偏不倚爲言，則此語亦或未得爲定論也。呂氏又引『允執厥中』以明未發之旨，則程子之説《書》也，固謂允執厥中所以行之，蓋其所謂中者，乃指時中之中，而非未發之中矣。呂氏又謂求之喜怒哀樂未發之時，則程子所以答蘇季明之問，又有既思即是已發之説矣。凡此皆其決不以呂説爲然者，獨不知其於此，何故略無所辨？學者亦當詳之【一六】，未可見其不辨，而遽以爲是也。」或問：「程子卒以赤子之心爲已發，何也？」曰：「衆人之心莫不有未發之時，亦莫不有已發之時，不以老稚賢愚而有别也。但孟子所指赤子之心純一無僞者，乃因其發而後可見，若未發，則純一無僞，又不足以名之。是以夫子雖改夫心皆已發之一言，而以赤子之心爲已發，則不可得而改也。」曰：「程子明鏡止水之云，固以聖人之心異乎赤子之心矣，然則此其爲未發者邪？」曰：「聖人之心，未發則爲水鏡之體，既發則爲水鏡之用，亦非獨指未發而言也。」

又按：程子曰：「喜怒哀樂未發謂之中，只是言一箇中體，既是喜怒哀樂未發，那裏有箇甚麽？只可謂之中。天下事事物物皆有中，發而皆中節謂之和，非是謂之和便不中也。言和則中在其中矣，言中便含喜怒哀樂在其中矣。」又曰：「喜怒哀樂未發謂之中，中也者，言寂然不動者也，故曰『天下之大本』。發而皆中節謂之和，和也者，言感而遂通者也，故曰『天下之達道』。」又曰：「敬而無失，便是喜怒哀樂之未發謂之中也。敬不可謂之中，但敬而無失即所以中也。」又曰：「中者，天下之大本，天地間，亭亭當當，直上直下之正理【一七】。出則不是，惟敬而無失最盡。」又曰：「致與位，非聖人不能言，子思特傳之耳。」蘇季明問：「中之道，與喜怒哀樂未發謂之中，同否？」曰：「非也。喜

【一六】學者亦當詳之　「當詳」原作「常詐」，據四庫本、乾隆本改。

【一七】直上直下之正理　「之」字原脱，據《朱子語類》卷九十五補。

怒哀樂未發，是言在中之義，只一箇中字，但用不同。」或曰：「於喜怒哀樂之前求中，可否？」曰：「不可。既思於喜怒哀樂未發之前求之，又却是思也。既思即是已發，纔發便謂之和，不可謂之中也。」又問：「呂博士言，當求於喜怒哀樂未發之前，信斯言也。恐無著模如之何而可？」曰：「言存養於喜怒哀樂未發之時則可，若言求中於喜怒哀樂未發之前，則不可。」又問：「學者於喜怒哀樂發時，固當勉强裁抑，於未發之前，當如何用功？」曰：「於喜怒哀樂未發之前，更怎生求？但平日涵養便是。涵養久，則喜怒哀樂發自中節。」或曰：「有未發之中，有既發之中。」曰：「非也。既發時便是和矣，發而中節固是得中，時中之類，只謂將中和來分説便是和也。」又問：「先生説喜怒哀樂未發謂之中，是在中之義，不識何意？」曰：「只喜怒哀樂不發，便是中也。」曰：「中莫無形體，只是箇言道之題目否？」曰：「非也。中有甚形體？然既謂之中也，須有箇形象。」曰：「當中之時，耳無聞，目無見否？」曰：「雖耳無聞，目無見，然見聞之理在始得。」曰：「中是有時而中否？」曰：「何時而不中？以事言之，則有時而中；以道言之，何時而不中？」曰：「固是所爲皆中，然而觀於四者未發之時，靜時自有一般氣象，及至接事時又自別何也？」曰：「善觀者不如此，却於喜怒哀樂已發之際觀之。而且説靜時如何【一八】？」曰：「謂之無物則不可，然自有知覺處。」曰：「既有知覺，却是動也，怎生言靜？人説復其見天地之心，皆以謂至靜能見天地之心，非也。《復》之卦下面一畫，便是動也。安得謂之靜？自古儒者皆言靜見天地之心，惟某言動而見天地之心。」或曰：「莫是於動上求靜否？」曰：「固是。然最難，云云。」　或曰：「先生於喜怒哀樂未發之前下靜字，下動字？」曰：「謂之靜則可，然靜中須有物始得，這裏便是難處。學者莫若且先理會敬，能敬則自知此矣。」或曰：「敬何以用功？」曰：「莫若主一。」季明曰：「某嘗患思慮不定，或思一事未了，他事如麻又生，如何？」曰：「不可。此不誠之本也。須是習，習能專一時便好，不拘思慮與應事，皆要求一。」或曰：「當靜坐時，物之過乎前者還見不見？」曰：「看事如何？若是大事，如祭祀，前旒蔽明，黈纊充耳，凡物之過者，不見不聞也。若無事時，目須見，耳須聞。」或曰：「當敬時，雖見聞，莫過焉而不留否？」曰：「不説道非禮勿視勿聽，勿者，禁止之辭。纔説弗字，便不得也。」呂氏曰：「人莫不知理義之當，無過不及之謂中。然未及所以中也。喜怒哀樂未發之前，

【一八】而且説　「而」原作「賢」，據四庫本改。

反求吾心，果何爲乎？云云。回也，其庶乎屢空，惟空然後見乎中，而空非中也。喜怒哀樂之未發，無私意、小知撓乎其間，乃所謂空。由空然後見乎中，實則不見也。」曰：「或問諸説如何？」朱子曰：「程子備矣，但其答蘇季明之後章，記録多失本真，如耳無聞，目無見之答，以下文若無事時須見須聞之説參之，其誤必矣。蓋未發之時，但爲未有喜怒哀樂之偏爾。若其目之有見，耳之有聞，則當愈益精明而不可亂，豈若心不在焉，而遂廢耳目之用哉？其言靜時，既有知覺，豈可言靜，而引《復》以動見天地之心爲説，亦不可曉。蓋當至靜之時，但有能知覺者，而未有所知覺也。故以爲靜中有物則可，而便以『纔思即是已發』爲《比》，則未可。以爲《坤》卦純陰而不爲無陽則可，而便以《復》之一陽已動爲《比》則未可也。所謂無時而不中者，所謂善觀者，却於已發之際觀之者，則語雖要切，而其文意亦不能無斷續，至於動上求靜之云，則問者又轉而之它矣。其答動字、靜字之問，若無事時須見、須聞之説，則皆精當。但其曰當祭祀時，無所見聞，則古人之制祭服設旒纊，雖曰欲其不得廣視雜聽，而致其精一，然非以是爲真足以全蔽其聰明，使之一無見聞也。若曰履之有絇，以爲行戒，尊之有禁，以爲飲戒，然初未嘗以是而遂不行、不飲也。若使當祭之時，真爲旒纊所塞，遂如聾瞽，則是禮容樂節皆不能知，亦將何以致其誠意而交於鬼神哉？程子之言，決不如是之過也。」

問：「靜中須有物，始得此物云何？」曰：「即太極也。」又問云云。曰：「所謂靜中有動者，只知覺，便是目之有見，耳之有聞，心之有知，未發與目之有視，耳之有聽，心之有思已發不同。」　吕氏此章尤多可疑，如引屢空等語，彼此蓋兩失之。其曰由空以見夫中，其不陷於浮屠氏者幾希矣。蓋其病根，正在欲於未發之前，求見夫所謂中者而執之，是以屢言之而病愈甚。殊不知經文所謂致中和者，亦曰當其未發，此心至虚，如鏡之明，如水之止，則但當敬以存之，而不使其少有偏倚。至於事物之來，此心發見，喜怒哀樂各有攸當，則又當敬以察之，而不使其小有差忒而已，未有如是之説也。且曰未發之前，則宜其不待著意推求，而瞭然心目之前一有求之之心，則是便爲已發，固已不得而見之，况欲從而執之，則其爲偏倚亦甚矣，又何中之可得乎？且夫未發已發，日用之間，固有自然之機，不假人力。方其未發，本自寂然，固無所事於執，及其既發，則又當即事即物，隨感而應，亦安得塊然不動，而執此未發之中耶？此爲義理之根本，於此有差，則無所不差矣。程子譏之，以爲不識大本，豈不信哉！　程子所云只一箇中字，但用不同。此語更可玩味。夫所謂只一箇中字者，中字之義，未嘗不同，亦曰不偏不倚、無過不及而已矣。然用不同者，則有所謂在中之義者，有所謂中之道者是也。蓋所謂在中之義者，言喜怒哀樂之未發，渾然在中，亭亭當當，未有箇偏倚過不及處，其謂之中者，蓋所以狀性之體段也。有所謂中之道者，乃即事即物，自有箇恰好底道理。不偏不倚，无過不及，其謂之中者，則所以形道之實也。又曰：「所謂在中之義，猶曰在裏面底道理云爾，非以在中之中字，解未發之中字也。」　又按：楊氏曰：「學者當於喜怒哀樂未發之際，以心體之，則中之義自見。執而勿失，無人欲之私焉，發必中節矣。發而中節，中固未嘗亡也。孔子之慟，孟子之喜，因其可慟可喜而已，於孔、孟何有哉？其慟也，其喜也，中固自若也。鑑之照物，因物而異形，而鑑之形未嘗異也。莊生所謂『出怒不怒，則怒出於不怒；出爲無爲，則爲出於不爲』，亦此意也。若聖人而無喜怒哀樂，則天下之達道廢矣。一人衡行於天下，武王亦不必恥也。故於是四者，當論其中節、不中節，不當論其有無也。」要得心常正，除非聖人始得。如吾輩便道自己得其正否。此須是於喜怒哀樂未發之際，能體所謂中，於喜怒哀樂既發之際，能得所謂和云云。　朱子曰：「楊氏云云，其曰體之、驗之、執之，則亦吕氏之失也。其曰其慟其喜中固自若，疑與程子所云言和則中在其中者相似，然細推之，則程子之意，正謂喜怒哀樂已發之處，見得未發之理。發見在此一事一物之中，各無偏倚、過不及之差，乃時中之中，而非渾然在中之中也。若楊氏之云，中固自若，又引莊周出怒不怒之言以明之，則是以聖人方當喜怒哀樂之時，其心漠然同於木石，而姑外示如此之形。凡所云爲，皆不出於中心之誠然矣，大抵楊氏之論多雜於老佛，故其失類如此。其曰當論其中否，不當論其有無，則至論也。」

又按：《朱子與湖南諸公論中和書》云：「《中庸》未發、已發之義，前日認得此心流行之體，又因程子凡言心者，皆指已發之云，遂以心爲已發，性爲未發，自以爲安矣。比觀程子諸書，見其所論多不符合，因再思之，乃知前日之説，非惟心、性之名命之不當，而日用工夫全無本領。按《文集》、《遺書》諸説，似皆以思慮未萌、事物未至之時，爲喜怒哀樂之未發。當此之時，即是此心寂然不動之體，而天命之性當體具焉。以其無過不及，不偏不倚，故謂之中。及其感而遂通天下之故，則喜怒哀樂之性發焉，而心之用可見。以其無不中節，無所乖戾，故謂之和。此則人心之正，而性情之德然也。然未發之前，不可尋覓，已發之後，不容安排，但平日莊敬涵養之功至，而無人欲之私以乱之，則其未發也，鏡明水止，而其發也，无不中節矣。此是日用本領工夫。至於隨事省察，即物推明，亦必以是爲本。而於已發之際觀之，則其具於未發之前者，固可默識【一九】。故程子之答蘇季明，反復論辨，極於詳密，而卒之不過以『敬』爲言。」又曰：「敬而無失，即所以中。」又曰：「涵養須是敬，進學則在致知，蓋爲此也。向來講論思索，直以心爲已發，而日用工夫，亦止以察識端倪，爲最初下手處，以故闕却平日涵養一段工夫，使人胸中擾擾，無深潛純一之味。而其發之言語事爲之間，亦常急迫浮露，無復雍容深厚之風。蓋所見一差，其害乃至於此，不可以不審也。程子所謂『凡言心者，皆指已發而言』，此乃指赤子之心而言。所謂『凡言心者』，則其爲説之誤，故又自以爲未當而復改之，固不可以執其已改之言，而盡疑諸説之誤，又不可遂以爲未當，而不究其所指之殊也。」又未發、已發説與此畧同，但中間一段云吕博士所論，大概得之，特以「中即是性」、「赤子之心即是未發」，則大失之，故程子正之。蓋赤子之心動靜無常，非寂然不動之謂，故不可謂之中。然無管欲知巧之思，故爲未遠乎中爾。未發之中，本體自然，不須窮索，但當此之時，敬以養之，使此氣象常存而不失，則自此而發者，其必中節矣。餘同。又朱子爲延平李先生《行狀》云：「既從羅公學講誦之餘，危坐終日，以驗夫喜怒哀樂未發之前氣象爲何如，而求其所謂中者，蓋久之，而知天下之大本真有在乎是也。蓋天下之理，無不由是以出，既得其本，則凡出於此者，雖品節萬殊，曲折萬變，莫不該攝洞貫，以次融釋，而各有條理，如川流脉絡之不可亂。大而天地之所以高厚，細而品彙之所以化育，以至於經訓之微言，日用之小物，折之於此，無一不得其衷焉。由是操存益固，涵養益熟，精明純一，觸處洞然，泛應曲酬，發必中節。」其後朱子有帖與學者方誼云：「《延平行狀》中語，乃是當時所聞其用力之次第，今以聖賢之言，進脩之實驗之，恐亦自是其一時入處，未免更有商量也。」

又語學者曰：「所引『人生而静』，不知如何看静字？恐此亦指未感物爲言耳。蓋當此之時，此心渾然，天理完具，所謂中者狀性之體段，正於此見之。但《中庸》、《樂記》之言有疏密之異，《中庸》徹頭徹尾説箇慎獨功夫，即所謂『敬

【一九】固可默識 「默」原作「嘿」，據乾隆本改。

而無失，平日涵養』之意。《樂記》直説到『好惡無節』處，方説『不能反躬，天理滅矣』。殊不知未感物時，若無主宰，則亦不能安其静，只此便昏了天性，不待交物之引然後去也。蓋『中和』二字，皆道之體用，以人言之，則未發已發之謂。但不能慎獨，則事物未至，固已紛綸膠擾，無復未發。未發之時，既無以致夫所謂中，而其發必乖，又無以致夫所謂和。惟其戒慎恐懼，不敢須臾離，然後中和可致，而大本達道乃在我矣。此道也，二先生蓋屢言之，而龜山所謂『未發之際能體所謂中，已發之際能得所謂和』，此語爲近之，然未免有病。舊聞李先生論此甚詳，後來所見不同，遂不復致思，今乃知其爲人深切，然恨其已不能盡記曲折矣。如云『人固有無喜怒哀樂之時，然謂之未發，則不可言無主也』，又云『致字如致師之致』，又如先言慎獨，然後及中和，此意亦嘗言之，但當時既不領畧，後來遂不致思，孤負此翁爾。」愚按：朱子於吕氏求中之説，楊氏體所謂中之説，皆深非之，及爲《延平行狀》，謂其危坐終日，驗未發時氣象，而求其所謂中，則又吕氏之説也。蔡淵伯静亦云：『先生教人於静中，體認大本未發時氣象分明，即處事應物，自然中節。』其與方誼書及後與學者書，其説又不同，將何所適從邪？蓋嘗思之未發之前，但當敬以存養，而不可有心求。然思慮未形，而知覺不昧，性之體段自有不可揜者。程子所謂静中有物，吕氏所謂心體昭昭，具在朱子所謂瞭然心目之間者，皆謂此也。學者深味而實驗之，自當有見，未可專以言語求也。

董子曰：「命者，天之令也。性者，生之質也。情者，人之欲也。性非教化不成，情非制度不節。」朱子曰：「董子云：『性者，生之質。』如告子云『生之謂性』。又曰『氣者生之質【二〇】，性者生之理』，董子説非也。」問：「仲舒以情爲人之欲，如何？」曰：「也未害，蓋欲爲善，欲爲惡，皆人之情也。」

《白虎通論》曰：「五常者何？仁、義、禮、智、信也。六情者何？喜、怒、哀、樂、愛、惡，所以扶成五性也。」其全文曰：「五常者，仁、義、禮、智、信也。仁者不忍也，施生愛人也。義者宜也，斷决得中也。禮者履也，履道成文也。智者知也，獨見前聞，不惑於事見微者也。信者成也，專一不移也。故人生而應八卦之

【二〇】氣者生之質　「氣」，四庫本、乾隆本作「形」。

體，得五氣以爲常，仁、義、禮、智、信是也。六情者，何謂也？喜、怒、哀、樂、愛、惡，所以扶成五性也。性所以五，情所以六者何？人本含六律五行氣而生，故内有五藏六府，此情性所由出入也。五藏：肝仁，肺義，心禮，腎智，脾信也。肝所以仁者何？肝，木之精也。仁者好生。東方者，陽也，萬物始生，故肝象木，色青而有枝葉。肺所以義者何？肺者，金之精也。義者斷決，西方亦金，成萬物也。故肺象金，色白也。心所以爲禮者何？心，火之精也。南方尊陽在上，卑陰在下，禮有尊卑。故心象火色，赤而鋭也。火照有似於禮，上下分明。腎所以智何？腎者，水之精。智者進而無所疑惑，水亦進而不惑。北方水，故腎色黑。脾所以信何？脾者，土之精。土尚任養萬物爲信之象，生物無所私，信之至也。故脾象土，色黄也。」愚按：五性之名始見於此，《白虎通德論》者，漢章帝時詔諸儒講經白虎觀，因命班固輯爲此書。蓋漢去三代未遠，古之遺言必有尚存者，故其論性，非後世學者所及。特以不忍好生爲仁，斷決得中爲義，未免以用爲體，然大指不相遠也。漢《刑法志》亦曰：「人肖天地之貌，懷五常之性。」而鄭康成於《中庸》首章之注亦曰：「木神則仁，金神則義，火神則禮，土神則智，水神則信。」朱子嘗謂康成此解非苟然者，弟其智信二字位置，不能不舛爾。　又元帝詔曰：「夫人之性，皆有五常。及其少長，耳目牽於嗜欲，故五常銷而邪心作，情亂其性，利勝其義，云云。」按：此語亦純粹，故附於此。　又《禮記正義》引賀瑒云：「性之與情，猶水與波：靜則是水，動則是波；靜時是性，動則是情。」其分别性情，亦可取也。

韓子《原性》曰：「性也者，與生俱生者也。情也者，接於物而生者也。性之品有上中下三：上焉者，善焉而已矣；中焉者，可導而上下者也；下焉者，惡而已矣。其所以爲性者五：曰仁，曰禮，曰信，曰義，曰智。情之品有上中下三，其所以爲情者七：曰喜，曰怒，曰哀，曰懼，曰愛，曰惡，曰欲。」朱子曰：「韓子此言，已見大意。」又曰：「韓子以仁、義、禮、智言性，以喜、怒、哀、樂言情，蓋愈於諸子。然所分三品，却只説得氣，不曾説得性。」退之説三品處，皆是論氣質之性，説得儘好，只是不合，不説破氣質之性。　韓子説所以爲性者三，而今之言性者，皆雜佛老而言之，所以不能不異，在諸子中最爲近理。蓋如吾儒之言，則性之本體，便只是仁義禮智信之實。如老佛之言，則先有箇虚空底性，後方旋生此四者出來。不然，亦説性是一箇虚空底物，裏面包得四者。又有見説四者爲性之體，便疑實有此四塊之物，磊塊其間，皆是錯看了。須知性之爲體，不離此四者，而四者又非有形象方所可揣可摩也。但於渾然一理之中，識得箇意思情狀，似有界限，而實亦非有牆壁遮欄分别處也。然此處極難言，故孟子只於發處言之。如言四端，又言乃若其情，則可以爲善之類，是於發處教人識取，不是本體中元來有此，如何用處發得出來？但本體無著摸處，故只可於用處看，便省力爾。又曰：「界限之説，亦只是要見五者之在性中各有體段，要得分辨不雜，不可説未感時都無分别，感物後方有分别也。觀程先生『冲漠無朕』一段，可見矣。」

問：「喜怒出於性否？」程子曰：「是也。有生即有性，有性即有情，無性安得情？」朱子亦曰：「有這性，便發出這情，因這情，便見得這性。因今日有這情，便見得今來有這性。」又曰：「天地儲精，得五行之秀者爲人。其本也，真而静。其未發也，五性具焉，曰仁、義、禮、智、信。形既生矣，外物觸其形，而動於中矣。其中動而七情出焉，曰喜、怒、哀、樂、愛、惡、欲。情既熾而益蕩，其性鑿矣。是以覺者約其情，使合於中，正其心，養其性。愚者則不知制之，縱其情而至於邪僻，梏其性而亡之。然學之道，必先明諸心，知所往，然後力行以求至，所謂『自明而誠』也。誠之之道，在乎信道篤；信道篤，則行之果；行之果，則守之固。仁義忠信不離乎心，造次必於是，顛沛必於是，久而弗失，則居之安。動容周旋中禮，而邪僻之心無自生矣。」天地儲精。朱子曰：「氣散則不生，惟能聚便能生。」説五行而不及陰陽者，蓋陰陽便在五行中。」

愚按：此章之要，在「覺者約其情，使合於中」一語。蓋情本善，發不中節，乃流於不善，故必檢制其情，使合於中。所謂中者，即《中庸》所謂中節也。約之爲言，正《中庸》慎獨之功也。心無不正，性無不善，所以害其正，喪其善者，爲情所累也。故必先約其情，然後能正心而養性，下文又言「必先明諸心，知所往」者，蓋致知而後誠意，明善而後誠身，其序固如此也。「性爲本，情是性之動處。」情又幾時惡？

右兼言性情

孟子曰：「盡其心者，知其性也。知其性，則知天矣。朱子曰：「心者，人之神明，所以具衆理而應萬事者也。性則心之所具之理，而天又理之所從以出者也。人有是心，莫非全體，然不窮理，則有所蔽而無以盡乎此心之量。故能極其心之全體，而無不盡者，必其能窮夫理而無不知者也。既知其理，則其所從出，亦不外是矣。以《大學》之序言之，知性則物格之謂，盡心則知至之謂也。」存其心，養其性，所以事天也。存，謂操而不舍。養，謂順而不害。事則奉承而不違也。殀壽不貳，脩身以俟之，所以立命也。」夭壽，命之長短也。貳，疑也。不貳者，知天之至，脩身以俟死，則事天以終身也。立命，謂全其天之所付，不以人爲害之。程子曰：「心也，性也，天也，一理也。自理而言謂之天，自稟受而言謂之性，自存諸人而言謂之心。」愚謂盡心知性而知天，所以造其理也。存心養性以事天，所以履其事也。不知其理，固不能履其事，然徒造其理而不履其事，則亦無以有諸己矣。知天而不以夭壽貳其心，智之盡也；事天而能脩身以俟死，仁之至也。智有不盡，固不知所以爲仁；然智而不仁，則亦將流蕩不法，而不足以爲智矣。問：「盡其心者，知其性也。」曰：「此句文勢，與『得其民者，得其心也』相似。」此心本來無有些子不備，無有些子不該。須是盡識得許多道理，無些子窒礙，方是盡心。此心本來虛靈，萬理具備，事事物物皆所當知。今人多是氣質偏了，又爲物欲所蔽，故昏而不能盡知，此聖賢所以貴於窮理。萬理雖具於吾心，須使教他知始得。伊川云：「盡心然後知性，此不然。盡字大，知字零星，若未能知性，便欲盡心，何處下手？」或以私意脱落，無有查滓爲盡心者。先生曰：「若如所論，即不知却如何説存心兩字。兼既未知性，即是於理有所未明，如何便到得這田地耶？此處一差，便入釋氏見解矣。況知者有漸之詞，盡者無餘之義，其意象規模自應有先後也。」　性者，吾心之實理，若不知得，却盡箇甚底？　問：「知其性則知天矣。」曰：「性以賦於找之分而言，天以公共道理而言，天便是箇大底天【一一】，人便是箇小底天。吾之仁義禮智，即天之元亨利貞，凡吾之所有者，皆自彼而來也。故知吾性，則自然知天矣。」　問：「存心養性以事天。」曰：「存之養之，便是事心性，便是天。」　心性皆天之所以予我者，不能存養而梏亡之，則非所以事天也。夫心主乎性者，敬以存之，則性得其養，而無所害矣。　又問云云。曰：「天教爾父子有親，便用真箇有親。天教爾君臣有義，便須真箇有義。不然便是違天。」　嘉定史官陳武作《楊文靖公傳》，論曰：「龜山發明孟子盡心知性之説，曰此心明白洞達，廣大靜一，惟能體會至於了然，斯可以言盡。盡其心自然知性，大抵學者必先知仁，知仁則知心，知心則知性。横渠《西銘》蓋欲學者之知仁也，先生没後二三十年【一二】，諸儒之明道，蓋有爲世之所尊者矣。其間講之不精者，顧以能知性則能盡心，彼其不達《洪範》之言【一三】，思《大學》之言知，《中庸》之論明，而舛逆心性之説。故從之者，俱無自得之學。」著作佐郎李道傳辨之曰【一四】：「史官所斥能知性則能盡心，爲講之不精者，朱先生《集注》説也。孟子曰：『盡其心者，知其性也，知性則知天矣。』舊説謂盡心則知性，知性則知天，前輩皆從之，而先生異焉。蓋先生説經，獨得聖賢本心，故舊説雖善，而考之文義，有所未協則弗從，以爲非聖賢當日立言之本意故也。《孟子》此章信如舊説，當云『盡其心則知其性矣，知其性則知天矣』，而後文義相協。今乃不然，故先生别按本文，更定今説，文義既協，理致自明。史官顧以爲講之不精，何也？且心性天三言者，何謂也？程子曰：『自理言之，謂之天；自稟受言之，謂之性；自存諸人者言之，謂之心。』三者蓋所從言之異耳。要之性即理也，理則一而已矣。故凡能盡此心者，必其知此性者也。苟不知之，若之何其盡之。既知之矣，則所謂天者，豈外此而它求哉？世之學者，每有心小性大之蔽，意謂必先盡其心，而後可以馴致其極，以知天性。殊不知性與心初无間，而知與盡則有序。性與心无間，則謂知性故能盡心者，於義爲得。知與盡有序，則謂盡之爲先，而知之爲後者，是失其先後之倫也。《集注》云

【一一】便是箇大底天　「天」原作「人」，據四庫本、乾隆本改。

【一二】後二三十年　此句，乾隆本、四庫本作「又幾數十年」。

【一三】彼其不達洪範　「彼」原作「披」，據乾隆本、四庫本改。

【一四】著作佐郎李道傳　「作」原作「非」，據四庫本改。

云，於心性天三者之說，可謂條理別白，指趣分明，讀者可以曉然无疑矣。而史官顧謂其舛逆心性之說，何哉？《洪範》言思與此不類，若《大學》之言知，《中庸》之言明，大抵皆以知爲先。《集注》所謂必能知而後能盡者，正與之合，史官顧謂其不達於此，何哉？」又按：《孟子》此章心性二字，純指道心德性而言。至云動心忍性，則心固道心，性即指氣稟食色之性矣。張思叔詬詈僕夫，程子曰：「何不動心忍性？」

邵子曰：「性者，道之形體。心者，性之郛郭。身者，心之區宇。物者，身之舟車。」朱子曰：「邵子所論【二五】，較之横渠心德性情又密，真不易之論。」問：「性如何是道之形體？」曰：「道是泛言，性是就自家身上說。道在事物之間，如何見得？只就這裏驗之。性之所在，則道之所在也。道是在物之理，性是在己之理，然物之理都在我此性之中。」問：「性，物我皆有，恐不可分在己、在物【二六】？」曰：「道雖無所不在，須是就己驗之而後見。如父子有親，君臣有義，若不就己驗之，如何知得是本有。」問：「心是郛郭，便包了性否？」先生曰：「然。」諸先生說這道理，却不似邵子說得最着實。這箇道理，纔說出只是虛空，更無形影。惟是說性者道之形體，却見得是實有。不須談空說遠，只反諸吾身求之，便知是實有箇定理。性者，人所稟賦之實。道者，事物當然之理也。物之理固具於性，但以道言，則冲漠散殊，而莫見其實。惟求之於性，然後見其所以爲道之實，初不外乎此也。理之在心，即所謂性，故曰「心者，性之郛郭」。

張子曰：「由太虛有天之名，由氣化有道之名，合虛與氣有性之名，合性與知覺有心之名。」朱子曰：「本只是一箇太虛，漸細分得密耳。且太虛便是這四者之總體，而不離乎四者而言。由氣化有道之名，氣化是那陰陽造化。寒暑晝夜，雨露霜雪，山川木石，金水火土，皆是。只這箇便是那太虛，只是便雜却氣化說。雖雜氣化，而實不離乎太虛。未說到人物各具當然之理處。」問：「太虛莫便是《太極圖》上面底圓圈，氣化便是圓圈裏陰靜陽動否？」曰：「然。」又曰：「合虛與氣有性之名，有這氣，道理便隨在裏面；無此氣，則道理無安頓處。如水中月，

【二五】邵子所論　「所論」原作「曰說」，據乾隆本、四庫本改。

【二六】恐不可分在己　「恐」原作「忠」，據四庫本改。

須是有此水，方映得那天上月。心之知覺，又是那氣之虛靈底，聰明視聽作爲運用，皆是有這知覺，方運用得這道理。所以横渠説：『人能弘道，是心能盡性。非道弘人，是性不知檢心。』又邵子曰：『心者，性之郛郭。』此等語皆秦、漢以下人道不到。」　先生問：「『合虛與氣，有性之名』，如何看？」輔廣曰：「虛只是理，有是理，斯有是氣。」先生云：「如何説『合』字？」廣云：「恐是據人物而言。」先生曰：「有是物，則有是理與氣，故有性之名；若無是物，則不見理之所寓。『由太虛有天之名』，只是據理而言。『由氣化有道之名』，由氣之化，各有消長底道理，故有道之名。既成物，則物各有理，故曰『合虛與氣，則有性之名』。」　由太虛有天之名，都是箇自然底。由氣化有道之名，是虛底物在實上見，無形底因有形而見。「横渠所謂性，恐兼天地之性、氣質之性而言？所謂心，恐併人心、道心而言否？」曰：「非氣無形，無形則性善無所賦，故凡言性者，皆因氣質而言。但其中自有所賦之理爾。人心、道心，亦非有兩物也。」　氣有形而虛無迹，以有形之氣，具無迹之理，故謂之性也。　太虛者，道之原也。以其無迹，故以其自然者，名之曰天。二氣運化而虛之理著焉，故以其粲然者，名之曰道。天即道也，顯微異名耳。性即虛之理也，然不寓於氣，則可以理言，而未可以性言，故必虛與氣合，而後性之名始立。心之知覺即氣之爲也，但性乃氣中之理，而知覺則氣之神明。合虛與氣，是理託氣而附著，合性與知覺，是理託氣而運行，此心性之異名也。此四物者，名位不同，脉絡相因，既當析而言之，又當會而通之也。

五峰胡氏曰：「誠者，命之道乎！中者，性之道乎！仁者，心之道乎！惟仁者，爲能盡性至命。」朱子曰：「中者性之道，言未發也。誠者命之道，言實理也。仁者心之道，言發動之端也。」伯共言：「《知言》勝《正蒙》，似此等處誠然。又疑中、誠、仁一而已，何必别言？」曰：「理固未嘗不同，但説時却不可混。」此三句道得極密，但道字不如德字，所以程子曰「中者，性之德」，爲近之。言其自然則謂之道，言其實體則謂之德，德字較緊，道字較寬，他故下這寬字。」又問：「言『中』，則誠與仁在其『中』否？」曰：「不可如此看。若可混併，則聖賢已自混併了。須逐句看它。言誠時，便主在實理發育流行處；言性時，便主在寂然不動處；言心時，便主在生發處。」愚謂：胡氏此章，重在仁與心上。蓋曰誠，曰中，曰仁，雖皆道體之極致，而學者用功之要，則專在求仁而已。心常仁，則性命之理自全，故曰「惟仁者，爲能盡性至命」。

朱子曰：「性猶太極也，心猶陰陽也，太極只在陰陽之中，非能離陰陽也。然至論太極，則太極自太極，陰陽自陰陽。性與心亦然，所謂一而二，二而一也。氣之流行，性爲之主。性之流行，心爲之主。捨心無以見性，捨性又無以見心，故孟子言心性，每每相隨。性是心所有之理，心是理所會之地。」又問：「心之動、性之動。」曰：「動處是心，動底是性。」

右兼言心與性

横渠先生問於明道先生曰：「定性未能不動，猶累於外物，何如？」明道曰：「所謂定者，動亦定，靜亦定，無將迎，無内外。苟以外物爲外，牽己而從之，是以己性爲有内外也。且以性爲隨物於外，則當其在外時，何者爲在内？是有意於絶外誘，而不知性之無内外也。既以内外爲二本，則又烏可遽語定哉？夫天地之常，以其心普萬物而無心；聖人之常，以其情順萬事而無情。故君子之學，莫若擴然而大公，物來而順應。《易》曰：『貞吉悔亡，憧憧往來，朋從爾思。』苟規規於外誘之除，將見滅於東而生於西也。非惟日之不足，顧其端無窮，不可得而除也。人之情，各有所蔽，故不能適道，大率患在於自私而用智。自私則不能以有爲爲應迹，用智則不能以明覺爲自然。今以惡外物之心，而求照無物之地，是反鑑而索照也。《易》曰：『艮其背，不獲其身；行其庭，不見其人。』孟氏亦曰：『所惡於智者，爲其鑿也。』與其非外而是內，不若內外之兩忘也。兩忘則澄然無事矣，無事則定，定則明，明則尚何應物之爲累哉？聖人之喜，以物之當喜；聖人之怒，以物之當怒。是聖人之喜怒不繫於心，而繫於物也。是則聖人豈不應於物哉？烏得以從外者爲非，更求在內者爲是乎？今以自私用智之喜怒，而視聖人喜怒之正爲如何也？夫人之情易發而難制者，惟怒爲甚。第能於怒時遽忘其怒，而觀理之是非，亦可見外誘之不足惡，而於道亦思過半矣。」朱子曰：「定性者，存養之功至，而得性之本然也。性定則動靜如一【二七】，而內外無間矣。天地之所以爲天地，聖人之所以爲聖人，不以其定乎？君子之學，亦以求定而已矣。故擴然大公者，仁之所以爲體也。物來順應者，義之所以爲用也。仁立義行則性定，而天下之動一矣，所謂貞也。夫豈急於外誘之除，而反爲是憧憧哉！然常人之所以不定者，非其性之本然也。自私以賊夫仁，用智以害夫義，是以情有所蔽而憧憧耳。不知自反，以去其所蔽，乃以惡外物爲心，而反求照於無物之地，亦見其用力愈勞，而燭理愈昧，益以憧憧而不自知也。艮其背則不私矣，行其無事，則不用智矣。內外兩忘非忘也，一循於理，不是內而非外也。不是內而非外，則大公而順應，尚何事物之爲累哉！聖人之喜怒，大公而順應，天理之極也。衆人之喜怒，自私而用智，人欲之盛也。忘怒則公，觀理則順，二者所以爲自反，而去蔽之方也。夫張子之於道，固非後學之所敢議，然意其强探力取之意多，而涵泳完養之功少，故不能無疑於此。程子以是發之，其旨深哉！」自私用智一書，首尾只此兩項。君子之學莫若擴然而大公，物來而順應，自後許多説話，都只是此二句意。「艮其背，不獲其身；行其庭，不見其人」，此是説擴然而大公。孟子曰：「所惡於智者，爲其鑿也。」此是説物來而順應。末謂第能於怒時遽忘其怒，而觀理之是非。一篇着

【二七】動靜如一　「如一」原作「一如」，據四庫本乙正。

力緊要，只在此一句。遽忘其怒，便是擴然大公，觀理是非，便是物來順應。有一般人，其中空疎不能應物；又有一般人，溺於空虛不能應物，皆是自私。莫若豁然而大公，則上不陷於空寂，下不累於物欲，自能物來而順應。外誘如何除得，有當應者，亦只得順以應之耳。愚謂定性者，理定於中，而事不能惑也。理定于中，則當靜之時固定也，動之時亦未嘗不定也。不隨物而往，不先物而動，故曰「無將迎」。理自内出，而周於事；事自外來，而應以理。理即事也，事即理也，故曰「無内外」。夫能定能應，有寂有感，皆心之妙也。所以然者，性也。若以定與寂爲是，而應與感爲非，則是以性爲「有内外」也。事物之來以理應之【二八】，猶鑑懸於此，而形不能遁也。鑑未嘗隨物而照，性其可謂隨物而在外乎？故事物未接，如鑑之本空者，性也；事物既接，如鑑之有形者，亦性也。内外曷嘗有二本哉？知此，則知事物不能累吾之性，雖酬酢萬變，未嘗不定也。

問：「性有善惡否？」曰：「在天爲命，在物爲理，在人爲性，主於身爲心，其實一也。心本善，發於思慮，則有善有不善。若既發，則可謂之情，不可謂之心。譬如水，只可謂之水，至如流而爲派，或行於東，或行於西，却謂之流也。」朱子曰：「疑此段微有未穩處。蓋凡事莫非心之所爲，雖放僻邪侈，亦是心之爲也。善惡但如反覆手耳，翻一轉便是惡。只安頓不着也，便是不善。如當惻隱而羞惡，當羞惡而惻隱，便不是。」又曰：「性無不善，心之所發爲情，却或有不善。説不善非是心亦不得。却只是心之本體無不善，其流而爲不善者，皆情之感於物而然也。」

張子曰：「心統性情者也。」朱子曰：「横渠此語，顛撲不破。」性對情言，心對性情言。合如此是性，動處是情，主宰是心。大抵心與性，似一而二，似二而一，最當體認。理在人心，是之謂性。心是神明之舍，爲一身之主宰。性便是許多道理，得之於天而具於心者，發於知識思慮，則爲情，故曰「心統性情」。性、情、心，惟孟子、横渠説得好。仁是性，惻隱是情，須從心上發出來。横渠云云，性只是合如此底。性者，理也。性是體，情是用，性情皆出

【二八】以理應之　「理」原作「與」，據四庫本改。

於心，故心能統之。統如統兵之統，言有以主之也。一心之中自有動靜，靜者，性也。動者，情也。性是理之總名，仁、義、禮、智，皆性中一理之名。惻隱、羞惡、辭讓、是非，是情之所發之名，此情之出於性而善者也。其端所發甚微，皆從此心出來，故曰「心統性情」。

五峰胡氏曰：「誠成天下之性，性立天下之有，情效天下之動，心妙性情之德。」朱子曰：「五峰此説，不是曾去研窮深體，如何直見得恁地？」愚謂誠者，真實无妄之理，天之命於人，人之受於天，性此而已，故曰「誠成天下之性」。凡天下所有之理，莫不具於一性之中，故曰「性立天下之有」。情者，性之動也。效如「爻者，效也」之「效」，天下之理不能無變動，卦之有爻，所以像之。性之有情，亦猶是也。未發，則理具於性；既發，則理著於情。情之動，雖因乎物，所以不能無動則理也，故曰「情效天下之動」。仁義禮智性之德，惻隱以下情之德，性情之德雖具，而發揮運用則在此心而已。故《中庸》論大本達道，必以戒懼慎獨爲主。蓋該寂感貫動靜者，心也。心得其正，然後性之本然者全，而情之發亦中節矣，故曰「心妙性情之德」。

朱子曰：「程子云：『其體謂之易，其理謂之道，其用謂之神。』而其理屬之人，則謂之性。其體屬之人，則謂之心。其用屬之人，則謂之情。」又曰：「『上天之載，無聲無臭。』其闔闢變化之體，則謂之易。所以能闔闢變化之理，則謂之道。其功用著見處，則謂之神。就人身言之，易猶心，道猶性，神猶情以就人身者。就天地言之，則天命流行，所以主宰管攝是理者，即其心也。而有是理者，即其性也。至於發育萬物者，情也。」

元亨利貞，性也。生長收藏，情也。以元生、以亨長、以利收、以貞藏，心也。仁義禮智，性也。惻隱、羞惡、辭讓、是非，情也。以仁愛、以義惡、以禮讓、以智知者，心也。性者，心之理也。情者，心之用也。心者，性情之主也。靜而无不該者，性之所以爲中也，寂然不動者也。動而无不中者，情之發得其正者也，感而遂通者也。靜而常覺，動而常止者，心之妙也，寂而感，感而寂者也。感於物者，心也，其動者，情也。情根乎性，而宰乎心。心爲之宰，則其動也無不中節矣，何人欲之有！惟心不宰，而情自動，是以流於人欲，而不得其正也。然則天理、人欲之判，中節不中節之分，特在乎心之宰與不宰，而非情能病之也。蓋雖曰中節，是亦情也，但其所以中節，乃心爾。今夫乍見孺子入井，此心之感也，必有怵惕惻隱之心，此情之動也。内交要譽惡其聲者，心不宰，而情失其正也。怵惕惻隱，乃仁之端，又可以其情之動，而遽謂人之欲乎！

理者天之體，命者理之用，性是人之所受，情是人之用。

命猶告勑，性猶職事，情猶設施，心則其人也。

性情字皆從心，古人制字必是有意。

有是形，則有是心；而心之所得乎天之理，則謂之性。仁義禮智是也。性之所感於物而動，則謂之情。惻隱、羞惡、辭讓、是非是也。是三者，人皆有之，不以聖凡爲有無也。但聖人則氣清而心正，故性全而情不亂。學者則當存心以養性，而節其情耳。今以聖人爲無心，而遂以心不可須臾有事，然則天之所以與民者，何爲獨有此贅物乎？

性只是理，情是流出運用處；心之知覺，即所以具此理而行此情者也。

心，譬水也。性，水之理也。性則水之靜，情則水之動，欲則水之流而至於濫者也。

才則水之氣力所以能流者，其流有急有緩，則是才之不同。伊川謂「性稟於天，才稟於氣」，是也。

右兼言性情心

甲集三

《書·大禹謨》帝曰：「人心惟危，道心惟微，惟精惟一，允執厥中。」此舜命禹之詞。朱子曰：「心之虛靈知覺，一而已矣，而以爲有人心、道心之異者，以其或生於形氣之私，或原於性命之正，而所以爲知覺者不同，是以或危殆而不安，或微妙而難見爾。然人莫不有是形，故雖上智不能無人心，亦莫不有是性，故雖下愚不能無道心。二者雜於方寸之間，而不知所以治之，則危者愈危，微者愈微，而天理之公卒無以勝夫人欲之私矣。精則察夫二者之間而不雜也，一則守其本心之正而不離也。從事於斯，無少間斷，必使道心常爲一身之主，而人心每聽命焉，則危者安，微者著，而動静云爲自無過不及之差矣。」堯、舜以來未有議論時，先有此言。聖人心法，無以易此。經中此意極多，所謂「擇善而固執之」，擇善即惟精也，固執即惟一也。又如博學、審問、慎思、明辨，皆惟精也，篤行是惟一也。《中庸》明善惟精也，誠身惟一也。《大學》致知格物非惟精不可，能誠意則惟一，學者只是學此理。孟子以後失其傳，亦只是失此。問：「如此則人心純爲不善矣乎？」曰：「非也。但謂之人心，便有口鼻耳目之欲。易爲物誘，所以謂之惟危。聖人亦未嘗無人心，其好惡皆與人同，各當其則，是所謂道心也。」

有道理底人心，便是道心。人受天地之中以生，道心合下先得。但有此形氣，道心便隔了一重，所以釋氏常説父母未生前一着，便厭棄人心，欲併去之。殊不知道心即在這裏。人心是此身有知覺有嗜欲者，感於物而動，此豈能無？但爲物誘而至於陷溺，則爲害爾。故聖人以爲人心有知覺嗜慾，無所主宰，則流而忘反，不可據以爲安，故曰危。道心則是義理之心，可以爲人心主宰，而人心據之爲準者也。且以飲食言之，凡飢渴而欲飲食者，人心也。然必有義理存焉，有可以食，有不可以食。如子路食於孔悝之類，與夫嗟來之食，此皆不可食者也。又如父之慈其子，子之孝其父，常人亦能之，此道心之正也。苟父一虐其子，則子必狠然以悖其父，此人心之所以危也。惟舜則不然，雖其父欲殺之，而舜之孝未嘗替，此道心也。故當使人心每聽道心之區處方可。然此道心却雜出於人心之間，微而難見，故必須精之一之，而後中可執。　謂之人心固未以爲悉皆邪惡，謂之危亦未以爲便致凶咎，但既不主於理，而主於形，則其流爲邪惡以致凶咎【一】，亦不難矣。非若道心必善而無惡，有安而無傾，有準的而可憑據也。　人心是氣血和合做成，先生以手指身。嗜慾之類，皆從此出，故危。道心則本來稟受得仁義禮智之心，聖人以此二者對待而言，政欲察之精而守之一也。察之精，則兩个界限分明，專一守着道心，不令人欲得以干犯。　欲生惡死，人心也。惟義所在，道心也。　一道心是義理上發出來底，人心是人身上發出來底。雖聖人不能無人心，如飢食渴飲之類；雖小人不能無道心，如惻隱羞惡之類。　一心只在道上，少間人心自降伏，恰似都無人心一般。

陸子靜云：「舜若以人心爲全不好，則須使人去之。今只説危者，不可據以爲安爾。言精者，欲其精察而不爲所雜出。」此言亦是。　道心惟微者，此心難明，有時發見些子，有時不見了。惟聖人能辨之，精守得徹頭徹尾，學者則須擇善而固執之。　大抵人心道心，只是一箇【二】，不是兩个物，觀下文惟精惟一可見。　人只有一个心，知覺從道理上去，便是道心，知覺從聲色臭味上去，便是人心，只爭得得些子人心人欲也。此語有病。　謂之危者，未便是不好，只是危險。欲墮未墮之間，若以道心主之，則危者自安。若縱其欲，則墮入於惡，而不止於危也。喜怒人心也，然無故而喜，無故而怒，與喜至於過而不能禁，怒至於甚而不能制，是皆爲人心所使也。須是喜其所當喜，怒其所當怒，乃是道心。　勉齋黄氏答李貫之問曰：「喜怒哀樂屬乎氣，故曰人心。感物而動，易陷於惡，故曰危。仁義禮智屬乎理，故曰道心。以理而動，無迹可見，故曰微。人心之中，子細辨别，孰爲道心？擇之至精，知之事也。人心之中識得道心，此心之發純一不雜，守之事也。道即中也，存之於内，故曰道心。形之於外，故曰中道。在内者一而不雜，則在外者信，其能執而不變矣。」此是畫定圖說。又曰：「所論發不中節爲人心者，非也。雖聖賢不能無人心，但人心之發，悉合於理，則爲道心。精者不以人心雜乎道心，亦未安。精乃知之事，謂子細辨别，識其所謂道心也。惟一則守其道心，欲其純一也。圖内又

【一】邪惡以致凶咎　「邪」原作「无」，據乾隆本改。

【二】只是一箇　「一箇」原作「本界」，據四庫本改。

以執中爲道心，中乃道心之發，於事無過不及之謂也。大抵此章之義，所失有三：其一不合以人心便爲不善；其二不分別精一爲知與守；其三不應以執中爲道心，而不知其爲心之形於事。」貫之又書：「蒙教三失，因再以《章句序》考之，乃知本自分明。《序文》曰：『以其或生於形氣之私，或賦於性命之正。』此即來諭屬乎氣爲人心，屬乎理爲道心之謂也。《序文》又曰：『人莫不有是形，故雖上智，不能無人心；亦莫不有是性，故雖下愚，不能無道心。二者雜於方寸之間，而不知所以治之，則危者愈危，微者愈微。』此言雖上智亦不免二者之雜，但上智知所以治之耳。前日誤以『二者雜於方寸之間』一句，作不好看了，便以人心爲不善，故謂發不中節爲人心。又以踰其則爲人心，殊不察夫所謂屬乎氣者，蓋生而有之，豈反得名於中與不中、踰與不踰之後哉？《序文》又曰：『精則察夫二者之間而不雜也，一則守其本心之正而不離也【三】。』察與守二字甚明，其曰不雜者，亦謂分別二者，毋令混雜耳。某乃謂不以人心雜乎道心，則上面不見精擇意思，下面先侵惟一界分，亦使向下惟一二字，反成剩語矣。《序文》又云：『危者安，微者著，而動靜云爲自無過不及之差矣。』此即道心之形於事者也。《序文》明白如此，而讀之不詳，妄有云云，今得所示圖説，蒙蔽釋然，爲幸多矣。然尚有欲求教者，性本無惡，反之而後爲惡。凡所謂不善者，皆或過或不及，失其本然之故。以此言之，人之所得以生者，惟有一理，更無它物。今也一心之中，既有所謂道心，以理而動者【四】；又有所謂人心，感物而動者。不知此所謂人心者，自何時何處，已與道心相對而出耶？竊謂極本窮源，只是一理。至於被命受生之後，則理之屬乎氣者爲人心，理之不雜乎氣者爲道心。如此推之是否？」黄氏又荅曰：「有此身，便有此知覺，便識得聲色臭味、喜怒哀樂，此人心也。於聲色臭味，喜怒哀樂，識其所當然，此道心也。只是一个知覺，本來完具非二物，旋合湊而來也。但一則觸乎氣而動，一則根乎性而發，故有人心、道心之分耳。『理之屬乎氣爲人心』未安，謂之人心，則不主理而言也。」李公晦復以書問曰：「夫所謂人心者，人欲也，程説。私也，朱説。所謂道心者，天理也，程説。公也，朱説。耳目口鼻之欲，人欲之私也。若喜怒哀樂則情也，其所當然之則，乃性也。情則道之用，性則道之體也，豈可指以爲人慾之私乎？故《中庸》以未發爲中，發而中節爲和，無非以道言也。而斥之以爲人心，可乎？必爲此説，則必無喜無怒無哀無樂乃爲

【三】守其本心　「本」原作「木」，據乾隆本改。

【四】以理而動者　「者」原作「著」，據四庫本改。

道心也。」黄氏答曰：「來論以喜怒哀樂爲非人心，必欲專指飲食男女爲人心。此蓋認喜怒哀樂過於善，認人心過於惡，是以其説卒不能合也。人心不可全謂之惡，若全謂之惡，則不但危而已。喜怒哀樂不可全謂之善，全謂之善，則不應又有不中節也。伊川及朱先生人心之説，語意自不同，不當合而爲一【五】。伊川直作惡説，朱先生只將作人所不能，無説。語自不同。今合而一之，非也。要之，人心特發於形氣之私，聖愚賢不肖皆不能無，不可便謂之人欲。」　愚按：《朱子語録》有曰：「程子云：『人心人欲故危殆，道心天理故精微【六】，惟精以致之，惟一以守之，如此方能執中。』此言盡之。」而《文集》所載與學者書，亦有取人心私欲之説。黄氏乃以爲二先生之説不同者，蓋《中庸章句序》、《書·大禹謨傳》乃親筆著述，而《語録》、《文集》特一時問答之辭故也。又黄氏以喜怒哀樂爲人心，而公晦乃辨其不然，蓋嘗思之喜怒哀樂發於氣者也。而其理則根於性，《中庸》所謂未發之中，中節之和，以理言者也。《禮運》之所謂七情，《左氏》之所謂六志，以氣言者也。以氣言則謂之人心，以理言則謂之道心。黄以氣言，李以理言，是以不同。若辨程、朱之説不可合一，則黄氏乃不易之論也。又勉齋别段謂七情皆人心，既以人心爲未是人欲，又以七情爲人心，何也？蓋欲字單言之，則未分善惡，七情皆未分善惡。如欲善欲仁，固皆善也，若耳目鼻口之欲【七】，亦只是形氣之私，未可以惡言。若以天理人欲對言之，則如陰陽晝夜之相反，善惡於是判然矣。朱子形氣之私四字，權衡輕重，允適其當，非先儒所及也。或謂私者公之反，安得不爲惡？此則未然。蓋所謂形氣之私者，如飢食渴飲之類，皆吾形體血氣所欲，豈得不謂之私？然皆人所不能無者，謂之私則可，謂之惡則未也。但以私滅公，然後爲惡耳。然黄氏以七情爲人心，蓋謂七者皆人心之發耳。學者不可便以情爲心，蓋心該動静，情則專指動處，其界限又不可不明也。　江西學者有以朱子所謂「形氣之私爲未安」者，曰：「私即是惡，謂之上智不能無，可乎？」愚答之曰：「私者，猶言我之所獨耳，今人言私親、私恩之類是也，其可謂之惡乎？」又問：「六經中曾有謂私非惡者否？」愚曰：「『雨我公田，遂及我私』，『獻豜于公，言私其豵』，如此類，以惡言之，可乎？」其人乃服。　又《仲虺之誥》以禮制心，與《立政》「文王克厥宅心」、《詩》「文王翼翼小心」，皆見《乙記》。

【五】合而爲一　「合」原作「全」，據四庫本改。

【六】天理故精微　「精」原作「情」，據四庫本改。

【七】耳目鼻口之欲　「欲」原作「故」，據四庫本、乾隆本改。

《詩·大明》之七章曰：上帝臨女，無貳爾心。其上文曰：「殷商之旅，其會如林。矢于牧野【八】，維予侯興，云云。」吕氏曰：「紂以天子之威，如林之衆來戰。武王方自眇然諸侯而起，苟較强弱而計衆寡，其心必疑貳矣。然當是時，武王方一心以奉天討，若上帝實臨之，較計之私豈得而容哉！曰云云，蓋爲勉之之辭，以形容武王奉天討之心也。」

又曰：無貳無虞，上帝臨女。《魯頌·閟宫》之辭，亦述武王伐紂之事。愚謂詩意雖主伐紂而言，然學者平居諷咏其辭【九】，凛然如上帝之實臨其上，則所以爲閑邪存誠之助，顧不大哉！又見義而無必爲之勇，或以利害得喪二其心者，亦宜味此言，以自決也。

《周官》：恭儉惟德，無載爾僞。作德心逸日休，作僞心勞日拙。此成王告百官之辭。東萊吕氏曰：「從事於實，則心廣體胖，日以休泰；從事於僞，則雖殫其智慮，左蔽右隱，人之視己如見肺肝，日彰其拙矣。天下之至逸而無憂者，莫如德；天下之至勞而無益者，莫如僞。」

《畢命》：雖收放心，閑之惟艱。此康王命畢公之詞，其全文云：「兹殷庶士，席寵惟舊，怙侈滅義，服美于人。驕淫矜侉，將由惡終，云云。資富能訓，惟以永年。惟德惟義，時乃大訓。不由古訓，于何其訓。」按：放心二字，始見於此。蓋康王欲畢公以德與義，閑殷士之心，而變其驕淫矜夸之習也。然則學者欲自閑其心，舍德義何以哉？德以身言，義以事言。

《詩·定之方中》：秉心塞淵，騋牝三千。此美衛文公之詩，其全章曰：「靈雨既零，命彼倌人。星言夙駕，説于桑田【一〇】。匪直也人，云云。」程子曰：「須是塞淵，然後騋牝三千。塞淵有義理。」鄭氏曰：「塞，充實也。淵，深也。」張氏曰：「虚明如淵也。」朱子曰：「塞，則多不明。塞淵，則實而明，猶曰誠明云爾。」又《燕燕》

【八】矢于牧野　「矢」原作「矣」，據四庫本改。

【九】學者平居　「平」原作「乎」，據四庫本改。

【一〇】説于桑田　「説」原作「至」，據四庫本、乾隆本改。

詩亦曰：「仲氏任只，其心塞淵。」仲氏謂戴嬀也，以婦人而能若是，學者可不勉乎！然其道無它，中有主，故實私不能蔽，故明不曰明而曰淵。尤當深味。

《桑柔》之三章曰：君子實維，秉心無競，誰生厲階，至今爲梗？愚嘗聞四明樓氏曰：「君子之所以實維君子者，以其秉心無競而已。蓋持心公平，而無爭競之私，則禍亂之源塞。一有競心，則厲階生矣。此牛李之禍，所以相尋而無窮也。」此説雖未必詩之本指，然亦學者所當深味而實體之也。

《詩・烝民》：尹吉甫美宣王能任仲山甫而作。仲山甫之德，柔嘉維則。令儀令色，小心翼翼。鄭氏曰：「翼翼，恭敬也。」按：詩稱文王與仲山甫，皆以小心翼翼爲言。玩其辭旨【一二】，可見聖賢氣象。

《泮水》：《魯頌》贊僖公之詩。濟濟多士，克廣德心。孔氏曰：「謂心德寬洪，無褊躁也。」李氏曰：「人心可謂廣矣，惟爲血氣所使，一毫髮之利則忿而爭，其心於是乎隘矣。」愚按：「克廣德心」一語，學者所宜深體。《詩》之本文曰：「云云，桓桓于征，狄彼東南。烝烝皇皇，不吳不揚。不告于訩，在泮獻功。」多士謂虎臣，東南斥淮夷，狄當作剔，謂剔治之也。多士惟能廣其德心，故雖有剔治淮夷之功，而能烝烝然厚，皇皇然美，不讙譁，不大聲，不爭訟，惟在泮獻功而已。士居功名之間，苟不能然，未有不爲渾瀆之爭者。況德度弗洪，則於天下之事無一之可爲，又非但處功名而已。陳壽譏魏文帝，謂其不能「邁志存道，克廣德心」，然則爲人君者，尤所當知也。

子曰：「飽食終日，無所用心，難矣哉！不有博弈者乎？爲之猶賢乎已。」李氏曰：「聖人非教人博弈也，所以甚言無所用心之不可爾。」南軒張氏曰：「飽食而無所用心，則放越而莫知其極，凡惡之所由生也。博弈雖不足道，然方其爲之，意專乎此，比之放越而莫知其極者，猶爲愈焉爾。」愚按：《論語》言心處甚少，「從心所欲不踰矩」與「回心不違仁」及此章而已，前二章已別見。

《大學》：所謂脩身在正其心者，身有所忿懥，則不得其正；有所恐懼，則不得其

【一二】玩其辭旨　「旨」原作「者」，據四庫本改。

正；有所好樂，則不得其正；有所憂患，則不得其正。程子曰：「身有之『身』，當作『心』。」朱子曰：「忿懥，怒也。蓋是四者皆心之用，而人所不能無者。然一有之而不能察，則欲動情勝，而其用之所行或不能不失其正矣。」心不在焉，視而不見，聽而不聞，食而不知其味。心有不存，則無以檢其身，是以君子必察乎此，而敬以直之，然后此心常存，而身無不脩也。此謂脩身在正其心。或問：「人之有心，本以應物，今乃以爲有所喜怒憂懼，則不得其正，然則必如槁木死灰，乃爲得其正也？」曰：「人之一心，湛然虛明，如鑑之空，如衡之平。以爲一身之主者，固其真體之本然【一二】，而喜怒憂懼隨感而應，妍蚩俯仰因物賦形者，亦其用之所不能無者也。故其未感之時，至虛至靜，所謂鑑空衡平之體，雖鬼神有不得窺其際者，固無得失之可名。及其感物之際而所應者，又皆中節，則其鑑空衡平之用，流行不滯，正大光明，是乃所以爲天下之達道，亦何不正之有哉？唯其事物之來，有所不察，應之既或不能無失，且又不能不與俱往，則其喜怒憂懼必有動乎中者，而此心之用，始有不得其正者耳。傳者之意，非以心之應物便爲不得其正也。惟是此心之靈，既曰一身之主，苟得其正而無不在，是則耳目鼻口、四肢百骸，莫不有所聽命，以共其事，而其動靜語默、出入起居，唯吾所使，而無不合於理。如其不然，則身在於此而心馳於彼，血肉之軀無所管攝，其不爲仰面貪看鳥，回頭錯應人者，幾希矣。孔子所謂『操則存，舍則亡』，孟子所謂『求其放心，從其大體者』，蓋皆謂此。學者可不深念而屢省之哉？」好樂恐懼、忿懥憂患，只要從無處發出，不可先有在心下。四者人不能無，只是不要它留而不去。如所謂「有所」，則是被它爲主於內，心反爲它動也。心不可有一物，外面酬酢萬變，只是隨分限應去，都不關自家心事。纔係於物，心便爲其所動。其所以係於初者有三：或事未來，而自家先有箇期待底心；或事已過，却長留胸中不能忘；或正應事時，意有偏重。這都是爲物所繫縛。既爲物所繫縛，事到面前應之便差，如何會得其正？聖人之心，瑩然虛明，隨物隨應，此心元不曾有這物事。又曰：「此心先有忿懥時，這下面便不得其正。如鏡有人形在裏面，第二人來便照不得。秤盤上加一錢，則稱一錢物便成兩錢重。心若先有怒，更有當怒事來，便

【一二】固其真體之本然　「其」原作「真」，「體」原作「福」，據四庫本改。

成兩分怒。有當喜事來，却減了半分喜。好樂憂患，亦是如此。」

孟子曰：「大人者，不失其赤子之心者也。」朱子曰：「大人之心，通達萬變。赤子之心，則純一無僞而已。然大人之所以爲大人，正以其不爲物誘，而有以全其純一無僞之本然。是以擴而充之，無所不知，無所不能，而極其大也。」大人事事理會得，只是無許多巧僞曲折，便是赤子之心。赤子之心純一無僞，而大人之心亦純一無僞，但赤子是無知覺底純一無僞，大人是有知覺底純一無僞。赤子之心不可盡謂已發，亦有未發處。按：吕氏以赤子之心爲未發，程子爲已發而未遠乎道，已見前卷「中和」注。南軒曰：「赤子之心，無聲色臭味之誘，無智巧作爲之私，云云。」

孟子曰：「富歲子弟多賴，兇歲子弟多暴，非天之降才爾殊也，其所以陷溺其心者然也。今夫麰麥，播種而耰之，其地同，樹之時又同，浡然而生，至於日至之時，皆熟矣。雖有不同，則地有肥磽，雨露之養，人事之不齊也。故凡同類者舉相似也，何獨至於人而疑之？聖人與我同類者。故龍子曰：『不知足而爲屨，我知其不爲蕢也。』屨之相似，天下之足同也。口之於味，有同耆也，易牙先得我口之所耆者也。如使口之於味也，其性與人殊，若犬馬之與我不同類也，則天下何耆皆從易牙之於味也？至於味，天下期於易牙，是天下之口相似也。惟耳亦然。至於聲，天下期於師曠，是天下之耳相似也。惟目亦然。至於子都，天下莫不知其姣也。不知子都之姣者，無目者也。故曰口之於味也，有同耆焉；耳之於聲也，有同聽焉；目之於色也，有同美焉。至於心獨無所同然乎？心之所同然者，何也？謂理也，義也。聖人先得我心之所同然耳。故理義之悦我心，猶芻豢之悦我口。」程子曰：「在物爲理，處物爲義，體用之謂也。孟子言人心無不悦理義者，但聖人則先知先覺乎此耳，非有以異於人也。」又曰：「理義之悦我心，猶芻豢之悦我口，此語親切有味。須實體察得理義之悦心，真猶芻豢之悦口，始得。」《集義》吕氏曰：「我心同然，即天理、天德。孟子言同然者，恐人有私意蔽之。苟無私意，我心即天心。」謝氏曰：「嘗問伊川先生養心莫善於寡慾，此一句如何？」先生曰：「此一句淺，不如『理義之悦心，猶芻豢之悦口』，最親切，有滋味。」云云，見前。　朱子曰：「理只是事物當然底道理，義是事之合宜處。」

孟子曰：「牛山之木嘗美矣，以其郊於大國也，斧斤伐之，可以爲美乎？是其日夜之所息，雨露之所潤，非無萌蘖之生焉，牛羊又從而牧之，是以若彼濯濯也。人見其濯濯也，以爲未嘗有材焉，此豈山之性也哉？雖存乎人者，豈無仁義之心哉？其所以放其良心者，亦猶斧斤之於木也。旦旦而伐之，可以爲美乎？其日夜之所息，平旦之氣，其好惡與人相近也者幾希，則其旦晝之所爲，有梏亡之矣。梏之反覆，則其夜氣不足以存；夜氣不足以存，則其違禽獸不遠矣。人見其禽獸也，而以爲未嘗有才焉者，是豈人之情也哉？」朱子曰：「良心者，本然之善心，即所謂仁義之心也。平旦之氣，謂未與物接之時，清明之氣也。好惡與人相近，言得人心之所同也。梏，械也。反覆，展轉也。言人之良心雖已放失，然其日夜之間，亦必有所生長。故平旦未與物接，其氣清明之際，良心必猶有發見者。但其發見至微，而旦晝所爲之不善，又已隨而梏亡之，如山木既伐，猶有萌蘖，而牛羊又牧之也。晝之所爲，既有以害其夜之所息，夜之所息，又不能勝其晝之所爲，是以展轉相害。至於夜氣之生，日以寖薄，而不足以存其仁義之良心，則平旦之氣亦不能清，而所好惡遂與人遠矣。」

「故苟得其養，無物不長；苟失其養，無物不消。山木人心，其理一也。孔子曰：『操則存，舍則亡；出入無時，莫知其鄉。』惟心之謂與？」孔子言心，操之則在此，捨之則失去，其出入無定時，亦無定處如此。孟子引之，以明心之神明不測，得失之易而保守之難，不可頃刻失其養。學者當無時而不用其力，使神清氣定，常如平旦之時，則此心常存，無適而非仁義也。程子曰：「心豈有出入，亦以操舍而言耳。操之之道，敬以直內而已。」聞之師曰：「人理義之心未嘗無，唯持守之即在爾。若於旦晝之間，不至梏亡，則夜氣愈清【一三】。夜氣清，則平旦未與物接之時，湛然虛明氣象自可見矣。」孟子發此夜氣之說，於學者極有力，宜熟玩而深省也。問：「旦晝不梏亡，則是養得這夜氣清明？」曰：「不是靠氣爲主，蓋要此氣養仁義之心。如水之養魚，水多則魚鮮，水涸則魚病。養得這氣盛，則仁義之心亦完；氣少，則仁義之心亦微矣。」孟子此段首尾，正爲良心設。人多將夜氣便做良心說，非也。蓋言夜氣至清，足以存得此良心耳。平旦之氣亦清，亦以存吾良心，故其好惡之公猶與人相近，但此心存得不多時，至旦晝所爲，則梏亡之矣。所謂梏者，人多謂梏亡其夜氣，亦非也。謂旦晝之爲，能梏亡其良心也。問「平旦之氣」。先生曰：「氣清則能存固有之良心。如旦晝之所爲有以汩亂其氣，則良心爲之不存矣。然暮夜止息，稍不紛擾，則良心又復生長。譬如一井水，終日攪動，便渾了。至夜稍歇，則便有清水出。所謂『夜氣不足以存』者，便是攪動得太甚，則雖有止息時，亦不能清矣。」氣與理本相依，旦晝所爲不害於理，則夜氣之所養益厚，夜之所息，既有助於理，則旦晝之所爲，益無不當矣。日間梏亡者寡，則夜氣自然清明虛靜，至平旦亦然。旦晝應事接物，亦莫不然。梏，如被它禁械在那裏，更不容它動。心一放時，便是斧斤之戕，牛羊之牧，一收斂在此，便是日夜之息，雨露之潤。問「夜氣」。曰：「前輩皆無明說，某因將《孟子》反覆熟讀，方看得出。後看《程子》却說『夜氣之所存者良知、良能也』，與臆見合。以此知觀書不可苟，熟讀深思，道理自見。」惟其神明不測，所以有出入；惟其能出入，所以神明不測。「范純夫之女謂：『心豈有出入？』程先生聞之曰：『此女雖不識孟子，却能識心。』是否？」曰：「此一段說，正要人看。孟子舉孔子之言曰：『出入無時，莫知其鄉。』此別有說。伊川言純夫女却能識心，心却易識，只是不識孟子之

【一三】夜氣愈清　「清」原作「情」，據乾隆本改。

意。」問「操則存」。曰：「心不是死物，須把做活看，不爾則是釋氏入定坐禪。操存者，只是於應事接物之時事事中理，便是存。若處事不當，便是心不在【一四】。只是兀然守在這裏，忽有事至吾前，操底便散了，却是舍則亡也。」問：「未應接時，如何？」曰：「只是戒慎恐懼而已。」又曰：「只要提它醒，便是操。」求放、操存，皆兼動靜而言，非塊然默守之謂。「存亡出入」一章，乃是正説心之體用，其妙不測如此，非獨能安静純一【一五】，亦能周流變化，學者須是著力照管，豈專爲其已放者而言耶？今專指其安静純一者爲良心，則於其體用有不周矣。又曰：「自寂然不動，以至感而遂通天下之故，無非此心之妙。」南軒曰：「日夜之所息者，蓋人雖終日汩汩於物慾，然亦有休息之時也。」程子曰：「息有二義，訓休息，亦訓生息。息所以生也，云云。心非有出入，因操舍而言也。操則在此，舍則不存焉矣。以其在此，則謂之入可也。以其不存焉，則謂之出可也。」又曰：「涪人譙定從伊川學，以其所見作牧牛圖：如非禮勿視，則牛眼白；非禮勿聽，則耳白；非禮勿言，則口白；非禮勿動，然後身白。籍溪得其圖，以寄猶子太原張之書室【一六】。一日，母翁夫人見之，指心曰：『只這裏轉了後，那得許多事？』」按：此可與「范太史女論心」一段參觀，故附此。

孟子曰：「仁，人心也。義，人路也。舍其路而弗由，放其心而不知求，哀哉！人有雞犬放則知求之，有放心而不知求。程子曰：「心至重，雞犬至輕。雞犬放則知求之，心放而不知求，豈愛其至輕而忘其至重哉！弗思而已矣。」朱子曰：「上兼言仁義，而此下專論求放心者，能求放心，則不違於仁而義在其中矣。」**學問之道無它，求其放心而已矣。」**學問之事，固非一端，然其道，則在於求其放心而已。蓋能如是，則志氣清明，義理昭著，而可以上達；不然則昏昧放逸，雖曰從事於學，而終不能有所發明矣。程子曰：「聖賢千言萬語，只是欲人將已放之心約之，使反復入身來，自能尋向上去，下學上達也。」此乃孟子開示要切之言，程子又發明之，曲盡其指，學者宜服膺而勿失也【一七】。又曰：「放心謂心本善，而流於不善，是放也。」問：「孟子説求放心，從

【一四】便是心不在 「是」原在上句「不」字後，據四庫本下移。

【一五】安静純一 「静」原作「靖」，據四庫本改。

【一六】太原張之書室 「之」原作「于」，據四庫本改。

【一七】宜服膺 「宜」字原脱，據四庫本補。

「仁，人心也」説來，莫是收此心便是仁？」朱子曰：「也只是存得此心，可以存此仁。若只收此心，更無動用生意，又濟得甚麽？所以程先生曰：『自能尋向上去。』這是已得此心，方可做去，不是塊然守得這心便了。」又問：「放心還當將放了心重新收來，還只存此心，便是不放？」曰：「不是將已縱出底，收將轉來。如『七日來復』，非是已往之陽，重來復生。舊底已去，這裏自然生出來。」「學問之道無它，求其放心而已」，不是學問之道只有求放心一事，乃是學問之道皆是求放心。如聖賢一言一語，都是此理。程先生説得如此，自家自看不出。問：「賀孫曉得否？」賀孫曰：「如程先生説『吾作字甚敬，只此便是學』，這也可以收放心，非是要字好。」先生曰：「然。如洒掃、應對、博學、審問、慎思、明辨，皆所以求放心。」孟子以放心比雞犬，可謂善喻。然雞犬猶有放失求不得，若心則求着便在。或者錯看明道之語，謂是收拾放心，遂如釋氏守個空寂。不知其意謂收心只存得善端，漸能充廣，非如釋氏徒守空寂而已。此心常在私欲，自無着處。知得心放，此心便在這裏。「求放心」，非以一心求一心，只求底便是已收之心。「操則存」，非以一心操一心，只操底便是已存之心。知求則心在矣。所謂存，所謂收，只是唤醒而已。覺處即心，何更求爲？此用力甚不多，但要常知提惺，惺則自然光明。出入無時，莫知其鄉。存養主一，使之不走作乃善。求放心乃爲學根本田地。既能如此向上，更做窮理工夫，方見所存之心、所具之理不是兩事，隨應自然中節，方是儒者事業。不然，却與釋子坐禪攝念無異。

孟子曰：「今有無名之指屈而不信，非疾痛害事也。如有能伸之者，則不遠秦、楚之路，爲指之不若人也。指不若人，則知惡之；心不若人，則不知惡，此之謂不知類也。」

愚按：程子曰：「人於外物奉身者，事事要好，只有自家一個身與心，却不要好。苟得外物好時，却不知道自家身與心却已先不好了也。」又永嘉鄭氏曰【一八】：「覽鏡面目有汙，則必滌之；振衣而領袖有垢，則必濯之；居室而几案窗壁有塵，則拂之。不如是，則不能安焉。至於方寸之中，神明之舍，汙穢垢塵日積焉，而不知滌濯振拂之，察小而遺大，察

【一八】永嘉鄭氏　「嘉」字原脱，據《孟子集編》卷十一補。

外而遺内，其爲不能充其類，不亦甚乎！」程子、鄭氏之言，皆足以警學者，故附見焉。

孟子曰：「人之於身也兼所愛，兼所愛則兼所養也。無尺寸之膚不愛焉，則無尺寸之膚不養也。所以考其善不善者，豈有他哉？於己取之而已矣。體有貴賤，有小大，無以小害大，無以賤害貴。養其小者爲小人，養其大者爲大人。朱子曰：「賤而小者口腹也，貴而大者心志也。」今有場師，舍其梧檟，養其樲棘，則爲賤場師焉。養其一指，而失其肩背而不知也，則爲狼疾人也。飲食之人，則人賤之矣，爲其養小以失大也。飲食之人無有失也，則口腹豈適爲尺寸之膚哉？」南軒曰：「飢渴飲食，是亦理也。人所爲賤之者，爲其但知口腹之養，而失其大者耳。如使飲食之人，而不失其大者，則口腹豈但爲養其尺寸之膚？固亦理義之所存也。故失其大者，則役於血氣而爲人欲。先立乎其大者，則本諸天命而皆至理。人欲流，則口腹之須何有窮極？此人之所以違禽獸不遠也。天理明，則一飲一食之間，亦莫不有則焉。此人之所以成身而通乎天地也。」

公都子問曰：「鈞是人也，或爲大人，或爲小人，何也？」孟子曰：「從其大體爲大人，從其小體爲小人。」曰：「鈞是人也，或從其大體，或從其小體，何也？」曰：「耳目之官不思，而蔽於物。物交物，則引之而已矣。心之官則思，思則得之，不思則不得也，此天之所以與我者。先立乎其大者，則其小者弗能奪也，此爲大人而已矣。」朱子曰：「官之爲言司也。耳司聽【一九】，目司視【二〇】，各有所職而不能思，是以蔽於外物。既不能思而蔽於外物，則亦一物而已。又以此物交於外物，其引之而去不難矣。心則能思，而以思爲職。凡事物之來，心得其職，則得其理而物不能蔽；失其職，則不得其理而物來蔽之。此三者，皆天之所以與我者，而心爲大。若能有以立之，則事無不思，而耳目之欲不能奪之

【一九】耳司聽　「聽」前原有「二」字，據乾隆本删。

【二〇】目司視　「司」原作「可」，據四庫本改。

矣。此所以爲大人也。」　范浚《心箴》曰：「茫茫堪輿，俯仰無垠。人於其間，眇然有身。是身之微，太倉稊米，參爲三才，曰惟心耳。往古來今，孰無此心？心爲形役，乃獸乃禽。惟口耳目，手足動静，投間抵隙，爲厥心病。一心之微，衆欲攻之，其與存者，嗚呼幾希！君子存誠，克念克敬，天君泰然，百體從令。」　朱子曰：「孟子説『先立乎其大者』，此語最有力。且看它下一箇『立』字，昔有人問譙先生爲學之道，譙曰『某只是先立乎其大者』，它之學亦自有要，卓然竪起自心，便是立，所謂『敬以直内』也。」「先立其大者，則小者不能奪」，今忘前失後，心不主宰，被物引將去，致得膠擾，所以窮它理不得。　南軒解此章，全不提掇立字，而曰以思爲主。心不立而徒思，吾未見其可也。今按：南軒曰：「先立云云，言心爲之主，則耳目不能以移，有以宰之故也。故君子之動以理，小人之動以物。動以理者，心得其宰，而動以物者，心放而欲流，其何有極也？然所謂思者，非泛然無統也。泛而無統，則思之亂也，不得謂心之官矣。事事物物，皆有所以然，其所以然者，天之理也。思其所以然，而循天理之所無事，則雖日與事物接，而心體無乎不在，斯則爲大人矣。」南軒所重在思字，故朱子云云。

孟子曰：「飢者甘食，渴者甘飲，是未得飲食之正也，飢渴害之也。豈惟口腹有飢渴之害？人心亦皆有害。朱子曰：「口腹爲飢渴所害，故於飲食不暇擇，而失其正味。人心爲貧賤所害，故於富貴不暇擇，而失其正理。」「人心亦皆有害」，趙氏謂人心爲利欲所害，此説甚長。愚謂飢渴害其知味之性，則飲食雖不甘，亦以爲甘；　利欲害其仁義之性，則所爲雖不可，亦以爲可。人能無以飢渴之害爲心害，則不及人不爲憂也。」南軒曰：「人心虚明知覺，萬理森然，其好惡是非，本何適而非正？惟夫動於私欲，則有所忿懥，有所恐懼，有所好樂，有所憂患，而其正理始昧矣。人能正其心，不使外物害之。如飢渴之害於口腹，則無適而非天理之所存矣。」

孟子謂高子曰：「山徑之蹊間，句。介然用之而成路。句。爲間不用，則茅塞之矣。

今茅塞子之心矣。」介，音戛。朱子曰：「徑，小路也。蹊，人行處也。介然，倏然之頃也。用，由也。路，大路也。爲間，少頃也。茅塞，茅草生而塞之也。言理義之心，不可少有間斷也。」南軒曰：「此言學者初聞善道，其心無不欣慕而開明，猶山徑之有蹊間也。由是而體認充廣，朝夕於斯，則德進而業廣矣，猶用之而成路也。苟惟若有若亡而不用其力，則内爲氣習所蔽，外爲物欲所誘，向之開明者，幾何不復窒塞耶？然則山徑之蹊間，在夫用與不用。士之於學，亦係於思與不思而已。思則通，不思則塞矣。」

荀子曰：「君子大心則天而道，小心則畏義而節。小人則不然，大心則慢而暴，小心則流淫而傾。」朱子曰：「君子心大則是天心，心小則如文王之翼翼。小人心大則放肆，心小則褊隘私吝。」

「耳目鼻口能各有接而不相能也，夫是之謂天官。心居中虚以治五官，夫是之謂天君。聖人清其天君，正其天官。」

「心臥則夢，偷則自行，使之則謀。」朱子曰：「佛家有所謂『流注想』最害事，所以潙山禪師云：『參禪幾年，至今不能斷得流注想。』此即荀子『偷則自行』之心也。」愚按：「偷則自行」，謂我無以主宰，而聽命於動也。「使之則謀」，謂我有以主宰，而惟我所以，云云。

「虚壹而靜，謂之清明。本文清明之上有大字。愚按：虚謂無物欲之礙，壹謂無思慮之雜。如是而又靜以養之，是之謂清明。非於三者之外，又有清明也。心者，形之君也，而神明之主也【二二】，出令而無所受令。楊氏曰：「心出令以使百體，不爲百體所使也。」心枝則無知，傾則不精，貳則疑惑。」枝，散也。傾，邪也。心一則見理明，故散則無知。心正則見理的，故傾則不精。貳則散之東，又之西，故疑惑。枝與貳相近，枝又甚於貳也。

【二二】神明之主也　「主」原作「二」，據乾隆本改。

「《道經》曰：『人心之危，道心之微。』危微之幾，惟明君子而後能知之。故人心譬如槃水，正錯而勿動，則湛濁在下，而清明在上，則足以見須眉而察理矣。肌膚之文理。微風過之，湛濁動於下，清明亂乎上，則不可以得大形之正也。心亦如是矣。故導之以理，養之以清，物莫之傾，則足以定是非、決嫌疑矣。小物引之，則其正外易，其心内傾，則不足以決麤理矣。」愚按：荀子論心，前數章皆可取，若此章則可疑。蓋心之虚靈知覺者，萬理具焉，初豈有一毫之污濁哉？自夫汩於物欲，而後有污濁耳。學者必盡去物欲之害，則本然之清明自全。今曰湛濁在下，而清明在上，是物欲之害初未嘗去，但伏而未作耳，其可恃以爲安耶？水不能不遇風，長川巨浸泓澄無底，雖大風不能使之濁。心不能不應物欲，盡理明，表裏瑩徹，雖酬酢萬變，不能使之昏。無風則清，有風則濁者，塵滓之伏于下也。靜之則明，動之則昏者，利欲之藏於中也。

《揚子》：「或問神。曰：『心。』『請問之？』曰：『潛天而天，潛地而地。天地，神明而不可測者也。心之潛也，猶將測之，况於人乎？况於事倫乎？』『敢問潛心于聖？』曰：『昔者仲尼潛心於文王矣，達之。顏淵亦潛心於仲尼矣，未達一間耳。天神天明，照知四方；天精天粹，萬物作類。人心其神矣乎！』」此下云：「操則存，舍則亡，能常操而存者，其惟聖人乎！」龜山楊氏曰：「聖人不待操而自存。」今删去。按：揚子默而好深湛之思，故其言如此。潛之一字，最宜玩味。天惟神明，故照知四方。惟精粹，故萬物作類。人心之神明精粹，本亦如此。惟不能潛，故神明者昏而精粹者雜，不能燭理而應物也。

漢趙氏曰：「天之執持綱維，以正二十八宿者【二二】，北辰也。」

【二二】二十八宿　「宿」原作「舍」，據四庫本改。

《論語》曰：「北辰居其所，而衆星共之。」心者，人之北辰也。《孟子·盡心》注。　朱子《感興詩》：「微月墜西嶺，爛然衆星光。明河斜未落，斗柄低復昂。感此南北極，樞軸遥相當。太一有常居，仰瞻獨煌煌。中天照四國，三辰環侍旁。人心要如此，寂感無邊方。」　愚按：北辰常不移，故能爲列宿之宗。人心常不動，故能應萬物之變。不動非無所運用之謂也，順理而應，不隨物而遷，雖動猶静也。

程子曰：「心一也，有指體而言者，寂然不動是也；有指用而言者，感而遂通天下之故是也。惟觀其所見如何耳。」朱子曰：「寂然不動是性，感而遂通是情。横渠所謂『心包性情者也』，此説最爲穩當。」

又曰：「中有主則實，實則外患不能入，自然無事。」吕與叔患思慮多，不能驅除。程子曰：「此正如破屋中禦寇，東面一人來未逐得，西面又一人至矣，左右前後，驅逐不暇。蓋其四面空踈，盗固易入，無緣作得主定。又如虚器入水，水自然入。若以一器實之以水，水何能入來？蓋云云。」

又曰：「有主則虚，虚謂邪不能入；無主則實，實謂物來奪之。大凡人心不可二用，用於一事，則它事不能入者，事爲之主也。事爲之主，尚無思慮紛擾之患，若主於敬，又焉有此患乎？」其全文云：「學者先務，固在心志。然有謂欲屏去聞見知思，則是絶聖棄智。有欲屏去思慮，患其紛擾，則須坐禪入定。如明鑑在此，萬物畢照，是鑑之常，難爲使之不照。人心不能不交感萬物，難爲使之不思慮。若欲免此，惟是心有主。如何爲主？敬而已矣，云云。」　問：「伊川先生言有主則實，又曰有主則虚，於此二者如何分别？」朱子曰：「這箇只是有主於中，外邪不能入。自其有主於中言之，則謂之實；自其外邪不入言之，則謂之虚。」又曰：「若無主於中，則目之欲從這裏入，耳之欲也從這裏入。凡有所欲皆入，這裏便滿了，如何得虚？因舉林用中作

《主一銘》曰：『有主則虛，神守其都；無主則實，鬼闞其室。』」

又曰：「有人胸中常若有二人焉，欲爲善，如有惡以爲之間；欲爲不善，又若有羞惡之心者。本無二人，此正交戰之驗也。持其志，使氣不能亂，此大可驗。」其全文曰：「人心作主不定，正如一箇翻車，流轉動摇，無須臾停。所感萬端，若不做一箇主，怎生奈何？張天祺嘗言【一三】：『自得數年，上着牀【一四】，便不得思量。』纔不思量後，須强把它這心來制縛，亦須寄寓一形象，皆非自然。君實自謂：『吾得術矣【一五】，只管念箇中字。』又爲中所繫縛，且中字亦何形象？」云云。要之聖賢必不患心疾。」又曰：「學者患心慮紛亂，不能寧，此則天下公病。學者只要立箇心。」

又曰：「司馬子微作《坐忘論》，是所謂『坐馳』也。」朱子曰：「它只是要得虛靜都無事，但只管要得忘，便不忘，是馳也。」按：《坐忘論》有云：「不著一物，自入虛無。」又曰：「心法猶眼，纖毫入眼，眼則不安。小事關心，心必動亂。既有動病，難入定門。修道之要，急在除病，病若不除，終難得定。」又曰：「此心從來，未慣獨立，乍無所托，難以自安。縱得暫安，還復散亂。隨起隨制，務令不動，久久調熟，自得安閑。無問晝夜，行住坐臥，及應事之時，常須作意安之。若心得定，則須安養，莫令觸惱，少得定力，即堪自樂，漸漸馴狎，惟益清遠。」又曰：「外事都絶，無以干心。然後端坐，内觀正覺。覺一念起，即須滅除。隨起隨滅，務令安静。晝夜勤行，須臾不替，不依一物，而心常住。煩惱念想，隨覺則除。有所見聞，如不見聞。即是非善惡，不入於心。心不受外，名曰虛心。心不逐外，名曰安心。心安而虛，道自來居。」又曰：「有事無事，常若無心，處静處喧，其志惟一。若心不動，又須放任，寬急得中，常自調適。制而無著，放而不逸。處喧無動，處事無惱者，此真定也。」又曰：「以無事爲真宅，以有事爲應跡。若水與鏡，遇物見形。」子微之論如此，蓋其説欲盡絶外事，不使關心，是乃所以爲多事也。此程子所以有譏焉。若所謂「有事無事，常若無心，以無事爲真宅，有事爲應跡」等語，則亦在所可取也。

【一三】張天祺　「祺」原作「旗」，據四庫本、乾隆本改。

【一四】上着牀　「着」原作「看」，據四庫本、乾隆本改。

【一五】吾得術矣　「矣」原作「矢」，據四庫本、乾隆本改。

又曰：「人主心不定，視心如寇賊不可制，不是事累心，乃是心累事。」愚謂一事有一事之理，人能安定其心，順其理以應之，則事既得所，心亦不勞【二六】。若擾擾焉以私心處之，則事必不得其當，而其心亦無須臾之寧。人徒知爲事之累心，不知乃心之累事也。

又曰：「人多思慮不能自寧，只是作心主不定。惟是止於事，爲人君止於仁之類。如舜之誅四凶，四凶已作惡，舜從而誅之，舜何與焉？人不止於事，只是攬它事，不能使物各付物。物各付物，則是役物。爲物所役，則是役於物。有物必有則，須是止於事。」程子又嘗言：「人有四百四病，皆不由自家，只是心須教由自家，此即做心主之謂也。」

又曰：「心要在腔子裏。」問：「云云，若慮事應物時，心當如何？」朱子曰：「思慮應接，亦不可廢，但身在此，心須在此。」問：「心如何得在腔子裏？」曰：「敬便在腔子裏。」

又曰：「心不可有一事。」明道在澶州日，修橋少一長梁，曾博求之民間，後因出入，見林木之佳者，必起計度之心。因語以戒學者，云云。問：「凡事須思而後通，安可謂心不可有一事？」朱子曰：「事如何不思，但事過則不留於心可也。」

又曰：「人心常要活，則周流無窮，而不滯於一隅。」朱子曰：「活者，不死之謂。」

又曰：「人於夢寐，亦可以卜所學之淺深。如夢寐顛倒，即是心志不定，操存不固。」問：「人心所繫著之事，夜夢見之，莫不害否？」程子曰：「雖是善事，心亦是動。凡事有朕兆入夢者却無害，捨此皆是妄動。人心便要定，使它思時方思，乃是。今人都由心。」曰：「心誰使之？」曰：「以心使心則可，人心自由，便放去也。」問：「以心使心之説，上心字即是道心，專以理義言；下心字即是人心，以形氣言。以心使心，是道心爲主，而

【二六】心亦不勞　「心」原作「必」，據四庫本改。

人心聽命否？」朱子曰：「亦是如此。然觀程先生之意，只是説自作主宰耳。」愚按《周禮·占夢》有六夢：「一曰正夢，謂無所感動平安自夢也；二曰噩夢，謂驚愕而夢也；三曰思夢，謂覺時所思念而夢也；四曰寤夢，謂覺時道之而夢也；五曰喜夢，謂喜説而夢也；六曰懼夢，謂恐懼而夢也。」程子所謂朕兆入夢者【二七】，正夢也。問者謂心所繫著而夢者，思夢也。正夢則無不正，思夢則有正有邪。若高宗之夢説，孔子之夢周公，皆思夢也。所思者正，故其夢亦正。趙武靈王之夢吳娃，漢武帝之夢木人，梁武帝之夢諸侯朝覲，亦思夢也。所思者邪，故其夢亦邪。致堂胡氏曰：「心官萬物之至靈，非但藏往，亦能知來。凡天地古今之所有，無一外乎此者。無明晦、古今、遠邇、通塞之間，此人之所以有夢，夢之所以多變也。然聖人誠存，則其夢治。若夫思慮紛擾，神情不定，則所夢雜亂，或正或邪，亦與旦晝之所爲等耳。善學者既謹其言動，而又必驗諸夢寐之間也。」問：「人心之靈如日間未應接之前，固是寂然未發。若夜間有夢之時，亦是此心已動，猶晝之有思。如其不夢未覺，正當大寐之時，亦可謂寂然未發否？」朱子曰：「寤寐者，心之動靜也。有思無思者，又動中之動靜也。有夢無夢者，又靜中之動靜也。但寤陽而寐陰，寤清而寐濁，寤有主而寐無主，故寂然感通之妙，必於寤而言之。」上二條皆言夢寐之理，故附此。

有人言無心。程子曰：「謂無私心則可，謂之無心則不可也。」龜山楊氏曰：「六經不言無心，而佛氏言之。心不可無。不言脩性，而揚雄言之。性不待脩。」

獵，自謂無此好。周茂叔曰：「何言之易也？但此心潛隱未發，一日萌動，復如初矣。」後十二年，因見，果知未也。又曰：「罪己責躬不可無，然亦不當長留心胸爲悔。」

孫思邈曰：「膽欲大而心欲小，可以爲法矣。」問云云。朱子曰：「膽大是『千萬人吾往』處，天下萬物不足以動其心。『貧賤不能移，威武不能屈』，皆是膽大。小心只是畏敬之謂，如文王『小心翼翼』，曾子『戰戰兢兢，臨深履薄』是也。」又曰：「戰戰兢兢，方能爲『糾糾武夫，公侯干城』之事。」愚謂必有文王之小心，然後能一怒以安天下之民。

【二七】朕兆入夢　「朕兆」原作「兆朕」，據四庫本改。

邵子曰：「心爲太極。」愚謂心者，萬理之總會，故云云。

又曰：「心一而不分，則能應萬物，此君子所以虛心而不動也。」愚謂心虛者，無物欲之窒也。虛則一，一則能應萬物。

又曰：「先天學，心法也。圖皆自中起，萬化萬事生乎心也。」張氏曰：「《先天圖》自《坤》而生者始于《復》，自《乾》而生者始于《姤》。皆在天地之中者，心也。故先天之學爲心法，而主乎誠。」

又曰：「言之于口，不若行之于身；行之于身，不若盡之于心。言之于口，人得而聞之；行之于身，人得而見之；盡之于心，神得而知之。人之聰明猶不可欺，況神之聰明乎？是知無媿于口，不若無媿于身。無媿于身，不若無媿于心。無口過易，無身過難；無身過易，無心過難。」南軒張氏既記時習之室，又曰：「夫習之有斷絶者，心過有以害之也。心過尤難防，一萌於中，雖非視聽所及，而吾時習之功已間斷矣，察之緩則滋長矣【二八】。惟人安於故，常以爲微而忽焉。此豈可使之熟也哉？今日一念之差，而不痛以求改，則明日茲念重生矣；積而熟，時習之功銷矣，不兩立也。是以君子懼焉，萌於中必覺，覺則痛懲而絶之，如分桐葉然，不可復續。如此則過境自疎，時習之功專，以至於德以凝道。顔子之不貳，一絶不復生也，故名吾室曰『不貳』。」按：南軒之用力於遏絶心過也如此，可爲學者法，故附焉。

張子曰：「心清時少，亂時多。其清時視明聽聰，四體不待羈束，而自然恭謹。其亂時反是。何也？蓋用心未熟，客慮多而常心少也。習俗之心未去，而實心未完也。人又要得剛，剛則守得定不回，進道勇敢。」朱子曰：「張子此言大段精切。」又曰：「客慮是泛泛底思慮，習俗之心，便是從來習染偏勝底心【二九】，實心是義理底心。」

【二八】察之緩　「緩」字原作「綏」，據四庫本改。

【二九】偏勝底心　「底」原作「等」，據《朱子語類》卷九十八改。

又曰：「正心之始，當以己心爲嚴師。凡有動作，則知所懼。如此一二年，間守得牢固，則自然心正矣。」又曰：「定然後有光明，若常移易不定，何由光明？《易》大抵以《艮》爲止，止乃光明。」下文云：「故《大學》定而至於能慮，人心多則無由光明。」愚按：多者，思慮紛雜之謂。

又曰：「大其心則能體天下之物，物有未體，則心爲有外。世人之心，止於見聞之狹。聖人盡性，不以見聞梏其心，其視天下無一物非我。孟子謂『盡心則知性、知天』，以此。天大無外，故有外之心，不足以合天心。」問：「體之義如何？」朱子曰：「此是置心在物中，究見此理，如格物致知之意，與體物之體不同。」「此『體』字是體察之『體』否？」曰：「須認得如何喚做體察。今官司文書行移，所謂體量、體究，是這樣『體』字。」或曰：「是將自家這身，入那事物裏面去體認否？」曰：「然。猶云『體羣臣』也。程子曰『天理二字，却是自家體貼出來』【三〇】，是這樣『體』字。」　橫渠云云，蓋天大無物不包。物理所在，一有所遺，則吾心爲有外，便與天心不相似。　孟子云云，此自是橫渠意。孟子本意只是説窮理之至，則心自然極其全體而無餘，非是要大其心，而後知性知天也。　問：「如何是有外之心？」曰：「只是有私意，便内外扞格。只見得自家身己，凡物皆不與己相關，便是有外之心。橫渠此説固好，只管如此説，相將便無規矩，無歸着。且如夫子爲萬世道德之宗，都説得語意平易，從得夫子之言，便是無外之實。若便要説天大無外，則此心便易瞥入虚空裏去。」　愚按：朱子云云，蓋慮其弊至此，學者未可以是遽疑張子之説也。

又曰：「心大則百物皆通，心小則百物皆病。」問云云。朱子曰：「此心小是卑陋狹隘，事物來都没奈何，打不去，只管見礙，皆是病。如要敬則礙和，要仁則礙義，要剛則礙柔。這裏只着得一个，更着兩个不得。爲敬，便一向拘束【三一】。爲和，便一向放肆。仁，便煦煦姑息。義，便麄暴决裂。心大，便能容天下萬物。有這物皆有

【三〇】自家體貼出來　「貼」原作「帖」，據《朱子語類》卷九十八改。

【三一】一向拘束　「束」字原脱，據四庫本補。

這道理，有那物則又有那道理，並行而不相悖，並育而不相害。」

龜山楊氏曰：「列子言『廢心用形』，心不可廢也。孟子曰『勿忘，勿助長也』，廢則忘矣。廢心而用形是殆，猖狂妄行，烏能中乎？」愚按：廢心用形之説，形動而心不動也。今佛氏語亦然。

又曰：「《孟子》一部，只是要正人心，教人存心養性，收其放心。至論仁義禮智，則以惻隱、羞惡、辭讓、是非之心爲之端。論邪説之害，則曰『生於其心，害於其政』。論事君，則『欲格君心之非』。千變萬化，只説從心上來。人能正心，則事無足爲者矣。」

問：「正心誠意如何便可以平天下？」曰：「後世自是無人正心，正得心，其效自然如此。此心一念之間，毫髮有差，便是不正。」其全文云：「須是於喜怒哀樂之未發，得其所謂中，於已發得其所謂和，然後謂之正。」今按：未發一語，以程子纔思則是已發之説，質之有所未安，故删去。

朱子曰：「自古聖賢，皆以心地爲本。」

古人言志帥心，君須心有主張始得。

心在，羣妄自然退聽。

學者常用提省此心【三二】，使如日之升，則羣邪自息。其下云：「他本自光明廣大，自家只着些子力，去提省照管它便了。不要苦著力，苦着力反不是。」

人之一心，當應事時，常如無事時，乃善。

三國朱然終日欽欽，如在行陣。學者持此，則心常不放矣。

【三二】提省此心　「此」原作「先」，據《朱子語類》卷十二改。

學者爲學，且要收拾此心，都在義理上安頓，則久而於物欲自輕，於義理自重。下云【三三】：「須是義理之心重於物欲，則見理必端的，自有欲罷不能之意，其於物欲自無暇及之矣。」

學者工夫，只在喚醒上。或問：「人放縱時，自能收斂，莫是喚醒否？」曰：「放縱只爲昏昧之故【三四】。能喚醒，則自不昏昧。不昏昧，則自不放縱矣。」

心之虛靈，無有限量。如六合之外，思之即至，前乎千百世之已往，後乎千萬世之方來，皆在目前。人爲利欲所昏，所以不見此理。又因論心，先生曰：「這箇神明不測【三五】，至虛至靈，是甚次弟。然人莫不有此心，多是但有利欲，被利欲將這个心包了。」

人心虛靈，無所不明。禽獸則昏，人若以私欲蔽其虛靈，即是禽獸矣。人與禽獸不同，惟此而已。

人須是掃去氣稟私欲，使胸次虛靈洞徹。吾之心即天地之心，而今講學，便要去得與天地不相似處。

心無限量，與天地同其大，但爲物欲間隔，故小爾。又曰：「此心曠然，無一毫私意，直與天地同量，便有『天下一家，中國一人』底意思。」

心只放寬平，不要先有私意隔礙。

聖人之心曠然如太空，了無一物。

聖人之心如鑑，事物之來，若大若小，四方八面，莫不順而應之，此心元不曾有此物。

【三三】下云　「云」原作「去」，據四庫本、乾隆本改。

【三四】昏昧之故　「故」原作「胡」，據《朱子語類》卷十二改。

【三五】神明不測　「測」原作「則」，據四庫本、《朱子語類》卷十八改。

自古無放心底聖賢，一念之微，所當深謹。心不專靜純一，故思慮不精明，要須養得此心，虛明專靜，使道理從此流出，乃善。

問：「知覺是心之靈固如此，抑氣之爲邪？」曰：「不專是氣，是先有知覺之理。理未知覺，聚而成形，理與氣合，則能知覺。」又曰：「所覺者，心之理。能覺者，氣之靈。」問：「心是知覺，性是理，心與理如何得貫通爲一？」曰：「不須去貫通，本來貫通。」問：「如何本來貫通？」曰：「理無心則無着處。」問：「五行在人爲五臟，然心却具得五行之理，以心虛靈之故否？」曰：「心屬火，是個光明發動底物，所以具得許多道理。」

又發明「心」字，曰：「一言以蔽之曰：『生』而已矣。『天地之大德曰生』，人受天地之氣以生，故此心之仁則生矣。」

問：「心之爲物，衆理具足，所發之善，固出於心。至所發不善，皆氣稟物欲之私，亦出於心否？」曰：「固非心之本體，然亦是出於心也。」又問：「此所謂人心否？」曰：「然。」又問：「心有善惡否？」曰：「心是動底物事，自然有善惡。且如惻隱是善也，見孺子入井，而無惻隱之心，便是惡矣。離着善，便是惡。然心之本體未嘗不善。」

孔子不説心，只就事實上説，孟子始説心。愚謂孔子雖不言心，然其教人於「言忠信，行篤敬，居處恭，執事敬」上用功，則所謂存心、收放心固在其中矣。又四非、三戒、絶四、正心上工夫，又四勿、三戒，知其非禮而勿之者，心也。知其當戒而戒之，亦心也。子絶四：意、必、固、我，皆心之病也。好仁、惡不仁者，心之正也，則孔子未嘗不言心，特不指言其本體耳。此孔、孟所以同道也。

「學問之道無它，求其放心而已。」又曰：「有是四端於我者，知皆擴而充之，孟子之言甚善。人之一心在外者，要收入來；在内者，又要推出去。《孟子》一部書，無非此意。」又曰：「世間只有箇闔闢中外，人以自體察取【三六】。一本云：心在外者，要收向裏；心在内，却推出去。一收一放，一闔一闢，道理森然。」愚謂收之使入者，大本之所以立；推之使出者，達道之所以行。不收是謂無體，不推是謂無用。太極之有動静，人心之有寂感，一而已矣。

人心活物，當動而動，當静而静，動静不失其時，則其道光明。是乃本心全體大用，如何須要棲之澹泊，然後爲得？且此心果爲何物，又如何其棲也耶？答許順之棲心淡泊語。

右專言心　愚按：大舜十六字，開萬世心學之源。後之聖賢，更相授受，雖若不同，然大抵教人守道心之正，而遏人心之流耳。孟子於仁義之心，則欲其存而不放，本心欲其勿喪，赤子之心欲其不失，凡此皆所謂守道心之正也。《易》言懲忿窒慾，孔子言克己，《大學》言好樂憂患則不得其正，《孟子》言寡欲，以小體之養爲戒，以飢渴之害爲喻，凡此皆所謂遏人心之流也。心一而已爾，由義理而發，無以害之，可使與天地參；由形氣而發，無以檢之，至於違禽獸不遠。始也，特毫毛之間；終焉，有霄壤之隔也。精一之功，所以爲理學之要歟！

【三六】自體察取　「取」後原衍「心」字，據《朱子語類》卷十九删。

甲集四

《書・旅獒》：玩人喪德，玩物喪志。志以道寧，言以道接。蘇氏曰：「玩物則志以物移，故喪志。喪則中亂，故志以道寧。」愚按：玩有戲狎意，有耽着意。凡人於物所不可無，若耽玩不舍，則喪志矣。非獨聲色、貨利爲然，雖書史圖畫之清玩而着之，其害亦然。若謝氏記誦之博，程子猶以此譏之。惟以道養心，則志不爲物所移，故曰「志以道寧」。

子曰：「三軍可奪帥也，匹夫不可奪志也。」侯氏曰：「三軍之勇在人，匹夫之志在己，故帥可奪而志不可奪。如可奪，則不可謂之志矣。」南軒曰：「此所謂志，謂守其道而不渝，如虞人非其招不往之類是也。若守認私意而不知徙義，則是失其所主，謂之任意則可，非志也。」《孟子》「士尚志」別見。

右專言志

公孫丑問曰：「夫子加齊之卿相，得行道焉，雖由此霸王，不異矣。如此，則動心否乎？」孟子曰：「否，我四十不動心。」朱子曰：「丑蓋設問孟子，若得位而行道，則雖由此而成霸王之業，亦不足怪。任大責重如此，亦有所恐懼疑惑而動其心乎？四十彊仕，君子道明德立之時，孔子四十而不惑，亦不動心之謂。」曰：「若是，則夫子過孟賁遠矣。」曰：「是不難，告子先我不動心。」孟賁，勇士。告子，名不害。孟賁血氣之勇，丑蓋借之以贊孟子不動心之難。孟子言告子未爲知道，乃能先我不動心，則此亦未足爲難也。曰：「不動心有道乎？」曰：「有。程子曰：「心有主，則能不動矣。」北宮黝之養勇也，不膚撓，不目逃，思以一毫挫於人，若撻之於市朝。不受於褐寬博，亦不受於萬乘之君。視刺萬乘之君，若刺褐夫。無嚴諸侯。惡聲至，必反之。黝蓋刺客之流，以必勝爲主，而能不動者也。孟施舍之所養勇也，曰：『視不勝猶勝也。量敵而後進，慮勝而後會，是畏三軍者也。舍豈能爲必勝哉？能無懼而已矣。』舍蓋力戰之士，以無懼爲主，而能不動也。孟施舍似曾子，北宮黝似子夏。夫二子之勇，未知其孰賢，然而孟施舍守約也。黝務敵人，舍專守己。子夏篤信聖人，曾子反求諸己。故二子之與曾子、子夏，雖非等倫，然論其氣象，則各有所似。賢，猶勝也。約，要也。言論二子之勇，則未知誰勝；論其所守，則舍比於黝，爲得其要也。昔者曾子謂子襄曰：『子好勇乎？吾嘗聞大勇於夫子矣：自反而不縮，雖褐寬博，吾不惴焉；自反而縮，雖千萬人，吾往矣。』此言曾子之勇也。子襄，曾子弟子也。夫子，孔子也。縮，直也。《檀弓》曰：「古者冠縮縫。」又曰：「棺束縮二衡三。」惴，恐懼之也。往，往而敵之也。孟施舍之守氣，又不如曾子之守約也。」言孟施舍雖似曾子，然其所守乃一身之氣，又不如曾子之反身循理，所守尤得其要也。孟子之不動心，其原蓋出於此。守約云者，言其所守之得其要爾，非以約爲一物而可守也。蓋黝舍皆守氣以養勇，然以黝比舍，則舍之守爲得其要。至以舍而比曾子，則曾子所守尤得其要也。曰：「敢問夫子之不動心，與告子之不動心，可得聞與？」「告子曰：『不得於言，勿求於心；不得於心，勿求於氣。』不得於心，勿求於氣，可；不得於言，勿求於心，不可。夫志，氣之帥也；氣，體之充也。夫志至焉，氣次焉。故曰持其志，無暴其氣。」此一節，公孫丑之問。孟子誦告子之言，又斷以己意而告之也。告子謂於言有所不達，則當舍置其言，而不必反求其理於心；於心有所不安，則當力制其心，而不必更求助於氣。此所以固守其心而不動之速也。孟子既誦其言而斷之曰，彼謂不得於心而勿求於氣者，急於本而緩於末，猶之可也；謂不得於言而勿求於心，則既失於外，而遂遺其內，其不可也必矣。然凡曰可者，亦僅可而有所未盡之詞耳。若論其極，則志固心之所之，而爲氣之帥；氣亦所以充滿於身，而爲志之卒徒者也。故志固爲至極，而氣即次之。人固當敬守其志，然亦不可不致養其氣。蓋其內外本末，交相培養。此則孟子之心所以未嘗必其不動，而自然不動之大畧也。言雖發乎口而實出於心，內有蔽陷離窮之病，則外有詖淫邪遁之失，不得於言而每求於心，則其察理日益精矣。孟子所以知言養氣爲不動心之本者，用此道也。而告子反之，是徒見言之發於外而不知其出於中，亦義外之意也，其害理深矣。故孟子斷然以爲不可。「既曰『志至焉，氣次焉』，又曰『持其志，無暴其氣』者，何也」？曰：「志壹則動氣，氣壹則動志也。今夫蹶者趨者，是氣也，而反動其心。」孟子言志之所向專一，則氣固從之；然氣之所在專一，則志亦反爲之動。所以既持其志，又必無暴其氣也。程子曰：「志動氣者什九，氣動志者什一。」《集義》程子曰：「持其志，無暴其氣，內外交相養也。」又曰：「氣一則動志，非獨蹶趨，藥也、酒也亦是。然志動氣多，氣動志少，雖氣亦能動志，然亦在持其志而已。」「敢問夫子惡乎長？」曰：「我知言，我善養吾浩然之氣。」知言者，盡心知性，凡天下之言無不有以究極其理，而識其是非得失之所以然也。浩然，盛大流行之貌。氣，即所謂體之充者。本自浩然，失養故餒，惟孟子爲能善養以復其初也。蓋惟知言，則有以明夫道義，而於天下之事無所疑；養氣，則有以配乎道義，而於天下之事無所懼。此其所以當大任而不動心也。「敢問何謂浩然之氣？」曰：「難言也。程子曰：「觀此一言，則孟子實有是氣可知矣。」其爲氣也，至大至剛，以直養而無害，則塞乎天地之間。至大初無限量，至剛不可屈撓。蓋天地正氣，而人得以生者，其體段本如是。惟其自反而縮，則得其所養；而又無所作爲以害之，則其本體不虧而充塞無間矣。程子曰：「天人一也，更不分别。浩然之氣，乃吾氣也。養而無害，則塞乎天地；一爲私意所蔽，則欿然而餒，知其小也。」謝氏曰：「浩然之氣，須於心得其正時識取。」又曰：「浩然是無虧欠時。」《集義》程子曰：「内直則其氣浩然，養之至則爲大人。」又曰：「石曼卿詩云『樂意相關禽對語，生香不斷樹交花』，此語形容得浩然之氣。」又曰：「主一無適，敬以直内，便有浩然之氣。」其爲氣也，配義與道；無是，餒也。配者，合而有助之意。義者，人心之裁制。道者，天理之自然。餒，飢乏而氣不充體也。言人能養成此氣，則其氣合乎道義而爲之助，使其行之勇決，無所疑憚。若無此氣，則其一時所爲雖未必不出於道義，然其體有所不充，則亦不免於疑懼，而不足以有爲矣。是集義所生者，非義襲而取之也。行有不慊於心，則餒矣。我故曰告子未嘗知義，以其外之也。集義，猶言積善，蓋欲事事皆合於義也。襲，掩取也，如齊侯襲莒之襲。言氣雖可配乎道義，而其養之之始，乃由事皆合義，自反常直，是以無所愧怍，而此氣自然發生於中。非由只行一事偶合於義，便可掩襲於外而得之也。慊，快也，足也。言所行一有不合於義，而自反不直，則不足於心，而其體有所不充矣。然則義豈在外哉！告子不知此理，乃曰仁内義外，而不復以義爲事，則必不能集義以生浩然之氣矣。上文不得於言勿求於心，即義外之意【一】。必有事焉而勿正，心勿忘，勿助長也。無若宋人焉：宋人有閔其苗之不長而揠之者，芒芒然歸。謂其人曰：『今日病矣【二】，予助苗長矣。』其子趨而往視之，苗則槁矣。天下之不助苗長者寡矣。以爲無益而舍之者，不耘苗者也；助之長者，揠苗者也。非徒無益，而又害之。」必有事焉而勿正，趙氏、程子以七字爲句。近世或并下文心字讀之者亦通。必有事焉，有所事也，如有事於顓臾之有事。正，預期也。《春秋傳》曰「戰不正勝」，是也。如作正心，義亦同。此與《大學》之所謂正心者，語意自不同也。此言養氣者必以集義爲事，而勿預期其效。其或未充，則但當勿忘其所有事，而不可作爲以助其長，乃集義養氣之節度也。

【一】義外之意　「義外」原作「外義」，據四庫本乙正。

【二】今日病矣　「今」前原衍「予」字，據四庫本删。

揠，拔也。芒芒，無知之貌。其人，家人也。病，疲倦也。舍之不耘者，忘其所有事【三】。揠而助之長者，正之不得，而妄有爲者也。然不耘則失養而已，揠則反以害之。無是二者，則氣得其養而無所害矣。如告子不能集義，而欲彊制其心，則必不能免於正助之病。其於所謂浩然者，蓋不惟不善養，而又反害之矣。　孟子是義精理明，天下之物不足以動其心，不是把捉得定。　北宫黝、孟施舍所以不動者，皆强制於外，不是存養之致。故又舉曾子之言云，自反縮與不縮。所以不動與動，只在方寸之間。若仰不愧，俯不怍，看如何大利害，皆不足以易之。若有一毫不直，則此心便索然【四】。告子不動心，是硬把定。　問：「『氣，體之充』與下面『浩然之氣』兩箇『氣』字大意似同，而精微密察處略似有異，前面『氣』字若專主形於外者而言，後面『氣』字若專主發於内者而言。」先生曰：「氣無二義，但『浩然之氣』乃指其本來體段而言，謂『體之充』者，泛言之耳，然亦非外此而别有浩然之氣也。」　持其志，毋暴其氣，是兩邊做工夫。「古人在車則聞鸞和，行則有佩玉。凡此，皆所以無暴其氣。今人既無此，不知如何而爲無暴？」曰：「凡人多動作，多語笑，做力所不及底事，皆是暴其氣。學者要須事事節約，莫教過當，此便是養氣之道。」　問：「《遺書》曰：『志一動，則動氣；氣一動，則動志。』《外書》曰：『志專一，則動氣；氣專一，則動志。』二説孰是？」曰：「此必一日之語，學者同聽之，而所記有淺深。『志一動，則動氣；氣一動，則動志』，此言志動氣動，又添入一動字了，故不若後説所記得其本旨。蓋曰志專一，則固可以動氣。而氣專一，亦可以動其志也。」　知言養氣，雖是兩事，其實相關，正如致知、格物、正心、誠意之類。　知言便是窮理。不先窮理見得是非，如何養得氣？　浩然之氣，清明不足以言之。纔説浩然，便有箇廣大剛果意思，如長江大河，浩浩然而來也。富貴、貧賤、威武不能移屈之類，皆低，不可以語此。　問：「浩然之氣，即是人所受於天地之正氣否？」先生曰：「然。」又問：「與血氣如何？」曰：「只是一氣。義理附於其中，則爲浩然之氣。若不由義而發，則只是血氣。養成浩然之氣，則與天地爲一，更無限量。」　天下莫强於道義。當然是義，總名是道。以道義爲主，有此浩然之氣去助他，力始勇敢果決以進。如君有過臣諫之，是義也。然有冒死而不顧者，便是有浩然之氣去助此義。如合説此話，却恧縮不敢言，便是氣餒，便是歉然之氣。　問：「『合而有助』，助字之訓

【三】忘其所有事　「忘」原作「志」，據乾隆本改。

【四】此心便索然　「然」字原脱，據《朱子語類》卷五十二補。

如何？」先生曰：「道義是虚底物，本自孤單。得這氣貼起來，便自張王，無所不達。李先生曰：『配是襯貼起來。』」

李復《潏水集》有一段説：「浩然之氣，只是要仰不愧，俯不怍，便自然無怯懼。」其言雖麄，却盡此章之意。

又曰：「浩然之氣，孔子有兩句説盡了，曰『内省不疚，夫何憂何懼？』」所謂以直養而無害，乃自反而縮之意。

集義，只是事事皆直，俯仰不愧，便是浩然之氣。只將自家心體看到無私曲處，自然有此氣象。所以上蔡説：「於心得其正時識取。」伊川將「至大至剛以直」，與《坤》卦「直方大」同説，不必如此。且只將《孟子》自看，便見《孟子》説得麄，《易》却説得細。

至大至剛者，乃氣之本體如此。但人不能養之而反害之，故其大者小，剛者弱耳。

志動氣，是源頭濁，下流亦濁。氣動志，却是下流壅而不泄，反濁了上面。

「至大至剛以直」，趙臺卿已如此解。「直養」之説，伊川嫌其以一物養一物，故欲從趙注。舊嘗用之，後來反覆推究，却是「至大至剛」作一句，「以直養而無害」作一句者，爲得孟子之意。蓋聖賢立言，首尾必相應。如云「自反而縮」，便有直養意思。李端伯所記明道語未必不親切，但伊川又自主張得别，故有此議論。今欲從明道之説。

集義是歲月之功，襲取是一朝一夕之事。從而掩取，終非己有。

至大至剛氣之本體，以直養而無害是用功處，塞乎天地乃其效也。

天地之氣，無處不到，無處不透，雖金石不能遏。人便是稟得這箇氣無欠闕，所以程子曰：「天人一也，更不分别。浩然之氣，乃吾氣也云云。」

古人臨之以死生禍福而不變，敢去駡賊，敢去殉國，是它養得這氣大了，故無所懼。

人之氣當於平時存養有素，故遇事之際，以氣助其道義而行之。若於氣上存養有所不足，遇事之際便有十分道理，亦畏怯而不敢爲。如朝廷欲去一小人，我道理既直，有甚怕它不敢動着。知其爲小人而不敢去，只是這氣衰。其氣如此，便是合下無工夫。

氣只是一個氣，但從義理中出來者，即浩然之氣；從血肉身中出來者，爲血氣之氣耳。

道則是物我公共自然之理。義則吾心之能斷制者，所用以處此理者也。世有理直而不能自明者，正爲無氣耳。譬如利物可以斬割，須有力者乃能用之。若自無力，利物何爲？

孟子許多論氣處，只在「集義所生」一句上。或問「集義」。曰：「只是無事不求箇是而已。」

集義，只是件件事要合宜，自然積得多。「有人不因集義，合下來便恁地剛勇，如何？」曰：「此是麄氣，便是北宫黝、孟施舍之勇底，亦終有餒時。」

問：「貫之看浩然之氣處如何【五】？」曰：「見集義意思，是要得安穩。如講究書中道理，便也要見得安穩。」曰：「此又是窮理，不是集義。集義行底工夫【六】，窮理是做知言工夫，能窮理，然後能知言。」「配義與道」者，大抵以坤配乾，必以乾爲主。以妻配夫，必以夫爲主。以氣配道義，必竟以道義爲主，而氣隨之，是氣常隨着道義。「『必有事焉，而勿正』，却以『鳶飛魚躍』言之。此莫是順天理自然之意否？」曰：「孟子之説，只是就養氣上説。程子説得又高。須是看《孟子》了，又看程説，便見得《孟子》只説『勿忘，勿助長』。程先生之言，於其中自有一個自然底氣象。」或問：「必有事焉而勿正。」曰：「正是等待之意。如一邊集義，一邊在此等待那氣生。今日等不見，明日又等不見，等來等去，便却去助長。」侯師聖説「而勿正心」，伊川舉禪語爲説，曰：「事則不無，擬心則差，當時於此言下便有省悟。」某甚疑此語引得不相似，「必有事」是須有事於此，「勿正心」是不須恁地等待。今説「擬心則差」是如何？言須擬之而後言，行須擬之而後動，方可中節。不成不擬不議，只恁地去。此語似禪，某不敢取。有事，有事於集義也。勿正，謂勿預期等待它，聽其自充也。「集義」，如藥頭。「必有事勿正，心勿忘，勿助長」，如制度。「必有事焉勿正，心勿忘，勿助長」，是養氣中一節目，不要等待，不要催促。

「何謂知言」？曰：「詖辭知其所蔽，淫辭知其所陷，邪辭知其所離，遁辭知其所窮。生於其心，害於其政；發於其政，害於其事。聖人復起，必從吾言矣。」此公孫丑復問而孟子答之也。詖，偏陂也。淫，放蕩也。邪，邪僻也。遁，逃避也。四者相因，言之病也。蔽，遮隔也。陷，沉溺也。離，叛去也。窮，困屈也。四者亦相因，則心之失也。人之有言，皆本於心。其心明乎正理而無蔽，然後其言平正通達而無病；苟爲不然，則必有四者之病矣。即其言之病，而知其心之失，又知其害於政事之決然而不可易者如此。非心通於道，而無疑於天下之理，其孰能之？彼告子者，不得於言而不肯之求於心；至爲義外之説，則自不免四者之病，其何以知天下之言而無所疑哉？程子曰：「心通乎道，然後能辨是非。如持權衡以較輕重，孟子所謂知言是也。」又曰：「孟子知

【五】貫之　「貫」原作「一」，據乾隆本改。

【六】集義行底　「義」，《朱子語類》卷五十二作「義是」。

言，正如人在堂上，方能辨堂下人曲直。若猶未免雜於堂下衆人之中，則不能辨決矣。」《集注》：「四十彊仕，君子道明德立之時。孔子四十而不惑，亦不動心之謂。」李貫之曰：「愚謂明則不疑，立則不懼。然未有不明而能立者，故知言、養氣雖二者並進，而其序必以知言爲先。孔子不惑，亦不疑之謂。不惑，則自不動矣。」又程子曰：「天人一也，浩然之氣，即吾氣也。」《集注》曰：「至大云云，蓋天地之正氣【七】，而人得以生者，體段本如是。」李貫之謂程子又嘗云：「氣有不善，性則無不善。」今諸先生之說，止言人之禀氣，莫非天地之正氣，而不復言夫昏明、强弱之不齊，豈其說猶有未備邪？黄勉齋答以爲有天地之性，有氣質之性，形而後有氣質之性，然天地之性亦未嘗不存。孟子言養性，於氣質之中養天地之性，孟子言養氣，於氣質之中養天地之氣，孟子言養吾浩然之氣，則是本來完足，其曰集義所生，亦猶火始然，泉始達，擴而充之耳。非昔也惡，而今也善。昔也無，而今也有云云。公晦答則謂孟子言性只謂天地之性【八】，而不及氣質之性，孟子言氣只謂天地之氣，而不及氣質之氣，蓋極本窮源之論也。自本原而論之，性無有不善，氣無有不正，能明乎是，能養乎是，而又力行以求至乎是，則吾性即天地之性，而氣質之性有不善者，亦化而爲善矣。吾氣即天地之氣，而氣質之氣雖未正者，亦轉而爲正矣【九】，此孟子之本指也。又貫之問石曼卿詩，云云。公晦答：「謂此與濂溪窗前草不除，云與自家意思一般者，非程子體道之深，不能及此。極可玩味也。」又程子曰：「敬以直内，便有浩然之氣。」張子曰：「惟直内，則浩然之氣當處生。」李貫之疑其太快，以爲欠却集義工夫。公晦答曰：「程、張二説，皆未及集義，然苟能一日用力於此，則心廣體胖，氣象自別。試自驗之可見。但孟子之意，却主集義而言爾。若一事合義，亦當處便生。如此積累以至於成，集字可細味也。」貫之又疑謝氏説，曰：「浩然之氣須於心得其正時識取。人於朝夕之間，豈無心得其正之時？然使其未有集義之功，則充塞天地之氣象，豈可想像而識？」公晦答曰：「謝子云云，非謂衆人昏荒放肆之中，爲能識而得之也。學者自事其心，一旦静定，義理昭著，從此體認見得分明，遂持養而充廣之，則盛大流行之體可馴致矣。」以上數條，頗有發明，今附此。

【七】天地之正氣　「天」原作「夫」，據乾隆本改。

【八】只謂天地　「只」原作「止」，據四庫本改。下句「只」字，據文義改。

【九】爲正矣　「矣」原作「者」，據四庫本改。

右兼言志氣

孔子曰：「君子有三戒：少之時，血氣未定，戒之在色；及其壯也，血氣方剛，戒之在鬪；及其老也，血氣既衰，戒之在得。」朱子曰：「血氣，形之所恃以生者，血陰而氣陽也。隨時知戒，以理勝之，則不爲血氣所使也。」范氏曰：「聖人同於人者血氣也，異於人者志氣也。血氣有時而衰，志氣則無時而衰也。少未定、壯而剛、老而衰者，血氣也。戒於色、戒於鬪、戒於得者，志氣也。君子養其志氣，故不爲血氣所動，是以年彌高而德彌卲也。」

荀子治氣養心之術：血氣剛强，則柔之以調和；智慮漸深，則一之以易良；勇膽猛戾，則輔之以道順；齊給便利，則節之以動止；狹隘褊小，則廓之以廣大；卑溼重遲貪利，則抗之以高志；庸衆駑散，則刦之以師友；怠慢僄棄，則炤之以災禍；愚款端慤，則合之以禮樂，通之以思索。按：荀子之言，不皆純粹，匡衡治性大意畧同，而其疵反少已【一〇】。見《氣質》篇。

程子曰：「義理與血氣常相勝，只看消長分數多少，爲君子小人之别。義理所得漸多，自然知得血氣消散得漸少。消盡爲大賢。氣有善不善，性則無不善也。人之所以不知善者，氣昏而塞之爾。孟子所以養氣者，養之至則清明者全，而昏塞之患去矣。人患乎懾怯者，蓋氣不充，不素養故也。驕氣盈，吝氣歉。」解《論語》「使驕且吝」章，朱子曰：「愚謂驕吝雖有盈歉之殊【一一】，然其勢常相因。蓋驕者吝之枝葉，吝者驕之根本。故嘗驗之天下之人，未有驕而不吝，吝而不驕者也。」南軒曰：「驕者氣盈，挾其有也；吝者氣歉，懷不足也。害德者固多端，而二者其總目與！蓋役於血氣者，不失之盈則失之歉耳。」

【一〇】其疵反少　「疵」原作「疪」，據四庫本改。

【一一】愚謂驕吝　「吝」原作「養」，據《論語集注》卷四改。

張子曰：「戲謔不惟害事，志亦爲氣所流。不戲謔亦持氣之一端。」按：韓子與張籍書曰：「昔者夫子猶有所戲，《詩》曰『善戲謔兮，不爲虐兮』，《記》曰『張而不弛，文武不能也』，惡害其爲道哉？」而張子乃云爾，何邪？蓋牛刀之言，夫子特以發子遊而非正言耳，故曰戲。衛武公之戲曰善，曰不爲虐，則和而有節。可知百日之蠟，一日之澤，蓋是日也，恣民之宴樂，以休其勞，非文、武自爲戲也。若張子則持志養氣之功嚴，惟恐戲言、戲動以害之，故既爲《東銘》，又發此語。學者試以身體之，當戲謔時，志能不爲氣所流否，然後知張子真藥石之言，未可以夫子、武公自諉也。

上蔡謝氏曰：「氣動其心，和其氣所以和其心也。」

五峰胡氏曰：「氣感於物，發如奔霆，狂不可制。惟明者能自反，勇者能自斷。」

問「謙卑自牧之義」。南軒張氏曰：「牧如牧羊，使之馴服，方可以言謙。今人往往反以驕矜爲養氣，此特客氣，非浩然之氣也。」

右專言氣

子絶四：毋意，毋必，毋固，毋我。朱子曰：「絶，無之盡者。毋，《史記》作『無』是也。意，私意也。必，期必也。固，執滯也。我，私己也。四者相爲終始，起於意，遂於必，留於固，而成於我也。蓋意必常在事前，固我常在事後，至於我又生意，則物欲牽引，循環不窮矣。」程子曰：「此毋字，非禁止之辭。聖人絶此四者，何用禁止？」張子曰：「四者有一焉，則與天地不相似。」楊氏曰：「非知足以知聖人，詳視而默識之，不足以記此。」或問：「聖人從容中道，而有所絶、有所毋，何也？」曰：「絶非屏絶之絶，蓋曰無之盡云爾。毋、無古通用，故《論語》作毋，而《史記》作無。然經傳多以無爲有無之稱，毋爲禁止之辭，則當以《史記》爲正。」曰：「四者之説，其詳奈何？」曰：「無意者，渾然天理，不任私意；無必者隨事順理，不先期必也；無固者，過而不留，無所凝滯也；無我者【一二】，大同於物，不私一身也。」問云云。先生曰：「須知四者之相因。凡人作事，必先起意，不問理之是非，必欲其成而後已。事既成，又復執滯不化，是之謂固。三者只成就得一箇我。及至我之根源愈大，少間三者又從這裏生出。我生意，意又生必，必又生固，又歸宿於我。正如『元亨利貞』，元了亨，亨了又利，利了又貞，循環不已，但有善不善之分爾。」問：「意、必、固、我，伊川以發而當者，理也。發而不當者，私意也。此語是否？」曰：「不是如此。所謂毋意者，是不任己意，只看道理如何。見道理當如此，便順理做將去，自家無些子私心，所以謂之毋意。若纔有些安排布置底心，便是任私意。縱使發而偶然當理，也只是私意，未説到當理在。伊川之語，想是被門人錯記了，不可知。」南軒曰：「夫子之於四者，非待有所禁止，蓋自無有耳。絶云者，所以見其無之甚也。至於在學者而言，於是四者必用工以克去之，四者亡而後天理得。」

《大學》：「所謂誠其意者，毋自欺也。」詳見後「誠意」章。按：前章言毋意，此章言誠意，正當參觀。龜山楊氏曰：「所謂毋意者，毋私意而已，若誠意則不可無。」南軒曰：「伊川解毋意惟曰無私意，釋氏則和誠意亦無。」按：近世有宗江西之學者，亦曰「心如太空，意如浮雲」，故以《大學》誠意爲非聖人之言，正如釋氏之失也。

程子曰：「意與志異，志是所存處，意是發動處。如先意承志，自不同也。」南軒張氏曰：「《外書》云云，尋常人多於發動處差，且休論放僻邪侈，一日間是多少閑思想，此便是欲。若聖人則意純是理，故無所不通，而有感應之妙。如今且靜坐收拾身心，然後可以爲學，不然雖講誦，何益？」又曰：「王介甫言志者心之所之，伊川謂心之所存。爲志謂所之，則有是有非，存則主宰在我矣。意乃心之所之也，曰意、曰欲、曰思，則有是有非矣。」愚按：朱子論志，多從王氏之説，南軒則從程子之説，學者當詳味之。

張子曰：「不得已，當爲而爲之，雖殺人皆義也；有心而爲之，雖善皆意也。正己而物正，大人也；正己而正物，猶不免有意之累也。有意爲善，利之也，假之也；無意

【一二】無我者「無」原作「毋」，據四庫本、乾隆本改。

爲善，性之也，由之也。有意在善，且爲未盡，况有意於未善乎！仲尼絶四，自始學至成德，竭兩端之教也。」朱子曰：「横渠之意，謂聖人以此四者禁止學者，使勿爲，故云云。」

「志陽而意陰，志剛而意柔，志公而意私。」朱子曰：「志者，心之所之，是一直去底。意又是志之經營往來底。凡營爲謀度皆意也，所以横渠云『志公而意私』。」問：「情比意如何？」曰：「情又是意底骨子，志與意皆屬情，情字較大。」

右專言意

兼言志意附。或問：「横渠言志陽而意陰，志剛而意柔，志公而意私，然則志果皆善，而意果皆惡乎？」曰：「以志意對言，則誠如横渠之説。亦猶陰與陽對，則陽爲剛，爲善，爲君子；陰爲柔，爲惡，爲小人，此其陰陽之大分也。若析而言之，則陽之中自有善有惡，陰之中亦有善有惡，周子所謂剛柔善惡中是也。以志言之，則孔子所謂不可奪志，孟子所謂持志尚志，固善也。若《論語》所謂季孫之惑志，左氏所謂崔子之大志，公子圍之異志，南蒯之遠志，穀梁氏所謂魯惠公之邪志，孟子所謂其志將以求食，非惡乎？以意言之，若孔子之毋意，固非善矣。《大學》之所謂誠意，則意獨非善乎？故《學記》離經辨志，朱子謂辨其爲義、爲利、爲君子、爲小人也。以此言之，則志非皆善，而意非皆惡也，灼然矣。」

禹曰：「帝，予何言？予思日孜孜。」皋陶亦曰：「慎厥身，修思永。」聖賢之以思爲事如此，學者其可廢思哉？

《説命》：高宗恭默思道，夢帝賚予良弼。程子曰：「高宗至誠，思得賢相，寤寐不忘，故朕兆先見於夢。此理之常。」問：「高宗往求説耶？説來入夢耶？」曰：「譬如懸鏡於此，有物必照。亦非鏡往照物，亦非物來入鏡。大抵人心虚明，善則先知，不善亦先知之。」范太史曰：「《中庸》曰：『誠則形，形則著。』揚雄曰：『人心其神矣乎。』高宗之夢，蓋誠之形而心之神也。」　愚謂「恭默思道」一語，最宜深玩。非獨人主宅憂之際當然，學者平居求道，亦所當然。惟深味之，迺有見爾。　或謂：「高宗因思而夢説，得無近怪矣乎？」曰：「積誠之極，可與天通，此感應之常理耳。古之孝子固有得鯉於層冰，得筍於深冬者，人皆以爲孝誠所格，何獨於夢説而疑之耶？叔孫穆子之夢豎牛，事亦類此，但高宗誠其思，故夢亦誠，叔孫邪其思，故夢亦邪爾。」

《洪範》：二，五事：一曰貌，二曰言，三曰視，四曰聽，五曰思。思曰睿，孔氏曰：「必通於微。」睿作聖。於事無不通謂之聖。　南豐曾氏曰：「思者，所以充人之材以至於其極。聖者，人之極也。孟子曰：『或相倍蓰而無筭者，不能盡其材者也，弗思耳矣。』蓋思之於人也如此。然而或曰『不思而得』者，何也？蓋自誠而明者，不思而得，堯、舜性之者也；自明而誠者，思之弗得弗措也，湯、武身之者也。」　程子曰：「『思曰睿』，思慮久後，睿自然生。若於一事上思未得，且別換一事思之，不可專守着一事。蓋人之知識，於這裏蔽着，雖强思亦不通也。」又曰：「思曰睿，致思如掘井，初有渾水，久後稍引動得清者出來。人思慮始皆溷濁，久自明快。」

《大傳》：易無思也，無爲也，寂然不動，感而遂通天下之故。非天下至神，其孰能與於此？朱子曰：「易，指蓍卦。無思無爲，言其無心也。寂然者，感之體。感通者，寂之用。人心之妙，其動靜亦如此。」寂感本是説易，諸家後來就人上説【一三】，亦通。　問「寂感」【一四】。曰：「寂然是體，感是用。當其寂然時，理固在此，必感而後發。如仁感爲惻隱，未感時只是仁。義感爲羞惡，未感時只是義。」問：「胡氏説此，多指心作已發。」曰：「不然。縱使已發，感之體固在，所謂動中未嘗不静。如此則流行發見，而卓然不可移。今只指作已發，一齊無本了，終日只得奔波急迫而已。」　「易無思也，無爲也，寂然不動」，忠也，敬也，立大本也。「感而遂通天下之故」，恕也，義也，行達道也。《易》曰：「無思也，無爲也，寂然不動感而遂通天下之故。」其寂然者無時而不感，其感通者無時而不寂。是乃天命之全體，人心之至正，所謂體用一源，流行而不息者也。疑若不可以時處分矣。然於其未發也，見

【一三】諸家後來　「後」原作「偕」，據四庫本、乾隆本改。

【一四】問寂感　「問」原作「間」，據乾隆本改。

其感通之體；於其已發也，見其寂然之用，亦各有當而實未嘗分焉。故程子曰：「中者，言寂然不動者也；和者，言感而遂通者也。」然中和以性情言者也，寂感以心言者也，中和蓋所以爲寂感也。

《咸》九四：貞吉，悔亡。憧憧往來，朋從爾思。程子曰：「感者，人之動也，故皆就人身取象。拇初六取在下而動之微，腓六二取先動，股九三取其隨。九四無所取，直言感之道；不言感其心，感乃心也。四在中而居上，當心之位，故爲感之主，而言感之道，貞正則吉而悔亡，感不以正則有悔也。又四說體，居陰而應初，故戒於貞。感之道無所不通，有所私係，則害於感通，乃有悔也。聖人感天下之心，如寒暑雨暘，無不通，無不應者，亦貞而已矣。貞者，虚中無我之謂也。夫貞一則無感而不通。若往來憧憧然，用其私心以感物，則思之所及者有能感而動，所不及者不能感也。是其朋類則從其思也。以有係之私心，既主於一隅一事，豈能無所不通乎？」子曰：「天下何思何慮？天下同歸而殊塗，一致而百慮，天下何思何慮？」程子曰：「夫子因咸極論感通之道。夫以思慮之私心感物，所感狹矣。天下之理一也，途雖殊而其歸則同，慮雖百而其致則一。雖物有萬殊，事有萬變，統之以一，則無能違也。故貞其意，則窮天下無不感通焉，故曰『天下何思何慮』。用其思慮之私心，豈能無所不感也？」楊氏曰：「『憧憧往來，朋從爾思。』夫思，能緣其類而已，不能周也。所謂朋從者，以類而應故也，故孔子曰『天下何思何慮』。夫心猶鏡也，居其所而物自以形來，則所鑒者廣。若執鏡隨物，以度其形，其照幾何？或曰：『無思，所以體道；有思，所以應世。』此爲不知《易》之義也。《易》所謂『無思』者，以謂無所事乎思云爾，故其於天下之故，感而通之而已。今而曰『不可以有思』，又曰『不能無思』，此何理哉？」朱子曰：「此引《咸》九四爻辭而釋之【一五】，言理本無二，而殊塗百慮，莫非自然，何以思慮爲哉？必思而從，則所從狹矣。」日往則月來，月往則日來，日月相推而明生焉。寒往則暑來，暑往則寒來，寒暑相推而歲成焉。往者，屈也，來者，信也，屈信相感而利生焉。程子曰：「此以往來屈信明感應之理。屈則有信，信則有屈，所謂感應也。故日月相推而明生，寒

【一五】此引咸九四　「咸」原作「感」，據乾隆本改。

暑相推而歲成，功用由是而成，故曰『屈信相感而利生焉』。感，動也。有感必有應，凡動皆爲感，感則必有應，所應復爲感，所感復有應，所以不已也。」朱子曰：「言往來屈信，皆感應自然之常理，如憧憧焉，則入於思矣。」尺蠖之屈，以求信也；龍蛇之蟄，以存身也；精義入神，以致用也；利用安身，以崇德也。過此以往，未之或知也。窮神知化，德之盛也。程子曰：「前云屈信之理矣，復取物以明之。尺蠖之行，先屈而後信，蓋不屈則無信，信而後有屈。觀尺蠖則知感應之理也。龍蛇蟄藏，所以存息其身而後能奮迅也，不蟄則不能奮矣。動息相感，乃屈信也。君子潛心精微之義，所以致其用也。潛心精微，積也。致用，施也。積與施乃屈信也。利用安身以崇德也，承上文致用而言。利其施用，安處其身，所以崇大其德業也。所爲合理，則事正而身安。聖人能事盡於此矣，故云過此以往，未之或知也。」朱子曰：「因言屈伸往來之理，而又推以言學，亦有自然之機也。精研其義，至於入神，屈之至也。然乃所以爲出而致用之本，利其施用，無適不安，伸之極也。然乃所以爲入，而崇德之資，内外交相養，互相發也。過此以往云云，下學之事，盡力於精義利用，而交發互養之機，自不能已。自是以上，則亦無所用其力矣。至於『窮神知化』，乃德盛仁熟而自致耳。然不知者，往而屈也；自致者，來而伸也。是亦感應自然之理而已。」張子曰：「氣有陰陽，推行有漸爲化，合一不測謂神。」「天下何思何慮」一句，便先打破那箇思字，却説箇「同歸殊塗，一致百慮」。又再説「天下何思何慮」，謂何用如此「憧憧往來」，而爲此朋從之思也。日月寒暑之往來，尺蠖龍蛇之伸屈，皆是自然底道理。今之爲學，亦只是如此。「精義入神」，用力於内，所以致用於外。「利用安身」，求利於外，乃所以崇德於内，只是如此做將去，雖至於窮神知化地位，亦只是德盛所致，何思何慮之有？問：「思慮難一，如何？」曰：「若見得道理分曉，自無閑雜思慮。人之所以思慮紛擾者，只爲未見得實理。若實見得此理，更何待思慮。『天下何思何慮？』不知有甚事可思慮也。」按：上蔡對程子曰：「天下何思何慮？」子曰：「是則是有此理，實却發得太早【一六】。」在説了，却云：「恰好著工夫。」上蔡以爲善鍛鍊人，豈非何思何慮，非學者所可遽及，要必由思以入

【一六】實却發得　「實」原作「賢」，據四庫本改。

歟！　又張子曰：「精義入神，事豫吾内，求利吾外也；利用安身，素利吾外，致養吾内也。窮神知化，乃養盛自至，非思勉之能强，故崇德而外，君子未或之知也。」其論至矣，學者當深味之。

《艮·象》曰：兼山，艮。君子以思不出其位。程子曰：「上下皆山，故爲兼山。君子觀艮止之象，而思安所止，不出其位也。位者，所處之分也。萬事各有其所，得其所則止而安。若當行而止，當速而久，或過或不及，皆出其位也。况踰分非據乎？」曾子曰：「君子思不出其位。」朱子曰：「此《艮》卦之象也。曾子蓋嘗稱之，記者因上章之語而類記之。」上章曰：「不在其位，不謀其政。」范氏曰：「物各止其所，而天下之理得矣。故君子所思不出其位，而君臣、上下、大小，各得其職也。」南軒曰：「位非獨職位之稱，大而君臣父子，微而一事一物之間，當其時與其地，所思有所止，無所越，皆爲不出其位也。非有主於其中者能然乎！」

《詩·魯頌·駉》：思無疆，朱子曰：「言思之深廣無窮也。」思馬思臧。思無期，言思之久也。思馬思才。思無斁，厭也。思馬思作。思無邪，程子曰：「思無邪，誠也。」思馬斯徂。子曰：「《詩》三百，一言以蔽之，曰思無邪。」吕氏曰：「僖公修牧馬之政，以誠心行之，故言思無疆，思無期，思無斁，思無邪。馬之所以臧才作徂者，其效也，與《衛風》『秉心塞淵，騋牝三千』之意同。古之賢君誠心行善政，皆若此，不獨牧馬而已。」《論語》「思無邪」義别見。朱子曰：「程子云云，蓋行無邪，未是誠。思無邪，乃可爲誠也。」又曰：「思無邪是表裏皆無毫髮之不正。世人固修飾於外，而其中未必能純一。惟至於思亦無邪，斯可謂之誠。」

子曰：「學而不思則罔，思而不學則殆。」朱子曰：「不求諸心，故昏而無得。不習其事，故危而不安。」程子曰：「博學、審問、慎思、明辨、篤行，五者廢其一，非學也。」問云云。曰：「學是學其事，如讀書便是學，須緩緩精思其中義理方得。且如做此事亦是學，須思量此事道理是如何，只恁下頭做，不思這事道理，則昧而無得。若只空思索，又不倚所做事上體察，則心終是不安穩。須是事與思互相發明。」

子曰：「吾嘗終日不食，終夜不寢，以思，句。無益，句。不如學也。」朱子曰：「此爲思而不學者言之。蓋勞心以必求，不若遜志而自得。」以其事與前章相關，故附焉。

季文子三思而後行。子聞之，曰：「再，斯可矣。」程子曰：「爲惡之人，未嘗知有思，有思則爲善矣。然至於再則已審，三則私意起而反惑矣，故夫子譏之【一七】。」朱子曰：「按季文子慮事如此，可謂詳審，而宜無過舉矣。而宣公簒立，文子乃不能討，反爲之使齊而納賂焉，豈非程子所謂私意起而反惑之驗與？是以君子務窮理而貴果斷，不徒多思之爲尚。」或問云云。天下之事以義理斷之，則是非可否，再思而已審。以私意揣之，則利害得喪，萬變而無窮。思止於再者，聖人之以義制事，而不汩於利害之私也。

唐棣之華，偏其反而。豈不爾思，室是遠而。朱子曰：「此逸詩也，於六義屬興。上兩句無意義，但以起下兩句之辭耳。其所謂爾，亦不知其何所指也。」

子曰【一八】：「未之思也，夫何遠之有？」夫子借其言以反之，蓋「仁遠乎哉」之意。程子曰：「聖人未嘗言易以驕人之志，亦未嘗言難以沮人之進。但曰『未之思也，夫何遠之有』，此言極有涵蓄，意味深遠。」南軒曰：「此夫子所刪去之《詩》，以《詩》語之，未安也，故刪而不取。詳味夫子斯言，辭則抑揚，意蓋無窮也。夫道以爲易知乎，則精微之際未易擇也。以爲難知乎，則其天然之理本自不隱也。曰易，則學者將忽而不之究；曰難，則學者將怠而不之進。曰『未之思也，夫何遠之有』，而顯微之義，循求之序，亦涵蓄而備盡矣。」

孔子曰：「君子有九思：視思明，聽思聰，色思温，貌思恭，言思忠，事思敬，疑思問，忿思難，見得思義。」程子曰：「九思各專其一。」謝氏曰：「未至於從容中道，無時而不省察也。雖有不存焉，寡

【一七】故夫子譏之　「夫」原作「去」，據《論語集注》卷三改。

【一八】子曰　「子」原作「又」，據乾隆本、四庫本改。

矣，此之謂思誠。」朱子曰：「視無所蔽則明，聽無所壅則聰。色，見於面者。貌，舉身而言。思問，則疑不蓄。思難，則忿必懲。思義，則得不苟。」或問「九思」。曰：「公且道，色與貌，可以要得它温恭。若是視聽，如何要得聰明？」曰：「這只是誠了，自會如此。」曰：「若如公説，又却都没些事。聖人教人意思不如此，有物必有則，一個物有一個道理。况耳目聰明得之於天，本來自合如此，只爲私意蔽惑而失其理。聖人教人，不是理會一件，其餘自會好。須是逐一做工夫，内外夾持起來，恁地積累成熟，便會無些子滲漏。且道如何視明聽聰？只是就視聽上理會。『視遠惟明，聽德惟聰』。如有一件可喜物在眼前，便要看他，便被他蔽了。須是知得此物不當視，便是見得遠，不蔽於眼前近底，故曰『視遠惟明』。仁義忠信之言，將耳常常聽着，不好説話，莫教入耳，故曰『聽德惟聰』。」南軒曰：「九思當乎此則思乎此，天理之所由擴而人欲之所由遏也。然而是九者，要當養之於未發之前，而持之於既發之後。若但欲察之於流而收之於暫，則多見其紛擾而無力矣。」

子張曰：「士見危致命，見得思義，祭思敬，喪思哀，其可已矣。」朱子曰：「四者立身之大節，一有不至，則餘無足觀。」南軒曰：「見危則致命，見得則思義，能決擇於義利之際也。祭則思敬，喪則思哀，篤於本也。」愚按：見危致命獨不言思，蓋臨難而死，士節之常有，所不必思故也。切問近思，見《言仁》篇。《中庸》「不思而得，思之弗得弗措」，《孟子》「思誠」，並見《言誠》篇。

孟子曰：「拱把之桐梓，人苟欲生之，皆知所以養之者。至於身，而不知所以養之，豈愛身不若桐梓哉？弗思甚也。」南軒曰：「愛其身必思所以養之，然所以養之者，則有道矣。古之人理義以養其心，以至於動作起居、聲氣容色之間，莫不有養之之法焉，所以尊德性而道問學，以成其身也。於桐梓而知所以養，則自拱把至於合抱，可以馴致。於身而知所以養，則爲賢爲聖，亦循循可進耳。曰『弗思甚也』，蓋思之則知身之爲貴，而不可以失其養，弗思則待其身，曾一草一木之不若矣。」愚按：此章在「無名之指」之後二章，皆借物以明身心之當養。今以其重在「思」字，故繫於此，正當與《心》篇通攷也。

孟子曰：「周公思兼三王，以施四事。其有不合者，仰而思之，夜以繼日，幸而得之，坐以待旦。」尹氏曰：「周公大聖人也，觀其輔成王，以措諸事業，其勤若此。然則爲學者，豈可以不思？思無邪而已，曰不思者，妄也。」 餘見《傳道》篇。

周子曰：「《洪範》曰：『思曰睿，睿作聖。』無思，本也。思通，用也。幾動於彼，誠動於此，無思而無不通爲聖人。朱子曰：「無思，誠也。思通，神也。」不思則不能無微，不睿則不能無不通。是則無不通生於能微，通微生於思。通微，睿也；無不通，聖也。故思者，聖人之本，而吉凶之機也。思之至，可以作聖而無不通；其次亦可以見幾通微，而不陷於凶咎。《易》曰：『君子見幾而作，不俟終日。』」睿也。

程子曰：「學原於思。」又曰：「思方有感悟處。」問：「張旭學草書，見擔夫與公主爭道，及公孫大娘舞劍，而後悟筆法，是心常思念至此而感發否？」曰：「然。須是思方有感悟處，若不思，怎生得如此？然可惜其留心於書，若移此心於道，何所不至？」問：「不深思則不能造於道，不深思而得者，其得易失。然而學者有無思無慮而得者，何也？」曰：「以無思無慮而得之者，乃所以深思而得之也。以無思無慮爲不思而自以爲得者，未之有也。」

或問：「何以窒欲？」曰：「思。」問：「云云，莫是言欲心一萌，當思禮義以勝之否？」朱子曰：「然。」又問：「思與敬如何？」曰：「人於敬上未有用力處，且自思入，庶幾有箇把攬處。思一字，於學者煞有力。」詳見《治情》篇。或問：「思慮雖多，果出於正亦無害否？」曰：「且如宗廟主敬，朝廷主莊，軍旅主嚴，此是也。如發不以時，紛然無度，雖正亦邪。」要息思慮，便是不息思慮。」或問云云。朱子曰：「思慮息不得，只敬便自然無。人有學未至而言至者，循其言亦可以入道。管子曰：『思之思之，又重思之，思之而不通，鬼神將通之，非鬼神之力也，精氣之極也。』循此言可以入道，管子初不及此。」

楊氏曰：「思可以作聖，而君子於貌言視聽，必有思焉，謂有思皆邪，可乎？《繫辭》曰：『《易》無思也，無爲也，寂然不動，感而遂通天下之故。非天下之至神，其孰能與於此？』夫自至神而下，蓋未能無思也。惟無思爲足以感通天下之故。而謂無思土木也，可乎？此非窮神知化，未足與議也。」胡理舉蘇氏説以問，先生答之如此：「按蘇氏語曰：『孔子曰思無邪，凡有思皆邪也，而無思，則土木也。孰能使有思而非邪，無思而非土木乎？夫無思之思，端正莊栗，如臨君師，未嘗一念放逸，然卒無所思。』詳蘇氏本意，蓋謂凡人有思，則易入於邪，無思則又如土木必也。」有思而非邪，無思而非土木，然後爲善。其語意未爲差失，非如龜山所云，故朱子亦取焉。

右專言思　又荀子曰：「空石之中有人焉，善射而好思。耳目之欲接則敗其思，蚊蝱之聲聞則挫其精。是以闢耳目之欲，而遠蚊蝱之聲，閑居靜思則通。思仁若是，可謂微乎？」與《孟子》弈射意畧同，然其語近於《莊》、《列》，故不取。

《書·多方》：惟聖罔念作狂，惟狂克念作聖。全文曰：「乃惟爾商後王，逸圖厥政，不蠲烝，天惟降時喪，云云。天惟五年須暇之子孫【一九】，誕作民主，罔可念聽。」呂氏曰：「言紂雖當亡，天尚以先哲王之故，未忍遽絶，而待其改也。紂固無能改之事，而有可改之理。聖狂罔念之機，所謂可改之理也。聖者能明之稱，雖曰通明，

【一九】天惟五年須暇　「惟」原作「推」，據四庫本補改。

不念則狂。雖曰狂惑，能念則通。其機，在念不念之間爾。」

伊尹曰：「弗慮胡獲？弗爲胡成？」

《説命》：慮善以動，動惟厥時。

子曰：「人無遠慮，必有近憂。」蘇氏曰：「人之所履者，容足之外，皆爲無用之地，而不可廢也。故慮不在千里之外，則患在几席之下。」朱子取之。　南軒曰：「慮之不遠，其憂即至，故曰『近憂』。《易》於『履霜』即曰『堅冰至』，以見其憂之近也。慮患於履霜之初，則有以弭其憂矣。」《大學》「慮而後能得」，見本篇。

右兼言念慮

《記·禮運》：何謂人情？喜怒哀懼愛惡欲，七者不學而能。鄭氏曰：「案昭二十五年《左傳》，天有六氣，在人爲六情，謂喜怒哀樂好惡。此之喜怒哀惡，與彼同也。此云欲，則彼云樂也。此云愛，則彼云好也【二〇】。謂六情之外，增一懼而爲七。熊氏曰：『懼則怒中之小別，以見怒而怖懼耳。』六氣，謂陰陽風雨晦明也。案彼《傳》云，喜生於風，怒生於雨，哀生於晦，樂生於明，好生於陽，惡生於陰，其義可知也。」　問：「七情喜愛欲發於陽，怒哀懼惡發於陰否？」朱子曰：「然。」問：「怒如何屬陰？」曰：「怒畢竟屬義，義屬陰。怒與惡，皆羞惡之發，所以屬陰。愛與欲相似，欲又較深。」問：「欲屬水，喜屬火，愛屬木，惡與怒屬金，哀與懼亦屬水否？」曰：「然。」　問：「七情中愛與欲何以別？」曰：「愛是泛愛那物，欲則有意於必得。」　哀與懼是從惻隱發，蓋懼亦是怵惕之甚者。但七情不可分配四端，七情自於四端便貫通了【二一】。　問：「欲與慾字有何分別？」答曰：「無心欲字虛，有心慾字實。」

《春秋傳》子大叔曰：「民有好惡、喜怒、哀樂，生於六氣。見前注。是故審則宜類【二二】，以製六志。杜氏曰：「爲禮以制好惡喜怒哀樂六志，使不過節。」哀有哭泣，樂有歌舞，喜有施

【二〇】彼云好　「云」字原脱，據四庫本補。

【二一】便貫通了　「便貫通」原作「横貫過」，據四庫本改。

【二二】是故審則　「故」原作「則」，據《春秋左傳正義》卷五十一改。

舍，怒有戰鬭。喜生於好，怒生於惡。是故審行信令，禍福賞罰，以制死生。生，好物也；死，惡物也。好物，樂也；惡物，哀也。哀樂不失，乃能協於天地之性，是以長久。」按：此云六志，不云六情。情者，性之所發，志者，心之所之，皆指動處而言，故朱子曰志與意都屬情。孟子四端見後《五常》篇。朱子曰：「四者，情也。」又曰：「四端理之發，七情氣所發。」

右專言情

《書·太甲》王拜手稽首，曰：「予小子不明于德，自厎不類。欲敗度，縱敗禮，以速戾于厥躬。」愚謂德者，得之於天者也。不類，猶不肖也。天性本善，人自昧之，則反善而爲惡，與天不相似矣。欲者，嗜好也。縱者，放肆也。奉身當有度，嗜好無節則敗度矣。脩身當有禮，縱肆不恭則敗禮矣。二字乃太甲前日受病之源，故至此首以自責。

周武王杖銘曰：惡乎危？於忿疐。惡乎失道？於嗜慾。惡乎相忘？於富貴。愚謂此銘，蓋因杖以自警。杖，所以扶危者也。忿疐違不戒，亦能危身，猶舍杖而傾跌也。杖，遵道而行者也。嗜慾不戒，違背正理，猶行道而迷錯也。杖，徒行所用。富貴而車馬，則忘乎杖矣。猶貧賤而戒懼，富貴而驕肆，則忘乎戒懼矣。危字句斷，下同。

《易》：山下有澤，損。君子以懲忿窒欲。程子曰：「修己之道，所當損者，唯忿與欲。」朱子曰：「觀山之象以懲忿，觀澤之象以窒慾。欲如污澤然，其中穢濁解污染人，須當填塞了。」問：「觀山之象以懲忿如何？」曰：「人怒時自是恁突兀起來，故孫權云：『令人氣湧如山。』」又云：「懲忿如摧山，窒慾如填壑。」

《左》昭二十五年，宋公享昭子。叔孫婼也。明日宴，飲酒樂，宋公使昭子右坐，語相泣也。樂祁佐，退而告人曰：「今茲君與叔孫，其皆死乎？吾聞之：『哀樂杜氏曰：「可樂而哀。」而樂哀，可哀而樂。皆喪心也。』心之精爽，是謂魂魄。魂魄去之，何以能久？」

子曰：「吾未見剛者。」或對曰：「申棖。」子曰：「棖也慾，焉得剛？」程子曰：「人有慾則無剛，剛則不屈於慾。」謝氏曰：「剛與慾正相反。能勝物之謂剛，故常伸於萬物之上；爲物揜之謂慾，故常屈於萬物之下。」　顏回不遷怒，《憲問》「克伐怨欲不行」，並見後。

司馬牛問君子。子曰：「君子不憂不懼。」曰：「不憂不懼，斯謂之君子矣乎【一二三】？」子曰：「內省不疚，夫何憂何懼？」朱子曰：「由其平日無愧於心，故能內省不疚，而自無憂懼。」　晁氏曰：「不憂不懼，由乎德全而無疵，故無入而不自得，非實有憂懼而强排遣之也。」　南軒曰：「聖人之所謂不憂不懼者，以夫內自省察，無所愧病，故得其樂，而物莫之嬰也。能進於是，非君子乎？曾子之守約，蓋此也。使司馬牛而知所從事，則勉之於己，不然徒膠擾於憂懼之域，何益哉？」

子曰：「唯仁者能好人，能惡人。」又「好仁、惡不仁」，並見《言仁》篇。

子貢曰：「君子亦有惡乎？」曰：「有惡：惡稱人之惡者，惡居下流而訕上者，惡勇而無禮者，惡果敢而窒者。」朱子曰：「訕，毀也。窒，不通也。稱人惡，則無仁厚之意。下訕上，則無忠敬之心。勇無禮，則爲亂。果而窒，則妄作。故夫子惡之。」曰：「賜也，亦有惡乎？」「惡徼以爲知者，惡不孫以爲勇者，惡訐以爲直者。」「惡徼」以下，子貢之言也。徼，伺察也。訐，謂攻發人之陰私。　楊氏曰：「仁者無不愛，則君子疑若無惡矣。子貢之有是心也，故問焉以質其是非。」侯氏曰：「聖賢之所惡如此，所謂『唯仁人能惡人』也。」

【一二三】君子矣乎　「矣」原作「已」，據四庫本改。

子曰：「惡紫之奪朱也，惡鄭聲之亂雅樂也，惡利口之覆邦家者。」朱子曰：「朱，正色。紫，間色。雅，正也。利口，捷給。覆，傾敗也。」范氏曰：「天下之理，正而勝者常少，不正而勝常多。利口之人，以是爲非，以非爲是，以賢爲不肖，以不肖爲賢。人君苟悦而信之，則國家之覆也不難矣。」

《曲禮》曰：敖不可長，欲不可從，志不可滿，樂不可極。鄭氏曰：「四者，慢遊之道，桀、紂所以自禍也。」

《樂記》曰：君子樂得其道，小人樂得其欲。以道制欲，則樂而不亂；以欲忘道，則惑而不樂。

孟子曰：「魚，我所欲也；熊掌，亦我所欲也。二者不可得兼，舍魚而取熊掌者也。朱子曰：「魚與熊掌皆美味，而熊掌尤美也。」生亦我所欲，所欲有甚於生者，故不爲苟得也。死亦我所惡，所惡有甚於死者，故患有所不辟也。釋所以舍生取義之意。得，得生也。欲生惡死者，雖衆人利害之常情；而欲惡有甚於生死者，乃秉彝義理之良心。是以欲生而不爲苟得，惡死而有所不避也。如使人之所欲莫甚於生，則凡可以得生者，何不用也？使人之所惡莫甚於死，則凡可以避患者何不爲也？設使人無秉彝之良心，而但有利害之私情，則凡可以偷生免死者，皆將不顧禮義而爲之矣。由是則生而有不用也，由是則可以辟患而有不爲也。由其必有秉彝之良心，是以其能舍生取義如此。是故所欲有甚於生者，所惡有甚於死者，非獨賢者有是心也，人皆有之，賢者能勿喪耳。羞惡之心，人皆有之，但衆人汩於利欲而忘之，惟賢者能存之而不喪耳。一簞食，一豆羹，得之則生，弗得則死。嘑爾而與之，行道之人弗受。蹴爾而與之，乞人不屑也。豆，木器也。嘑，咄啐之貌。行道之人，路中凡人也。蹴，踐踏也。乞人，丐乞之人也。不屑，不以爲潔也。言雖欲食之急而猶惡無禮，有寧死而不食者。是其羞惡之本心，欲惡有甚於生死者，人皆有之也。萬鍾則不辨禮義而受之，萬鍾於我何加焉？爲宮室之美、妻妾之奉、所識窮乏者得我與？鄉爲身死而不受，今爲宮室之美爲之；鄉爲身死而不受，今爲妻妾之奉爲之；鄉爲身死而不受，今爲所識窮乏者得我而爲之。是亦不可以已乎？此之謂失其本心。」萬鍾於我何加，言於我身無所增益也。所識窮乏者得我，謂所知識之窮乏者感我之惠也。上言人皆有羞惡之心，此言衆人所以喪之。由此三者【二四】，蓋理義之心雖曰固有，而物欲之蔽，亦人所易昏也。鄉爲身死不肯受嘑蹴之食，今乃爲此三者而受無禮義之萬鍾，是豈不可以止乎？本心，謂羞惡之心。此章言羞惡之心，人所固有。或能決死生於危迫之際，而不免計豐約於宴安之時，是以君子不可頃刻而不省察於斯焉。南軒曰：「二者不可得兼，言權其輕重而取舍之也。夫樂生而惡死，人之常情，賢者亦豈與人異哉？而有至於舍生而取義者，非真知義之重於生，其能然乎？其舍生取義，猶飢之食、渴之飲，亦爲其所當然而已。故曰所欲有甚於生者，所惡有甚於死者。所欲謂理義，所惡謂非理義也。欲惡如是，乃爲得性情之正。若但知樂生惡死而已，則凡可以求生、可以辟患者無所不爲，天理滅而流於禽獸之歸矣。」又曰：「『嘑爾而不受，蹴爾而不屑』，此其羞惡之心也。人之困窮，其欲未肆，故其端尚在，至於爲萬鍾所動，則有不復顧者矣。曰『萬鍾於我何加焉』，人能深味斯言而得其旨，則亦可見外物之無足慕矣。」

孟子曰：「無爲其所不爲，無欲其所不欲，如此而已矣。」李氏曰：「有所不爲不欲，人皆有是心也。至於私意一萌，而不能以禮義制之，則爲所不爲、欲所不欲者多矣。能反是心，則所謂擴充其羞惡之心者，而義

【二四】由此三者　「三」原作「二」，據四庫本改。

不勝用矣。」

孟子曰：「養心莫善於寡欲。其爲人也寡欲，雖有不存焉者，寡矣；其爲人也多欲，雖有存焉者，寡矣。」朱子曰：「欲，如口鼻耳目四肢之欲，雖人之不能無，然多而不節，未有不失其本心者。學者所當深戒也。」程子曰：「所欲不必沉溺，只有所向便是欲。」《集義》程子曰：「孟子言『養心莫善於寡欲』，欲寡則心自誠。荀子言：『養心莫善於誠，既誠矣，又何養？』此已不識誠，又不知所以養。」致知在所養，養知莫過於寡欲。呂氏曰：「欲者，感物而動也。治心之道，莫善於少欲。少欲則耳目之官不蔽於物，而心常寧矣。心常寧則定而不亂，明而不暗，道之所由生，德之所自成也。不存者，梏亡之謂也。寡欲之人，則無梏亡之患矣。其爲人也，多欲則好動而無節，妄作而失常，善端所由喪而天理虧焉。故雖有存焉，寡矣。是故心者，性之用也，可以成性，可以失性。得其養，則道進而德長，所以成性。失其養，則反道敗德，所以失性云云。」又曰：「天下之難持者莫如心，天下之易樂者莫如欲。」南軒曰：「有所向則爲欲，多欲則百慮紛紜，其心外馳，尚何所存乎！寡欲則思慮澹，血氣平【二五】，其心虛寧，而不存者寡矣。雖然天資寡欲之人，其不存焉者固寡，然不知存其存，則亦莫之能充也。若學者以寡欲爲要，則當存養擴充，由寡欲以至無欲；則其清明高遠者爲無窮矣。」

周子曰：「『聖可學乎？』曰：『可。』『有要乎？』曰：『有。』『請問焉。』曰：『一爲要。一者，無欲也。無欲則靜虚動直。靜虚則明，明則通；動直則公，公則溥。明通公溥，其庶矣乎！』」朱子曰：「此章之指，最爲要切，然其辭義明白，不煩訓解。學者能深玩而力行之，則有以知無極之真、兩儀四象之本，皆不外乎此心，而日用間自無非用力處矣。」

又嘗爲《養心説》，曰：孟子曰：「養心莫善於寡欲。其爲人也寡欲，雖有不存焉者，

【二五】血氣平　「平」原作「乎」，據四庫本改。

寡矣。」予謂養心者，不止於寡而存耳。蓋寡焉以至於無，無則誠立明通。誠立，賢也。明通，聖也。朱子曰：「誠立，謂實體安固。明通，則實用流行。立如『三十而立』之『立』，通則『不惑』、『知命』，而鄉乎『耳順』矣。」一者無欲，今試看無欲之時，心豈不一？人只爲有欲，此心便千頭萬緒【二六】。《太極圖》説無欲故靜，已見前。《論語》「仁者靜」，孔氏注曰：「無欲故靜。」周子意亦有所本歟！

程子曰：「聖人未嘗無喜也，『象喜亦喜』；聖人未嘗無怒也，『一怒而安天下之民』；聖人未嘗無哀也，『哀此惸獨』；聖人未嘗無懼也，『臨事而懼』；聖人未嘗無愛也，『仁民而愛物』；聖人未嘗無欲也，『我欲仁，斯仁至矣』。但其中節則謂之和。」治怒爲難，治懼亦難。克己可以治怒，明理可以治懼。甚哉，慾之害人也！人之爲不善，欲誘之也。誘之而弗知，則至於滅天理而不反。故目欲色，耳欲聲，以至鼻之於香、口之於味、四支之於安佚皆然，此皆有以使之也。然則何以窒其欲？曰思而已矣。學者莫貴於思，惟思而能窒慾。又曰曾子三省，窒欲之道也。

周公至公無私，進退以道，無利欲之蔽。故雖在危疑之地，安步舒泰，赤舄几几然也。此《詩·狼跋》註也。上文云狼，獸之貪者，猛於求欲，故陷於機穽羅縶，前跋後躓，進退困險，詩人取之以言。夫狼之所以致禍如是者，以其有貪欲故也，云云。范氏曰：「神龍或潛或飛，能大能小，其變化不測。然得而畜之若犬羊然，有欲故也。凡有欲之類，莫不可制焉。聖人無欲，故天地萬物不能易也。」

人雖不能無欲，然當有以制之。無以制之，而惟欲之從，則人道廢而入於禽獸矣。以道制欲，則能順命，又能於怒時遽忘其怒，而觀理之是非。全文已見前。問：「聖人恐無怒容

【二六】千頭萬緒 「千」原作「乎」，據四庫本改。

否？」朱子曰：「當怒時，亦必形於色。如治人之罪，却爲笑容則不可。」曰：「如此則恐涉忿厲之氣否？」曰：「天之怒，雷霆亦震。但當怒而怒，便中節。事過便消了，更不積。」

人於天理昏者，只爲嗜欲亂著它。莊子言：「其嗜慾深者，其天機淺。」此言却最是。

舜之誅四凶，怒在四凶，舜何與焉？蓋因是人有可怒之事而怒之，聖人之心本無怒也。全文云：問：「顔子不遷怒，《語録》有怒甲不怒乙之説，是否？」程子曰：「是。」曰：「若此則甚易，何待顔子而後能？」曰：「只被説得淺了，諸君便道易，此莫是最難。須是理會得，因何不遷怒？云云。譬如明鏡，好物來時便見是好，惡物來時便見是惡，鏡何嘗有好惡也？世之人固有怒於室而色於市。且如怒一人，對那人説話能無怒色否？有能怒一人而不怒别人者，能忍得如此，已是煞知義理。若聖人因物而未嘗有怒，此莫是甚難。君子役物，小人役於物，見人可喜可怒之事，自家着一分陪奉它，此亦勞矣。聖人之心如止水。」

《程子傳·易·履》九二《象》曰：「幽人貞吉，中不自亂也。」履道在於安靜，其中恬正，則所履安裕。中若躁動，豈能安其所履？故必幽人，則能堅固而吉。蓋其中安靜，不以利欲自亂也。

《豫》六二：「介于石，不終日，貞吉。」逸豫之道，説則失正，故《豫》之諸爻，多不得正。唯六二一爻處中正，又無應爲自守之象。當豫之時，獨能以中正自守，可謂特立之操，是其節介如石之堅也。人之於豫樂，心説之，故遲遲遂至於耽戀不能已也。二以中正自守，其介如石，其去之速，不俟終日，故貞正而吉也。處豫不可安且久也，久則溺矣。

《隨》：「出門交有功。」《傳》：人心所從多所親愛者，常人之情，愛之則見其是，惡之則見其非。故妻孥之言，雖失而多從；所憎之言，雖善爲惡也。苟以親愛而隨之，則是私情所與，豈合正理？故出門而交，則有功也。

《遯》九四：「好遯，君子吉，小人否。」四與初爲正應，是所好愛者也。君子雖有所好愛，義苟當遯，則去而不疑。所謂克己復禮，以道制欲，是以吉也。小人則不能以義處，暱於所好，牽於所私，至於陷辱其身而不能已，故在小人則否也。否，不善也。

《頤》初九：「舍爾靈龜，觀我朵頤，凶。」爾，謂初也。舍爾之靈龜，乃觀我而朵頤。龜能咽息不食，靈龜喻其明智，而可以不求養於外也。才雖如是，然以陽居動體，而在頤之時求頤，人所欲也。上應於四，不能自守，志在上行，説所欲而朵頤者也。心既動，則其自失必矣。迷欲而失己，以陽而從陰，則何所不至？是以凶也。朵頤爲朵動其頤頷，人見食而欲之，則動頤垂涎，故以爲象。《象》曰「觀我朵頤」，亦不足貴也。九，動體。朵頤，謂其説陰而志動，既爲欲所動，則雖有剛健明智之才，終必自失，故其才亦不足貴也。人之貴乎剛者，爲其能立而不屈於欲也；貴乎明者，爲其能照而不失於正也。既惑所欲而失其正，何剛明之有？爲可賤也。

《損》：「二簋可用享。」損者，損過而就中，損浮末而就本實也。天下之害，無不由末之勝也。峻宇雕牆，本於宫室。酒池肉林，本於飲食。淫酷殘忍，本於刑罰。窮兵黷武，本於征討。凡人欲之過者，皆本於奉養，其流之遠，則爲害矣。先王制其本者，天理也。

後人流於末者，人欲也。損之義，損人欲以復天理而已。

《益》上九：「莫益之，或擊之，立心勿恒，凶。」利者，衆人所同欲也。專欲益己，其害大矣。欲之甚，則昏蔽而忘義理。求之極，則侵奪而致怨仇。故夫子曰「放於利而行，多怨」，孟子謂「先利則不奪不饜」，聖賢之深戒也。九以剛而求益之極，衆人所共惡，故無益之者，而或攻擊之矣。「立心勿恒，凶」，聖人戒人存心不可專利，云勿恒如是，凶之道也。又曰：理者天下之至公，利者衆人所同欲。苟公其心，不失其正理，則與衆同利，無侵於人，人亦欲與之。若切於求利，蔽於自私，求自益以損於人，則人亦與之力爭矣。

「艮其背，不獲其身；行其庭，不見其人，无咎。」人之所以不能安其止者，動於欲也。欲牽於前而求其止，不可得也，故《艮》之道，當艮其背，所見者在前，而背乃背之，是所不見也。止於所不見，則無欲以亂其心，而止乃安。「不獲其身」，不見其身也，謂忘我也。無我則止矣。不能無我，無可止之道。「行其庭，不見其人」，庭除之間至近也，在背則雖至近不見，謂不交於物也。外物不接，内欲不萌，如是而止，乃得止之道，爲无咎也。朱子曰：「人之四肢皆能動，惟背不動，有止之象。『艮其背』，是止於其所當止之地。『不獲其身，行其庭，不見其人』，萬物各止其所，便都只是理。也不見有己，也不見有人，都只見道理。」

《歸妹》：「無攸利，柔乘剛也。」男女有尊卑之序，夫婦有倡隨之禮，此常理也，如《恒》是也。苟不由常正之道，徇情肆欲，唯説是動，則夫婦瀆亂，男牽欲而失其剛，婦狃說而忘其順，如《歸妹》之乘剛是也。所以凶，無所往而利也。夫陰陽之配合【二七】，男女之交媾，理之常也。然從欲而流放，不由義理，則淫邪無所不至，傷身敗德，豈人理哉！《歸妹》之所以凶也。又曰：「大率以説而動，安有不失正者【二八】？」

張子曰：「湛一，氣之本。攻取，氣之欲。口腹於飲食，鼻口於臭味，皆攻取之性也。知德者屬饜而已，不以嗜欲累其心，不以小害大、末喪本焉爾。」朱子曰：「湛一，是未感物時，湛然純一，此是氣之本。攻取，如目之欲色，耳之欲聲，便是氣之欲。」

仁之難成久矣，人人失其所好。蓋人人有利欲之心，與學正相背馳，故學者要寡欲。

莫非天也，陽明勝則德性用，陰濁勝則物欲行。領惡而全好者，其惟學乎！朱子曰：「云云，只將自家意思體驗，便見得。人心虛靜，自然清明，才爲物欲所蔽，便陰陰地黑暗了，此陰濁之所以勝也。」

上達反天理，下達徇人欲。

鄭、衛之音悲哀，令人意思留連，又生怠惰之意，從而致驕淫之心。雖珍玩奇貨，其始感人也亦不若是切，從而生無限嗜好，故孔子曰「必放之」。亦是聖人經歷過，但聖人能不爲物所移耳。

上蔡謝氏曰：「任意喜怒，都是人欲。須察見天理，涵養始得。」

又曰：「天理與人欲相對，有一分人欲即滅一分天理，存一分天理即勝一分人欲。」其全文曰：「所謂格物窮理，須是識得天理始得。所謂天理者，乃自然底道理，無毫髮杜撰。今人乍見孺子將入於井，皆

【二七】夫陰陽之配合　「夫」原作「失」，據四庫本、《伊川易傳》卷四改。

【二八】安有不失正者　「正」原作「王」，據四庫本、《伊川易傳》卷四改。

有怵惕惻隱之心。方乍見時，其心怵惕，所謂天理也。要譽於鄉黨朋友，內交於孺子父母，惡其聲而然，即人欲耳，云云。人欲纔肆，天理滅矣。任私用意，杜撰做事，所謂人欲肆也，故莊子曰：「去智與故，循天之理。」若在聖人分上，即説循字不得。　或問謝子：「於勢利如何？」曰：「打透此關十餘年矣。當初大段做工夫，揀難捨底棄却。後來漸漸輕，至今日於器用之類置之，只爲合用，更無健羨底心。」又問：「公於外間一切放得下否？」曰：「實就上面做工夫來。凡事須有根，屋柱無根，拆却便倒；樹木有根，雖剪枝條，相次又發。如人要富貴，要它做甚？必須有用處。尋討要用處病根，將來斬斷便没事。」按：上蔡後二段語，乃「去人欲、存天理」切實工夫，故附此。

武夷胡氏曰：「克己可以治怒，順理可以忘怒。」

《春秋》文八年，公孫敖奔莒。《傳》曰：按《左氏》公孫敖奔莒，從己氏也。男女，人之大欲存焉。寡欲者，養心之要。欲而不行，可以爲難矣。然欲生於色，而縱於淫。色出於性，目之所視，有同美焉，不可掩也。淫出於氣，不持其志，則放辟趨蹶，無不爲矣。夫以志徇氣，肆行淫欲，而不能爲之帥，至於棄其家國，出奔而不顧，此天下之大戒也。《春秋》謹書其事，於敖與何誅？使後人爲鑒，必持其志，修身窒欲之方也。欲生於色，淫出於氣，本上蔡説。

治心脩身，以飲食男女爲切要。從上聖賢於此用工，其可忽乎？又曰：「人於一切世味，淡薄方好。不要有富貴相。孟子謂堂高數仞，食前方丈，我得志不爲。學者須先除去此等，常自激昂，便不到得墜墮。」

西山李氏曰：「欲爲聖賢之事，必去世俗之欲。」

致堂胡氏曰：「唯酒無量不及亂，亂者，內昏其心志，外喪其威儀，甚則班伯所謂『淫亂之原皆在於酒』是也。聖人飲無定量，亦無亂態，蓋從心所欲不踰矩，是以如此。學者未能，然當知戒可也。」

五峯胡氏曰：「物欲不行，則志氣清明而應變無失。」

朱子曰：「凡徇人欲，自是危嶮。莊子所謂『其熱焦火，其寒凝冰』。」愚按：近世詩人有「嶮心遊萬仞，躁欲生五兵」之句，亦此意。

南軒張氏《敬簡堂記》曰：若何而能敬？克其所以害敬者，則敬立矣。害敬者莫甚於人欲，自容貌顏色詞氣之間，而察之天理人慾絲毫之分耳，遏止其欲而順保其理，則敬在其中，引而達之，擴而充之，則將有常而日新，日新而無窮矣。

人欲橫流，彊止遏之，未有不奔潰湍决者，此鯀治水也。水之性，無不下，禹能順以治之，行其所無事也，自然平治。人之良心，豈無發見之時？引而伸之，涵養而廣充之，天理明，人欲自消。先生臨終，再三誦曰：「春融天理之妙，蟬蛻人欲之私。」可以觀所養矣。

右言治情之道

甲集五

《易·乾》：元亨利貞。程子曰：「元者萬物之始，亨者萬物之長，利者萬物之遂，貞者萬物之成。唯《乾》、《坤》有此四德。」《彖》曰：大哉乾元，萬物資始，乃統天。朱子曰：「此專以天道明《乾》義，又析元亨利貞爲四德以發明之。而此一節，首釋『元』義也。大哉，歎詞。元，大也，始也。『乾元』，天德之大始，故萬物之生皆資之以爲始也。又爲四德之首，而貫乎天德之始終，故曰統天。」雲行雨施，品物流形。此釋乾之亨也。大明終始，六位時成，時乘六龍以御天。始，即元也；終，即貞也。不終則無始，不貞則無以爲元也。此言聖人大明乾道之終始，則見卦之六位各以時成，而乘此六陽以行天道，是乃聖人之元亨也。乾道變化，各正性命，保合大和，乃利貞。變者，化之漸。化者，變之成。物所受爲性，天所賦爲命。大和，陰陽會合沖和之氣也。各正者，得於有生之初。保合者，全於有生之後。此言乾道變化，無所不利，而萬物各得其性命以自全，以釋「利貞」之義也。首出庶物，萬國咸寧。聖人在上，高出庶物，猶乾道之變化也。萬國各得其所而咸寧，猶萬物之各正性命而保合太和也。此言聖人之利貞也，蓋嘗合而論之。元者，物之始生；亨者，物之暢茂；利，則向於實也；貞，則實之成也。實之既成，則其根蔕脱落，可復種而生矣。此四德之所以循環而無端也。然而四者之間，生氣流行，初無間斷，此元之所以包四德而統天也。其以聖人而言，則孔子之意，蓋以此卦爲聖人得天位，行天道，而致太平之占也。問：「『乾元統天』注作『健者，所以用形』，如何？」曰：「亦是。但只説得乾健，不説得乾元。此句大意在元字上。」六龍只是六爻，龍只是譬喻。明此六位始終，潛見飛躍以時，便是「乘六龍」，便是「御天」。乾道變化，生育萬物，是元亨各正性命。它那元亨時雖正了，然未成形，必須萬物成，遂如百穀堅實了，方喚做正性命。乾道便只是乾四德，乾道變化發生之始，此是元也。各正性命，小以遂其小，大以遂其大，則是亨矣。能保合以全，見太和之性，則利貞。

《文言》曰：元者善之長也，亨者嘉之會也，利者義之和也，貞者事之幹也。元者生物之始，天地之德莫先於此，故於時爲春，於人則爲仁，而衆善之長也。亨者，生物之通，物至於此莫不嘉美，故於時爲夏，於人則爲禮，而衆美之會也。利者，生物之遂，物各得宜，不相妨害，故於時爲秋，於人則爲義，而得其分之和。貞者，生物之成，實理具備，隨在各足，故於時爲冬，於人則爲智，而爲衆事之幹。幹，木之身，枝葉所依以立者也。問「元者善之長」。曰：「元亨利貞皆善也，而元乃爲四者之長，是善端初發見處也。」問「亨者嘉之會」。曰：「嘉，美也。會，是齊集底意思。許多嘉美一時鬭湊在此，故謂之會。」問：「程子曰：『義安處便爲利。』只是當然便安否？」曰「然。只萬物各得其分，便是利。義截然不可犯，似不和。分別後萬物各正其所，却是和。不和生於不義。義則無不和，和則無不利矣。」「貞者事之幹」，伊川説「貞」字，只以爲正，恐未足以盡貞之義。須是説「正而固」。貞取以配冬者，以其固也。孟子以「知斯二者弗去」爲智之實，弗去乃貞固之意。文王本説「元亨利貞」爲大亨利貞，夫子以爲四德。又曰：「元亨利貞，譬諸穀可見。穀之生，萌芽是元，苗是亨，穟是利，成實是貞。穀之實又復能生，循環無窮。」「元亨利貞」，理也。有這四段，氣也。有這四段，理便在氣中，兩箇不曾相離。「元亨利貞」無斷處，貞了又元。今日子時前，便是昨日亥時。溫底是元，熱底是亨，涼底是利，寒底是貞。以天道言之，爲元亨利貞；以四時言之，爲春夏秋冬；以人道言之，爲仁義禮智；以氣候言之，爲溫涼燥濕；以方言之，爲東西南北。乾元萬物資始，坤元萬物資生。元者天地生物之端，元者生意。亨則生意之長，利則生意之遂，貞則生意之成。以上皆總論四德之義也。又程子曰：「四德之元，猶五常之仁，偏言則一事，專言則包四者。」又曰：「萬物之生意最可觀，此元者善之長也，斯所謂仁也。」朱子曰：「元只是初底意思，如木之萌，如草之芽。在人則惻然有隱是也。」又曰：「要理會得仁，當就初處看。

故元亨利貞，而元爲四德之首。春夏秋冬，而春爲一歲之首。由是而爲夏，由是而爲秋、爲冬，皆自此生出。所以謂仁包四德者，只緣四箇是一箇，以元亨利貞言之，只是一箇。元却有元之元，元之亨，元之利，元之貞。上四箇元字便是包四德，下一箇元字便是主一事，又有亨之元、利之元、貞之元。曉得此意，則仁包四者尤明白。亨之元者，夏四月初是也。利之元者，秋七月初是也。貞之元者，冬十月初是也。程先生亦謂『觀雞雛，可以見仁者』，亦是看其初生意思也。」又曰：「《樂記》言『易直子諒之心』，《韓詩外傳》作『慈良』，却是人之初心，自是慈愛良善，此便是『元者善之長』。如孟子說『惻隱之心』，皆是這般心。聖賢教人，先要求此心，正爲是萬善之摠處。」又曰：「性中有此四者，聖門却只以求仁爲急者，緣仁却是四者之先。若常存得溫厚底意思在這裏，到宣著發揮時，便自然會宣著發揮；到剛斷時，自然剛斷；到收斂時，自然收斂。此仁之所以包四者也。」或問：「此恐如五行之木，若不是先有箇木，便亦生下面四箇不得。」曰：「若無木便無火，無火便無土，無土便無金，無金便無水。」又曰：「仁字如人釀酒：酒方微發時，帶些溫氣，便是仁。到發得極熱時，便是禮。到得熟時，便是義。到得成酒後，却與水一般，便是智。又如一日之間，蚤間天氣清明，便是仁。午間極熱，便是禮。晚下漸涼，便是義。到夜半全然收斂，無些形迹，便是智。只如此看，甚分明。」或問：「萬物之生意最可觀，此元者善之長也，斯所謂仁也。此只是先生所謂初之意否？」曰：「萬物之生，天命流行，自始至終，無非此理。但初生之際，淳粹未散，尤易見耳。只如元亨利貞皆是善，而元則爲善之長，亨利貞皆在那裏來。仁義禮智亦皆善也，而仁則爲萬善之首，義禮智皆從這裏出耳。」　或問：「天地生物氣象，如溫厚和粹，即天地生物之仁否？」曰：「這是從生處說來。如所謂『大哉乾元，萬物資始』，『至哉坤元，萬物資生』，那元字便是生物之仁，資始是得其氣，資生是成其形。到得亨便是彰著，利便是結聚，貞便是收斂。既無形迹，又須復生。至如夜半子時，此物雖存，猶未動。在到寅卯便生，巳午便著，申酉便結，亥子丑便實，及至寅又生。他這箇只管運轉，一歲有一歲之運，一月有一月之運，一日有一日之運，一時有一時之運。雖一息之微，亦有四个段子，恁地運轉。但元則是始初，未至於著，如所謂怵惕、惻隱，存於人心，自恁惻隱地【一】，未至大段發出。」又曰：「仁之包四德，猶冢宰之統六官。」又曰：「得此生意以有生，然

【一】自恁惻隱　「隱」原作「惻」，據四庫本改。

後有義禮智。以先後言之，則仁在先；以小大言之，則仁爲大。」又曰：「四時之氣【二】，温涼寒熱，涼與寒既不能生物，夏氣又熱，亦非生物之時。惟春氣温厚，乃天地生物之心。到夏是生氣之長，秋是生氣之歛，冬是生氣之藏。若春無生物之意，後面三時都無了。此仁之所以包義、禮、智也。」又曰：「《春秋傳》言：『元者，仁也。仁，人心也。』固有此理，然不知仁如何却唤做『元』？」先生曰：「天下之理，原其所自，未有不善。《易傳》曰：『成而後有敗，敗非先成者也。得而後有失，非得何以有失也？』便説得有根源。」又曰：「當來得之天者只是个仁，所以爲心之全體。却自仁中分四界子：一是仁之仁，一是仁之禮，一是仁之義，一是仁之智。本是一物，分布爲四，惟仁兼統之。人心中只有此四者，萬物萬事皆此中出。」又曰：「春生，夏長，秋收，冬藏，雖分四時，生意未嘗不貫。縱雪霜之慘，亦是生意。」凡此又專論元包四德之義也。

君子體仁足以長人，嘉會足以合禮，利物足以和義，貞固足以幹事。以仁爲體，則無一物不在所愛之中，故足以長人。嘉其所會，則無不合禮，使物各得其所。利則義無不和。貞固者知正之所在而固守之，所謂知而勿去者也，故足以爲事之幹。　元亨利貞是一箇道理之大綱領，須時復將來子細研究。　「元者，善之長」以下四句，説天德之自然。「君子體仁足以長人」以下四句，説人事之當然。元只是善之長。萬物生理皆始於此，衆善百行皆統於此，故於時爲春，於人爲仁。亨是嘉之會。嘉，美也。會，猶齊也。嘉會，衆美之會，猶言齊好也。春時發生，萬物未大，故齊。到夏洪纖高下，各各暢茂。其在人則禮儀三百，威儀三千，事事物物，大大小小，一齊到恰好處，所謂動容周旋皆中禮，故於時爲夏，於人爲禮。利者，爲義之和。萬物至此各遂其性，事理至此無不得宜，故於時爲秋，於人爲義。貞乃事之幹。萬物至此，收歛成實，事理至此，無不的正，故於時爲冬，於人爲智。此天德之自然。其在君子所當從事於此者，則必體仁乃足以長人，云云。　體仁與體物相似，人在仁裏做骨子，故謂之「體仁」。仁是道理，須着這人，方始體得它，「比而效之」之説未是。　體，猶所謂公而以人體之之體。　處得事事是，謂之「嘉會」。一事不是，則非「嘉會」矣。　嘉會者，嘉其所會。一一以禮文節之，使之無不中節，是嘉其所會也。　義者，事之宜也。利物則合

【二】四時之氣　「四」原作「西」，據《朱子語類》卷二十改。

乎事之宜，不利物則非義矣。老蘇論此謂慘殺爲義，必以利和之。如武王伐紂，是義也。若徒義，則不足以得天下之心，必散財發粟，而後可以和其義。如此則義在利之外，分成兩截矣。義之爲義，只是一箇宜。其初則甚嚴，如男正位乎外，女正位乎内，直是有内外之辨。君尊於上，臣卑於下，截然不可犯，似若不和。然使之各得其宜，則其和也孰大於此？只是義中便有和，既曰「利者義之和」，却説「利物足以和義」，蓋不如是，不足以和其義。欲爲事而非貞固，則植立不起。貞而不固則非貞，貞如版築之有幹。乾四德，元最重，貞次之。非元則無以生，非貞則無以終，非終則無以爲始，不始則不能成終。如此循環無窮，所謂大明終始也。智所以藏仁義禮，惟是知恁地方能。恁地亦猶元亨利之理藏於貞，春生、夏長、秋成之意藏於冬也。**君子行此四德者，故曰「乾元亨利貞」。**非君子之至健，無以行此，故曰「乾元亨利貞」。此一節與《春秋傳》所載穆姜之言不異，疑古者已有此語。

乾元者，始而亨者也。朱子曰：「始則必亨，理勢然矣。」**利貞者，性情也。**收斂歸藏，乃見性情之實。「始而亨」是生出去，「利貞」是收斂聚，方見性情。元亨是動，發用在外。利貞是靜，而伏藏於内。性情如言本體，元亨是發用處，利貞是收斂歸本體處。蓋春便生，夏便長茂條達，秋便有收斂撮聚意思，到冬方成。天地之心，別無可做，只是生物而已。謂如一樹，春榮夏敷，至秋乃實，至冬乃成。雖有先成實者，若未冬，便種不成。直待受得氣足，將欲相離之時，將千實來種，便是千樹，如碩果不食是也。方其自小而大，各有生意。到冬時，疑若無生意矣，不知却收斂在下，每實各具生理【三】，便見生生不窮之意。

周子曰：「元亨，誠之通；利貞，誠之復。」注見前《性命》篇。問：「元亨是春夏，利貞是秋冬。秋冬生氣既散，何以謂之收斂？」朱子曰：「其氣已散，收斂者乃其理耳。」曰：「冬間地下氣暖，便也是氣收斂在内？」曰：「上面氣自散了，下面暖底乃是生來，却不是已散之氣復爲生氣。」誠之通，是造化流行，未有成立之時，所謂繼之者善。誠之復，是萬物已得此理，而皆有所歸藏之時，所謂成之者性。在人則感而遂通者，誠之通。寂然不動者，誠之

【三】各具生理　「生」原作「上」，據四庫本改。

復。元亨，誠之通，動也。利貞，誠之復，靜也。元者，動之端也，本乎靜。貞者，靜之質也，著乎動。一動一靜，循環無端。而貞也者，萬物之所以成終而成始者也。故人雖不能不動，而立人極者必主於靜，惟主於靜，故其著於動也無不中節，而不失其本然之體矣。來書所謂「通復」二字，甚密，亦有未切處。「繼之者善」，造化流行，萬物方資以始而未實也。「成之者性」，物生已實，造化與物各藏其用而無所爲也。在人則感物而動者通也，寂然不動者復也。以此推之，則圖象隱然，不待言而喻矣。南軒張氏曰：「誠通、誠復之論，其至矣乎！聖人與天地同用，通而復，復而通。一往一來，至誠之無内外，而天命之無終窮也。君子修之，所以戒慎恐懼之嚴者，正以須臾不在乎是，則窒其通，迷其復，而遏天命之流行故爾。此非用力之深者，孰能體之？」

右兼言元亨利貞

孟子曰：「人皆有不忍人之心，朱子曰：「天地以生物爲心，而所生之物，因各得夫天地生物之心以爲心，所以人皆有不忍人之心也。」先王有不忍人之心，斯有不忍人之政矣。以不忍人之心，行不忍人之政，治天下可運之掌上。言衆人雖有不忍人之心，然物欲害之，存焉者寡，故不能察識而推之政事之間。惟聖人全體此心，隨感而應，故其所行無非不忍人之政也。所以謂人皆有不忍人之心者，今人乍見孺子將入於井，皆有怵惕惻隱之心，非所以内交於孺子之父母也，非所以要譽於鄉黨朋友也，非惡其聲而然也。乍，猶忽也。怵惕，驚動貌。惻，傷之切。隱，痛之深也，所謂不忍人之心也。内，結。要，求。聲，名也。言乍見之時便有此心，隨見而發，非由此三者而然也。程子曰：「滿腔子是惻隱之心。」謝氏曰：「人須是識其真心，方乍見孺子入井之時，其心怵惕，乃真心也。非思而得，非勉而中，天理之自然也。内交、要譽、惡其聲而然，即人欲之私矣。」由是觀之，無惻隱之心，非人也；無羞惡之心，非人也；無辭讓之心，非人也；無是非之心，非人也。羞，恥己之不善。惡，憎人之不善。辭，解使去己也。讓，推以與人。是，知其善以爲是。非，知其惡以爲非。人之所以爲心，不外乎是四者，故因論惻隱而悉數之，言人若無此，則不得謂之人，所以明其必有也。惻隱之心，仁之端也；羞惡之心，義之端也；辭讓之心，禮之端也；是非之心，智之端也。惻隱、羞惡、辭讓、是非，情也。仁、義、禮、智，性也。心統性情者也。端，緒也。因其情之發，而性之本然可得而見，猶有物在中而緒見於外也。《集義》程子曰：「惻隱屬愛，乃情也，非性也。因其惻隱，知其有仁。」人之有是四端也，猶其有四體也。有是四端而自謂不能者，自賊者也。謂其君不能者，賊其君者也。四體，四支。人之所必有者也，自謂不能者，物欲蔽之耳。有四端於我者，知皆擴而充之矣，若火之始然，泉之始達。苟能充之，足以保四海；苟不充之，不足以事父母。」擴，推廣之意。充，滿也。四端在我，隨處發見，知皆即此推廣而充滿其本然之量，則其日新又新，將有不能自已者矣。能由此而遂充之，則四海雖遠，亦吾度内，無難保者；不能充之，則雖事之至近，而不能矣。此章所論人之性情，心之體用，本然全具而各有條理如此。學者於此反求默識而擴充之，則天之所以與我者，可以無不盡矣。程子曰：「人皆有是心，惟君子爲能擴而充之。不能然者，皆自棄也。然其充與不充，亦在我而已矣。」又曰：「四端不言信者，既有誠心爲四端，則信在其中矣。」今按：四端之信，猶五行之土，無定位，無成名，無專氣，而水火金木無不待是以生者，故土於四行無不在，於四時則寄王焉，其理亦猶是也。天地生人物，須是和氣方生。人自和氣中出，所以有不忍人之心。

問「滿腔子是惻隱之心」。曰：「只是滿這軀殼都是惻隱之心，才觸着便是這个出來，大感則大應，小感則小應。」仁是根，惻隱是萌芽。親親、仁民、愛物，便是推廣到枝葉處。《玉山講義》：「天之生物各付一性，性非有物，只是一箇道理之在我者耳。故性之所以爲體，只是仁義禮智信五字，天下道理無不出於此【四】。韓文公云：『人之所以爲

【四】無不出於此　「無」原作「一」，據四庫本、乾隆本改。

性者五』，其説最爲得之，却爲後世之言性者多雜佛老而言，所以將性字作知覺心意看了，非聖賢説性字本指也。五者之中，所謂信者是箇真實無妄底道理，如仁義禮智，皆真實而無妄者也，故信字更不須説，只仁義禮智四字於中各有分别，不可不辨。蓋仁則是箇温和慈愛底道理，義則是箇斷制裁割底道理，禮則是箇恭敬撙節底道理，智則是箇分别是非底道理。凡此四者具於人心，乃是性之本體。方其未發，漠然無形象之可見；及其發而爲用，則仁者爲惻隱，義者爲羞惡，禮者爲恭敬，智者爲是非。隨事發見，各有苗脉，不相殽亂，所謂情也。故孟子曰：『惻隱之心，仁之端也；羞惡之心，義之端也；恭敬之心，禮之端也；是非之心，智之端也。』謂之端者，猶有物在中而不可見，必因其端緒發見於外，然後可得而尋也。蓋一心之中，仁義禮智各有界限，而其性情體用又自各有分别，須是見得分明。然後就此四者之中，又見得『仁義』兩字是箇大界限，如天地造化，四序流行，而其實不過於一陰一陽而已。於此見得分明，然後就此又見得『仁』字是箇生底意思，通貫周流於四者之中。仁固仁之本體也，義則仁之斷制也，禮則仁之節文也，智則仁之分别也。正如春之生氣，貫徹四時，春則生之生也，夏則生之長也，秋則生之收也，冬則生之藏也。故程子謂『四德之元猶五常之仁，偏言則一事，專言則包四者』，正謂此也。孔子只言仁，以其專言者言之也，故但言仁而義禮智皆在其中。孟子兼言義，以其偏言者言之也，然亦不是於孔子所言之外，添入一箇『義』字，但於一理之中分别出來耳。其又兼言禮知，亦是如此。蓋禮是仁之著，智是義之藏，而『仁』之一字，未嘗不流行乎四者之中也。若論體用，亦有兩説。蓋以仁存於心而義形於外言之，則曰『仁人心也，義人路』也，而以仁義相爲體用。若以仁對惻隱，義對羞惡而言，則就其一理之中，又以未發、已發相爲體用。若認得熟，看得透，則玲瓏穿穴，縱横顛倒，無處不通，而日用之間，行著習察，無不是着工夫處矣。」《四端説》曰：「性是太極渾然之體，本不可以名字言，但其中含具萬理，而綱領之大者有四，故命之曰仁義禮智。孔門未嘗備言，至孟子而始終備言之者。蓋孔子之時，性善之理素明，雖不詳其條而説自具；至孟子之時，異説蠭起，往往以性爲不善，孟子懼是理之不明，而思有以明之。苟但曰渾然全體，則恐其爲無星之稱，無寸之尺，而終不足以曉天下。於是别而言之，界爲四破，而四端之説於是乎立。蓋四端之未發也，性雖寂然不動，而其中自有條理，自有間架，不是儱侗都無一物。所以外邊纔感，中間便應，如赤子入井之事感，則仁之理便應，而惻隱之心於是乎形。如過廟、過朝之事感，則禮之理便應，而恭敬之心於是乎形。蓋由其中間衆理渾具，各各分明，故外邊所遇，隨感而應，所以四端之發各有面貌之不同。是以孟子析而爲四，以示學者，使知渾然全體之中，而燦然有條，如此則性之善可知矣。然四端之未發也，所謂渾然全體之理，無聲臭之可言，無形象之可見，何以知其燦然有條若此？蓋是理可驗，乃就他發處驗得。凡物必有本根而後有枝葉，見其枝葉，而知其必有本根。性之理雖無形，而端緒之發則可驗，故由其惻隱，所以必知其有仁；由其羞惡，所以必知其有義；由其恭敬，所以必知其有禮；由其是非，所以必知其有智。使其本無是理於內，則何以有是端於外？所以有是端於外，必知有是理在内而不可誣也。故孟子言『乃若其情，則可以爲善矣，乃所謂善也』。是則孟子之言性善，蓋亦適其情而逆知之耳。仁義禮智既見得它界限分明，又須知四者之中，仁義是一箇對立底關鍵。蓋仁，仁也，而禮者則仁之著；義，義也，而智者則義之藏。猶春夏秋冬雖爲四時，而春夏皆陽之屬也，秋冬皆陰之屬也，故曰『立天之道曰陰與陽，立地之道曰柔與剛，立人之道曰仁與義』。是知天地之道不兩則不能以立，故端之有四，而立者有兩耳。仁義雖對立而成兩，然仁實貫通乎四者之中。蓋偏言則一事，專言則包四者，故仁者，仁之本體；禮者，仁之節文；義者，仁之斷制；智者，仁之分別。猶春夏秋冬雖不同，而同出於春。春則春之生也，夏則春之長也，秋則春之收也，冬則春之藏也。自四而兩，自兩而一，則統之有終【五】，會之有元矣，故曰『五行一陰陽，陰陽一太極』。是天地之理固然也。仁包四端，而智居四端之末者，蓋冬者藏也，所以始萬物而終萬物者也。智有藏之義焉，有始終之義焉，且惻隱、羞惡、恭敬是三者皆有可爲，智但分別其爲是爲非耳，是以謂之藏也。又惻隱、羞惡、恭敬皆是一面底道理，而是非則有兩面，既別其所是，又別其所非，是終始萬物之象也。故仁義爲四端之首，而智則能成終成始，猶元雖四德之長，然元不生於元而生於貞。蓋天地之化不翕聚則不能發散，理固然也。仁智交際之間，乃萬化之機軸。此理循環不窮，脗合無間。程子所謂『動靜無端，陰陽無始者』，此也。」

問仁兼四端意思，曰：「上蔡見明道，舉史書成誦，明道謂其玩物喪志。上蔡汗流浹背，面發赤色。明道云『此便是

【五】統之有終　「終」原作「宗」，據四庫本、乾隆本改。

惻隱之心』。且道上蔡聞過慚惶，自是羞惡之心，如何却説惻隱？惟是有惻隱之心方會動，動了始有羞惡，有恭敬，有是非。動處便是惻隱，若不會動，却不成人。天地生生之理，這些動意未嘗止息。」　惻隱之心，首末皆惻隱。三者則首是惻隱，末是羞惡、辭讓、是非。　性不可言，所以言性善者，只看它四端之善，則可以見其性之善。如見水之清，則知其源頭必清矣。四端，情也，性則理也。發者情也，其本則性也。如見影知形之意。　仁義禮智本體自無形影，要捉摸不著，只得將發動處看。程子曰：「因其惻隱，知其有仁。」説得最分明親切也。不道惻隱便是仁也，不道舍了惻隱別有一箇仁。譬如草木，因其萌芽，知得下面有根也。不道萌芽便是根【六】，又不道舍了萌芽，別取一箇根。　説仁義便如陰陽，説四端便如四時，分四端八字便如八節。　問：「心中湛然清明，與天地相流通，此是仁否？」先生云：「湛然清明時，是仁義禮智統會處。今人説仁，多把做空洞底看，却不得當。此時仁義禮智之苗脉已在裏許，只是未發動。及有箇合親愛底事來，便發出惻隱之心；有箇可厭惡事來，便發出羞惡之心。禮智亦然。」　四端固是良心，苟不加存養，則發不中節，便是私心。　或問：「未發之際，不知如何？」曰：「未發之際便是中，便是敬以直內，便是心之本體。」又問：「未發之際欲加識別，使四者各有落着，如何？」曰：「如何識別，只存得此道理在這裏，便恁地涵養將去，既熟，則其發見自不差。」　又曰：「未發之時，此心之體寂然不動，無可分別，只得混沌養將去。若必欲其求所謂四者之端，則既思便是已發矣。」

問：「仁何以能包四者？」曰：「人只是這一箇心，就這裏面分爲四者。且以惻隱論之，本只是這惻隱底心，遇當辭讓則爲辭讓，不安處便爲羞惡，分別處便爲是非。若無一箇動底醒底在裏面，便也不知羞惡，不知是非。譬如天地只是一箇春氣，是發生之心，春氣長得過便是夏，收斂便是秋，消縮盡便爲冬。明年又從春處起，渾然只是一箇發生之氣。」　問：「四端之端，《集注》以爲端緒，或説端乃尾，如何？」曰：「以體用言之，有體而後有用，故端亦可謂之尾；若以終始言之，則四端是始發處，故亦可以端緒言之。二説各有所指，自不相礙也。」　四端乃孔子所未發，人只道孟子有闢楊、墨之功，不知它就人心上發明，大功如此。闢楊、墨是扞邊境之功，發明四端乃安社稷之功。　四者皆我所固有，其

【六】萌芽便是根　「根」字原脱，據《朱子語類》卷五十三補。

初發也，毫毛如也。及推廣將去，充滿其量，則廣大無窮。問：「人心陷溺之久，四端蔽於利欲之私，初用工亦未免間斷。」曰：「固是。然義理之心纔勝，則利欲之念便消。如惻隱之心勝，則殘虐之意自消；羞惡之心勝，則貪冒無耻之意自消；恭敬之心勝，則驕惰之意自消；是非之心勝，則含胡苟且、頑冥昏繆之意自消。」孟子四端處，極好思量玩味，只反身而自驗其明昧深淺如何。惻隱之心，仁也；羞惡之心，義也。見前《性命》篇，當與此章參觀。

孟子曰：「矢人豈不仁於函人哉？矢人唯恐不傷人，函人唯恐傷人。巫匠亦然，故術不可不慎也。朱子曰：「函，甲也。惻隱之心，人皆有之，是矢人之心，本非不如函人之仁也。巫者爲人祈祝，利人之生；匠者作爲棺槨，利人之死。」孔子曰：『里仁爲美。擇不處仁，焉得智？』夫仁，天之尊爵也，人之安宅也。莫之禦而不仁，是不智也。里有仁厚之俗者猶以爲美，人擇所以自處而不於仁，安得爲智乎？此孔子之言也。仁義禮智，皆天所與之良貴，而仁者，天地生物之心，得之最先而兼統四者，所謂「元者，善之長」也，故曰尊爵。在人則爲本心全體之德，有天理自然之安，無人欲陷溺之危。人當常在其中，而不可須臾離者也，故曰安宅。此又孟子釋孔子之意，以爲仁道之大如此而自不爲之，豈非不智之甚乎？不仁不智，無禮無義，人役也。人役而耻爲役，由弓人而耻爲弓，矢人而耻爲矢也。以不仁故不智，不智故不知禮義之所在。如耻之，莫如爲仁。此亦因人愧恥之心而引之，使志於仁也。不言智禮義者，仁該全體，能爲仁，則三者在其中矣。仁者如射，射者正己而後發。發而不中，不怨勝己者，反求諸己而已矣。」爲仁由己，而由人乎哉？南軒張氏曰：「矢人與函人，巫與匠，俱人也，而其所欲之異者，以其操術然也。故夫人自處於不仁，爲忌忮，爲殘忍，至於嗜殺人而不顧，夫豈獨異於人哉？惟其所處，每在乎人欲之中，安習滋長，以至於此。其性本同，而其習胥壤之異，可不畏歟？」

孟子曰：「仁之實，事親是也；義之實，從兄是也。朱子曰：「仁主於愛，而愛莫切於事親；義主於敬，而敬莫先於從兄，故仁義之道，其用至廣而其實不越於事親、從兄之間。蓋良心之發，最爲切近而精實者，有子以孝弟爲爲仁之本，其意亦猶此也。」智之實，知斯二者弗去是也。禮之實，節文斯二者是也。樂之實，樂斯二者，樂則生矣。生則惡可已也，惡可已則不知足之蹈之，手之舞之。」斯二者，指事親、從兄而言。知而弗去，則見之明而守之固矣。節文，謂品節文章。樂則生矣，謂和順從容，無所勉强。事親、從兄之意，油然自生，如草木之有生意也。既有生意，則其暢茂條達，自有不可遏者，所謂惡可已也。其又盛則至於手舞足蹈，而不自知矣。此章言事親從兄，良心真切，天下之道，皆原於此。然必知之明而守之固，然後節之密而樂之深也。」

南軒張氏曰：「仁義具於人之性，而其實則見於事親、從兄之間。蓋仁故能愛，愛莫大於愛親。義者，宜也，宜之所施，莫宜於從兄也。擴而充之，仁義蓋不可勝用，而實事親、從兄之心也。故知者，知此弗去者也，禮者節文此者也，樂者樂此者也，豈有外此者哉？知必云弗去者，蓋曰知之而有時乎去之，非真知者也。知之至則弗肯去之矣。有其禮斯有其節，有其實斯有其文。凡三千三百，皆所以節文乎此者也。有以節文，則內外進矣。至於樂，則非自得之深，涵養之熟者，無此味也。樂則生矣，生不息之道，蓋其中心油然有不自知其然也。生則惡可已，言其自不可已，則手之所舞，足之所蹈，莫非是矣。至此則仁義之心粹然於內，而周流乎事事物物之間矣。」

孟子曰：「廣土衆民，君子欲之，所樂不存焉。朱子曰：「地闢民聚，澤可遠施，故君子欲之，然未定以爲樂也。」中天下而立，定四海之民，君子樂之，所性不存焉。其道大行，無一夫不被其澤，故君子樂之，然其所得於天者，則不在是也。君子所性，雖大行不加焉，雖窮居不損焉，分定故也。分者，所得於天之全體，而不以窮達而有異。君子所性，仁義禮智根於心，其生色也，睟然見於面，盎於背，施於四體。四體不言而喻。」上言所性之分與所欲、所樂不同，此乃言其藴也。仁義禮智，心之四德也。根，本也。生，發見也。睟然，清和潤澤之貌。盎，豐厚盈溢之意。施於四體，謂見於動作威儀之間也。喻，曉也。四體不言而喻，言四體雖不待吾言，而自能曉吾意也。蓋氣稟清明，無物欲之累，則性之德根本於心，其積之盛則發而著見於外，不待言而無不順也。程子曰：「睟面盎背，皆積盛所致【七】。然四體不言而喻，唯有德者能之。」行道固君子之所樂，但其用其舍，於我性分本不相關。進而大行，退而窮居，於我性分之内，初無加損。問：「君子所性。」曰：「此是説生來承受之性，仁義禮智根於心，便見得四端著在心上，相離不得。才有些子私意，便剗斷了那根，便無生意。其色睟然，都從那根上發出來。性字從心，見得先有這心，便有許多道理在裏。」四體不言而喻，若日不待安排，而自然中節耳。南軒張氏曰：「四者具於性而根於心，猶木之著本，水之發源，由是而生生不息焉。仁義禮智根於心而生色於外，充盛著見，自不可揜，故其睟然之和見於面，盎於背，施於四體。四體不言而喻，涵養廣充，積久而熟，天理融會，動容周旋無非此理而内外一也。不言而喻，言其自然由於此，而無待防檢耳。」

董子曰：「仁義禮智信【八】，五常之道，王者所宜脩飭也。」此因武帝何脩何飭之問而言，其意雖甚正，惜其剖析未明【九】。使帝知若何而爲仁，若何而爲義，其脩飭之方，又孰先孰後也？其後帝策公孫弘，問仁義禮智四者之宜當安設施，而弘之對乃曰：「仁者，愛也；義者，宜也；禮者，所履也；智者，術之源也【一〇】。致利除害，兼愛無私謂之仁；明是非，立可否謂之義；進退有度，尊卑有分謂之禮；擅殺生之柄，通壅塞之塗，權輕重之數，論得失之道，遠近情僞必見於上謂之術。凡此四者，治之本，道之用也，皆當設施，不可廢也。」弘於仁義禮皆指用以爲體，既不足以明義理之源，而智之一字則直以術言之，其爲人主心術之害尤大。且四者即道也，而曰道之用不知何者，復爲道之體乎？大抵後世之言道者，往往指以爲虚無之物，而不知其爲至實之理，故其舛謬如此。弘不足責也，愚獨以剖析未明，爲仲舒惜云。

【七】皆積盛所致　「所」字原脱，據四庫本補。

【八】仁義禮智信　「義」字原作「誼」，據四庫本、乾隆本改。

【九】剖析未明　「析」原作「折」，據四庫本、乾隆本改。

【一〇】術之源　「源」原作「原」，據四庫本改。

周子曰：「誠無爲，幾善惡。德愛曰仁，宜曰義，理曰禮，通曰智，守曰信。朱子曰：「道之得於身者謂之德，其別有是五者之用，而因以名其體焉。誠即太極。幾者，陰陽之象。五者，五行之性也。」當寂然不動時便是誠無爲，有感而動即有善惡。幾是動處。大凡人性不能不動，但要頓放得是，於其所動處頓放得是時，便是德愛曰仁，宜曰義；頓放得不是時，便一切反是。人性豈能不動，但須於中分得天理人欲時方是。性焉安焉之謂聖。性者獨得於天，安者本全於己。聖者，大而化之之稱，不待學問强勉，而誠無不立，幾無不明，德無不備者也。復焉執焉之謂賢。復者，反而至之。執者，保而持之。賢者，才德過人之稱。此思誠研幾以成其德，而能守之者也。發微不可見，充周不可窮之謂神。」發之微妙而不可見，充之周徧而不可窮，則聖人之妙用而不可知者也。幾者動之微，是欲動未動之間，便有善惡，須就這處理會。若至於發著之甚，則亦不濟事矣。所以聖賢説「戒慎乎其所不睹，恐懼乎其所不聞」。蓋幾微之際，大是要切。誠是實理，無所作爲，便是天命之謂性，喜怒哀樂未發之謂中。幾者動之微，微動之初，是非善惡於此可見，一念之生，不是善便是惡。德者有此五者而已，仁義禮智信者，德之體，曰愛、曰宜、曰理、曰通、曰守者，德之用。幾善幾惡，便是心之所發處有個善有個惡，德便只是善底，爲聖爲賢只是這材料做。問：「既言誠無爲，恐其下未可便着善惡字？」先生曰：「當其未感，五性具備，豈有不善？及其應事，才有照管不到處，這便見惡。古之聖賢戰戰兢兢過了一生，正謂此也。顔子有不善未嘗不知，亦是如此。」「《通書》多説『幾』，《太極圖》却不説。」曰：「『五性感動，動而未分者是。」直卿云：「『主靜、審幾、謹動，三者循環，與《孟子》『夜氣』、『旦晝所爲』相似。」問：「周子曰『誠無爲，幾善惡』，此明人心未發之體而指其已發之端，蓋欲學者致察於萌動之微，知所決擇而去取之，以不失乎本心之體而已。或疑之，以謂有類於胡子同體異用之云者，遂妄以意揣量。爲圖如後，善惡雖相對，當分賓主；天理人欲雖分派，必有宗孽。自誠之動而之善，則如木之自本而榦，自榦而末，上下相達者，則道心之發見，天理之流行，此心之本主而誠之正宗也。其或旁榮側秀，若寄生疣贅者，此雖亦誠之動，則人心之發見，而私欲之流行，所謂惡也。非心之固有，蓋客寓也；非誠之正宗，蓋庶孽也。苟辨之不早，擇之不精，則客或棄主，孽或代宗矣。學者能於萌動幾微之間，而察其所發之向背，凡其直出者爲天理，旁出者爲人欲，直出者爲善，旁出者爲惡，直出者固有，旁出者横生，而吾於直出者利導之，旁出者遏絶之。功力既至，則此心之發自然出於一途，而保有天命矣【一一】。於此可以見未發之前有善無惡，而程子所謂『不是性中元有此兩物相對而出』者，蓋謂此也。若以善惡爲東西相對，彼此角立，則是天理人欲同出一源，未發之前已具此兩端，所謂天命之性亦甚汚雜矣。此胡氏同體異用之説也。」先生曰：「此説得之而圖有病，已略改正矣。」

圖　誠——幾　惡幾。　善幾此明周子之意。　誠——幾惡幾。善幾。此證胡氏之説。

動而正曰道。動之所以正，以其合乎衆所共由之道也。用而和曰德。用之所以和，以其得道於身，而無所待於外也。匪仁、匪義、匪禮、匪智、匪信，悉邪也。所謂道者，五常而已，非此則其動也邪矣【一二】。邪動辱也，甚焉害也。無得於道，則其用不和矣。故君子慎動。動心以正，則和在其中矣。動而得其正理便是道，若動而不正，則不是道。和亦只是順理用而和順也，便是得此理於身。若用而不和順，則此理不得於身，故下云「匪仁、匪義、匪禮、匪智、匪信，悉邪也」。只是此理，故又曰「君子慎動」。

聖人之道，仁義中正而已矣。朱子曰：「中即禮，正即智，圖解備矣。」守之貴，天德在我，何貴如之？行之利，順理而行，何往不利？廓之配天地。充其本然並立之全體而已矣。豈不易簡，豈爲難知，道體本然故易簡，人所固有故易知。不守，不行，不廓耳。言爲之則是，而歎學者自失其幾也。十室之邑，人人提耳而教，且不及，况天下之廣，兆民之衆哉！曰純其心而已矣。朱子曰：「純者不雜之謂，心謂人君之心。」仁義禮智四者，動静言貌視聽無違之謂純。仁義禮智，五行之德也。動静陰陽之用，而言貌

【一一】而保有天命　「保」原作「併」，據四庫本、乾隆本改。

【一二】其動也邪　「其」字原脱，據四庫本補。

視聽，五行之事也。德不言信，事不言思者，欲其不違，則固以思爲主，而必求四者之實矣。

程子曰：「孟子以四端爲四體，仁，木之氣象也；惻隱之心，春之氣象也；羞惡，秋之氣象也。推之四端皆然。」其全文云：「上取諸身，百理具備。背在上，故爲陽；胸在下，故爲陰。天有五行，人有五藏。心，火也。著些天地間風氣乘之，便須發燥。肝，木也，著些天地間風氣乘之，便須發怒。推之五藏，皆然。孟子將四端便爲四體，仁便是箇木氣象，惻隱之心便是一箇生物春底氣象，羞惡之心便是一箇秋底氣象，只有一箇斷割底氣象，便是義也。推之四端皆然。此箇事又著箇甚安排得也？此箇道理雖牛馬血氣之類亦然，都恁備具，只是流形不同，各隨形氣，後便昏了它氣。如子愛其母，母愛其子，亦有木底氣象，又豈無羞惡之心？如避害就利，別所愛惡，一一理完。更如獼猴尤似人，故於獸中最爲智巧，童昏之人見解不及者多矣。然而唯人氣最清，可以輔相裁成，天地設位，聖人成能，直行乎天地之中，所以爲三才。」

凡有氣血之類皆具五常，但不知充而已矣。仁義禮智信五者，性也。仁者全體，四者四支。仁，體也。義，宜也。禮，別也。智，知也。信，實也。仁者公也，人此者也，義者宜也，權量輕重之極；禮者別也，定分；信者有此者也。萬物皆有性，此五常性也。若夫惻隱之類，皆情也。凡動者謂之情，性者自然完具，信只是有此，故四端不言信。

張子曰：「仁統天下之善，禮嘉天下之會，義公天下之利，信一天下之動。」仁不得義則不行，不得禮則不立，不得信則不能守，此致一之道也。

朱子曰：「程子所謂性中只有仁義禮智，曷嘗有孝弟來？蓋父子之親，兄弟之愛，在性中只謂之仁；君臣之分，朋友之交，在性中只謂之義。推此言之，曰禮曰智，無不然者，蓋天地萬物之理，無不出於此四者。」

仁義禮智，自天之生人，便有此四者。指爐而言曰：「如此爐便自有此四角，天有四時，地有四方，日有旦晝昏夜。天下道理千枝萬葉，千緒萬緒，都是這四者做出來。四者之用，自各有許多模樣。」

元亨利貞，仁義禮智，金木水火，春夏秋冬，以此四者時時涵泳，其味無窮。本語云：「將這四者只管涵泳玩味儘好。」

仁義禮智，性之大目，皆是形而上者。形上從仁義禮智中出。

惻隱之心，仁也。愛父母，愛兄弟，愛鄉黨，愛朋友、故舊，各有等差，即義也。禮亦然。其全文云：「仁是發出來底，及至發出來有截然不可亂處，便是義。如水流動處是性，流爲江河，匯爲池沼，便是義。如惻隱之心是仁，愛父母，愛兄弟，愛鄉黨，愛朋友、故舊，有許多等差，便是義。且如敬只是一箇【一三】，敬君、敬長、敬賢，便有許多般樣。禮也只是如此，如天子七廟，諸侯五，大夫三，適士二，這便是禮，其或七、或五、或三、或二之不同，便是義。禮是理之節文【一四】，義是理之所宜處。」呂與叔説「天命之謂性」云：「自斬至緦，喪服異等，而九族之情無所憾。自王公至皂隸，儀章異制，而上下之分莫敢爭。自是天性合如此。一堂有十房父子，到得父各慈其子，子各孝其父，而人不嫌者，是合如此。其慈其孝便是仁，各親其親，各子其子，這箇理義，這箇物事離不得【一五】，流出來便是仁。仁一動，義禮智便隨在這裏，不是要仁使時，義却留在後面，少間放出來使。其實一箇道理，論着界分，便有許多分別。」按：此云仁是發出來底，蓋持其用而言。

仁字專言之，則混然而難名，必以仁義禮智四者兼舉而並觀，則其意味情狀互相形

【一三】只是一箇　「箇」原作「固」，據四庫本改。

【一四】禮是理之節文　「是」字原作「足」，據四庫本改。

【一五】這箇物事　「物」原作「各」，據《朱子語類》卷一百一十六改。

比，乃爲易見。蓋人之性皆出於天，而天之氣化必以五行爲用，故仁義禮智信之性，即水火金木土之理也。木仁，金義，火禮，水智，各有所主，獨土無位而爲四行之實，故信亦無位而爲四德之實也。仁義禮智信同具於性，而其體渾然，莫得而見。至於感物而動，然後見其惻隱、羞惡、辭讓、是非之用，而仁義禮智之端於此形焉，乃所謂情，而程子以謂陽氣發處者此也。但此四者同在一處之中，而仁乃生物之主，故雖居四者之一，而四者不能外焉。此《易傳》所以有「偏言則一事，專言則包四者」之説，固非獨以仁爲性之統體，而謂三者必已發而後見也。大抵仁義禮智，性也；惻隱、羞惡、辭讓、是非，情也。心則統乎性情者也。以此觀之，則區域分别而不害其同，脉絡貫通而不害其别，庶乎其得之矣。

張無垢謂：「當惻隱時體其仁。」朱子曰：「孟子論四端，只欲人擴而充之，則仁義禮智不可勝用，不言當此之時，别起一念，以體其爲何物也。」下云：「無垢此言，乃禪學意思，只要想像認得此箇精靈，而不求之踐履之實。若曰一面充擴，一面體認，是一心而兩用之，亦不勝其煩擾矣。」

健順之體即性也，合而言之則曰仁義禮智。仁禮健而義智順也。李貫之曰：「天之運五行，其實陰陽而已。人之性五常，其實健順而已。仁之油然生意不可遏，禮之粲然明盛不可亂，健之爲也。義不拂夫可否之宜，智不昧夫是非之别，順之爲也。若夫信則體是理而不易者，健也；循是理而無所違者，順也。」勉齋黄氏以爲此義極精，命詞尤確，故附於此。

右兼言仁義禮智信

【一六】則曰健順　「健」原作「健」，據四庫本改。下同。

甲集六

《書・仲虺之誥》曰：克寬克仁，彰信兆民。此稱湯之辭。

伊尹曰：「民罔常懷，懷於有仁。」此告太甲之辭。六經言仁始於此。《虞書》所謂「好生之德」、「安民則惠」即仁也，而未有仁之名。至是而名始著，大抵言仁之用，至孔子而後言仁之體。

《復》六二《象》曰：休復之吉，以下仁也。程子曰：「爲復之休美而吉者，以其能下仁也。仁者，天下之公，善之本也。初復於仁，二能親而下之，是以吉也。」朱子曰：「《伊川語録》中説『仁者以天地萬物爲一體』，説得太寬，無捉摸處。《易傳》只云：『四德之元，猶五常之仁。偏言則一事，專言則包四者。』又云：『仁者天下之公，善之本也。』《易傳》只此兩處説仁，極平正確實，學者且當玩此，此是程子手筆也。」李守約曰：「天下之公是無一毫私心，善之本是萬善從此出。」

《論語》有子曰：「君子務本，本立而道生。孝弟也者，其爲仁之本與！」朱子曰：「仁者，愛之理，心之德也。爲仁，猶曰行仁。」程子曰：「德有本，本立則其道充大。孝弟行於家，而後仁愛及於物，所謂親親而仁民也，故爲仁以孝弟爲本。論性，則以仁爲孝弟之本。」或問：「孝弟爲仁之本，此是由孝弟可以至仁否？」曰：「非也。謂行仁自孝弟始，孝弟是仁之一事。謂之行仁之本則可，謂是仁之本則不可。蓋仁是性也，孝弟是用也，性中只有箇仁義禮智四者而已，曷嘗有孝弟來？然仁主於愛，愛莫大於愛親，故曰『孝弟也者，其爲仁之本與』。」《集義》明道先生曰：「孝弟本其所以生，乃爲仁之本。」或問：「爲仁先從愛物推，如何？」伊川先生曰：「不愛其親而愛他人者，謂之悖德；不敬其親而敬他人者，謂之悖禮。故君子親親而仁民，仁民而愛物。能親親，豈不能仁民？能仁民，豈不能愛物？仁民而推親親，墨子也。」或問：「仁何以爲愛之理也？」曰：「人禀五行之秀以生，故其爲心也，未發則具仁義禮智信之性，以爲之體；已發則有惻隱、羞惡、恭敬、是非、誠實之情，以爲之用。蓋木神曰仁，則愛之理也，而其發爲惻隱；火神曰禮，則敬之理也，而其發爲恭讓；金神曰義，則宜之理也，而其發爲羞惡；水神曰智，則別之理也，而其發爲是非；土神曰信，則實有之理也，而其發爲忠信。是皆天理之固然，人心之所以爲妙也。仁之所以爲愛之理，於此其可推矣。」

或曰：「仁爲愛之理矣，又以爲心之德，何哉？」曰：「仁之道大，不可以一言而盡也。程子論『《乾》四德之元，猶五常之仁，偏言則一事，專言則包四者』，推此而言，則可見矣。蓋仁者五常之首，而包四者。惻隱，仁之體也【一】，而貫四端。故仁之爲義，偏言之則曰愛之理，此章孝弟爲仁之本是也。專言之則曰心之德，下章所謂巧言令色鮮矣仁是也。其實愛之理所以爲心之德，是以聖門之學，必以求仁爲要，而語其所以行之者，則必以孝弟爲先。論其所以賊之者，則必以巧言令色爲甚。記語者所以列二章於首章之次，而其序又如此，欲學者知仁爲急，而識其所當務，與其所可戒也。」曰：「程子以孝弟爲行仁之本，而又曰『論性則以仁爲孝弟之本』，何也？」曰：「仁之爲性，愛之理也。其見於用則事親從兄、仁民愛物，皆其爲之之事也，此論性而以仁爲孝弟之本者然也。但親者我之所自出，兄者同出而先我，故事親而孝、從兄而弟，乃愛之先見而尤切。若君子以此爲務而力行之，至於行成而德立，則自親親而仁民，自仁民而愛物。其愛有等差，其施有漸次，而爲仁之道生生而不窮矣，此孝弟所以爲行仁之本也。」曰：「然則所謂性中但有仁義禮智，而無孝弟者，又何耶？」曰：「此亦以爲自性而言，則始有四者之名，而未有孝弟之目耳。非謂孝弟之理不本於性，而生於外也。」曰：「然則禮、義、智、信，爲之亦有本耶？」曰：「有。」請問之，曰：「亦孝弟而已矣。但以愛親而言，則爲仁之本；其順乎親，則爲義之本；敬乎親，則爲禮之本；其誠乎此者，則爲信之本。蓋人之所以爲五常百行之本，無不在此。孟子之論仁義智禮樂之實者，正爲是爾，此其所以爲至德要道也歟！」引程子云云，譬如一粒粟，生出

【一】仁之體也　「仁」字原脱，據《晦庵集》卷六十七補。

爲苗。仁是粟，孝弟是苗，便是仁爲孝弟之本。又如木有根、有榦、有枝、有葉，親親是根，仁民是榦，愛物是枝葉，便是行仁以孝弟爲本。性中只有仁義禮智四者，仁便包攝孝悌在其中，但未發出來，未有孝悌之名耳。非孝弟與仁各是一物，性中只有仁，而無孝悌也。仁所包攝不止孝悌，凡慈愛之屬，皆所包也。

伊川云：「爲仁以孝弟爲本，『事之本』、『守之本』之類是也。論性以仁爲孝悌之本，『天下之大本』之類是也。」黄氏曰：「先師嘗言二程子之解釋經義，非諸儒所能及。」程伯子曰：「『孝弟本其所以生，乃爲仁之本』，此語最深切。蓋推原孝弟之理，本於父母之所以生，所以爲行仁之本也。」或曰：「仁者，愛之理，心之德。先師言之詳矣，而學者未之能曉也。」曰：「仁，性也。既曰愛，又曰心，何也？天地之大德曰生，天地之所以爲德，語其全體而極其大用，不過曰生而已，生之外無他道也。天地以是爲心，而人得天地之心以爲心，故其所以爲仁者，愛是也。仁固主於愛，然人之一心有仁、有義、有禮、有智，其所以爲德者，非一。然仁包四德而貫四端，則凡吾心之至德，莫非仁也。論仁之所專主而至切者，則曰愛。論仁之所兼統而至廣者，則曰心。不若是，不足以盡其義也。」「曰愛矣而又曰愛之理，曰心矣而又曰心之德，何也？」曰：「愛自是情，仁自是性，程子言之矣。愛非所以言仁也。曰愛之理則是仁者，乃愛之理而非愛也，蓋指性而言也。合性與知覺，有心之名，張子言之矣。言心則合性知覺而言。曰心之德，則專指此心所得之理。所謂性也，而凡所具之理，皆在其中矣。既曰愛之理、心之德，則釐而爲二矣。」又曰：「其實愛之理，所以爲心之德，何也？」曰：「論其專主而至切者，固曰愛之理，然其兼統而至廣者，亦豈離乎愛之理哉？故春者生意之生也，夏者生意之長也，秋者生意之斂也，冬者生意之藏也，蓋無適而非生意也。方其靜也，則一生意是以包四德。及其動也，則一生意足以貫四端。則愛之理、心之德，又豈有二事哉！但別而言之，庶其部分位置截然不亂。又合而言之，使其倫理脉絡渾然無間，是則先師之意也。孔門教人莫切於求仁，歷代諸儒推明其義，卒無至當之論。自程子一爲主，一事包四者之言，而先師立愛之理、心之德六字以斷之，而又一離一合，以極其指歸，使天命人心之奥，聖賢典訓之微，一旦粲然大明，其功豈可量哉！」

子曰：「巧言令色，鮮矣仁！」朱子曰：「好其言，善其色，致飾於外，務以悦人，則人欲肆而本心之德亡矣。聖人詞不迫切，專言鮮，則絶無可知。」程子曰：「知巧言令色之非仁，則知仁矣。」或問：「辭欲巧，令儀令色何以異於此章所謂『巧言令色』乎？」曰：「爲己爲人之不同而已。意誠在於爲己，則容貌辭氣之間，無非持養用力之地；一有意於爲人，而求其説己，則心失其正而鮮仁矣。」只馳心於外，便是不仁。南軒張氏曰：「此所謂巧言令色，欲以悦人之觀聽者，其心如之何，故爲鮮矣仁。」或曰：「君子之於言色，未嘗有所苟也，則何如？」曰：「君子之脩身，謹於言辭容色之間，乃所以體當在己之實事，是求仁之要也。」

子曰：「人而不仁，如禮何？人而不仁，如樂何？」游氏曰：「人而不仁，則人心亡矣，其如禮樂何哉？言雖欲用之，而禮樂不爲之用也。」程子曰：「仁者，天下之正理。失正理，則無序而不和。」李氏曰：「禮樂待人而後行，苟非其人，則雖玉帛交錯，鐘鼓鏗鏘，亦將如之何哉？」問：「禮樂不爲用，是如何？」曰：「不仁之人，渾是一團私意，自不奈禮樂何。禮樂須是中和温厚底人方行得，若不仁之人與禮樂不相關，安得爲之用？」中心斯須不和不樂，則鄙詐之心入之。外貌斯須不莊不敬，則慢易之心入之【二】。既不和樂不莊敬，如何行得禮樂？問：「游氏之説，則指在外禮樂言之，如玉帛鐘鼓之類。程子所謂無序不和，則主在内者言之，如何？」曰：「兩説只是一意。在我者既無序而不和，在外之禮樂亦不爲我用。」問：「仁者，心之德也。不仁之人，心德既亡，方寸之中，絶無天理。平日運量酬酢，盡是非僻邪淫之氣，無復本心之正。如此等人，雖周旋於玉帛鐘鼓之間，其於禮樂判爲二物，其如禮樂何？」先生曰：「然。」南軒曰：「此聖人使人知禮樂之原也。不仁之人，雖欲爲禮樂，其如禮樂何？蓋是心存而後敬與和生焉，禮樂之所由興也【三】。」

子曰：「里仁爲美。擇不處仁，焉得知？」朱子曰：「里有仁厚之俗爲美。擇里而不居於是焉，則失其是非之本心，而不得爲知矣。」謝氏曰：「孟子因擇術嘗引此矣，故繼之曰『夫仁，天之尊爵也，人之安宅也，莫之

【二】慢易之心入之　「入」原作「天」，據《朱子語類》卷八十七改。

【三】敬與和生焉　「焉」原作「無」，據《論語集説》卷二改。

禦而不仁，是不智也』，今當以此論爲證。」　問：「謝氏之説如何？」朱子曰：「聖人本語，只是説『居必擇鄉，游必擇士』之意。」　南軒曰：「里，居也。里仁爲美，言人以居仁爲美也。人以居仁爲美，苟不知擇而處焉，是不智也。擇而處之，乃利仁之事，然處之之久，則將安之矣。」　愚按：三先生之説不同，正當參繹。

子曰：「不仁者不可以久處約，不可以長處樂。仁者安仁，知者利仁。」朱子曰：「利，猶貪也，蓋深知篤好而必欲得之者也。不仁之人，失其本心，久約必濫，久樂必淫。惟仁者則安其仁而無適不然，知者則利於仁而不易所守。蓋雖深淺之不同，然皆非外物所能奪矣。」謝氏曰：「仁者，心無内外遠近精粗之間，非有所存而自不亡，非有所理而自不亂，如目視而耳聽，手持而足行也。知者謂之有所見則可，謂之有所得則未可。仁所存斯不亡，有所理斯不亂，未能無意也。安仁則一，利仁則二。安仁者非顔、閔以上，去聖人爲不遠，不知此味也。諸子雖有卓越之才，謂之見道不惑則可，然未免於利之也。」　先生再三誦「安仁則一，利仁則二」之語，以爲解中未有及此者，因歎云此公見識直是高。　問：「利仁，莫是南軒所謂『有所爲而爲者』否？」曰：「有所爲而爲，不是好底，與知者利仁不同。」　仁者温淳篤實，義理自然充足，不待思而爲之，而所爲皆是義理，其心常怡怡地，所謂仁也。　智者知有是非，而取正於義理，以求其是而去其非，所謂智也。　安仁者不知有仁，如腰之忘帶【四】，足之忘屨。利仁者是見得就之則利，去之則害。　非顔、閔以上，不知此味。到顔、閔地位，知得此味猶未到安處也。　南軒曰：「自非上智、生知之流，則利仁之事，正所當用力爾。」

子曰：「惟仁者能好人，能惡人。」朱子曰：「惟之爲言獨也。蓋無私心，然後好惡當於理，程子所謂『得其公正』是也。」　游氏曰：「好善而惡惡，天下之同情，然人每失其正者，心有所繫而不能自克也。惟仁者無私心，所以能好惡也。」　公正字相少不得，公是心裏公，正是好惡當理。

子曰：「苟志於仁矣，無惡也。」朱子曰：「志者，心之所之。其心誠在於仁，則必無爲惡之事矣。」　楊

【四】腰之忘帶　「腰之忘帶」原作「帶之忘腰」，據四庫本改。

氏曰：「苟志於仁，未必無過舉也，然而爲惡則無矣。」或問：「或以惡字爲去聲，爲志於仁無所嫉惡，如何？」曰：「上章適言惟仁能好人，能惡人，則仁人曷嘗無所好惡哉？今曰無惡，然則謂其獨有所好可乎？故胡氏力排其説，以爲貪無惡之美名，失仁人之公道，非知仁者，蓋得之矣。然此又有説焉，蓋仁固公矣，而主於愛，故仁者於物之當好者，則欣然悦而好之，有所不得不惡者，則惻然不得已而惡之，是以好惡各當其物，而愛之理未嘗不行乎好惡之間也。以此而觀，則胡氏之言其亦未免於偏與？」先生問學者：「『苟志於仁矣，無惡也』，與『士志於道，而恥惡衣惡食者，未足與議也』，前言志於仁則無惡，後言志於道而猶有此病。其志則一，而其病不同，如何？」諸生言不合。先生曰：「仁是最切身底道理。志於仁，大段是親功做工夫底，所以必無惡。志於道，則説得來闊，凡人有心向學，皆志於道也。若雖有惡而泛泛不切，則未必不爲外物所動。」南軒曰：「志於仁則無不善，蓋『元者，善之長』。存乎此，則何惡之有？」

子曰：「富與貴，是人之所欲也，不以其道得之，不處也。貧與賤，是人之所惡也，不以其道得之，不去也。朱子曰：「不以其道得之，謂不當得而得之。然於富貴則不處，於貧賤則不去，君子之審富貴而安貧賤也如此。」君子去仁，惡乎成名？言君子所以爲君子，以其仁也。若貪富貴而厭貧賤，則是自離其仁，而無君子之實矣，何所成其名乎？君子無終食之間違仁，造次必於是，顛沛必於是。」終食者，一飯之頃。造次，急遽苟且之時。顛沛，傾覆流離之際。蓋君子之不去乎仁如此，不但富貴、貧賤、取舍之間而已也。言君子之爲仁，自富貴、貧賤取舍之間，以至於終食、造次、顛沛之頃，無時無處而不用其力也。然取舍之分明，然後存養之功密；存養之功密，則其取舍之分益明矣。去仁如孟子去齊之去，我元有此仁，而自離去之也。上聲非。「富貴、貧賤」方是就麄處説，「終食不違」以後方説得細密。然不先立得麄底根脚，後面許多細密工夫更無安頓處。須是先能於富貴不處，於貧賤不去，方可説上至細處去。若見利則趨，見便則奪，更説甚麼。正如「貧而無諂，富而無驕」，與「貧而樂，富而好禮」相似。若未能無諂無驕，如何說得樂好禮。

子曰：「我未見好仁者，惡不仁者。好仁者，無以尚之；惡不仁者，其爲仁矣，不使不仁者加乎其身。朱子曰：「夫子自言未見好仁者，惡不仁者。蓋好仁者真知仁之可好，故天下之物無以加之。惡不仁者真知不仁之可惡，故其所以爲仁者，必能絕去不仁之事，而不使少有及於其身。此皆成德之事，故難得而見也。」有能一日用其力於仁矣乎？我未見力不足者。言好仁惡不仁者，雖不可見，然或有人果能一旦奮然用力於仁，則我又未見其力有不足者。蓋爲仁由己，欲之則是，而志之所至，氣必至焉，故仁雖難能，而至之亦易也。蓋有之矣，我未之見也。」蓋，疑詞。有之【五】，謂有用力而力不足者。蓋人之氣質不同，故疑亦容或有此昏弱之甚，欲進而不能者，但我偶未之見耳。此章言人之成德【六】，雖難其人，然學者苟能實用其力，則亦無不可至之理。但用力而不至者，今亦未見其人焉，此夫子所以嘆惜之也。或問：「無以尚之之義，如何？」曰：「李氏曰：『好仁如好色，舉天下之物不有以尚之者。』有以尚之，則其好可移矣。」曰：「爲仁者亦用力乎？」曰：「蘇氏言之矣。蘇氏曰：仁之可好甚於美色，不仁之可惡甚於惡臭，而人終不知所趍避者，物有以蔽塞之也。解其蔽，達其塞【七】，不用力可乎？故曰自勝者强。」又曰：「克己復禮爲仁。」問：「好仁者，不幾於安乎？」曰：「未也。好仁、惡不仁，皆利仁之事。」問：「有能一日用其力。」曰：「此心散漫放肆，一聳動時便在這裏。雖曰用力，却不大段用力【八】。」問《集注》云云。曰：「須是立志爲先，這氣便隨它。志如大將，指揮一出【九】，三軍皆隨。若能立志，氣皆由我使。人之所以萎衰柔弱，只是志不立。志立氣便生。若真箇要求仁，豈患力不足？」有引范氏曰「惡不仁者，不若好仁之爲美」，又援呂氏說以爲惡不仁者劣於好仁。曰：「好仁、惡不仁，不必分優劣。聖人謂好仁者無以尚之，非以好仁者不可過也。謂人之好仁如好好色，更無以尚之者，此誠於好仁者也。其曰『惡不仁者，其爲仁矣，不使不仁者加乎其身』者【一〇】，惡不仁如惡惡臭，唯恐惡臭之及吾身，此誠於惡不仁者也。」南軒曰：「既曰『有能一日用其力於仁矣乎，我未見力不

【五】有之　「有之」原脱，據《論語集注》卷四補。

【六】此章言人之成德　「章」原作「意」，據四庫本改。

【七】達其塞　「塞」原作「基」，據四庫本、乾隆本改。

【八】大段用力　「段」原作「故」，據四庫本改。

【九】指揮一出　「指」原作「旨」，據四庫本改。

【一〇】不使不仁者　「使」原作「便」，據四庫本改。

足者』，又曰『蓋有之矣，我未之見也』，所以待天下與勉學者之意，反復抑揚，可謂弘大而深切矣。」愚按：南軒之說，謂「蓋有用力於仁者，但我偶未之見耳」，似得聖人忠厚之意，更詳之。

子曰：「人之過也，各於其黨。觀過，斯知仁矣。」朱子曰：「黨，類也。」程子曰：「人之過也，各於其類。君子常失於厚，小人常失於薄；君子過於愛，小人過於忍。」尹氏曰：「於此觀之，則人之仁、不仁可知矣。」吳氏曰：「後漢吳祐謂『掾以親故，受污辱之名，所謂觀過知仁』，是也。」按：此亦但言人雖有過，猶可即此而知其厚薄，非謂必俟其有過而後賢否可知也。　或問觀過之說，曰：「劉氏之說亦善，曰：『周公使管叔監殷，而管叔以殷畔；魯昭公實不知禮，而孔子以爲知禮，實過也。然周公愛其兄，孔子厚其君，乃所以爲仁也。』」所謂君子過於厚與愛者，雖然是過，然其血脉猶是從仁中來。小人之過於薄與忍，便是失其本心矣。又曰：「厚與愛畢竟從仁上發來，其血脉可見【一一】。」《禮記》謂：「仁者之過，易辭。」仁者之過，只是事上差錯，故易說；不仁之過，是有私意，故難說。此亦觀過知仁意。　聖人之言寬舒，無所偏失。如云「觀過斯知仁矣」，猶曰觀人之過，足知夫仁之所存也。若於此而欲求仁之體，則失聖人本意矣。《禮記》「與人同過」之言【一二】，說得太巧，失於迫切。　問：「南軒《韋齋記》以黨爲偏，其說以爲『偏者，過之所由生也。觀者，用力之妙也。覺吾之偏在是，從而觀之，則仁可識矣』，此說如何？」先生不以爲然。　愚按：南軒語說，今本與朱子《集注》畧同。又答學者問曰：「後來玩伊川先生之說，乃見前說甚有病，來說云云，大似釋氏，講學不可潦草蓋過。須是子細玩味，方見聖人當時立言意思，過於厚者，謂之仁則不可，然心之不遠者可知，比夫過於薄，甚至於爲忮，爲忍者，其相去不亦遠乎？請用此意體認，乃見仁之所以爲仁之義，不至渺茫恍惚矣。」詳此則《韋齋記》之云【一三】，非其定論也。

或曰：「雍也仁而不佞。」子曰：「焉用佞？禦人以口給，屢憎於人。不知其仁，焉用佞？」朱子曰：「佞，口才也。仲弓爲人厚重簡默【一四】，而時人以佞爲賢，故美其優於德，而病其短於才也。佞人

【一一】其血脉可見　「血」原作「苗」，據四庫本、乾隆本改。

【一二】禮記與人同過　「禮記」原作「禮紀」，據《朱子語類》卷二十六改。

【一三】韋齋記　「韋」字不清，據四庫本改定。

【一四】厚重簡默　「厚重」原作「重厚」，「默」原作「嘿」，均據四庫本改。

以口取辯而無情實，徒多爲人憎惡耳。我雖未知仲弓之仁，然其不佞乃所以爲賢，不足以爲病也。」或疑仲弓之賢而夫子不許其仁，何也？曰：「仁道至大，非全體而不息者，不足以當之。如顔子亞聖，猶不能無違於三月之後，况仲弓雖賢，未及顔子，聖人固不得而輕許之也。」所謂全體不息者，此心具十全道理。若只見得九分，亦不是全體。所以息者，是私欲間之，無一毫私欲，方是不息。黄氏曰：「《集注》於『爲仁之本言仁』，而斷之曰『仁者，愛之理，心之德』，深味六字之義，則仁之道無餘藴矣。至此言盡仁之道，而又斷之曰『非全體而不息者，不足以當之』，深味全體不息四字，則學者而求至於仁其至之標的，又昭然而可見矣。前後十字之約，而仁之道有前輩諸儒累數十百言，而莫能究者，非深造而實體者，何足以知之？其發前賢之未發，而有功於後學大矣。學者不可不深思也。」或曰：「《集注》於令尹子文、陳文子章引師説曰『當理而無私心』，與此章所謂『全體而不息者』，有以異乎？」曰：「以後章『當理無私心』之五字，較之此章之言，則此章全體二字，已足以該後章五字之義，加之以不息二字，則又後章未盡之旨。故後章雖引師説以爲據，而《或問》之中乃曰『仁者，心之德，而天之理也』，自非至誠盡性通貫全體，如天地一元之氣化育流行，無少間息，不足以名之，亦足以見前説之義，尤詳且密也。」愚按：《集義》程子曰：「佞，辯才也，人有之，則多入於不善，故夫子云焉用佞。」范氏曰：「佞，口才也。時人以爲賢，故謂雍也仁而不佞。夫子亦惟好仁而惡佞，佞者不必能行也，仁者不必能言也，故佞則不仁，仁則不佞，多言而尚口，取憎之道也。」尹氏曰：「雍也，仁矣。或疑其不佞，子謂『既仁矣，惡所用佞』？因言佞者禦人以口給，屢爲人所憎。仁者安所用之乎？」諸説皆以不和其仁指佞者而言，與朱子説異，當詳之。

孟武伯問：「子路仁乎？」子曰：「不知也。」朱子曰：「子路之於仁，蓋『日月至焉』者。或在或亡，不能必其有無，故以不知告之。」又問。子曰：「由也，千乘之國，可使治其賦也。不知其仁也。」「求也何如？」子曰：「求也，千室之邑，百乘之家，可使爲之宰也。不知其仁也。」「赤也何如？」子曰：「赤也，束帶立於朝，可使與賓客言也。不知其仁也。」或問：「諸説有併辨。使心意勉勉循循而不能已，過此幾非在我者。」或問：「仁，人心也，則心與仁宜一矣。而又曰『心不違仁』，則心之與仁又若二焉者，何也？」曰：「孟子之言，非以仁訓心也，蓋以仁爲心之德也。人有是心，則有是德矣。然私欲亂之，則或有是心，而不能有是德，此衆人之心，所以每至於違仁也。克己復禮，私欲不萌，則即是心而是德存焉，此顔子之心，所以不違於仁也。故所謂違仁者，非有兩物而相去也；所謂不違者，非有兩物而相依也。深體而默識於言意之表，則庶乎其得之矣。」曰：「其以三月期，何也？」曰：「顔子之於仁熟矣，然以其猶有待於不違而後一也，是以至於踰時之久，而或不能無念慮之差焉。然其復不遠，則其心之本然者，又未嘗有所失也。向使假之年，大而化之，則其心與仁，無待於不違而常一，又豈復可以三月期哉！」張子内外賓主之辨，蓋曰：「不違者，仁在内而我爲主也；日月至者【一六】，仁在外而我爲客也。」誠知此辨，則其不安於客，而求爲主於内必矣，故曰「使心意勉勉循循而不能已也」【一七】。其曰「過此幾非在我者」，則豈以用功至此而極矣，過此以往，則必德盛仁熟而自至，而非吾力之所能與也與？　又程子曰：「日月至焉，與久而不息者，所見規模雖畧相似，其氣味意象迥然别。須心潛默識，玩索久之，庶幾自得。」朱子曰：「非其身親而實有之，亦豈能發明至此耶？仁與心本是一物，才被私欲一隔，便與仁相違，却成二物。若私欲既無，則心與仁不相離，便合成一物。」　心猶鏡，仁猶鏡之明。鏡本來明，被塵一蔽，便不明。若塵垢去，則鏡明矣。顔子是三月之久無塵垢，其餘或日一次無塵垢，少間又暗。或月一次無塵垢，餘日皆暗，亦不可知。　三月，只是言久爾，非謂三月後必違也。　如不貳過，過便是違仁。　問：「不知其仁注云云。」曰：「不是三月以後一向差去。但其於這道理久後，須畧間斷。若無些子間斷，便全是天理，便是聖人。」　顔子一似主人，長在家裏，三月而後或有出去時節，便會回歸。其餘是賓，或一日一至，或一月一至。在内之日多即是主；在内之日少即是客，此即内外賓主之辨。　問：「張子云云。」曰：「學者只要勉勉循循而不能已，才能如此。後面雖不大段着力，也自做去。如推車相似，得轉了，便滔滔自行，不待著力而自不能已。」「過此幾非在我」，謂過「三月不違」，非工夫所能及。如「末由也

【一六】日月至者　「者」原作「仁」，據《四書或問》卷十一改。

【一七】勉勉循循　後「循」字原作「相」，據四庫本改。

已」，真是著力不得。又曰：「『幾非在我』，如《易傳》中說『過此以往，未之或知』之意。」問「回心三月不違仁」，先生曰：「如何是心？如何是仁？」對曰：「心是知覺底，仁是理。」先生曰：「耳無有不聽，目無有不明，心無有不仁。然耳有時不聽，目有時不明，心有時不仁。」問：「莫是心與理合而爲一否？」曰：「不是合，心自是仁。然私欲一動，便不仁。」「三月不違」之「違」，猶白中之黑。「日月至焉」之「至」，猶黑中之白。南軒曰：「人具生道以生，其心未有不仁者也。一毫私欲萌於中，則違於仁矣。惟不遠而復者，私欲不萌，故其仁無時而不存焉。三月，言其久而熟也，而猶不違焉，未若聖人之渾然無間也。『日月至焉』與『三月不違』者，固亦異矣，然非見道明而用力堅，亦未易日月至也。由是而不已焉，則亦可馴致矣。」黄氏曰：「『心不違仁』，則心與仁二。『仁，人心也』，則心與仁一。二說不同，而《集注》乃合而言之，其義精矣。」或曰：「張子曰『合性與知覺，有心之名』，故心之爲義，有專指知覺而言者，『心不違仁』是也。有合性與知覺而言者，『仁，人心』是也。」張子言内外賓主，《或問》以爲「日月至焉」仁在外，「三月不違」仁在内。或曰：「仁非有内外也。孟子曰『仁，人之安宅也』，言仁之理如至安之宅，譬之三月不違，則心爲主，在仁之内，如身爲主而在宅之内也。日月至焉，則心爲賓，在仁之外，如身爲賓在宅之外也。」此兩義者，與《集注》少異，姑存之，以備參攷。

子曰：「志於道，朱子曰：「志者，心之所之之謂。道，則人倫日用之間所當行者是也。知此而心必之焉，則所適者正，而無他岐之惑矣。」據於德，據者，執守之意。德，則行道而有得於心，而不失之謂也。得之於心而守之不失，則終始惟一，而有日新之功矣。依於仁，依者，不違之謂。仁，則私必盡去而心德之全也。工夫至此而無終食之違，則存養之熟，無適而非天理之流行矣。游於藝。」游者，玩物適情之謂。藝，則禮樂之文，射、御、書、數之法，皆至理所寓，而日用之不可闕者也。朝夕游焉，以博其義理之趣，則應務有餘，而心主亦無所放矣。此章言人之爲學當如是也。蓋學莫先於立志，志道，則心存於正而不他；據德，則道得於心而不失；依仁，則德性常用而物欲不行；游藝，則小物不遺而動息有養。學者於此，有以不失其先後之序、輕重之倫焉，則本末兼該，内外交養，日用之間，無少間隙，而涵泳從容，忽不自知其入於聖賢之域矣。　志於道，方有志焉；　據於德，一言一行之謹亦是德；　依於仁，仁是衆善摠會處。　志謂至誠懇惻，念念不忘。　道者，日用當然之理。　德者，得之於身也。　既得之，守不定，亦會失了。須是據守，方得。　德者，吾之所自有，非自外而得也，以仁義禮智觀之可見。　韓退之云：「德，足乎己，無待於外。」説得也好。　這處先要就志於道上理會。　這是箇生死路頭，如得此路是了，只管向此路，念念不忘。　處己也在是，接人也在是，講論也在是，思索也在是。　今人把捉不定，一出一入，或東或西。　以夫子大聖，猶且從志學做來。　今要做工夫，須看聖人志於學處是如何。　這處見得定，後節節有下工夫處。　據於德，德者，得也。　便是我自得底，不是徒恁地知得。　若徒知得，不能得之於己，似説別人底，於我何干預？如事親能孝，便是我得這孝。　事君能忠，便是我得這忠。　説到德，便是成就這道，方有可據處。　但據於德，固是有得於心，然亦恐怕有走作時節。　其所存主處，須是依於仁。　到游藝，雖似非所急，然亦少不得，所以助其存主也。

志於道，方是要去做，事親欲盡其孝，事兄欲盡其弟。　至於據於德，則事親能盡其孝，事兄能盡其弟，已有可據底地位。　依於仁，則自朝至暮，此心無不在這裏。　連許多德，總攝貫穿都活了。　然藝亦不可不去理會，如禮樂射御書數，一件理會不得，此心便覺滯礙。　惟是一一去理會，這道理脉絡方始一一流通，又却養得這箇道理。　以此知大則道無不包，小則道無不入。　小大精粗，皆無滲漏，都是做工夫處。　故曰「語大，天下莫能載；　語小，天下豈能破」。　仁者，人之本心也。　依，如依乎中庸之依，相依而不捨之之意。　如所謂「君子無終食之間違仁」是也。　藝是小學工夫。　若論先後，則藝爲先，而三者爲後。　若論本末，則三者其本，而藝其末。　文中子説：「志道，據德，依仁，而後藝可游。」此説得自好。　志道至依仁，一節密似一節。　志於道，則心心念念惟在人倫日用之所當行者，決不向利欲邊去，其志定矣。　據於德，如孝親弟長等事，皆吾之所自得而行之者，慮有照管不到時節，當據守之而勿失，則吾之所得者實矣。　依於仁，則全其本心之德，而不間於人欲之私，生生之體自流行不息，工夫至此，亦云熟矣。　此三節，自立脚大綱以至工夫精察如此。　游於藝是「行有餘力，則以學文」之意，未知是否？先生曰：「然。」

宰我問曰：「仁者，雖告之曰『井有仁焉』，其從之也？」子曰：「何爲其然也？君子可逝也，不可陷也；可欺也，不可罔也。」朱子曰：「劉聘君云：『有仁之仁當作人。』今從之。從，謂從之於井而救之也。宰我信道不篤，而憂爲仁之陷害，故有此問。逝，謂使之往救。陷，謂陷之於井。欺，謂誑之以理之所有。罔，謂昧之以理之所無。蓋身在井上，乃可以救井中之人，若從之於井，則不復能救之矣。此理甚明，人所易曉。仁者雖切於救人而不私其身，然不應如此之愚也。」南軒曰：「宰我發此問，亦不可不謂之切問也。謂仁者惟知求仁，而患難有所不卹也。夫子之所以告之者，理則無不盡矣。蓋其可逝、可欺者，惻隱之形不逆詐、不億不信也；而其不可陷、不可罔者，理不可昧故也。於此，亦可以究仁者之心也。」

冉有曰：「夫子爲衛君乎？」子貢曰：「諾。吾將問之。」入，曰：「伯夷、叔齊何人也？」曰：「古之賢人也。」曰：「怨乎？」曰：「求仁而得仁，又何怨？」出，曰：「夫子不爲也。」朱子曰：「君子居是邦，不非其大夫，况其君乎？故子貢不斥衛君，而以夷、齊爲問。夫子告之如此，則其不爲衛君可知矣。蓋伯夷以父命爲尊，叔齊以天倫爲重。其遜國也，皆求所以合乎天理之正，而即乎人心之安。既而各得其志焉，則視棄其國猶敝屣爾【一八】，何怨之有？若衛輒之據國拒父而唯恐失之【一九】，其不可同年而語矣。」程子曰：「伯夷、叔齊遜國而逃，諫伐而餓，終無怨悔。夫子以爲賢，故知其不與輒也。」論子貢問衛君事，曰：「若使子貢當時往問輒事，不唯夫子未必合，便答亦不能盡。若一問便止【二〇】，亦未見分明。再問怨乎，便見得子貢善問。才説道「求仁得仁，又何怨」，便見得夷、齊兄弟所處無非天理，蒯、輒父子所向無非人欲，二者相去天淵矣。」問：「子貢欲知爲衛君，何故問夷、齊怨不怨？」曰：「一是兄弟遜國，一是父子爭國，此是則彼非可知。」孔子論伯夷謂求仁得仁又何怨，司馬子長作《伯夷傳》，但見得伯夷滿身是怨，蘇子由《伯夷論》却好。按：蘇氏曰：「伯夷、叔齊之出也，父子之間必有間言焉。而能脱身以遠於亂，安於喪亡，不以舊惡爲怨。故凡言伯夷之不怨，以讓國言之也。」問：「蘇氏

【一八】猶敝屣爾　「屣」原作「屣」，據四庫本改。

【一九】若衛輒之　「輒」原作「輒」，據四庫本改。

【二〇】一問便止　「止」原作「立」，據四庫本、乾隆本改。

違言之説，果可據乎？」先生曰：「伯夷既長且賢，其父無故舍之而立叔齊，此必有故，故蘇氏疑之。觀子貢問『怨乎』之義，似或有此意。然聖賢之心志於求仁，便有甚死讎亦消融了，何怨之有？」南軒曰：「叔齊之讓伯夷，以爲伯夷之長當立。無兄弟之義，而何以爲國乎？伯夷之不受國，以爲叔齊之立，父命也。無父子之義，而何以爲國乎？二人者，寧去國而存此矣。衛輒之事，國人以爲蒯聵既得罪於先君而出奔，而輒受先君之命，宗國不可以無主，則立輒而拒蒯聵可也。曾不思蒯聵父也，輒子也，父子之義先亡矣，國其可一日立乎？在輒之分，寧委國而全其父子可也，故子貢以夷、齊之事爲問。方是時，夫子在衛。輒立之事，蓋難言也。賜也微其辭以測聖人之旨，可謂善爲辭者矣。中有所悔恨，皆謂之怨。其曰怨乎者，謂二子者委國而去，獨不顧其宗國，而有所不足於中乎？夫子告之以求仁而得仁，謂二人者求夫天理之安而已，夫豈利害之計乎？明乎此，而後知古人所以處身謀國之宜矣。」

子曰：「仁遠乎哉？我欲仁，斯仁至矣。」朱子曰：「仁者，心之德，非在外也。放而不求，故有以爲遠者；反而求之，則即此而在矣，夫豈遠哉？」程子曰：「爲仁由己，欲之則至，何遠之有？」問：「斯仁至矣，云云。」曰：「昔者亡之，今忽在此，如自外而至耳。如《易》言『來復』，實非自外而來也。」南軒曰：「不曰至於仁，而曰斯仁至矣，蓋仁非有方所可以往至也。欲仁而仁至，我固有之矣。」

曾子曰：「士不可以不弘毅，任重而道遠。朱子曰：「弘【二二】，寬廣。毅，强忍也。非弘不能勝其重，非毅無以致其遠。」仁以爲己任，不亦重乎？死而後已，不亦遠乎？」仁者，人心之全德，而必欲以身體而力行之，可謂重矣。一息尚存，此志不容少懈，可謂遠矣。程子曰：「弘而不毅，則無規矩而難立；毅而不弘，則隘陋而無以居之。」又曰：「弘大剛毅，然後能勝重任而遠到。」又曰：「顔子弘且毅，孟子毅勝弘。」《西銘》言弘之道。重擔子須硬脊漢方擔得。朱子曰：「弘雖只是寬廣，若只把做度量、寬容看，便不得。此弘字，便是執德不弘之弘，謂如人有許多道理，及至學來，下梢却做得狹窄了，便是不弘。蓋緣只以己爲是，它人之言雖善，亦不信。如此

【二二】朱子曰弘　「弘」原作「洪」，據四庫本改。下同。

狹小，何緣得弘？須是凡人之善，皆有以受之，集衆善之謂弘。」問：「是寬以居之否？」曰：「然。如人能弘道，是以弘爲開擴，却是作用。」弘是事事着得：道理也着得；事物也着得。順來也着得，逆來也着得。富貴也着得；貧賤也着得。所謂弘者，不但是容受得人，須容受得許多衆理。若執着一見，便自以爲是，它説更入不得，便是滯於一隅。如何得弘？如何勝得重任？問：「弘是心之體，毅是心之力。」曰：「心體是多少大？大而天地之理纔思量，便在這裏。若是世上淺心底人，有一兩件事，便着不得。」毅，是立脚處堅忍强厲，擔負得去底意思。弘是無所不容。心裏無足時，不説我德已如此便住。如無底之谷，擲一物於中，無有窮盡時。若有滿足之心，便不是弘。毅是忍耐持守，着力去做。道理自是箇大底物事，無所不包。若小著這心，如何承載得起？弘了却要毅。弘則都包得在裏，又須分別是非，有規矩，始得。弘是事事着得，如進學也要弘，接物也要弘，事事要弘。若不弘，只見得這一邊，不見那一邊。只得些小便自足。毅是發處勇猛，行得來强忍，毅是弘之發用處。曾子之學，大抵如孟子之勇。觀此章與「臨大事不可奪」與「彼富吾仁」之説，則其勇可知。若不勇，如何主張得住。

子罕言利，與命，與仁。朱子曰：「罕，少也。」程子曰：「計利則害義，命之理微，仁之道大，故夫子罕嘗言之。」問：「夫子與門人言仁多矣，而曰罕言，何也？」曰：「夫子與門人答問，其言不勝其多，而言仁尤其切要者，故門人備記之。而所記止於此，則亦可謂之罕言矣。况所言之仁，亦不過泛及爲仁之事，至於仁之本體，則未嘗直指以告人也。」仁者，性之德也。然必忠信篤敬、克己復禮，然後能至。若多言仁，則學者憑虚躐等，而反害於仁矣。罕言仁者，恐人輕易看了，不知切己上做工夫。南軒曰：「所謂命與仁者，凡夫子之所言，何莫非此理而何隱乎爾也，在學者潛心如何耳。然夫子未嘗指言也，謂之罕亦可矣。」

顔淵問仁。子曰：「克己復禮爲仁。一日克己復禮，天下歸仁焉。爲仁由己，而由人乎哉？」朱子曰：「仁者，本心之全德。克，勝也。己，謂身之私欲。復，反也。禮者，天理之節文也。爲仁者，所以全其心之德也。蓋心之全德，莫非天理，而亦不能不壞於人欲。故爲仁者，必有以勝私欲而復於禮，則事皆天理，而本心之德復全於我矣。歸，猶與也。又言一日克己復禮，則天下之人皆與其仁，極言其效之甚速而至大也。又言爲仁由己，非他人所能預，又見其機之在我而無難也。日日克之，不以爲難，則私欲净盡，天理流行，而仁不可勝用矣。」程子曰：「非禮處便是私意。既是私意，如何得仁？須是克盡己私，皆歸於禮，方始是仁。」又曰：「克己復禮，則事事皆仁，故曰天下歸仁。」謝氏曰：「克己，須從性偏難克處克將去。」

顏淵曰：「請問其目。」子曰：「非禮勿視，非禮勿聽，非禮勿言，非禮勿動。」顏淵曰：「回雖不敏，請事斯語矣【一三】。」目，條件也。顏淵聞夫子之言，則於天理人欲之際，已判然矣，故不復有所疑問，而直請其條目也。非禮者，己之私也。勿者，禁止之辭。是人心之所以爲主，而勝私復禮之機也。私勝，則動容周旋無不中禮，而日用之間，無非天理之流行矣。事，如「事事」之事，「請事斯語」，顏子默識其理。又自知其力有以勝之，故直以爲己任，而不以爲疑也。程子曰：「顏子問克己復禮之目，子曰：『非禮勿視，非禮勿聽，非禮勿言，非禮勿動。』四者身之用也，由乎中而應乎外，制於外，所以養其中也。顏淵事斯語，所以進於聖人。學者宜服膺而勿失也。」因箴以自警。其《視箴》曰：「心兮本虚，應物無迹。操之有要，視爲之則。蔽交於前，其中則遷。制之於外，以安其內。克己復禮，久而誠矣。」其《聽箴》曰：「人有秉彝，本乎天性，知誘物化，遂亡其正。卓彼先覺，知止有定，閑邪存誠，非禮勿聽。」其《言箴》曰：「人心之動，因言以宣。發禁躁妄，内斯靜專。矧是樞機，興戎出好。吉凶榮辱，惟其所召。傷易則誕，傷煩則支。己肆物忤，出悖來違。非法不道，欽哉訓辭。」其《動箴》曰：「哲人知幾，誠之於思。志士勵行，守之於爲。順理則裕，從欲惟危。造次克念，戰兢自持。習與性成，聖賢同歸。」按：此章問答，乃傳授心法切要之言。非至明不能察其幾，非至健不能致其決。故惟顏子得聞之，而凡學者亦不可不勉也。程子之箴，發明親切，學者尤宜深玩。

或問：「顏淵問仁，而夫子告之以此，何也？」曰：「人受天地之中以生，而仁義禮智之性具於其心。仁雖專主於愛，而實爲心體之全德。禮則專主於敬，而實

【一三】請事斯語　「斯語」原脱，據四庫本補。

天理之節文也。然人有是身，則耳目口體之間不能無私欲之累，以違於禮而害夫仁，則自其一身莫適爲主，而事物之間，顛倒錯亂，蓋無所不至矣。此聖門之學，所以汲汲於求仁。而顔子之問，夫子特以克己復禮告之，蓋欲其克去有己之私欲，而復於天理之本然，則夫本心之全德將不離乎此，而無不盡也。然人特患於不爲耳，誠能一旦用力於此，則本心之全德在我，而天下之善將無不由是而出，天下雖大，亦孰有不與其仁者乎？然己者，人欲之私也。禮者，天理之公也。一心之中，二者不容並立，而其相去之間不能以毫髮，出乎此則入乎彼，出乎彼則入於此矣。是其克與不克，復與不復，如手反復，如臂屈伸，誠欲爲之，其機固亦在我而已，夫豈他人之所得與哉？顔子之質幾於聖人，故其問仁，夫子告之，獨爲要切而詳盡耳。」曰：「然則顔子請問其目，而夫子告以四勿之云，何也？」曰：「顔子聞夫子克己復禮之言，蓋已洞然默識仁之爲體矣。然夫子所謂克己復禮者，必有條目而後可以從事於其間也，故復問以審之，而夫子以此告之也。蓋禮爲天理之節文，而其用無所不在，以身而言，則視聽言動四者，足以該之矣。四者之間【一三】，由粗而精，由小而大，所當爲者皆禮也，所不當爲者皆非禮也。禮即天之理也，非禮則己之私也，於是四者謹而察之，知其非禮，而勿以止焉，則是克己之私，而復於禮矣。且非禮而勿視聽者，防其自外入而動於内者也；非禮而勿言動者，謹其自内出而接於外者也。内外交進，爲仁之功不遺餘力矣。顔子於是請事斯語而力行之，所以三月不違，而卒進乎聖人之域也。然熟味聖言，以求顔子之所用力，其機特在勿與不勿之間而已。自是而反則爲天理，自是而流則爲人欲【一四】，自是而克念則爲聖，自是而罔念則爲狂。特毫忽之間耳，學者可不謹其所擇哉！」

顔子平生只是受用「克己復禮」四箇字。　顔子克己，如紅爐上一點雪。　「克己」，如誓不與賊俱生。「克、伐、怨、欲不行」，如「薄伐玁狁，至於太原」，逐出境而已。　或曰：「克己，是勝己之私之謂克否？」曰：「然。」　或問：「克己之私有三：氣禀、物欲、人我是也。不知那箇是夫子所指者？」曰：「三者皆在裏。然非禮勿視聽言動，則耳目口體之欲較多。」　又問：「克者，勝也，不如以克訓治較穩。」先生曰：「治字緩，只減得一、二分也是治。」　聖人所以下箇克字，譬如相殺相似，定要克勝了方住。　禮是自家本有底，所以説箇復，不是待克了己，方去復禮。　克得那一

【一三】四者之間　「間」原作「問」，據《四書或問》卷十七改。

【一四】則爲人欲　「人」原作「之」，據四庫本、《四書或問》卷十七改。

分人欲去，便復得這一分天理來。克那二分己私去，便復得二分禮來。　問：「克己復禮，疑若克己後便已是仁，不知復禮還又是一重工夫否？」曰：「己與禮對立。克去己後，必復於禮，然後爲仁。若克去己私便無一事，則克之後，須落空去也。且如坐當如尸，立當如齋，此禮也。坐而箕踞，立而跛倚，此己私也。克去己私，則不容箕踞而跛倚。然必如尸如齋，方合禮。」　問：「《克齋記》云『克己者，所以復禮。非克己之外，別有所謂復禮之功』，如何？」先生曰：「便是當時説得太快了。明道先生謂『克己則私心去，自能復禮』，便是實。」　問：「一日克己復禮，如何天下便歸仁？」曰：「若真能一日克己復禮，則天下有歸仁之理。這處亦如『在家無怨，在邦無怨』意思。在家無怨，一家歸其仁。在邦無怨，一邦歸其仁。告仲弓者，止於邦家。顔子則以其極者告之。」　問：「所以謂之禮，而不謂之理者，莫是禮便有準則，有着實處否？」先生曰：「只説理，恐虚了。這箇禮，是那天理節文，教人有準則處。」又曰：「惟其使此禮字，便有檢束之意。若只説天理，便泛了。」又曰：「所以頓着這禮字時，便有規矩、準繩可見。」「非禮勿視」，《説文》謂「勿」字似旗脚。此旗一麾，三軍盡退，工夫只在「勿」上。才見非理來，則以「勿」字禁止之；才禁止，便克去；才克去，便能復禮。　問：「非禮勿視聽言動，看來都在視上。」先生曰：「不專在視上，聽亦然。緣有視聽，便引惹得言動，所以先説視聽，後説言動。」坐間舉佛家亦有克己底話，先生曰：「所以不可行者，却無復禮一段事。既克己，若不復禮，如何得？」　問：「聖人言仁處，如『克己復禮』一句，最是得仁之全體否？」曰：「聖人告人，如『居處恭，執事敬，與人忠』之類，無非言仁。若見得時，何處不是全體？何嘗見有半體仁？但『克己復禮』一句，尤親切爾。」　問：「《集注》謂天下皆與其仁，後却載伊川語謂『事事皆仁』，恰似兩般，如何？」曰：「惟其『事事皆仁』，所以天下歸仁。」問「事事皆仁」，曰：「人能克己，則日間所行事皆無私意，而合天理耳。」　問：「謝氏説：『克己，須從性偏難克處克將去。』此性是氣質之性否？」曰：「然。然亦無難易。凡氣質之偏處，皆須從頭克去。」　問：「程子謂制之於外，以安其内，却是與『克伐怨欲不行』底相似。」先生曰：「克己工夫，其初如何便會？自然也須禁制始得。到養得熟後，便私意自漸漸消磨去。今人須要簡易處做，却不知若不自難處入，如何得到易處。」　問：「視聽之間，或明知其不當視，而自接乎目。

明知其不當聽，而自接乎耳，奈何？」曰：「視與見不同，聽與聞不同。如非禮之色自過乎目【二五】，自家不可有要視之之心。非禮之聲自過乎耳，自家不可有要聽之之心。然這處是也難。古人於此，亦有以禦之，如云：『姦聲亂色，不留聰明。淫樂慝禮，不接心術。』」《動箴》云云。曰：「思是動於內，爲是動於外。蓋思於內，不可不誠爲於外，不可不守。然專誠於思，而不守於爲，不可。專守於爲，而不誠於思，亦不可。」思是動之微，爲是動之著。「克己復禮爲仁」，是做得這工夫，到這地位，便是仁。上蔡却説知仁、識仁，煞有病。

問：「《或問》中論《克己銘》之非，如何？」曰：「克己之克，未是對人物言，吕與叔遂謂『己既不正，物我並觀』，則雖天下之大，莫不在吾仁之中，説得來恁地大，故人皆喜其快。殊不知未是如此。」曰：「如此，則與叔之意與下文克己之目全不干涉。此只事自修之事，未道着外面在。」先生曰：「『須是恁地思之。且道視聽言動於人甚事。』」問「天下歸仁」。先生曰：「『克己復禮』，則事事皆是，天下之人聞之、見之，莫不皆與其爲仁也。」又曰：「有幾處被前輩説得來大，今收拾不得。謂如『君子所過者化』，本只言君子所居而人自化；『所存者神』，本只言所存主處便神妙。横渠却云：『性性爲能存神，物物爲能過化。』上蔡便道：『唯其所存者神，是以所過者化。』此等言語，人皆爛熟，以爲必須如此説。才不如此説，便不快意矣。」游定夫以「克己復禮」與佛理一般，只存想此道理而已。若只以想像，言克、復則與下截「非禮勿視」四句有何干涉？《克齋記》曰：「性情之德無所不備，而一言足以盡其妙，曰仁而已。所以求仁者，蓋亦多術，而一言足以舉其要，曰克己復禮而已。蓋仁也者，天地所以生物之心，而人物所得以爲心者也。惟其得夫天地生物之心以爲心，是以未發之前四德具焉，曰仁義禮智，而仁無不統；已發之際四端著焉，曰惻隱、羞惡、辭讓、是非。而惻隱之心無所不通，此仁之體用所以涵育渾全，周流貫徹，專一心之妙，而爲衆善之長也。然人有是身，則有耳目鼻口四肢之欲，而或不能無害夫仁，人而不仁，則其所以滅天理、窮人欲者，將無所不至。此君子之學所以汲汲於求仁，而求仁之要亦曰去其所以害仁者而已。蓋非禮而視，人欲之害仁也；非禮而聽，人欲之害仁也；非禮而言且動焉，人欲之害仁也。知人欲

【二五】自過乎目　「乎」字原脱，據四庫本補。下同。

之所以害仁者在是，於是乎有以拔其本、塞其原，克之克之而又克之，以至於一旦豁然，欲盡而理純，則其胸中之所存者，豈不粹然天地生物之心，而藹乎其若春陽之温哉？默而成之，固無一理之不具，而無一物之不該也。感而通焉，則無事不得於理，而無物之不被其愛矣。」又曰：「克復之云，雖若各爲二事，其實天理、人欲相爲消長，故克己者，乃所以復禮，而非克己之外，別有復禮之功也。」南軒曰：「克盡己私，一由於禮，斯爲仁矣。禮者，天則之不可踰也。其本在於篤敬，而發於三千三百之目，皆禮也。克己復禮者，此言克己之至也。天下歸仁者，無一物之不體，無一事之不該也。」愚按：《集注》以天下歸仁，爲天下之人皆與其仁，學者蓋多疑之，若《克齋記》所云「默而成之，固無一理之不具，而無一物之不該。感而通焉，則無事之不得於理，而無物之不被其愛」，爲得體用之全。又「日日克之」一句，亦不若「一旦豁然」之云，爲得聖言之本指。更詳之。

仲弓問仁。子曰：「出門如見大賓，使民如承大祭。己所不欲，勿施於人。在邦無怨，在家無怨。」仲弓曰：「雍雖不敏，請事斯語矣。」朱子曰：「敬以持己，恕以及物，則私意無所容而心德全矣。內外無怨，亦以其效言之，使以自考也。」餘見後《敬恕》篇。按：克己復禮，乾道也；主敬行恕，坤道也。顔、冉之學，其高下淺深，於此可見。然學者誠能從事於敬恕之間，亦將無己之可克矣。或問一章之説，曰：「脩己以敬，則私意無所萌矣；推己以恕，則私意無所施矣。如是，則天理流行，內外一致，而仁在我矣。至於在邦在家，無怨惡於我者，則是敬恕之功，而仁之效也。夫爲仁非以求是效也，而并言之，蓋將使之以是自考耳。」夫子告顔淵之言，非大段剛明者，不足以當之。苟惟不然，只且就告仲弓處着力。告仲弓之言，只是淳和底人皆可守。這兩節一似《易》之《乾》，一似《易》之《坤》。聖人於《乾》説「忠信，所以進德也。脩辭立其誠，所以居業也」，説得煞廣大。於《坤》，只説「敬以直內，義以方外」，蓋乾是純剛健之德，坤是純和柔之德。一日克己復禮，其剛健勇決，一上便做了。若所以告仲弓者，是教它平穩做去，緩緩地消磨。譬如服藥，克己是一服見效，敬恕是漸漸豎治。克己復禮如撥亂反正，主敬行恕如持盈守成。聖人説話，隨人淺深。克己工夫較難，敬恕工夫到後只一般，所謂敬則無己可克。克己是殺賊工夫，敬恕是防賊工夫。問：「克己復禮何以謂之乾道，主敬行恕何以謂之坤道？」曰：「乾道奮發而有爲，坤道靜重而持守。」顔子之於仁，如天旋地轉，雷動風行。仲弓則斂藏嚴謹做將去。伊川曰：「質美者明得盡，查滓便渾化，却與天地同體，其次惟莊敬以持養之。顔子則明得盡者也，仲弓則莊敬持養之者也。」先立於敬，然後能行其恕。

司馬牛問仁。子曰：「仁者其言也訒。」朱子曰：「訒，忍也，難也。仁者心存而不放，故其言若有所忍而不易發，蓋其德之一端也。夫子以牛多言而躁，故告之以此。使其於此而謹之，則所以爲仁之方，不外是矣。」曰：「其言也訒，斯謂之仁矣乎【二六】？」子曰：「爲之難，言之得無訒乎？」牛意仁道至大，不但如夫子之所言，故夫子又告之以此。蓋心常存，故事不苟，事不苟，故其言自有不得而易者，非强閉之而不出也。楊氏曰：「觀此及下章再問之語，牛之易其言可知。」程子曰：「雖爲司馬牛多言故及此，然聖人之言，亦止此爲是。」愚謂牛之爲人如此，若不告之以其病之所切，而況以爲仁之大概語之，則以彼之躁，必不能深思以去其病，而終無自以入德矣。故其告之如此。蓋聖人之言，雖有高下、大小之不同，然其切於學者之身，而皆爲入德之要，則又初不異也。只看説話容易底人，便是心放了。不仁者不識痛痒，得説便説，如人夢寐中語。謹言不妄發，即求仁之端。仁者之言自然訒，學仁者當謹言語，以操持此心。南軒曰：「人之易其言也，以其未知用力也。知用力，則言敢易乎哉？故仁者之言必訒。」

子曰：「如有王者，必世而後仁。」朱子曰：「三十年爲一世。仁，謂教化浹洽也。」程子曰：「所謂仁者，風移俗易，民歸於仁。天下變化之時，此非積久，何以能致？其曰『必世』，理則然也。欲民皆仁，非必世安可？」又曰：「所謂仁者，以天理流行，融液洞徹，而無一物之不體也。舉一世而言，固無一人不然，即一人而言，而又無一事之不然。求之《詩》、《書》，惟成、康之世爲足以當之。」南軒曰：「使民皆由於仁，非仁心涵養之深，仁政薰陶之久，

【二六】仁矣乎　「矣」原作「已」，據四庫本改。

莫能然也。」

樊遲問仁。子曰：「居處恭，執事敬，與人忠。雖之夷狄，不可棄也。」胡氏曰：「樊遲問仁者三：此最先，先難次之，愛人其最後乎？」餘見《敬》篇。　朱子曰：「聖門教人，多以數語，能使人自存其心，如『居處恭』之類是也。纔恭，則心自不放。」　黄氏曰：「此章言極平易，學者欲體仁，以此思之可也。居處，指幽獨而言，未有事者也。執事，指應事而言，未涉乎人也。與人，指接物而言，則涉乎人矣。能恭敬而忠，則天理常存，而人欲不萌。又能無適而不然，則流行而無所間斷，仁之爲道，孰外於此。」

子曰：「剛毅、木訥，近仁。」程子曰：「木者，質樸。訥者，遲鈍。四者，質之近乎仁者也。」　楊氏曰：「剛毅則不屈於物欲，木訥則不至於外馳，故近仁。」　朱氏跋蘇氏《剛説》曰：「剛之所以近仁，爲其不詘於欲，而能有以全其本心之德，不待見於治人然後可知也【二七】。」

憲問：「克、伐、怨、欲不行焉，可以爲仁矣？」子曰：「可以爲難矣，仁則吾不知也。」朱子曰：「此原憲以其所能而問也。克，好勝。伐，自矜。怨，忿恨。欲，貪欲。有是四者而能制之，使不得行，可謂難矣。仁則天理渾然，自無四者之累，『不行』不足以言之也。」　程子曰：「人而無克、伐、怨、欲，惟仁者能之。有之而能制其情，使不行，斯亦難能也，謂之仁則未也。此聖人開示之深，惜乎憲之不能再問也。」或曰：「四者不行，固不得爲仁矣。然亦豈非所謂克己之事，求仁之方乎？」曰：「克去己私以復乎禮，則私欲不留，而天理之本然者得矣。若但制而不行，則是未有拔去病根之意，而容其潛藏隱伏於胸中也，豈克己求仁之謂哉？學者察於二者之間，則其所以求仁之功，益親切而無滲漏矣。」　或問：「程子以爲聖人開示之深，而原憲不能再問。使憲也再問，夫子告之宜奈何？」曰：「聖人未發之旨，夫孰能測之？然以程子之意而言，則四者之不行，亦制其末而不行於外爾，若其本則固著之於心，而不能去也。譬之木焉，不去其根，則萌蘖之生，自不能已，制而不行，日力亦不給矣。且雖或能制之，終身不見於

【二七】見於治人　「治」原作「活」，據四庫本改。

外，而其鬱屈不平之意，乃闘進於胸中，則夫所謂仁者，亦且殫殘蔽害而不能以自存矣。必也絶其萌芽【二八】，蹶其根本，不使少有毫髪留於心念之間，則於仁也，其庶幾乎！嗚呼，非程子之學之至，何足以及此！然以爲學者苟不能深省而力行之，則亦徒爲無當之大言而已，故雖發之，而亦有所不敢盡其言者，其旨深矣。」問：「克伐與克己不同。」先生曰：「只是箇出入意。克己是入來勝己，克伐是出去勝人。」問：「克伐怨欲不行，如何？」曰：「此譬如停賊在家，豈不爲害？若便趕將出去，則禍根絶矣。今人非特不能克去此害，却有與它打做一片者。」問：「學者用功，且能於此不行亦可。」先生曰：「須是克己，涵養以敬，於其方萌時絶之。若至於克伐怨欲，欲其不行，只是遏得住，一旦決裂，大可憂。」克己者是從根源上一刀兩斷，便斬絶了，更不復萌。不行底只是禁制它不要出來，它那欲爲之心未嘗忘。問：「原憲是合下見得如此已足，還是氣昏力弱，没奈何？」曰：「是它從來把這箇做好，只要得不行便了，所以學者須要窮理。緣它見得道理未盡，便把這箇做仁。較之世人沉迷私欲，他一切不行，已是多少好。惟是聖道廣大，只恁地不濟事，須着進向上去。將克伐怨欲都無始得，若藏蓄在這裏，只是做病。」南軒曰：「克伐怨欲不行，可謂能制其私欲矣。然克伐怨欲之根猶在也。若夫仁者之心，則四者之病無自而萌焉。欲進於是，其惟克己乎？」

子曰：「君子而不仁者有矣夫，未有小人而仁者也。」謝氏曰：「君子志於仁矣【二九】，然毫忽之間，心不在焉，則未免爲不仁也。」南軒曰：「斯須之間，心不在焉，則爲不仁。是故君子戰兢自持，而唯恐失之也。若小人則戕賊滔溺【三〇】，雖秉彝之端，不容盡泯，而亦不能以自達也。」

子路曰：「桓公殺公子糾，召忽死之，管仲不死。」曰：「未仁乎？」朱子曰：「子路疑管仲忘君事讎，忍心害理，不得爲仁也。」子曰：「桓公九合諸侯，不以兵車，管仲之力也。如其仁！如其仁！」如其仁，言誰如其仁者，又再言以深許之。蓋管仲雖未得爲仁人，而其利澤及人，則有仁之功矣。或問管仲不死之説，曰：「程子至矣，但以薄昭之言證桓公之爲兄，則荀卿嘗謂桓公殺兄以爭國，而其言固出於薄昭之前矣。

【二八】絶其萌芽　「芽」原作「牙」，據四庫本改。

【二九】君子志於仁　「志」原作「忘」，據四庫本、《論語集説》卷七改。

【三〇】戕賊滔溺　「戕」原作「戕」，據四庫本改。

蓋未可以此證其必然，但以公、穀《春秋》所書之文爲據，而參以此章之言，斷之可也。蓋聖人之於人，有功則稱其功，有罪則數其罪，不以功掩罪，亦不以罪掩功。今於管仲但稱其功，不言其罪，則可見不死之無害於義，而桓公、子糾之長少，亦從以明矣。又況所謂匹夫、匹婦之爲諒者，正指召忽之於子糾，猶石乞於白公耳。至於程子又謂『若使管仲所事者正，而不死其難，則後雖有大功，聖人豈復稱之』，則愚恐記者之失也。蓋曰不與其事桓公則可，曰不稱其功則不可，記者豈因彼言以爲此而遂失之也與？」曰：「管仲生死之是非，決於一時之義爾。程子又謂『若使管仲不死而無功，則是貪生惜死，而不若匹夫、匹婦之爲諒』，若未免於先功而後義。且管仲又何以自必其後之有功耶？」曰：「召忽之失，在於輔子糾以爭國，而不在於死；管仲之得，在於九合之功，而不在於不死。後功固不可期，而其在我者固可必。但其得就此功，而免於匹夫匹婦之諒，則亦幸而已矣。後之君子有不幸而處此者，苟自度其無管仲之才，是殆不若爲召忽之不失其正也，此又程子言外之意，讀者不可以不察也。范氏以九合爲仁之大，以死節爲義之小，是謀利計功之言，其害理甚矣。若聖人之心，果出於此，則行一不義、殺一不辜而得天下，亦何憚而不爲之乎？謝氏以管仲於子糾，君臣之義未正，故可以不死，亦非也。夫仲之可以不死者，正以小白兄而子糾弟耳。若使糾兄而當立，則齊國之士，君臣之義，無所逃矣，況如管仲策名委質，親北面而君之，安得幸其未得入國而死，乃托於君臣之義未正，而不死其難哉！以忽死爲傷勇，仲之不死爲徙義，而夫子予仲之不死，恐亦非聖人之意也。夫子特以忽之功無足稱，而其死不爲過，管仲之不死亦未害義，而其功有足褒耳。固非予仲之生，而貶忽之死也。」問：「管仲之心既已不仁，何以有仁者之功？」曰：「如漢高祖、唐太宗未可謂之仁人，然秦、隋殘虐之極，二君一旦出，而平定天下，拯救生民，豈非仁者之功耶？管仲之功，亦猶是也。」南軒曰：「夫子所以稱管仲者，仁之功也。問其仁而獨稱仁之功，則其淺深亦可知矣。其告子貢亦然。若二子問管仲仁乎，則所以告之者異矣。聖人問答抑揚之意【三一】，學者當深味之。」愚按：「如其仁，如其仁」，朱子以爲誰如其仁，或者以爲夫子之意，蓋謂如其九合不以兵車之事是亦仁也，蓋指此一事而許其仁。此說近是。

【三一】聖人問答　「問答」原作「答問」，據四庫本乙正。

子貢曰：「管仲非仁者與？桓公殺公子糾，不能死，又相之。」朱子曰：「子貢意不死猶可，相之則已甚矣。」子曰：「管仲相桓公，霸諸侯，一匡天下，民到於今受其賜。微管仲，吾其被髮左衽矣！豈若匹夫匹婦之爲諒也。自經於溝瀆，而莫之知也。」諒，小信也。莫之知，人不知也。程子曰：「桓公【三二】，兄也。子糾，弟也。仲私於所事，輔之爭國，非義也。桓公殺之雖過，而糾之死實當。仲始與之同謀，遂與之同死，可也。知輔之爭爲不義，將自免以圖後功，亦可也。故聖人不責其死，而稱其功。若使桓弟而糾兄，管仲所輔者正，桓奪其國而殺之，則管仲之與桓，不可同世之讎也。若計其後功而與其事桓，聖人之言無乃害義之甚，啓萬世反覆不忠之亂乎？如唐之王珪、魏徵【三三】，不死建成之難，而從太宗，可謂害於義矣。後雖有功，何足贖哉！」朱子曰：「愚謂管仲有功而無罪，故聖人獨稱其功。王、魏先有罪而後有功，則不以相掩可也。」

子曰：「志士仁人，無求生以害仁，有殺身以成仁。」朱子曰：「志士，有志之士。仁人，則成德之人。理當死而求生，則其心有不安矣，是害其心之德也。當死而死，則心安而德全矣。」程子曰：「實理得之於心自別。實理者，實見得是，實見得非也。古人有損軀隕命者，若不實見得，惡能如此？須是實見得生不重於義，生不安於死也。故有殺身以成仁者，只是成就一箇是而已。」或問殺身成仁之説。曰：「仁者，心之德而萬理具焉。一有不合於理，則心不能安，而害其德矣。順此理而不違，則身雖可殺，而此心之全、此理之正，浩然充塞天地之間，夫孰得而亡之哉？」曰：「其謂殺身成仁，而不曰義，何也？」曰：「仁義體一而用殊，故君子之於事，有以仁決者，有以義決者。以仁決者，此章之言是也。以義決者，孟子論『欲有甚於生，惡有甚於死』是也。蓋仁人不以所惡傷所好之體，義士不以所賤易所貴之宜。」仁者，吾心之正理。志士仁人無求生以害仁，有殺身以成仁。須知道求生害仁時，雖以無道得生，却是抉破了我心中之全理；殺身成仁時，吾身雖死，却得此理全。學問只要心裏見得分明，便從上面做去。如殺身成仁，不是自家計較要成仁方死，只是見得生爲不安，死爲安，便自殺身。旁人見得，便説能成仁。此旁人之言，非我之心

【三二】桓公　「桓」原作「威」，據四庫本改。下同。

【三三】王珪魏徵　「徵」原作「證」，據四庫本改。

要如此。所謂經德不回，非以干禄。哭死而哀，非爲生也。若有一毫爲人之心，便不是了。南軒曰：「仁人於理之當然，如飢食渴飲也。志士謂志於仁者，亦能擇而處之矣。」

子貢問爲仁。子曰：「工欲善其事，必先利其器。居是邦也，事其大夫之賢者，友其士之仁者。」朱子曰：「賢以事言，仁以德言。夫子嘗謂子貢悦不若己者，故以是告之，欲其有所嚴憚切磋，以成其德也。」程子曰：「子貢問爲仁，非問仁也，故孔子告之以爲仁之資而已。」事賢友仁，便是要琢磨勉厲以至於仁。如欲克己，而未能克己；欲復禮，而未能復禮。須要更相勸勉，乃爲有益。南軒曰：「器利則事善，若所事與所友泛而不知擇，則其亡焉者不自知矣。」

子曰：「民之於仁也，甚於水火。水火，吾見蹈而死者矣，未見蹈仁而死者也。」朱子曰：「民之於水火，所賴以生，不可一日無。其於仁也亦然。但水火外物，而仁在己。無水火，不過害人之身，而不仁則失其心。是仁有甚於水火，而尤不可以一日無也。况水火或有時而殺人，仁則未嘗殺人，亦何憚而不爲哉？」李氏曰：「此夫子勉人爲仁之語。」下章放此。

子曰：「當仁不讓於師。」朱子曰：「當仁，以仁爲己任也。雖師亦無所遜，言當勇往而必爲也。蓋仁者，人所自有而自爲之，非有爭也，何遜之有？」程子曰：「爲仁在己，無所與遜。若善名在外，則不可不遜。」所謂不讓者，猶程子所謂「不可將第一等事讓與別人做」者，其事則謂顔子曰「舜何人也，有爲者亦若是」者而已。大抵此與上章皆勉人爲仁之語，然上章爲凡民都不知仁，而憚於爲之者發；此章爲學者粗知仁之爲美，而不知勇於有爲者發，各有所當云。

子張問仁於孔子。孔子曰：「能行五者於天下，爲仁矣。」請問之。曰：「恭、寬、信、敏、惠。恭則不侮，寬則得衆，信則人任焉，敏則有功，惠則足以使人。」朱子曰：「行是五者，則心存而理得矣。」問：「恭寬信惠，固是求仁之方，但敏字於仁工夫似不甚親切。莫是人之爲事求悠悠，則此心便間斷多否？」曰：「不止是悠悠。蓋不敏，便有怠忽之意。才怠忽，便心不存而間斷多，便是不仁也。」南軒曰：「能行此五者於天下，則其心公平而周徧可知矣。然恭其本歟？」

微子去之，箕子爲之奴，比干諫而死。孔子曰：「殷有三仁焉。」朱子曰：「三人之行不同，而同出於至誠惻怛之意【三四】，故不拂乎愛之理【三五】，而有以全其心之德也。」楊氏曰：「此三人者，各得其本心，故同謂之仁。」或問：「三子之心同出於至誠惻怛，則可見矣，抑何以知其所處之各適其可耶？」曰：「按《史記》此事先後皆不同，惟《殷紀》以爲微子先去，比干乃諫而死，然後箕子佯狂爲奴，爲紂所囚者近是。蓋微子，帝乙元子，當以先王宗祀爲重【三六】，義當早去，又決知紂之不可諫也，故遂去之而不以爲嫌。比干，少師，義當力諫，雖知其不可諫，而不可已也，故遂以諫死而不以爲悔。箕子見比干之死，則知己之不可諫，且不忍復死以累其上也；見微子之去，則知己之不必去，且不忍復去以背其君也【三七】，故佯狂爲奴，而不以爲辱。此可以見三仁之所當爲，易地皆然矣。或以爲箕子以天畀九疇未傳而不敢死，則其爲説迂矣。同謂之仁者，以其皆無私而各當理也。無私，故得心之體而無違；當理，故得心之用而不失，此其所以全心之德而謂之仁與？」曰：「然則《史記》三子之事，與夫子言先後不同，何也？」曰：「史所書者事之實，此所記者以事之難易爲先後耳。」《或問》言仁與《集注》不同。《集注》者，改本也，然則《或問》之説，爲未當乎？」黄氏曰：「非也。先師言仁之義，則固以心之德、愛之理爲主矣。言人之所以至於仁，則以無私心而皆當理也。仁之爲義，固該體用而與惻隱對言，則仁主於體而未及於用也。今曰愛之理、心之德，則於仁之義爲最切也。然仁曰愛之理【三八】，而爲仁之用。仁固心之德，而一動一靜，亦無非此德之所暨也【三九】。《或問》之言，指三子之所以至於仁而言也。《集注》之言，正指仁之義而言也。然其曰『不拂乎愛之理而有以全其心之德』，曰全，曰不拂，則《或問》之意亦在其中矣。讀者識之可也。」南軒曰：「三人者，皆當其時，當其位，處之盡其道者也。其立紂之

【三四】惻怛之意　「惻」原作「側」，據四庫本、乾隆本改。

【三五】不拂乎愛　「拂」原作「咈」，據四庫本改。下同。

【三六】先王宗祀　「王」原作「正」，據四庫本改。

【三七】以背其君　「背」原作「皆」，據四庫本、乾隆本改。

【三八】曰愛之理　「曰」原作「同」，「而爲」原作「愛亦」，據四庫本改。

【三九】此德之所暨　「所」原作「流」，據四庫本改。

朝，所以維持宗社之心至矣，而有不得已爲，則各自靖以獻於先王。詳味《微子》一篇，則可見三子之所爲，深切至到者矣。孔子皆稱其爲仁，以其至誠惻怛，克盡其道故也。」

子夏曰：「博學而篤志，切問而近思，仁在其中矣。」朱子曰：「四者皆學問思辨之事耳，未及乎力行而爲仁也。然從事於此，則心不外馳，而所存自熟，故曰仁在其中矣。」程子曰：「博學而篤志，切問而近思，何以言仁在其中矣？學者要思得之。了此，便是徹上徹下之道。」又曰：「學而不博則不能守約，志不篤則不能力行。切問近思在己者，則仁在其中矣。」又曰：「近思者以類而推。」蘇氏曰：「博學而志不篤，則大而無成；泛問遠思，則勞而無功。」問云云，曰：「此全未是説仁處，方是尋討箇求仁門路。當從此去，漸見效在其中，謂有此理耳。」問：「云云，如何謂之仁？」曰：「非是便爲仁。如言行寡尤悔，非所以干禄而禄在其中；父子相爲隱，非直而直在其中；『博學篤志，切問近思』，未便是仁，然學者用力於此，仁亦在其中矣。」問：「博學與近思，亦不相妨否？」先生曰：「博學是都要理會過，近思是注心着力處。博學是箇大規模，近思是漸進工夫。如《大學》『明明德於天下』是大規模，其中格物、致知、誠意、正心、脩身、齊家等便是次第處。如博學亦豈一日便都學得了，亦是漸漸學去。」曰：「篤志，未説到行處否？」曰：「篤志，只是至誠懇切以求之。若只管泛濫外面博學，更不懇切其志，便成放而不知求底心，便是頑麻不仁底人。惟篤志又切問近思，便有歸宿處，此心不泛濫走作，只在這窠坎裏，仁便在其中。」問：「程子云云，莫便是先生所謂『從事於此，則心不外馳，而所存自熟』之意乎？」曰：「然。於是四者中見得箇仁底道理，便是徹上徹下之道。」問以類而推，曰：「節節推將去。」今人不曾以類而推，蓋不曾先理會一件，却理會一件。若理會得一件，逐件推將去，相次亦不難。問：「何謂類推？」曰：「此語道得好。不要驀越，不要陡頓，只是就近傍那曉得處挨將去。如這一件理會得透了，又因這件推去做那一件。如讀書讀第一段了，便推第一段之類去讀第二段，自此以往只管恁地去，次第都能理會得。若開卷便要獵一過，如何得？」直卿曰：「是理會得孝，便推去理會得弟否？」曰：「只是傍易曉底挨將去。如理會得親親，即推類去仁民，仁民是親親之類。理會得仁民，便推類去愛物，愛物是仁民之類。如刑於寡妻，便推類去至於兄弟。至於兄弟，便推類去御於家邦。如脩身，便推類去齊家。齊家，便推類去治國。只是一步了，又一步。」南軒曰：「博學篤志、切問近思，不可便以此爲仁，而仁不外是也。學者從事於此，而不計其獲，則循序而有至。蓋不可以欲速而臆度也。聖門論仁，大抵如此。」黄氏曰：「云云，或曰『何以知四者之專主於心之所存而言？』曰：人惟無所用其心，則其心泛濫而不一。志之篤，則此心常有所定向，而不泛濫矣。問不切思、不近，則其所用心皆在吾身之外；切問而近思，則皆求其在己者【四〇】，而無復外馳之患矣。人能盡此四者，則雖學問思辨之事，而自有以得夫操存涵養之效，所以謂仁在其中也。」

子游曰：「吾友張也，爲難能也，然而未仁。」朱子曰：「子張行過高，而少誠實惻怛之意。」

曾子曰：「堂堂乎張也，難與並爲仁矣。」朱子曰：「堂堂，容貌之盛。言其務外自高，不可輔而爲仁，亦不能有以輔人之仁也。」范氏曰：「子張外有餘而內不足，故門人皆不與其爲仁。子曰：『剛毅、木訥，近仁。』寧外不足而內有餘，庶可以爲仁矣。」南軒曰：「雖有高明之見，卓絶之行，謂之難能則可，而不害其爲未仁也。堂堂氣象，所以爲難與並仁也歟？蓋是道也，須深潛縝密，親切篤至，而後可以進。故如愚之顔子，聖人許其不違仁，而堂堂之張，曾子以爲難與並爲仁也。」

子貢曰：「我不欲人之加諸我也，吾亦欲無加諸人。」子曰：「賜也，非爾所及也。」朱子曰：「此仁者之事，不待勉強，故夫子以爲非子貢所及。」程子曰：「我不欲人之加諸我，吾亦欲無加諸人，仁也；施諸己而不願，亦勿施於人，恕也。恕則子貢或能勉之，仁則非所及矣。」朱子曰：「此伊川晚年仁熟，方看得如此分曉，説得如此明白。」無者自然而然，勿者禁止之謂，此所以爲仁恕之别。又曰：「生底是恕，熟底是仁。勉強底是恕，自然底是仁。有計較、有睹當底是恕，無計較、無睹當底是仁。」南軒曰：「此與『己所不欲勿施於人，施諸己而不

【四〇】在己者　「者」原作「言」，據四庫本改。

願，亦勿施於人』同意。然而彼二言者，皆爲仁之方、恕之道也，故皆有勿辭。若子貢之言『不欲人之加於己者，即欲不加諸人』，是則不待禁止，油然公平，物我一視，仁者之事也。其曰『非爾所及』者，正所以勉其强恕，而抑其躐等也。」

此章及後章皆兼言仁恕，故移置此。

子貢曰：「如有博施於民而能濟衆，何如？可謂仁乎？」子曰：「何事於仁，必也聖乎！堯、舜其猶病諸！朱子曰：「博，廣也。仁以理言，通乎上下。聖以地言，則造其極之名也。乎，疑而未定之辭。病，心有所不足。言此何止於仁，必也聖人能之乎，則雖堯、舜之聖，其心猶有所不足於此。以是求仁，愈難而愈遠矣。」仁者，己欲立而立人，己欲達而達人。以己及人，仁者之心也。於此觀之，可以見天理之周流而無間矣。狀仁之體，莫切於此。能近取譬，可謂仁之方也已。」譬，喻也。方，術也。近取諸身，以己所欲譬之他人，知其所欲亦猶是也。然後推其所欲以及於人，則恕之事而仁之術也。於此勉焉，則有以勝其人欲之私，而全其天理之公矣。　程子曰：「醫書以手足痿痹爲不仁【四二】，此言最善名狀。仁者以天地萬物爲一體，莫非己也。認得爲己，何所不至？若不屬己，自與己不相干，如手足之不仁，氣已不貫，皆不屬己。故博施濟衆，乃聖人之功用。仁至難言，故止曰：『己欲立而立人，己欲達而達人。能近取譬，可謂仁之方也已。』欲令如是觀仁，可以得仁之體。」又曰：「《論語》言堯、舜其猶病諸者二。夫博施者，豈非聖人之所欲？然必五十乃衣帛，七十乃食肉。聖人之心，非不欲少者亦衣帛食肉也，顧其養有所不贍爾。此病其施之不博也。濟衆者，豈非聖人之所欲，然治不過九州。聖人非不欲四海之外亦兼濟也，顧其治有所不及爾。此病其濟之不衆也。推此以求修己以安百姓，則爲病可知。苟以吾治已足，則便不是聖人。」吕氏曰：「子貢有志於仁，徒事高遠，未知其方。孔子教以於己取之，庶近而可入。是乃爲仁之方，雖博施濟衆，亦由此進。」　或問：「博施濟衆必也聖乎，此言必聖人而後能之乎？」曰：「不然。此正謂雖聖人亦有所不能爾。『必也聖乎』，蓋以起下文堯、舜病諸之意，猶曰『必也射乎』而後言射之有爭也。」曰：「仁恕之別，何也？」曰：「凡

【四二】手足痿痹　「痹」原作「痺」，據四庫本改。

己之欲，即以及人，不待推以譬彼而後施之者，仁也。以己之欲，譬之於人，知其必欲此而後施之者，恕也。此其從容勉强，固有淺深之不同，然其實皆不出乎常人一念之間。學者亦反求諸己而足矣，豈必博施濟衆，務爲聖人之所不能者，然後得之乎？」博施濟衆是無盡底地頭，堯、舜儘無下手處。仁通上下，但克去己私，復還天理，便是仁。何必博施而後爲仁？若必待如此，則有終身不得仁者矣。子貢凡三問仁，聖人三告之以推己度物【四二】。想得子貢高明，於推己處有所未盡。己欲立【四三】，便立人，己欲達，便達人，此仁者之事。能近取譬，此爲仁之方。今人便以欲立欲達爲能近譬，則誤矣。問「博施濟衆」。曰：「此是仁者事功。若把此爲仁，則只是中天下而立者，方能如此【四四】，便都無人做得。」問：「『己欲立而立人，己欲達而達人』，與『我不欲人加諸我，吾亦欲無加諸人』一般，都是以己及物。『能取譬』與『己所不欲，勿施於人』一般，都是推己及物。」曰：「然。」以己之欲立者而立人，以己之欲達者而達人，以己及物，無些私意。如堯「克明俊德，以親九族；九族既睦，平章百姓；百姓昭明，協和萬邦，黎民於變時雍」，以至於「欽若昊天，曆象日月星辰，敬授人時」底道理，都擁出來。又如《周禮》一書，周公所以立下許多條貫，皆是廣大心中流出。或問：「此章程子作一統説，先生作二段，如何謂分仁恕？」先生曰：「某之説，即非異於程子，蓋程子之説如大屋一般，某之説如在大屋下，分別廳堂房室，初無異也。」欲立立人，欲達達人，正指仁之本體。蓋己欲立，則思處置他人也立。己欲達，則思處置他人也達。放開眼目，推廣心胸，其氣象如此，安得不謂仁之本體！彼子貢所問，是就事上説，却不就心上説。吕氏云「雖博施濟衆，也須自此始」，某甚喜其説。南軒曰：「博施濟衆之義固大，然特以見大功用【四五】，而非所以明仁也。聖亦仁之成名，非謂仁未及乎此也。以仁之爲道，不當如此求也，故夫子既告之以博施濟衆之大，而又語之以仁焉。仁者公天下之理，而無物我之私，故己欲立而立人，己欲達而達人。仁者之心也，欲進乎是，其惟近取譬乎？近取譬者，體之於吾心而推之，此恕之道也，所以爲仁之方也，於其方而用力，則可以進於仁焉。知能近取譬爲仁之方，不知以博施濟衆言仁者，其亦泛而無統矣。」

【四二】推己度物　「推」原作「惟」，據四庫本、《朱子語類》卷三十三改。

【四三】己欲立　「己」原作「上」，據四庫本、乾隆本改。

【四四】方能如此　「方」原作「太」，據《朱子語類》卷三十三改。

【四五】以見大功用　「用」原作「月」，據四庫本改。

子貢問曰：「有一言可以終身行之者乎？」子曰：「其恕乎！己所不欲，勿施於人。」朱子曰：「推己及物，其施不窮，故可以終身行之。」尹氏曰：「學者貴於知要。子貢之問，可謂知要矣。孔子是以告之求仁之方也。推而極之，雖聖人之無我，不出乎此。終身行之，不亦宜乎？」問「言恕不及忠」。曰：「分言忠恕，有忠而後恕。獨言恕，則忠在其中。若不能恕，則其無忠可知。恕是忠之發處，若無忠，做恕不出。」此章專言恕，故附於仁恕之後。若其它兼言忠恕者，悉附于「曾子一貫」章【四六】。

《記·禮運》：仁者，義之本也，順之體也，得之者尊。

《仲尼燕居》子曰：「郊社之禮，所以仁鬼神也。嘗禘之禮，所以仁昭穆也。饋奠之禮，所以仁死喪也。射鄉之禮，所以仁鄉黨也。食饗之禮，所以仁賓客也。鄭氏曰：「仁，猶存也。凡存此，所以全善之道也。」兩君相見，揖讓而入門，入門而縣興，揖讓而升堂，升堂而樂闋，下管《象》、《武》，《夏籥》序興，陳其薦俎，序其禮樂，備其百官，如此而后君子知仁焉。」鄭氏曰：「知仁焉，知禮樂所存也。」

《表記》子曰：「以德報怨，則寬身之仁也；以怨報德，則刑戮之民也。」吕氏曰：「以德報怨，雖過於寬而本於厚，未害其爲仁也。以怨報德，則反易天常，天下之亂民，法所當誅者也。」

子曰：「無欲而好仁者，無畏而惡不仁者，天下一人而已矣。是故君子議道自己，而置法以民。」無欲而好仁，無畏而惡不仁，所謂性之者也，安仁者也。非聖人不足以性仁。苟志於仁矣，無惡也，則衆人皆可以爲仁。以聖人之所性而議道，則道無不盡；以衆人之可爲而置法，則法無不行。雖然法非貶乎道也，君臣父子，倫類刑名之間，性命之理具焉；雖有未能上達，猶庶幾乎弗畔，此衆人之所能及。

【四六】于曾子一貫　「于」原作「子」，據四庫本改正。

子曰：「仁有三，與仁同功而異情。與仁同功，其仁未可知也。與仁同過，然後其仁可知也。仁者安仁，知者利仁，畏罪者强仁。呂氏曰：「仁者安仁，無欲而好仁，無畏而惡不仁者也。知者利仁，有欲而好仁者也。畏罪而强仁，有畏而惡不仁者也。三者之功同歸於仁，而其情則異。此堯、舜性之，湯武身之，五伯假之之異也。功者，人所貪也，假之者有之。故齊桓公九合諸侯，一匡天下。雖湯、武之舉，不過乎是，而其情則不同，故其仁未可知也。過者，人所辟也，皆不幸而致焉。故周公使管叔監殷，管叔以殷畔，過於愛兄而已。孔子對陳司敗以昭公知禮，過於諱君而已。皆出乎情而無僞，故其仁可知也。」仁者右也，道者左也。仁者人也，道者義也。厚於仁者薄於義，親而不尊；厚於義者薄於仁，尊而不親。」右者，人之所有事也。左者，居於不用之地，而助右之所不及者也。仁者人之體也，將有爲也，將有行也，非仁不可也，故曰「仁者右也」，又曰「仁者人也」。道者，天之理也。仁至於不可行，不可節，則理有所不得已，以助仁之所不及者義也，故曰「道者左也」，又曰「道者義也」。仁莫隆於父子，父子之道，親親也；義莫重於君臣，君臣之道，尊尊也。厚於此則薄於彼，厚於彼則薄於此，惟知其所以爲左右，則尊尊、親親並行而不悖，無厚薄之間也。

子言之：「仁有數，義有長短小大。中心憯怛，愛人之仁也；率法而强之，資仁者也。」《詩》曰：「豐水有芑，武王豈不仕？詒厥孫謀【四七】，以燕翼子。武王烝哉！」數世之仁也。《國風》曰：「我今不閲，皇恤我後。」終身之仁也。呂氏曰：「仁有數者，仁爲器重，爲道遠，隨其所舉之多寡，所至之遠近，皆可以謂之仁。故管子之功，微子之去，箕子之囚，比干之死，皆得以名仁。語仁之重，則堯、舜其猶病諸，此仁所謂取數多也。中心憯怛，誠發於性者也；率法而强之，外鑠於仁者也。發於性者，誠心感動，無待於外也。外鑠者，循仁之迹而勉爲者也。以其誠心愛人，故曰『愛人之仁』；以其有取於外，故曰『資仁』，

【四七】詒厥孫謀　「詒」原作「貽」，據四庫本改。

此所發淺深之數也。數世之仁，終身之仁，此所施遠近之數也【四八】，故曰『仁有數』。『義有長短小大』者，義無定體，惟其所宜而已。宜長則長，宜短則短，宜大則大，宜小則小，如孔子『可以仕則仕，可以止則止，可以久則久，可以速則速』；禮有以高爲貴，有以下爲貴，有以大爲貴，有以小爲貴之類也，故曰『義有長短小大』。此章論仁而及義者，仁之數亦義也。」

子曰：「仁之爲器重，其爲道遠，舉者莫能勝也，行者莫能致也。取數多者，仁也。夫勉於仁者，不亦難乎？是故君子以義度人，則難爲人；以人望人，則賢者可知已矣。呂氏曰：「『以義度人』者，盡義以度人也。盡義以求人，非聖人不足以當之，故『難爲人』。舉今之人相望，則大賢愈於小賢，小賢愈於不賢，故賢者可知。此亦以數而言仁者也。君子之自待，必全盡而後已。」中心安仁者，天下一人而已。」《大雅》曰：「德輶如毛，民鮮克舉之。我儀圖之，惟仲山甫舉之，愛莫助之。」《小雅》曰：「高山仰止，景行行止。」子曰：「《詩》之好仁如此，鄉道而行，中道而廢，忘身之老也，不知年數之不足也，俛焉日有孳孳，斃而後已。」「中心安仁」，聖人之任也。雖未至焉，不敢不勉，不以世莫之助而不爲，故曰「惟仲山甫舉之，愛莫助之」。不以高矣美矣爲不可跂及，故曰「高山仰止，景行行止」，此所以「不知年數之不足，俛焉孳孳，斃而後已」。「鄉道而行，中道而廢」，謂力不足者，非不爲也。力極罷頓，不復行，則止也，此皆自待全盡之謂。

子曰：「仁之難成久矣，人人失其所好，故仁者之過易辭也。」子曰：「恭近禮。儉近仁，信近情，敬讓以行，此雖有過，其不甚矣【四九】。夫恭寡過，情可信，儉易容也，以此失之者，不亦難乎？」《詩》曰「溫溫恭人，惟德之基【五〇】。」子曰：「仁之難成久矣，唯君子

【四八】遠近之數　「遠」原作「速」，據四庫本改。

【四九】其不甚矣　「矣」字後原有「夫」，據《禮記注疏》卷五十四刪。

【五〇】惟德之基　「基」原作「甚」，據《禮記注疏》卷五十四改。

能之。是故君子不以其所能者病人，不以人之所不能者愧人。是故聖人之制行也，不制以己，使民有所勸勉愧耻，以行其言。」呂氏曰：「君子之待人，以人望人而已，心誠鄉道，莫不取之，又爲之勸勉愧耻，鑠之於外心移之，此仁之所以不難成也。仁者之心公，衆人之心私。公則所好者兼容博愛，私則所好者克伐怨欲，此『人人失其所好』者也。心誠鄉仁，雖爲過差，其情則善，不待辭而辨矣，故曰『仁者之過易辭』也。恭、儉、信，未足以爲仁，而仁者之資也。恭則不侮，得禮之意，近乎禮矣。儉則不奪，得仁之意，近乎仁矣。言語必信，存乎正行，近乎情矣。三者之行，不私於己，又以敬讓行之，鄉乎仁矣。雖有過差，其情則善，故『不甚矣』。蓋不侮人，則人亦不侮，其過寡矣。近乎情，則不忘乎欺，斯可信矣。不奪人則知足，斯易容矣。如此則失之者鮮矣，可與近於德矣，故曰『温温恭人，惟德之基』，雖未成德，斯德之基矣。人人失其所好，此仁之所以難成。君子責人以恕【五一】，而成人有道，則仁不難成久，故曰『仁之難成久矣，惟君子能之』。君子固賢於衆人矣，君子之所能，衆人固有不能者矣。使衆人效己之所能，則病矣。使衆人自彰其不能，則愧矣。故聖人制行以立教，必與天下共之，以天下之所能行者爲法，此所以爲達道也。」

《儒行》：温良者，仁之本也。敬慎者，仁之地也。寬裕者，仁之作也。孫接者，仁之能也。禮節者，仁之貌也。言談者，仁之文也。歌樂者，仁之和也。分散者，仁之施也。儒者兼此而有之，猶且不敢言仁也。其尊讓有如此者。《大學》言仁見本篇。

《射義》：射者，仁之道也。射求正諸己，己正而後發，發而不中則不怨勝己者，反求諸己而已矣【五二】。呂氏曰：「仁者之道，不怨天，不尤人，行有不至，反求諸己而已，蓋以仁爲己任，無待於外有。君子無所不用其學，故於射也，得反己之道焉。」

【五一】君子責人　「責」原作「貴」，據《禮記集説》卷一百三十八改。

【五二】反求諸己　「反求」原作「求反」，據四庫本乙正。

甲集七

齊宣王問曰：「齊桓、晉文之事可得聞乎？」孟子對曰：「仲尼之徒無道桓、文之事者，是以後世無傳焉，臣未之聞也。無以，則王乎？」曰：「德何如則可以王矣？」曰：「保民而王，莫之能禦也。」朱子曰：「保，愛護也。」曰：「若寡人者，可以保民乎哉？」曰：「可。」曰：「何由知吾可也？」曰：「臣聞之胡齕曰，王坐於堂上，有牽牛而過堂下者，王見之，曰：『牛何之？』對曰：『將以釁鍾。』王曰：『舍之！吾不忍其觳觫，若無罪而就死地。』對曰：『然則廢釁鍾與？』曰：『何可廢也？以羊易之。』不識有諸？」曰：「有之。」曰：「是心足以王矣。百姓皆以王爲愛也，臣固知王之不忍也。」王見牛之觳觫而不忍殺，即所謂惻隱之心，仁之端也。擴而充之，則可以保四海矣。故孟子指而言之，欲王察識於此而擴充之也。愛，猶吝也。王曰：「然，誠有百姓者。齊國雖褊小，吾何愛一牛？即不忍其觳觫，若無罪而就死地，故以羊易之也。」曰：「王無異於百姓之以王爲愛也。以小易大，彼惡知之？王若隱其無罪而就死地，則牛羊何擇焉？」王笑曰：「是誠何心哉？我非愛其財而易之以羊也，宜乎百姓之謂我愛也。」異，怪也。隱，痛也。擇，猶分也。言牛羊皆無罪而死，何所分別而以羊易牛乎？孟子故設此難，欲王反求而得其本心。王不能然，故卒無以自解也。曰：「無傷也，是乃仁術也，見牛未見羊也。君子之於禽獸也，見其生，不忍見其死；聞其聲，不忍食其肉。是以君子遠庖厨也。」術，謂法之巧者。蓋殺牛雖所不忍，釁鍾又不可廢。於此無以處之，則此心雖發而終不得施矣。然見牛則此心已發而不可遏，未見羊則其理未形而無所妨。故以羊易牛，則二者得以兩全而無害，此所以爲仁之術也。聲，謂將死而哀鳴也。蓋人之於禽獸，同生而異類【一】。故用之以禮，而不忍之心施於見聞之所及。其所以必遠庖厨者，亦以預養此心，而廣爲仁之術也。王説曰：「詩云：『他人有心，予忖度之。』夫子之謂也。夫我乃行之，反而求之，不得吾心；夫子言之，於我心有戚戚焉。此心之所以合於王者何也？」戚戚，心動貌。王因孟子之言，而前日之心復萌，乃知此心不從外得，然猶未知所以反其本而推之也。曰：「有復於王者曰：『吾力足以舉百鈞，而不足以舉一羽；明足以察秋毫之末，而不見輿薪。』則王許之乎？」曰：「否。」「今恩足以及禽獸，而功不至於百姓者，獨何與？然則一羽之不舉，爲不用力焉；輿薪之不見，爲不用明焉；百姓之不見保，爲不用恩焉。故王之不王，不爲也，非不能也。」「今恩」以下，孟子之言也。蓋天地之性，人爲貴。故人之與人，又爲同類而相親。是以惻隱之發，則於民切而於物緩。推廣仁術，則仁民易而愛物難。今王此心能及物矣，則其保民而王，非不能也，但自不肯爲耳。曰：「不爲者與不能者之形何以異？」曰：「挾太山以超北海，語人曰：『我不能。』是誠不能也。爲長者折枝，語人曰：『我不能。』是不爲也，非不能也。故王之不王，非挾太山以超北海之類也；王之不王，是折枝之類也。是心固有，不待外求，擴而充之，在我而已。何難之有？老吾老，以及人之老；幼吾幼，以及人之幼：天下可運於掌。《詩》云：『刑于

【一】同生而異類　「異」原作「其」，據四庫本、《孟子集注》卷一改。

寡妻,至于兄弟,以御于家邦。』言舉斯心加諸彼而已。故推恩足以保四海,不推恩無以保妻子。古之人所以大過人者,無他焉,善推其所爲而已矣。今恩足以及禽獸,而功不至於百姓者,獨何與?老,以老事之也。吾老,謂吾之父兄。人之老,謂人之父兄。幼,以幼畜之也。吾幼,謂我之子弟。人之幼,謂人之子弟。運於掌,言易也。骨肉之親,本同一氣,又非但若人之同類而已。故古人必由親親推之,然後及於仁民。又推其餘,然後及於愛物。皆自近以及遠,自易以及難。今王反之,則必有故矣。故復推本而再問之【二】。權,然後知輕重;度,然後知長短。物皆然,心爲甚,王請度之。言物之輕重長短,人所難齊,必以權度度之而後可見。若心之應物,則其輕重長短之難齊,而不可不度以本然之權度,又有甚於物者。今王恩及禽獸,而功不至於百姓。是其愛物之心重且長,而仁民之心輕且短,失其當然之序而不自知也。故上文既發其端,而於此請王度之也。抑王興甲兵,危士臣,搆怨於諸侯,然後快於心與?」孟子以王愛民之心所以輕且短者,必其以是三者爲快也。然三事實非人心之所快,有甚於殺觳觫之牛者。故指以問王,欲其以此而度之也。

王曰:「否。吾何快於是?將以求吾所大欲也。」不快於此者,心之正也;而必爲此者,欲誘之也。欲之所誘者獨在於是,是以其心尚明於他,而獨暗於此。此其愛民之心所以輕且短也。曰:「王之所大欲,可得聞與?」王笑而不言。曰:「爲肥甘不足於口與?輕煖不足於體與?抑爲采色不足視於目與?聲音不足聽於耳與?便嬖不足使令於前與?王之諸臣,皆足以供之,而王豈爲是哉?」曰:「否,吾不爲是也。」曰:「然則王之所大欲可知已,欲辟土地,朝秦、楚,莅中國,而撫四夷也。以若所爲,求若所欲,猶緣木而求魚也。」王曰:「若是其

【二】而再問之　「問」原作「同」,據四庫本、《孟子集注》卷一改。

甚與？」曰：「殆有甚焉。緣木求魚，雖不得魚，無後災；以若所爲，求若所欲，盡心力而爲之，後必有災。」曰：「可得聞與？」曰：「鄒人與楚人戰，則王以爲孰勝？」曰：「楚人勝。」曰：「然則小固不可以敵大，寡固不可以敵衆，弱固不可以敵彊。海内之地，方千里者九，齊集有其一。以一服八，何以異於鄒敵楚哉？蓋亦反其本矣。今王發政施仁，使天下仕者皆欲立於王之朝，耕者皆欲耕於王之野，商賈皆欲藏於王之市，行旅皆欲出於王之塗，天下之欲疾其君者，皆欲赴愬於王。其若是，孰能禦之？」發政施仁，所以王天下之本也。近者悦，遠者來，則大小强弱非所論矣。蓋力求所欲，則所欲者反不可得。能反其本，則所欲者不求自至。王曰：「吾惛，不能進於是矣。願夫子輔吾志，明以教我。我雖不敏，請嘗試之。」曰：「無恒産而有恒心者，惟士爲能。若民則無恒産因無恒心。苟無恒心，放辟邪侈，無不爲已。及陷於罪，然後從而刑之，是罔民也。焉有仁人在位，罔民而可爲也！是故明君制民之産，必使仰足以事父母，俯足以畜妻子，樂歲終身飽，凶年免於死亡，然後驅而之善，故民之從之也輕。今也制民之産，仰不足以事父母，俯不足以畜妻子，樂歲終身苦，凶年不免於死亡。此惟救死而恐不贍，奚暇治禮義哉？王欲行之，則盍亦反其本矣。使民有常産者，又發政施仁之本也。五畝之宅，樹之以桑，五十者可以衣帛矣。雞豚狗彘之畜，無失其時，七十者可以食肉矣。百畝之田，勿奪其時，八口之家可以無飢矣。謹庠序之教，申之以孝悌之義，頒白者不負戴於道路矣。老者衣帛食肉，黎民不飢不寒，然而不王者，未之有也。」

此言制民之産之法也。趙氏曰：「八口之家，次上農夫也。此工政之本，常生之道，故孟子爲齊、梁之君各陳之也。」楊氏曰：「爲天下者，舉其心加諸彼而已。然雖有仁心仁聞，而民不被其澤者，不行先王之道故也，故以制民之産告之。」

此章言人君當黜霸功，行王道，而王道之要不過推其不忍之心，以行不忍之政而已。齊王非無此心，而奪於功利之私，不能擴充以行仁政。雖以孟子反覆曉告，精切如此，而蔽固已深，終不能悟，是可歎也。或問：「『仁術』字當何訓？」曰：「『術』猶方便也。」又曰：「術字本非不好底。只緣後人把做變詐看了，便道是不好【三】。却不知天下事有難處處，須著有箇巧底道理始得。」以羊易之，是用術處。有此術，則自家仁心方得流行。南軒曰：「保民云者，若保赤子之保也。宣王自視歉然，懼力之不足，而不知保民之道雖甚大，其端則不遠，患不能體察擴充之耳。故孟子引見牛之事以告，使知不忍之心已實有之【四】，反而推之也。夫宣王坐堂上，牽牛過堂下，而不忍之心於此，蓋不出於計較作爲，而其端因物發見也。曰『是心足以王矣』，言不忍之心【五】，王所固有，是足以王也。」方見牛而不忍者，無以蔽之，而其愛物之端發見也；而不能加恩於民者【六】，有以蔽之，而仁民之理不著也。然即夫愛物之端【七】，可以知夫仁民之理素具【八】，反而循其不忍之實，其所謂仁民者固可得也。「老吾老以及人之老，幼吾幼以及人之幼」，所謂由一本而推之也。「文王之刑于寡妻，至于兄弟，以御于家邦」，亦舉斯心以加諸彼而已。蓋無非此心之所存也。聖人雖無事乎推，然其自身以及家，自家以及國，亦固有序矣。推恩足以保四海者，愛無所不被也。不推恩無以保妻子，失其所爲愛之理也。夫行王政者，其心非欲傾他國以自利也。惟其以生民困苦爲己任，行吾之所當爲，而天下歸心焉耳。夫欲辟土地、朝秦、楚，自世俗之務功名者言之，則以爲有志。而自聖賢觀之，則特出於忮求矜伐之私耳。宣王惟汲汲於濟其私，故顛沛錯亂，非惟不能克濟而禍患從之。蹈乎欲者，固危殆之道也。若由孟子所言，以發政施仁爲事，則是爲公理之所存，可大之業自爾馴致，此天理人慾之分也。

孟子曰：「以力假仁者霸，霸必有大國；以德行仁者王，王不待大，湯以七十里，文

【三】

便道是不好　「便」原作「使」，據四庫本、《朱子語類》卷五十一改。

【四】

已實有之　「已」原作「又」，據四庫本改。

【五】

不忍之心　「不」原作「下」，據四庫本改。

【六】

加恩於民　「恩」原作「思」，據四庫本、乾隆本改。

【七】

夫愛物之端　「夫」原作「天」，據四庫本改。

【八】

理素具　「具」原作「其」，據四庫本改。

王以百里。朱子曰：「假仁者本無是心，而借其事以爲功也。以德行仁，則自吾之得於心者而推之，無適而非仁也。」以力假仁，力與仁二。以德行仁，德便是仁。南軒曰：「以德行仁至誠惻怛，本於其心而形於事爲，如木之有本、水之有源也。」以力服人者，非心服也，力不贍也；以德服人者，中心悅而誠服也，如七十子之服孔子也。」王霸之心，誠僞不同。故人之所以應之者，其不同亦如此。鄒氏曰：「以力服人者，有意於服人而人不敢不服；以德服人者，無意於服人而人不能不服。從古以來，論王霸者多矣【九】，未有若此深切著明也。」

孟子曰：「仁則榮，不仁則辱。今惡辱而居不仁，是猶惡濕而居下也。」朱子曰：「此只是爲下等人言，若是上等人，豈以榮辱之故而後行仁哉？」南軒曰：「仁者非有意於榮，仁者固榮也。在身則心和而氣平，德性尊而暴慢遠，在家則父子親而兄弟睦，夫婦義，長幼序，推之於國而國治，施之於天下而天下平。無往而不榮也。若夫不仁之人，咈理而徇欲，一身將不能以自保，而況於其他乎？夫人之情孰不惟辱之惡，而自處於不仁，則以私欲蔽之，而昧夫榮辱之幾故也。」「爲富不仁」章見《丙記》，「爲天下得人謂之仁」章見《異端》篇。

孟子曰：「離婁之明，公輸子之巧，不以規矩，不能成方員；師曠之聰，不以六律，不能正五音。堯、舜之道，不以仁政，不能平治天下。今有仁心仁聞，而民不被其澤，不可法於後世者，不行先王之道也。朱子曰：「仁心，愛人之心也。仁聞者，有愛人之聲聞於人也。先王之道，仁政是也。」范氏曰：「齊宣王不忍一牛之死，以羊易之，可謂有仁心。梁武帝終日一食蔬素，宗廟以麪爲犧牲，斷死刑必爲之涕泣，天下知其慈仁，可謂有仁聞。然而宣王之時，齊國不治；武帝之末，江南大亂。其故何哉？有仁心仁聞而不行先王之道故也。」故曰徒善不足以爲政，徒法不能以自行。有其心無其政是謂徒善，有其政無其心是謂徒法。《詩》云：『不愆不忘，率由舊章。』遵先王之法而過者，未之有也。聖人既竭目力

【九】論王霸者　「霸」原作「伯」，據四庫本改。

焉，繼之以規矩準繩，以爲方員平直，不可勝用也； 既竭耳力焉，繼之以六律，正五音，不可勝用也； 既竭心思焉，繼之以不忍人之政，而仁覆天下矣。此言古之聖人，既竭耳目心思之力，然猶以爲未足以徧天下，及後世，故制爲法度以繼續之，則其用不窮，而仁之所被廣矣。故曰爲高必因丘陵，爲下必因川澤，爲政不因先王之道，可謂智乎？丘陵本高，川澤本下，爲高下者因之，則用力少而成功多矣。鄒氏曰：「自章首至此，論以仁心仁聞，行先王之道。」是以惟仁者宜在高位，不仁而在高位，是播其惡於衆也。」仁者，有仁心仁聞而能擴而充之，以行先王之道者也。播惡於衆，謂貽患於下也。

孟子曰：「規矩，方員之至也； 聖人，人倫之至也。欲爲君，盡君道； 欲爲臣，盡臣道。二者皆法堯、舜而已矣。不以舜之所以事堯事君，不敬其君者也； 不以堯之所以治民治民，賊其民者也。孔子曰：『道二，仁與不仁而已矣。』朱子曰：「法堯、舜，則盡君臣之道而仁矣； 不法堯、舜，則慢君賊民而不仁矣。二端之外，更無他道。出乎此，則入乎彼矣，可不謹哉！」南軒曰：「仁與不仁，此爲二途，顧所由如何耳。不仁亦謂之道者，謂不仁之道也。如堯、舜之爲，是由夫仁之道也。若幽、厲之爲，是由夫不仁之道也。」暴其民甚，則身弑國亡； 不甚，則身危國削。名之曰『幽、厲』，雖孝子慈孫，百世不能改也。」言不仁之禍必至於此，可懼之甚也。

孟子曰：「三代之得天下也以仁，其失天下也以不仁。國之所以廢興存亡者亦然。天子不仁，不保四海； 諸侯不仁，不保社稷； 卿大夫不仁，不保宗廟； 士庶人不仁，不保四體。今惡死亡而樂不仁，是猶惡醉而强酒。」南軒曰：「仁者人之道，人道既廢，則雖有四體，其能保諸？是不仁者，乃趨死亡之道也」云云。雖然，此特未能真知不仁者之可以死亡耳。使其真知不仁者之可以死亡，則如蹈水火之不敢爲矣。」

孟子曰：「《詩》云：『商之孫子，其麗不億。上帝既命，侯于周服。侯服于周，天命靡常。殷士膚敏，祼將于京。』孔子曰：『仁不可爲衆也。夫國君好仁，天下無敵。』朱子曰：「孔子因讀此詩，而言有仁者，則雖十萬之衆不能當之，故國君好仁，則必無敵於天下也。」今也欲無敵於天下而不以仁，是猶執熱而不以濯也。《詩》云：『誰能執熱，逝不以濯？』」

孟子曰：「不仁者可與言哉？安其危而利其菑，樂其所以亡者。不仁而可與言，則何亡國敗家之有？」朱子曰：「安其危利其菑者，不知其爲危菑而反以爲安利也。所以亡者，謂荒淫暴虐，所以致亡之道也。不仁之人，私欲固蔽，失其本心，故其顛倒錯亂至於如此，所以不可告以忠言，而卒至於敗亡也。」

孟子曰：「桀、紂之失天下也，失其民也；失其民者，失其心也。得天下有道，得其民，斯得天下矣。得其民有道，得其心，斯得民矣。得其心有道，所欲與之聚之，所惡勿施爾也。民之歸仁也，猶水之就下、獸之走壙也。朱子曰：「壙，廣野也。言民之所以歸乎此，以其欲之在乎此也。」故爲淵敺魚者，獺也。爲叢敺爵者，鸇也。爲湯、武敺民者，桀與紂也。今天下之君有好仁者，則諸侯皆爲之敺矣。雖欲無王，不可得已。今之欲王者，猶七年之病求三年之艾也。苟爲不畜，終身不得。苟不志於仁，終身憂辱，以陷於死亡。」南軒曰：「孟子所謂『諸侯皆爲之敺者』，非利乎它人之爲己敺也，特言其理之常然者耳。循夫天理而無利天下之心，而天下歸之，此三王之所以王也。假是道而亦以得天下者，漢、唐是也，故秦爲漢敺者也，隋爲唐敺者也。」

孟子曰：「仁之勝不仁也，猶水勝火。今之爲仁者，猶以一杯水救一車薪之火也；不熄，則謂之水不勝火，此又與於不仁之甚者也，朱子曰：「與，猶助也。仁之能勝不仁，必然之理也。但爲之不力，則無以勝不仁，而人遂以爲真不能勝，是我之所爲有以深助於不仁者也。」以正勝邪，須做得十分工夫，方勝得它。正如人身正氣稍不足，邪便得以干之矣。亦終必亡而已矣。」言此人之心，亦且自怠於爲仁，終必并與其所爲而亡之矣。趙氏曰：「言爲仁不至，而不反諸己也。」南軒曰：「此爲有志於仁而未力者言也。仁與不仁，特係乎操舍之間，而天理人欲分焉。天理存則人欲消，固不兩立也，故以水勝火喻之。然用力於仁，貴於久而勿舍，若一暴而十寒，倏得而復失，則暫存之天理，豈能勝無窮之人欲哉？學者觀於此，其可斯須而不存是心乎？天理浸明，則人欲浸消矣。及其至也，純是天理，以水勝火，不其然乎？」

孟子曰：「五穀者，種之美者也；苟爲不熟，不如荑稗。夫仁亦在乎熟之而已矣。」朱子曰：「荑稗，草之似穀者也。其實亦可食，然不能如五穀之美也。但五穀不熟，則反不如荑稗之熟；猶爲仁而不熟，則反不如它道之有成。是以爲仁必貴乎熟，而不可徒恃其種之美，又不可以仁之難熟，而甘爲它道之有成也。」尹氏曰：「日新而不已則熟。」南軒曰：「此勉學者爲仁貴乎有成也。仁者，人之所以爲人也。然爲之而不至，則未可謂成人，况於乍明乍暗，若存若亡，無篤實悠久之功，則終亦必亡而已矣，云云。未至於顔子之地，皆未可語夫熟。」

淳于髡曰：「先名實者，爲人也；後名實者，自爲也。夫子在三卿之中，名實未加於上下而去之，仁者固如此乎？」朱子曰：「名，聲譽也。實，事功也【一〇】。言以名實爲先而爲之者，是有志於救民也；以名實爲後而不爲者，是欲獨善其身者也。名實未加於上下，謂上未能正其君，下未能濟其民也。」

【一〇】實事功也　「功」原作「力」，據四庫本改。

孟子曰：「居下位，不以賢事不肖者，伯夷也；五就湯，五就桀者，伊尹也；不惡污君，不辭小官者，柳下惠也。三子者不同道，其趨一也。一者何也？曰：仁也。君子亦仁而已矣，何必同？」朱子曰：「仁者，無私心而合天理之謂。」楊氏曰：「伊尹之就湯，以三聘之勤也。其就桀也，湯進之也。湯豈有伐桀之心哉？其進伊尹以事之也，欲其悔過遷善而已。伊尹既就湯，則以湯之心爲心矣。及其終也，人歸之，天命之，不得已而伐之耳。若湯初求伊尹，即有伐桀之心，而伊尹遂相之以伐桀，是以取天下爲心也。以取天下爲心，豈聖人之心哉？」南軒曰：「淳于髡以孟子爲卿於齊，未久而遽去，疑其爲自爲，而非仁者之所爲。蓋髡徒知以爲人爲仁，而不知仁之理存乎性者也。故伯夷之不以賢事不肖，伊尹之五就，柳下惠之不惡不辭，而皆爲趨於仁，以其皆本於天理之正故爾。若徇夫爲人之名以爲仁，而咈乎性之理，則所謂愛之本先亡，而其所以爲愛者，特其情之流爾，豈不反害於仁乎？」

孟子曰：「萬物皆備於我矣。朱子曰：「此言理之本然也。大則君臣父子，小則事物細微，其當然之理，無一不具於性分之内也。」反身而誠，樂莫大焉。誠，實也。言反諸身，而所備之理，皆如惡惡臭、好好色之實然，則其行之不待勉强而無不利矣，其爲樂孰大於是。强恕而行，求仁莫近焉。」强，勉强也。恕，推己以及人也。反身而誠則仁矣，其有未誠，則是猶有私意之隔，而理未純也。故當凡事勉强，推己及人，庶幾心公理得，而仁不遠也。　此章言萬物之理具於吾身，體之而實，則道在我而樂有餘；行之以恕，則私不容而仁可得。「反身而誠」，蓋知之已至，而自然循理，所以樂。「强恕而行」，是知之未至，且恁地把捉勉强做去，少間到純熟處，便是仁。問：「『反身而誠』，是大賢以上事；『强恕求仁』，是學者身分上事否？」曰：「然。」又曰：「『反身而誠』，只是箇真知。真實知得，則滔滔行將去，見得萬理與我爲一，自然其樂無涯。所以伊川云『異日見卓爾有立於前，然後不知手之舞，足之蹈』，正此意也。」萬物不是萬物之迹，只是萬物之理。横渠曰：「『萬物皆備於我矣』，言萬物皆素定於我也。行有不慊於心則餒矣，故『反身而誠，樂莫大焉』。若不是實做工夫到這裏，如何見得恁地？」誠是有此理，檢校自家身分果無欠闕，事君真箇忠，事親真箇孝，仰不愧於天，俯不怍於人【一一】，其樂孰大於此？「反身而誠」，孟子之意主於「誠」字，言反身而實有此理也。爲父而實有慈，爲子而實有孝，豈不快活？若反身不誠，是無此理，但有恐懼而已，豈得樂哉？未至於反身而誠處，且逐事要推己及人，庶幾心公理得。更好子細看這般處。不可將「恕」字低看了。求仁莫近於恕，「恕」字甚緊。

孟子曰：「仁言不如仁聲之入人深也，程子曰：「仁言，謂以仁厚之言加於民。仁聲如仁聞，謂有仁厚之實而爲衆所稱道者也。此尤見仁德之昭著，故其感人之尤深也。」善政不如善教之得民也。」

孟子曰：「君子之於物也，愛之而弗仁；於民也，仁之而弗親。親親而仁民，仁民而愛物。」朱子曰：「物，謂禽獸草木。愛，謂取之有時，用之有節。」程子曰：「仁，推己及人，如老吾老以及人之老，於民則可，於物則不可。統而言之則皆仁，分而言之則有序。」楊氏曰：「其分不同，故所施不能無差等，所謂理一而分殊者也。」尹氏曰：「何以有是差等？一本故也，無僞也。」南軒曰：「理一而分殊者，聖人之道也。蓋究其所本則固原於一，而循其所推則不得不殊。明乎此，則知仁義之未嘗不相須矣。」

孟子曰：「不仁哉，梁惠王也！仁者以其所愛，及其所不愛；不仁者以其所不愛，及其所愛。」朱子曰：「親親而仁民，仁民而愛物，所謂以其所愛及其所不愛也。」公孫丑曰：「何謂也？」「梁惠王以土地之故，糜爛其民而戰之，大敗，將復之，恐不能勝，故驅其所愛子弟以殉之。是之謂以其所不愛及其所愛也。」以土地之故及其民，以民之故及其子弟【一二】，皆以其所不愛及其所

【一一】俯不怍於人　「怍」原作「作」，據四庫本改。

【一二】及其子弟　「弟」字原脱，據四庫本補。

愛也。此章言仁人之恩，自内及外；不仁之禍，由疏及親。南軒曰：「此愛者，仁之道也。而有所不愛者，是爲私意所隔，而愛之理蔽於内也。善推其所爲，則自親以及疏，雖各有等差，而愛無不加焉。至於不仁者，則不能推矣。不能推，故曰『以陷溺』。不惟無以及於人，且將併與其親愛者亦不之卹，此豈仁之道哉？」

孟子曰：「盡信《書》，則不如無《書》。吾於《武成》，取二三策而已矣。程子曰：「取其奉天伐暴之心，反政施仁之法而已。」仁人無敵於天下，以至仁伐至不仁，而何其血之流杵也【一三】？」朱子曰：「《武成》言武王伐紂，紂之前徒『倒戈，攻於後以北，血流漂杵』。孟子言此則其不可信者。然《書》本意乃謂商人自相殺，非謂武王殺之也。孟子之設此言，懼後世之惑，且長不仁之心耳。」

孟子曰：「有人曰：『我善爲陳，我善爲戰。』大罪也。國君好仁，天下無敵焉。南面而征北狄怨，東面而征西夷怨。曰：『奚爲後我？』武王之伐殷也，革車三百兩，虎賁三千人。王曰：『無畏！寧爾也，非敵百姓也。』若崩厥角稽首。征之爲言正也，各欲正己也，焉用戰？」南軒曰：「征之爲言正也，人望其來正己也，而何戰之有哉？若不志於仁，而徒欲以巧力取勝，則天下孰非吾敵？勝與負，均爲殘民而逆天也。」戰陳，君子之所不取，而大司馬有教戰之法，何也？先王之制兵，亦仁政之大者，所以禁暴止亂而救民之生也。有兵斯有用兵之法，非若後世詭譎之爲者。蓋明其節制，一其號令，使之服習，而其本則出於仁義，是以無敵於天下。若弛兵撤禁，以召後悔，而曰吾好仁而已，是烏所謂有仁者哉！

孟子曰：「不仁而得國者，有之矣；不仁而得天下，未之有也。」朱子曰：「言不仁之人，騁其私智，可以盜千乘之國，而不可以得丘民之心。」鄒氏曰：「自秦以來，不仁而得天下者有矣，然皆一再傳而失之，猶不得也。所謂得天下者，必如三代而後可。」南軒曰：「不仁而得國，亦得其土地而已，顧豈得其民人之心哉！然則是

【一三】何其血之　「何」原作「河」，據《孟子集注》卷七改。

終可保乎？孟子之言所當深味，而不可執辭以害意也。」

孟子曰：「仁也者，人也。合而言之，道也。」朱子曰：「仁者，人之所以爲人之理也。然仁，理也。人，物也。以仁之理，合於人之身言之，乃所謂道者也。程子曰：「『率性之謂道』，是也。」或曰：「外國本人也之下，有『義也者宜也，禮也者履也，智也者知也，信也者實也』，凡二十字。」今按如此，則理極分明，然未詳其是否也。「仁者人也」，人之所以爲人者，以其有此而已。人之所以得名，以其仁也。言仁而不言人，則不見理之所寓；言人而不言仁，則人不過是一塊血肉耳。必合而言之，方見得道理出來。此「仁」字不是别物，即是這人底道理。將這仁與人合，便是道。程子謂此猶「率性之謂道」也。如《中庸》「仁者人也」是對「義者宜也」，意又不同。「人」字是以人身言之。仁字有生意【一四】，是言仁之生道也。《中庸》説仁字又密。上言「脩身以道，脩道以仁」，便説「仁者人也」，是切己言之。孟子是統而言之。南軒曰：「仁者，人也。仁謂仁之理，人謂人之身。仁字本自人身上得名，合而言之，則人而仁矣，是乃人之道也，故伊川曰：『仁固是道，道却是總名』。蓋人之生，其愛之理具其性，是乃所以爲人之道者。惟其私意日以蔽隔，故其理雖存，而人不能合之，則人道亦幾乎息矣。惟君子以克己爲務，己私既克，無所蔽隔，而天理睟然，則人與仁合，而爲人之道得矣。」

董子曰：「仁人者，正其誼不謀其利，明其道不計其功。」程子云：「此董生所以度越諸子。」

按：本傳仲舒爲江都相，事易王。王問曰：「粵王勾踐與大夫泄庸、種、蠡謀伐吴【一五】，遂滅之。孔子稱殷有三仁，寡人亦以爲粵有三仁。」仲舒對曰：「臣聞昔者魯君問柳下惠：『吾欲伐齊何如？』柳下惠曰：『不可。』歸而有憂色，曰：『吾聞伐國不問仁人，此言何爲至於我哉？』徒見問之，且猶羞之，况設詐以伐吴乎？由此言之，粵本無一仁。夫仁人者，正其誼不謀其利，明其道不計其功，是以仲尼之門，五尺之童羞稱五伯，爲其先詐力而後仁誼也。」董子之言如此，蓋自孟子以後，未有及之者，故以繼于孔、孟之後。又按：文中子曰：「荀氏有二仁焉：其生也以救時，其死也以明道。」

【一四】仁字有生意　「仁字」原作「人自」，據《朱子語類》卷六十一改。

【一五】謀伐吴　「吴」原作「兵」，據四庫本改。

或、攸父子雖有死生之殊，要皆輔曹以篡漢者也，其可謂之仁乎？其可與三仁例論乎？仲淹以明道自任，而其言若是，其不及董子也遠矣。問：「心與仁何異？」程子曰：「心譬如穀種，生之性是仁。陽和發處乃情也。」問「仁者，愛之理。」朱子曰：「理便是性。緣裏面有這愛之理，所以發出來無不愛。程子曰：『心如穀種，其生之性，乃仁也。』生之性，便是『愛之理』也。」仁只是天地間一箇生生底道理，程子所謂「譬如穀種，仁則其生之性」，玩此則仁可識矣。　愚按：程子此語最精切，且兼盡心性情之妙，故以此爲論仁之首。

天地之大德曰生。天地絪緼，萬物化醇。萬物之生意最可觀，此元者善之長也，斯所謂仁也。問：「萬物之生意最可觀。」朱子曰：「物之初生，其去本未遠，故好看。及幹成葉茂，却不好看。如赤子入井時惻隱怵惕之心只些子仁，見得時却好看。到得發政施仁，其仁固廣，便看不得何處是仁。」又曰：「周茂叔窗前草不除，曰觀天地生物氣象。」

心生道也，有是心，斯具是形以生。惻隱之心，人之生道也，雖桀、跖不能無是以生，但戕賊之以滅天耳。朱子曰：「天地生物之心是仁。人之稟賦，接得此天地之心，方能有生。故惻隱之心在人，亦爲生道也。」　心生道也，乃是得天之心以生，生物便是天之心。

醫書言手足痿痺爲不仁，此言最善名狀。全文已見「博施濟衆」注。又曰：「醫家以不認痛痒謂之不仁，人以不知覺、不認義理爲不仁，譬最近。」勉齋黃氏曰：「程子言手足痿痺爲不仁，其義何也？或以爲痿痺者，不識痛痒之謂也。如此則覺者爲仁，仁可以覺言乎？曰：愚嘗聞之師矣，所謂『仁者當於氣已不貫』一句，求之手足之所以痿痺者，以吾之氣不貫乎手足耳。手足之譬，則人物也痿痹，則吾之心不屬乎彼，彼雖有疾痛頑然而莫之知也。氣無不貫，則一身無痿痺之處，此心無不達，則天下無疾痛莫覺之人，故論仁者當觀其心。」　愚按：

黄氏之論至矣，然初學猶有未悉者。夫手足不仁者，非謂手足自不仁也，蓋手足本吾一體，而風痺之人血氣不貫於手足，便與不屬己相似。人與物亦本吾一體，緣頑忍之人此心不貫於人物，亦與不屬己相似。風痺之人不仁於手足，頑忍之人不仁於民物，皆以其不屬己故也。殊不知天地吾之父母，己與人雖有彼我之異，人與物亦有貴賤之殊，要皆天地之子，本同一體。只緣私意横生，天理泯絶，便以人己爲二致。亦如手足本是吾身之物，只緣風邪所中，血氣鬲塞，遂以手足爲外物。手足者，民物之譬也。風邪者，私意之譬也。人無私意之害，則民物之休戚自然相關，一見赤子入井，則此心爲之怵惕。無風邪之病，則四支之痛痒，亦自然相關，雖小小疾苦，此心亦爲之痛楚。當如此玩味，方曉程子痿痺不仁之意。又按：《遺書》曰：「『剛毅木訥』，質之近乎仁也；『力行』，學之近乎仁也。若夫至仁，則天地爲一身，而天地之間，品物萬形，爲四肢百體。豈有肢體而不愛者哉？聖人仁之至也，獨能體是心而已，曷嘗支離多端而求之於外乎？故『能近取譬』者，仲尼所以示子貢以爲仁之方也。醫書有以四體風頑謂之四體不仁，爲其疾痛不以累其心故也。夫手足在我，而疾痛不與知焉，非忍而何？世之忍心無恩者，其自棄亦若是而已。」此章與前章醫書云云，意義全同，但記之者異，故附注于此。

《訂頑》，乃仁之體也。問云云，李公晦曰：「以天地萬物爲一體，而無一毫私意以間之，非仁體而何？」

程子曰：「公而以人體之，故爲仁。」全文云：「仁之道，只須道一『公』字。公只是仁之理，不可將公便喚作仁云云。只爲公則物我兼照，故仁所以能恕，所以能愛。恕則仁之施，愛則仁之用也。」

又曰：「仁道難名，惟公近之，非以公便爲仁。」問：「公而以人體之則爲仁。」朱子曰：「公是仁之方法，人是仁之材料。有此人，方有此仁。蓋有形氣，便具此生理。若無私意間斷，則人身全體皆是仁。」又曰：「公只是一箇理，仁是人心本仁。人而不公，則害夫仁。故必體此公在人身上以爲之體，則無所害其仁，而仁流行矣。」公在仁之前，恕與愛在仁之後。公則能仁，仁則能恕能愛。問：「恕則仁之施，愛則仁之用。施與用如何别？」曰：「恕是分俵那愛底。如一桶水，愛是水，恕是分俵此水何處一杓，何處二杓，故謂之施。愛是仁之用，恕所以施愛者。」又曰：「仁之發處自是愛，恕是推那愛底，愛是恕之所推者。若不是恕去推那愛，那愛亦不能及物。『公而以人體之』，此句本似有病。然若真箇曉得，方知這一句說得好【一六】，所以程子曰『公近仁』。蓋這箇仁在這箇人字上。元自有這箇仁，合下便帶得來。只爲不公，所以蔽塞了不出來。若能公，仁便流行。譬如溝中水，被沙土壅塞，故水不流。若能去了沙土，水即流矣。非是外面別擔水來放溝中，是溝中元有此水，只是被物壅遏。去其塞，水便流行，如『克己復禮爲仁』。所謂克己，去其私而已矣。能去其私，則天理便自流行。不是克己了，又別討箇天理來放在裏面也，故曰公近仁。」　恕與愛本皆出於仁，然非公則安能恕，安能愛？陳淳曰：「仁如水，愛如水之潤，恕是水之流。」先生是之。

天心所以至仁者，惟公耳。人能至公，即是仁。　尹焞曰：「仁者公而已矣。」伊川曰：「何謂也？」曰：「能好人，能惡人。」伊川曰：「善涵養。」又云：「惇以仁，惟公可以盡之。」伊川曰：「思而至此，學者所難及也云云。」　愚按：上章皆以公爲近仁，此章謂公即仁，當詳之。

仁則一，不仁則二。　問云云，朱子曰：「仁則公，公則通，天下只是一箇道理。不仁則私意，變詐百出而不一也。」

程子曰：「孟子云：『惻隱之心，仁也。』後人遂以愛爲仁。愛自是情，仁自是性，豈可專以愛爲仁？孟子言：『惻隱之心，仁之端也。』既曰仁之端，則不可便謂之仁。退之言：『博愛之謂仁。』非也。仁者固博愛，然便以博愛爲仁則不可【一七】。」朱子曰：「仁者愛之理，理是根，愛是苗。」　愛是情，愛之理是仁。仁者愛之理，愛者仁之事。仁者愛之體，愛者仁之用。　仁是未發，愛是已發。　愛之理，愛自仁出也。問：「韓愈博愛之謂仁【一八】。」曰：「是指情爲性。」問：「周子說『愛曰仁』，與博愛之說如何？」曰：「『愛曰仁』，猶曰『惻隱之心，仁之端也』，是就愛處指出仁。若『博愛之謂仁』之謂，便是把博愛做仁，了

【一六】方知這一句　「方」原作「力」，據《朱子語類》卷九十五改。

【一七】以博愛爲仁　「博」字原脫，據《朱子語類》卷一百三十七補。

【一八】博愛之謂　「博」字原作「傳」，據四庫本、《朱子語類》卷二十改。

然不同。」未發時，只喚做仁，仁却無形影。既發後，方喚做愛，愛却有形影。未發言仁，可以包義禮智。既發而惻隱，可以包恭敬、辭遜、是非。四端者，端如萌芽相似，惻隱方是從仁裏面發出來底。愛是惻隱，惻隱是情，其理則謂之仁。問：「『仁者，愛之理』，看孔門答問仁多矣，如克己等類，『愛』字恐未足以盡之。」曰：「必着許多工夫，所以全得那仁，發出來便能愛。如『克己復禮』，如『居處恭【一九】，執事敬』，這處豈便是仁？所以喚醒那仁。若私欲昏蔽，這裏便死了，豈復有仁？」問：「伊川曰『仁主乎愛』，愛便是仁否？」曰：「仁主乎愛者，仁發出來便做那慈愛底事。」愛是仁之發，謂愛是仁，却不得。

程子曰：「學者先須識仁。仁者，渾然與物同體。義、禮、智，皆仁也。」下文云：「識得此理，以誠敬存之而已，不須防檢，不須窮索。若心懈則有防，心苟不懈，何防之有？理有未得，故須窮索，存久自明，安待窮索？此道與物無對，大不足以明之。天地之用，皆我之用。孟子言『萬物皆備於我』，須反身而誠，乃爲大樂。若反身不誠，則猶是二物有對，以己合彼，終未有之，又安得樂？《訂頑》意思，乃備言此體。以此意存之，更有何事？『必有事焉而勿正，心勿忘，勿助長』，未嘗致纖毫之力，此其存之之道。若存得，便合有得。蓋良知良能原不喪失【二〇】，以昔日習心未除，故須存養此心，久則可奪舊習。此理至約，惟患不能守。能既體之而樂，亦不患不能守也。」朱子曰：「明道『學者須先識仁』一段説話，極好。只是説得太廣，學者難入。」

程子曰：「觀雞雛，可以觀仁。」或問：「云云，何也？」朱子曰：「凡物皆可觀，此偶見雞雛而言耳【二一】。小小之物，生理悉具。」問：「雞雛如何是仁？」道夫曰：「先生嘗謂初與嫩底便是。」先生曰：「如此看，較分明。蓋當是時飲啄自如，未有所謂爭鬬侵凌之患，只此便是仁也。」

切脉最可體仁。問：「何也？」朱子曰：「脉理周流於一身，仁之理亦是恁也。」

程子曰：「敬以直內，義以方外，仁也。」或問：「云云，如何以此便謂之仁？」朱子曰：「亦是仁也。

【一九】居處恭　「居」字原作「君」，據四庫本、《朱子語類》卷二十改。

【二〇】原不喪失　「原」原作「元」，據四庫本改。

【二一】此偶見　「此」原作「比」，據《朱子語類》卷九十七改。

若能到私欲淨盡，天理流行處，皆可謂之仁。如『博學篤志，切問近思』，則仁在其中。『克己復禮』亦是仁，『出門如賓，使民如祭』亦是仁；『君處恭，執事敬，與人忠』，亦是仁。看從那路入，但從一路入，做到極處便是仁。」

程子曰：「把捉不定，便是不仁。」或問：「人心紛擾時難把捉。」先生曰：「真個是難把持不能久，又被事物及閑思慮引將去。《孟子》『牛山之木』一章，最要看『操之則存，舍之則亡』。」或云：「把持不能久，勝物欲不去。」先生曰：「這個不干別人事。雖是難，亦須自着力把持，常惺惺，不要放倒。覺得物欲來，便著緊不要隨他去。若説把持不得，勝它不去，是自壞也，更説甚『爲仁由己，而由人乎哉』！」

張子曰：「天體物而不遺，猶仁體事而無不在也。『禮儀三百，威儀三千』，無一物之非仁也。『昊天曰明，及爾出王，昊天曰旦，及爾游衍』，無一物之不體也。」朱子曰：「體物，猶言爲物之體也，蓋物物有箇天理。體事，謂事事是仁做出來。如禮儀三百，威儀三千，須是仁做始得。凡言體，便是做他那骨子。」問：「云云，以見物物各有天理，事事皆有仁。」曰：「然。天理在物上【一二】，仁體在事上。本謂物以天爲體，事以仁爲體。緣須着從上説，故如此下語。」問：「『昊天曰明』云云，莫是言人之所以爲人者，皆天之所爲，故雖起居動作之頃，而所謂天者未嘗不在也？」曰：「公説『天體物不遺』，既説得是，則所謂『仁體事而無不在』者，亦不過如此。今所以理會不透，祇是以天與仁爲有二也。今須將聖賢言仁處，就自家身上思量，久之自見。」橫渠此語，是將赤心片片説與人，荀、揚何嘗有此？

上蔡謝氏曰：「心者何也？仁是已。仁者何也？活者爲仁，死者爲不仁。今人身體麻痺，不知痛痒，謂之不仁；桃、杏之核可種而生者，謂之桃仁、杏仁，言有生之意。推此，仁可見矣。」又曰：「有知覺，識痛痒，便喚做仁。」又曰：「仁是四肢不仁之仁，不仁是不識痛痒，仁是識痛痒。」

【一二】天理在物上　「理」原作「體」，據四庫本改。

又曰：「晉伯甚好學，初理會仁字不透，吾因曰：『世人説仁，只管着愛上，怎生見得仁？只如力行近乎仁，關愛甚事，却近乎仁？推此類具言之。』晉伯悟曰：『公説仁字，正與尊宿門説禪一般。』」又曰：「儒之仁，佛之覺。」朱子曰：「桃仁、杏仁種着便生，不生是死物，所以名之曰『仁』。以生意論仁，謝子得之。」問：「知覺是仁否？」曰：「仁然後有知覺。」問：「知覺可以求仁否？」曰：「不可。」　仁之一字，上蔡只説得知仁，孔子便説爲仁，却是要做工夫去爲仁，豈可道知得了便休？如今學問流爲禪，上蔡爲之首。」　知覺自是智之事，在四德爲貞，所以近仁者。若無智，便起這仁不得。　張無垢以覺爲仁，則是以智爲仁。二先生之前，學者全不知有「仁」，凡聖賢言仁處，不過只作愛字看。自二先生以來，學者始知理會「仁」字，不敢只作愛説。然其流復不免有弊者，蓋專務説仁，而於操存涵泳之功不加，無復優游厭飫之味、克己復禮之實，不但「其蔽也愚」而已。而又一向説病「愛」字【二三】，懸空揣摸，既無真實見處，故其爲説驚怪恍惚，弊病百端，殆又不若只作愛字看之爲愈也。竊謂若實欲求仁，固莫若力行之近。但不學以明之，則有冥行之患，故其蔽愚。若主敬、致知交相爲用，則無此蔽矣。若且欲曉得仁之名義，則又不若且將愛字推求。若見得仁之所以爲愛，而愛之不能盡仁，則仁之名義意思瞭然在目矣，初不必求之恍惚有無之間也。孟子之言知覺，謂知此事，覺此理，乃學之至而知之盡也。上蔡之言知覺，謂識痛痒能酧酢者，乃心之用而知之端也。二者亦不同矣，然其大體皆智之事也。今以言仁所以多矛盾而少契合也。夫以愛名仁，固不可，然愛之理則所謂仁之體也。天地萬物與吾一體，固所以無不愛，然愛之之理則不爲是而有也。須知仁義禮智四字一般，皆性之德，乃天然本有之理，無所爲而然者。但仁乃愛之理，生生之道，故即此而又可以包四者，所以爲學之要耳。大抵理會仁字，須并義、禮、智三字通看，方見界分分明，血脉貫通。近世學者貪説仁字，而忽畧三者，所以無所據依，卒併與仁而不識也。　謂仁者心有知覺則可，謂心有知覺謂之仁則不可。

問：「先生説仁是生意，不知是仁之體否？」曰：「凡説知覺説痛痒，皆是言血氣之性。正如告子説生之謂性，佛言作用，是性如此。説時却是人性與禽獸相似，禽獸亦有知覺，亦識痛痒，遂謂禽獸爲仁可乎？前輩言醫家以風痺爲不

【二三】説病愛字　「説」原作「離」，據四庫本、乾隆本改。

仁，謂善狀仁者，蓋取象比類之言，非便指識痛痒有知覺爲仁。仁自是理，當於義理上求之。」問：「謝氏以覺訓仁，爲活物，要於日用間覺得這箇活物，便見仁體，而先生不取其説，何也？」曰：「若識得仁體，則所謂活物皆可通也。但他説得自有病痛，必竟如何是覺，又如何是活物？又却别將此個意思去覺那個活物，方寸紛擾，何以爲仁？」　上蔡之説，一轉而爲張子韶，張子韶一轉而爲陸子静。南軒張氏曰：「仁者必覺，而覺不可以訓仁，侯子嘗及之矣。今之學者，嚚嚚然自以爲我知之者，只是弄精神耳。烏能進乎實地哉！又上蔡之罪人也。」　按：近世慈湖楊氏曰：「智者覺之初，仁者覺之全，其原亦出於此。」　或問：「一日静坐，見一切事平等，皆在我和氣中，此是仁否？」謝氏曰：「只是静中工夫，只是心虚氣平也。須是應事時有此氣象，方好。」愚按：上蔡此語甚善，故附此。

龜山楊氏問學者曰：「孺子將入井，而見之者必有惻隱之心，疾痛非在己也，而爲之疾痛何也？」對曰：「出於自然，不可已也。」曰：「安得自然如此？若體究此理，知其所從來，則仁之道不遠矣。」李似祖問：「何以知仁？」楊氏曰：「孟子以惻隱之心爲仁之端，平居試以此體察，久久自見。」因問云云。朱子屢舉以告學者，因言君之所以仁，蓋君是箇主腦，百姓皆屬它管，自然着仁愛，非爲不得已方如此。父之所以慈，子之所以孝，蓋父子本同一氣，一身分作兩箇，自然恩愛相屬，豈容强爲哉？且以五常言之，初有陰陽，便有春夏秋冬、金木水火土，故賦於人便有仁義禮智信。仁則屬春，屬木，且看春間發生之初，和氣藹然，非仁愛而何？緣它本原處有箇仁，所以發於用者自然如此。

問：「《論語》言仁，何語最爲精切？」曰：「皆仁之方也，若正所謂仁，則未之嘗言。惟孟子言『仁，人心也』，最爲精切。」又曰：「孔子告諸弟子，只是言仁之方。蓋接之使從此來，以至於仁。若仁之本體，則未嘗言。」　又問：「讀《論語》以何爲要？」曰：「要在知仁。孔子説仁處，最宜玩味。」曰：「孔子説仁處甚多，尤的當是何語？」曰：「皆的當，但其門人所至有不同，故其答之亦異。只如言『剛毅木訥近仁』，自此而求之，仁之道亦自可知。」

朱子《仁説》曰：「天地以生物爲心者也，而人物之生，又各得夫天地之心以爲心者也，故語心之德，雖其總攝貫通，無所不備，然一言以蔽之，則曰仁而已矣。蓋天地之心，其德有四，曰元亨利貞，而元無不統。其運行焉，則爲春夏秋冬之序，而春生之氣無所不通。故人之爲心，其德亦有四，曰仁義禮智，而仁無不包。其發用焉，則爲愛恭宜别之情，而惻隱之心無所不貫。故論大地之心者，則曰乾元坤元，則四德之體用不待悉數而足。論人心之妙者，則曰仁人心也，則四德之體用亦不待遍舉而該。蓋仁之爲道，乃天地生物之心，即物而在，情之未發而此體已具，情之既發而其用不窮，誠能體而存之，則衆善之源，百行之本莫不在是，此孔門之教所以必使學者汲汲於求仁也。其言曰『克己復禮爲仁』，言能克去己私，復乎天理，則此心之體無不在，而此心之用無不行也。又曰『居處恭，執事敬，與人忠』，則亦所以存此心也。又曰『事親孝，事兄悌，及物恕』，則亦所以行此心也。又曰『求仁得仁』，則以讓國而逃、諫伐而餓，爲能不失乎此心也。又曰『殺身成仁』，則以欲甚於生、惡甚於死，爲能不害乎此心也。此心何心也？在天地則坱然生物之心，在人則温然愛人利物之心，包四德而貫四端者也。或曰：『若子之言，則程子所謂愛情仁性，不可以愛爲仁者非歟？』曰：不然。程子之所謂以愛之發而名仁者也【二四】，吾之所論以愛之理而名仁者也。蓋所謂性情者，雖其分域之不同，然其脉絡之通，各有攸

【二四】所謂以愛之　「謂」原作「訶」，據四庫本改。下同。

屬者，則曷嘗判然離絶而不相管哉！吾方病夫學者誦程子之言而不求其意，遂至於判然離愛而言仁，故特論此以發明其遺意，而子顧以爲異乎程子之説，不亦誤哉？或曰：『程氏之徒言仁多矣，蓋有謂愛非仁，而以萬物與我爲一爲仁之體者矣，亦有謂愛非仁，而以心有知覺釋仁之名者矣，今子之言若是，然則彼皆非歟？』曰：彼謂物我爲一者，可以見仁之無不愛矣，而非仁之所以爲體之真也。彼謂心有知覺者，可以見仁之包乎智矣，而非仁之所以得名之實也。觀孔子答子貢博施濟衆之問，與程子所謂『覺不可以訓仁』者，則可見矣。子尚安得復以此論仁哉！抑泛言同體者，使人含胡昏緩而無警切之功，其弊或至於認物爲己者有之矣。專言知覺者，使人張皇迫躁而無沉潛之味，其弊或至於認欲爲理者有之矣。一忘一助，二者蓋胥失之。而知覺之云者，於聖門所示『樂山』、『能守』之氣象，尤不相似，子尚安得復以此而論仁哉！」先生既爲《仁説》，南軒以書論難，今畧具往復之語于此。　問：「天地以生物爲心，此語恐未安。」答：「竊謂此語恐未有病。蓋天地之間，品物萬形，各有所事，惟天確然於上，地隤然於下，一無所爲，只是生物而已。故《易》曰『天地之大德曰生』。程子亦曰：『天只是以生爲道。』所謂『以生爲道』者，非謂將生來做道。凡若此類，恐當且認正意，不以文害辭可也。」　問：「不忍之心可以包四者乎？」答：「孟子論四端，自首章至『孺子入井』，皆只是發明不忍之心一端而已，初無義、禮、智之説。至下文乃云『無四者之心，非人也』，此可見不忍之心足以包夫四端。蓋仁包四德，故其用亦如此。」　問云云，答：「人生而靜，四德具焉，曰仁、曰義、曰禮、曰智，皆根於心而未發，所謂理也，性之德也。及其發見，則仁者惻隱，義者羞惡，禮者恭敬，智者是非，各因其體以見其本，所謂情也，性之發也。是皆人性之所以爲善也，但仁乃天地生物之心而在人者，故特爲衆善之長，雖列於四者之目，而四者不能外焉。《易傳》所謂『專言之則包四者』，亦是正指生物之心而言，非別有包四者之仁，而又別有主一事之仁也。惟是即此一事便包四者，此則仁之所以爲妙也，云云。」

問：「程子之所謂，正謂以愛名仁者。」答：「按程子曰：『仁，性也；愛，情也，豈可便以愛爲仁？』此正不可認情爲性耳，非謂仁之性不發於愛之情，而愛之情不本於仁之性也。某前説以愛之發對愛之理而言，正分別性、情之異處。來諭乃云：『若專以愛命仁，乃是指其用而遺其體，言其情而畧其性，察之亦不審矣。』蓋所謂愛之理者，是乃指其體性而言，且見性情、體用各有所主而不相離之妙，與所謂遺體而略性者，正相南北也。」問：「元之爲義，不專主於生。」答曰：「竊詳此語，恐有大病。請觀諸天地而以《易·彖》、《文言》、《程傳》反復求之，當見其意。此乃義理根源，不容有毫釐之差也。」再書又云：「謹按：程子言仁，本末甚備，今撮其大要，不過數語。蓋曰：『仁者生之性也，而愛其情也，孝悌其用也』、『公者所以體仁』、『猶言克己復禮爲仁也』。學者於前三言，可以識仁之名義；於後一言，可以知其用力之方矣。今不深考其本末指意之所在，但見其分別性情之異，便謂愛之與仁了無干涉。見其以公爲近仁，便謂直指仁體最爲深切。殊不知仁乃性之德而愛之本，因其性之有仁，是以其情能愛。但或蔽於有我之私，則不能盡其體用之妙。惟克己復禮，曠然大公，然後此體渾全，此用昭著，動靜本末血脉貫通爾。程子之言意蓋如此，非謂愛之與仁無相涉也。夫性發爲情，情根於性，未有無性之情、無情之性，各爲一物而不相管者。公者所以體仁，亦非謂公之一字，便是直指仁體也。仁是本有之性，生物之心，惟公爲能體之，非因公而後有也。由漢以來，以愛言仁之弊正爲不察性情之辨，而遂以情爲性耳。今欲矯其弊，反使仁字泛然無所歸宿，而性情遂至於不相管，可謂矯枉過直，是亦枉而已矣！其弊將使學者終日言仁，而實未嘗識其名義，程子之意恐不如此。」南軒復書略曰：「仁之説，前日之意蓋以爲推原其本，人與天地萬物一體也，是以其愛無所不至，猶人之身無尺寸之膚而不貫，則無尺寸之膚不愛也。故以惟『公近之』之語形容仁體，最爲深切。而以所言愛字，只是明得其用耳。後來詳所謂『愛之理』之説，方見其親切。蓋探其本，則未發之前，愛之理存乎性，是乃仁之體也；察其動，則已發之際，愛之施被乎物，乃仁之用也。前日又謂

『元之義，不專主於生物』者，疑只云生物，説生生之意不盡。今詳所謂生物者，亦無不盡矣。」二先生往返切摩，始若異而終歸於同，故畧載於此。

孟子曰「仁，人心也」，此言最親切。心自是仁，若能保養存得此心，不患他不仁。孔門學者問仁不一，聖人答之亦不一，然大概不過要人保養得此而已。又曰：「學者須是求仁。所謂求仁者，不放此心。聖人只教人求仁，蓋仁義禮智四者，仁足以包之。若存得仁，自然頭頭做着，不用逐事安排，故曰『苟志於仁矣，無惡也』。看《大學》亦要識此意，所謂『顧天命』無它，求其放心而已。」又曰：「仁是無形迹事，孟子恐人理會不得，便説道只人心便是。却不是把仁來形容人心，乃是把人心來指示仁。所謂『放其心而不知求』，蓋存得此心便是仁。若此心放了，又理會甚仁？今人之心靜時昏，動時擾，皆是放了。」又曰：「仁是本心之德，存得此心，便無不仁。如説『克己復禮』，亦只是要得私欲去後，本心常存耳。」

或謂：「無私慾是仁。」朱子曰：「謂無私然後仁則可；謂無私即是仁則不可。蓋惟無私而後仁始見，如無所壅底而後水方行。」又曰：「五峯云：『人有不仁，心無不仁。』此説極好。人有私慾却遮蔽了，不見仁，然中心仁依舊在。如水被泥塞，所以不流，泥土既去，水仍舊只在。所以『克己復禮爲仁』，只是克了私慾，仁依然在那裏。」學者克己上做工夫，到私欲盡後，便粹然是天地生物之心。或問仁。曰：「無以爲也。須是誠去打疊私慾，然後仔細體驗本心之德是甚氣象，毋徒講文義而已矣。」

又曰：「惟無私然後仁，惟仁然後與天地萬物爲一體。」或曰：「與天地萬物爲一體是仁。」或曰：「無私是仁。」朱子曰：「無私是仁之前事，與天地萬物爲一體是仁之後事，要在二者之間，識得如何是仁，云云。」

欲識「仁」字，大概當即不仁之人觀之。蓋其心頑如鐵石，不認義理，專認己私，是以謂之不仁。識此氣象，則仁之爲道可推而知矣。

孔子亦有偏言之者，「愛人」是也。孟子亦有專言之者，「仁，人心」是也。又曰：「孔子只是説爲仁工夫，至孟子方解仁字之義理。然仁字又兼兩路，非一言之可盡，故孔子教人亦有兩路，克己即孟子『仁，人心』之説，愛人即孟子惻隱之説。」又答學者書曰：「前所示教引『巧言令色』、『剛毅木訥』兩條，以爲聖人所以開示知仁之方，使之自得，竊有疑焉。蓋此兩語，正是聖人教人實下工夫，防患立心之一術。果能戒巧令，務純朴，則心不恣縱而去仁爲近矣，非徒使之由是而知仁也。大抵向來之説，多是苦心極力要識仁字，故其説愈巧而氣象愈薄。近日究觀聖門垂教之意，却是要人躬行實踐，直内勝私，使輕浮刻薄、貴我賤物之私潛消於冥冥之中【二五】，而吾之本心渾厚慈良、公平正大之體常有而不失，便是仁處。其用工著力，隨人淺深，各有次第。要之須是力行久熟，實到此地，方知此意味，非可以臆度料想而知，亦不待臆度料想而知也。」又云：「王信伯在館中，范伯達言：『人須是天下物，一一皆歸吾仁。』王指窗欞問曰：『此窗還歸仁否？』范默然。某見當答曰：此窗不歸仁，何故不打壞了。如人處事，但箇箇處得是，便是天下歸仁。」問：「《論語》中答諸弟子問仁，如告之以主敬行恕、先難後獲之類，往往不是藥人之病，則是其人未到仁者地位，未可以抽關啓鑰告之，且爲之安下一箇爲仁根脚，待根脚平正牢固，然後却可語之以仁。」曰：「此段看得大有病。告樊遲三語，便與告颜淵、仲弓都無異，故程子曰『此是徹上徹下語』，安得謂姑爲之立根脚乎？若此只是安立根脚，即不知如何方是正下手爲仁處耶。」或問：「吕氏《孟子》『惻隱』説曰：『蓋實傷吾心，非譬之也，然後知天下皆吾體，生物之心皆吾心，彼傷則我傷，非謀慮所及，非勉强可能。』此所謂皆吾體、皆吾心者，亦只是以同理言之否？」曰：「非但同理，亦同氣也。」以上諸説皆剖析《語》、《孟》言仁之要義，故附此。

南軒張氏《仁説》曰：「人之性，仁、義、禮、智四德具焉。其愛之理則仁也，宜之理則義也，讓之理則禮也，知之理則智也。是四者雖未形而其理固根於此，則體實具於此矣。

【二五】賤物之私　「私」原作「態」，據四庫本改。

性之中只有是四者，萬善皆管乎是焉，而所謂愛之理者，是乃天地生物之心而其所由生者也。故仁爲四德之長，而又可以兼包焉。惟性之中有是四者，故其發見於情，則爲惻隱、羞惡、辭遜、是非之端，而所謂惻隱者，亦未嘗不貫通焉。此性情之所以爲體用，而心之道則主乎性情者也。人惟己私蔽之，以失其性之理而爲不仁，甚至於爲忮爲忍，豈人之情也哉？是以爲仁莫要乎克己。己私既克，則廓然大公，而其愛之理素具於性者，無所蔽矣，則與天地萬物血脉貫通，而其用亦無不周矣。故指愛以名仁，則迷其體，程子所謂愛是情，仁是性謂此。而愛之理則仁也，指公以爲仁則失其真，程子所謂仁道難名，惟公近之，不可便指公爲仁者謂此，而公者人之所以能仁也。夫靜而仁義禮智之體具，動而惻隱、羞惡、辭遜、是非之端達，其名義位置固不容相奪倫，然而惟仁者爲能恭儉而有節，是禮之所存也；惟仁者爲能知覺而不昧，是知之所存者也。此可見其兼包而貫通者。是以孟子於仁，統言之曰『仁，人心也』，亦猶在《易》乾坤四德而就言乾元、坤元也。然則在學者其可不以求仁爲要，而爲仁其可不以克己爲道乎！」按：南軒《仁説》與朱子大指悉同，可以觀二先生之學矣。又曰：「愛者仁之施也，而愛不足以名仁；恕者仁之方也，而恕不足以言仁；知覺者仁之幾也，而知覺不足以言仁；公平者仁之則也，而公平不足以言仁；極廣大者仁之體也【二六】，而廣大不足以言仁；至親切者仁之用也，而親切不足以言仁。然於是數者精思而力體焉，則亦可以知仁矣。」又答學者曰：「近者學者論仁字，多是要見得仁字意思，縱使逼真，亦終非實得。看《論語》中聖人所言，只欲人下工夫，升高自下，陟遐自邇，循序積習，自有所至。」

【二六】仁之體也　「體」原作「能」，據四庫本改。

又曰：「垂論仁之説，若只將做周流無滯礙氣象，看了却只是想象。願於日用間更因其發見苗裔而深察默求之，勿舍勿棄，當灼然見其樞機之所由發者矣【二七】。」又曰：「謝上蔡《論語序》前面發得甚好，但後面説天地同流處，大多適所以啓學者想象，不帖實之心。聖人教人大抵只説做工夫，工大到處自然見得。若先與之説道理如何，彼便想象去。《論語》中皆是從自家身上一言一行做去，如顏子問仁，則曰『克己復禮爲仁』，顏子便問克己之目，蓋下克己工夫，將久自見得到仁處也。」按：以上數條，皆足以破近世空言想象之弊，故附此。又《遂初賦》云：「皇降衷于下民兮，粤惟其常。猗於穆而難名兮，維生之良。翕衆美而具存兮，不顯其光。彼孩提而知愛親兮，豈外金鑠繫中藏。年燁燁而寖長兮，紛事物之交相。非元聖之生知兮，懼日遠而日忘。緣氣稟之所偏兮，横流始夫濫觴。感以動兮不止，乃厥初之或戕。既志帥之莫御，氣決驟以翺翔。六情放而曷禦，百骸弛而孰强。自青陽而逆旅，暋黄髮以茫茫。儻矍然於中道，盍反求於厥初。厥初如何，夫豈遠歟？彼匍匐以向阱，我惻隱之卷如。驗端倪之所發，識大體之權輿。如寐而聰，如迷而途。知睨視之匪遐，乃本心之不渝。嗚呼！予既知其然兮，予惟以遂之。若火始然而泉始達兮，惟不息以終之。予視兮毋流，予聽兮毋從，予言兮毋易，予動兮以躬。惟自反兮于理，茲日新兮不窮。逮充實而輝光，信天質之本同。極神存而過化，亘萬世以常通。嗚呼！此義文之所謂復，而顏氏之所以爲萬世道學之宗歟？」此賦示人以體驗踐行之實，尤爲切至。學者猶當深味也。

右專言仁

昔有問仁於程子者，子曰：「此在諸君自思之。將聖賢言仁處，類聚觀之，體認出來。」又曰：「義訓宜，禮訓别，知訓知，仁當何訓？説者謂訓覺、訓人，皆非也。當合孔、孟言仁處，大槩研窮之，二三歲得之，未晚也。」至南軒張先生裒洙泗言仁爲仁一編，而朱子乃以書告之曰：「類聚孔、孟言仁處，求夫其説程子爲人之意，可謂深切。然專一如此，却不免於欲速好徑之心，滋入耳出口之弊，亦不可不察。」南軒報書曰：「教之求仁，正恐其有此弊耳。」朱子復云：「前日所謂正爲近日學者厭煩就簡，避迂求捷，此風之盛，方且趨於薄，恐益長其計獲欲速之心，而反

【二七】當灼然見　「灼」字原作「的」，據四庫本改。

陷於不仁爾。然却不思所類諸説，其中下學上達之方，蓋已無所不具，苟能深玩而力行之，則又安有此弊？今得來諭【二一八】，始悟前説之非，然猶恐不能人人皆肯如此愨實用功，則亦未免過計之憂。不知可更作一後序，略采此意，以警後之學者否？不然，或只盡載此諸往返議論以附其後如何？」南軒然之，遂悉載其語于卷首。嗚呼！二先生之爲學者慮也，至矣。今類輯此編，亦恐有如二先生所慮者，故書之篇末以自警云。

【二一八】今得來諭　「諭」原作「喻」，據四庫本、乾隆本改。

甲集八

子曰：「君子之於天下也，無適也，無莫也，義之與比。」朱子曰：「適，專主也。《春秋傳》曰『吾誰適從』是也。」謝氏曰：「適，可也。莫，不可也。無可無不可，苟無道以主之，不幾於猖狂自恣乎？此佛老之學，所以自謂心無所住而能應變，而卒得罪於聖人之門也。聖人之學不然，於無可無不可之間，有義存焉。然則君子之心，果有所倚乎？」南軒曰：「適、莫，兩端也。適則有所必，莫則無所主。蓋不失於此【一】，則失之於彼，鮮不倚於一偏也。夫義者，人之正路，倚於一偏，則莫能遵於正路矣。惟君子之心無適也，而亦無莫也，其於天下惟義之親而已。蓋天下事事物物皆有義焉，存於中而形於外也。無適無莫而義之與比，非窮理之明、克己之至者，安能及此【二】？若夫異端之學，則初欲爲無適莫，而不知有義存焉，如徇其私意以爲可否【三】，而其無適無莫者，乃所以爲有適有莫，而卒墮於一偏也。」黄氏曰：「於天下言天下之事，無不然，如出處、去就以至立政、用人之類，皆在其中，惟義之從而已。不可先懷適莫之念也。知此，則漸進於絶四之地矣。」

子曰：「非其鬼而祭之，諂也。見義不爲，無勇也。」朱子曰：「知而不爲，是無勇也。」問：「見義不爲無勇，這亦不爲無所見，但爲之不力，所以爲無勇。」曰：「固是見得是義而爲之不力，亦是見得未明。若已見得分明，則行之自有力。這般處着兩下並看。」問：「云云，莫是連上句否？」曰：「不須連上句。自説凡事見得是義，便着做，不獨説祭祀也。」

子路曰：「君子尚勇乎？」子曰：「君子義以爲上。君子有勇而無義爲亂，小人有勇

校勘記

【一】不失於此 「失」原作「大」，據四庫本、乾隆本改。

【二】安能及此 「安」原作「其」，據四庫本改。

【三】如徇其私意 「如」原作「故」，據四庫本改。

而無義爲盗。」朱子曰：「君子小人，以位言也。」尹氏曰：「義以爲尚，則其勇也大矣。子路好勇，故夫子以此救其失也。」胡氏曰：「疑此子路初見孔子時問答也。」

孟子曰：「大人者，言不必信，行不必果，惟義所在。」朱子曰：「必，猶期也。大人言行，不先期於信、果，但義之所在，則必從之，卒亦未嘗不信、果也。」尹氏曰：「主於義，則信、果在其中矣。主於信、果，則未必合義。」王勉曰：「若不合於義而不信、不果，則妄人爾。」南軒曰：「言行固欲信、果，然有必之之心，則非也，必乃私也。故言必欲信，而不知義，將至於守其所不可復者，私意相與，而非所謂信也。行必欲果，而不知義，將至於爲其所不可爲者，直情徑行，而非所謂果也。故君子不必夫果與信，而獨精吾義焉耳。事事物物皆有義存焉，而著於吾心。苟能體是心而推之，則義可得而精也。義精則有所不言，言莫非義而無不信之言矣；有所不行，行莫非義而無不果之行矣。」

《孟子集義》，外已別見。

程子曰：「在物爲理，處物爲義。」又曰：「中理在事，義在心。」又曰：「義之精者，須是自求得之，如此則善求義也。」問：「義還因事而見否？」曰：「非也。性中自有。」或曰：「無狀可見？」曰：「説有便是見，但人自不見，昭昭然在天地之中也。且如性，何須待有物方指爲性？性自在也。子所言見者事，吾所言見者理，如曰『不見而章』是也。」

朱子曰：「義字若一利劒然，凡事物到前，便分剖去。」義如利刃相似，胸中許多勞勞攘攘，到此一齊割斷了。

右專言義

子曰：「君子喻於義，小人喻於利。」朱子曰：「喻，猶曉也。義者，天理之所宜。利者，人情之所欲。」

程子曰：「君子之於義，猶小人之於利。惟其深喻，是以篤好。」楊氏曰：「君子有舍生而取義者。以利言之，則人之所欲無甚於生，所惡無甚於死，孰肯舍生而取義哉？其所喻者義而已，不知利之爲利故也。小人反是。」或問喻字之義。曰：「蓋心解通達，則其幾微曲折無不盡矣。」曰：「然則君子小人之所喻者，各爲一事耶？將一事之中具此兩端，而各隨人之所見耶？」曰：「是皆有之，但君子深通於此，而小人酷曉於彼耳。」曰：「對義言之，則利爲不善；對害言之，則利非不善。君子之所爲，固非欲其不利，何獨以喻利爲小人乎？」曰：「胡氏言之悉矣。胡氏曰：『義固所以利也，《易》所謂利者義之和者是也。然自利爲之，則反致不奪不饜之害；自義言之，則蒙就義之利而遠於利之害矣。孟子之告梁王，意猶是也。』」義利猶首尾，然義者宜也，君子見得這事合當如此，那事合當如彼，但裁處其宜爲之，則何不利之有？君子只理會義一截，利處更不理會；小人只理會利一截，義處更不問。蓋君子之心，虚明洞徹，見得義分明。小人只管計較，雖絲毫底利也，自理會得。君子只知得當做與不當做，當做處便是合當如此。小人則只計較利害，如此則利，如此則害。君子則更不顧利害，只看天理如何。問云云，曰：「這只就眼前看。只如做官，須是廉勤。自君子爲之，只是道合如此。自小人爲之，只道如此做得人説好，可以求知於人。」君子喻於義，小人喻於利，只是這一事上，君子只見得是義，小人只見得是利。如伯夷見飴，曰「可以養老」，盜跖見之，曰「可以沃户樞」。蓋小人於利，它見這一物，便思量做一物用它，計較精密，更有非君子所能知者。緣它氣稟中有許多污穢惡濁底物，所以才見那物事，便出來應它。君子之於義，亦是如此。或曰：「伊川云：『惟其深喻，是以篤好。』若作惟其篤好，是以深喻亦得。」曰：「陸子静説正如此。」按：陸氏《白鹿講義》曰：「此章以義利判君子小人，辭旨曉白，然讀之者苟不切己觀省，亦恐未能有益也。竊謂學者於此，當辨其志。人之所喻，由其所習，所習由其所志。志乎義，則所習者必在於義；所習在義，斯喻於義矣。志乎利，則所習者必在於利；所習在利，斯喻於利矣。故學者之志不可不辨也。」「見利思義」已見前。《孟子》首章見後《仁義》篇。《大學》「利義」見本篇。

《孟子》：「『伯夷、伊尹於孔子，若是班乎？』曰：否。自有生民以來，未有孔子者也。『然則有同與？』曰：有。得百里之地而君之，皆能以朝諸侯，有天下。行一不義、殺一不辜而得天下，皆不爲也。是則同。」朱子曰：「行一不義、殺一不辜而得天下，有所不爲，心之正也。聖人之所以爲聖人，其本根節目之大者，惟在於此。於此不同，則亦不足以爲聖人矣。」

孟子曰：「雞鳴而起，孳孳爲善者，舜之徒也。雞鳴而起，孳孳爲利者，蹠之徒也。欲知舜與蹠之分，無它，利與善之間耳。」程子曰：「言間者，謂相去不遠，所爭毫末爾。善與利，公私而已矣。才出於善，便以利言也。」楊氏曰：「舜、蹠之相去遠矣，而其分，乃在善、利之間而已，是豈可以不謹？然講之不熟，見之不明，未有不以利爲義者，又學者所當深察也。」

董子曰：「皇皇於求財利，常恐乏匱者，庶人之意也。皇皇求仁義，常恐不能化民者，大夫之意也。」

程子曰：「聖人以義爲利，義安處便爲利。全文云：「利不獨財利之利，凡有利心便不可。如作一事，須尋自家穩便處，皆利心也，云云。如釋氏之學，皆本於利，故便不是。」又曰：「利害者，天下之常情，人皆知趍利而避害。聖人則更不論利害，惟看義當爲與不當爲，便是命在其中也。」大凡出義則入利，出利則入義，天下之事惟義利而已矣。」

「陰爲小人，利爲不善，不可一概論。陰助陽以成物者，君子也；其害陽者，小人也。利和義者，善也；其害義者，不善也。」

「凡順理無害處，即是利。」問：「利貞之利，與以利爲本之利同否？」曰：「凡字只有一箇，用有不同，只看如何用云云。君子未嘗不欲利，然孟子言『何必曰利』者，蓋只以利爲利便有害【四】。」又曰：「『故者以利爲本』，故是本如此也。才不利便害性，利只是順。天下只是一個利，《孟子》與《周易》所言一般。只爲後人趍着利便有弊，故孟子拔本塞源，不肯言利。其不信孟子者，却道不合非利；其信者，又直道不得近利。人無利，直是生不得，安得無利？且譬如椅子，人坐此便安，是利也。如求安不已，又要褥子以求温暖，無所不爲，然後奪之於君父，此趍利之弊也。利只是一箇利，只爲人用得別。」

龜山楊氏曰：「人能於得處知辨義理，亦自難得，故孔子以見利思義爲成人，而以見得思義稱士。或謂：「人無利心，然後爲君子。」龜山曰：「以此自爲可也，以此責人，恐不勝責矣，云云。」王氏有言：『利者陰也，陰當隱伏；義者陽也，陽當宣著。』其源發於仲舒。此正王氏心術之蔽，觀其所爲，雖名爲義，其實利也。」謂王安石。

上蔡謝氏曰：「以天下爲心者，雖有未善，亦義心也；求濟一身之欲者，雖有善，亦利心也。蓋其平日處心積慮如此，君子小人之所由分也【五】。」

南軒張氏曰：「學者潛心孔、孟，必求其門而入，愚以爲莫先於明義利之辨。蓋聖賢無所爲而然也。無所爲而然者，命之所以不已，性之所以不偏，而教之所以無窮也。凡有所爲而然者，皆人欲之私，而非天理之所存，此義利之分也。自未知省察者言之，終日之間鮮不爲利矣，非特名位、貨殖而後爲利也。意之所向，一涉於有所爲，雖有淺深之不同，而其爲徇己自私則一而已，如孟子所謂『内交要譽，惡其聲』之類是也。是心日滋，則善

【四】以利爲利　後「利」字原作「以」，據四庫本改。

【五】所由分　「所」字原脱，據四庫本補。

端遏塞，欲邇聖賢之門墻以求自得，豈非却行而望及前人乎？學者當立志以爲先，持敬以爲本，而精察於動静之間，毫釐之差，審其爲霄壤之判，則有以用吾力矣。學然後知不足，平時未覺吾利欲之多也，灼然有見於義利之辨，將日救過之不給。由是而不舍，則趣益深，理益明，而不可以已也。孔子曰：『古之學者爲己，今之學者爲人。』爲人者無適而非利，爲己者無適而非義。曰利雖在己之事，皆爲人也；曰義則施諸人者，亦莫非爲己也。嗟乎，義利之辨大矣！豈特學者治己之所當先，施之天下國家一也。王者所以建立邦本，垂裕無疆，以義故也；而霸者所以陷溺人心，貽毒後世，以利故也。」朱子曰：「『義也者，無所爲而然者也』，此言蓋可謂廣前聖之未發，而同於性善、養氣之功者歟！」

道二：義與利而已矣。義者，亘古今、通天下之正逵；而利者，犯荆棘、入險阻之私逕也。

右兼言義利

又按：朱子曰：「義利之際，固當深明而力辨【六】，然伊洛發明『未接物時，主敬』一段工夫，更須精進乃佳。不爾，或無所據以審夫義利之分也。」此説尤學者所當知，故附此。

《書》：天叙有典，勑我五典五惇哉。天秩有禮，自我五禮有庸哉。程子曰：「《書》言天叙、天秩，天有是理，聖人循而行之，所謂道也。」張子曰：「生有先後，所以爲天叙【七】。小大高下，相竝而相形焉，是謂天秩。天之生物也有序，物之既形也有秩。知序然後經正，知秩然後禮行。」朱子曰：「這箇典禮，自是天理之當然，欠它一毫不得，添它一毫不得。惟是聖人之心，與天合一，故行出這禮，無一不與天合。其間曲折厚薄淺深，莫不恰好。這都不是聖人自撰出，都是天理决定合着如此。後之人未得似聖人之心，只得將聖人已行底，聖人所傳於後世底，

【六】深明而力辨　「辨」原作「辦」，據四庫本改。

【七】爲天叙　「叙」原作「序」，據四庫本改。

依這樣子做。做得合時，便是合天理之自然。」

《易》：雷在天上，大壯，君子以非禮弗履。程子曰：「雷震於天上，大而壯也。君子觀《大壯》之象，以行其壯。君子之大壯者，莫如克己復禮。古人曰『自勝之謂强』，《中庸》於『和而不流』、『中立而不倚』，皆曰『强哉矯』。赴湯火，蹈白刃，武夫之勇皆能也，至於克己復禮，則非君子之大壯不可能也，故曰『君子以非禮弗履』。」

《春秋傳》晉叔向曰：「忠信，禮之器也；卑讓，禮之宗也。」昭二年，叔弓聘於晉，報宣子也。晉侯使郊勞。辭曰：「寡君使弓來繼舊好，固曰：『女無敢爲賓！』徹命於執事，敝邑弘矣，敢辱郊使？請辭。」致館，辭曰：「寡君命下臣來繼舊好，好合使成，臣之禄也，敢辱大館？」叔向曰：「子叔子知禮哉！吾聞之曰云云。辭不忘國，忠信也。先國後己，卑讓也。詩曰：『敬慎威儀，以近有德。』夫子近德矣。」叔弓，叔老子。宣子，韓起也。

晉女叔齊曰：「禮所以守其國，行其政令，無失其民者也。」昭五年，公如晉，自郊勞至於贈賄，無失禮。晉侯謂女叔齊曰：「魯侯不亦善於禮乎？」對曰：「魯侯焉知禮？」公曰：「何爲？」對曰：「是儀也，不可謂禮云云。今政令在家，不能取也。有子家羈，弗能用也。奸大國之盟，陵虐小國。利人之難，不知其私。公室四分，民食於他。思莫在公，不圖其終。爲國君，難將及身，不恤其所。禮之本末，將於是乎在，而屑屑焉習儀以亟。言義於禮，不亦遠乎？」君子謂：「叔侯於是乎知禮。」

子大叔曰：「『夫禮，天之經也，地之義也，民之行也。』天地之經，而民實則之。」昭二十五年，子大叔見趙簡子，簡子問揖讓周旋之禮焉。對曰：「是儀也，非禮也。」簡子曰：「敢問何謂禮？」對曰：「吉也聞諸先大夫子産曰云云。則天之明，日、月、星辰，天之明也。因地之性，高下、剛柔，地之性也。生其六氣，謂陰陽、風雨、晦明。用其五行。氣爲五味，發爲五色，章爲五聲。淫則昏亂，民失其性。滋味声色，過則傷性。是故爲禮以奉之：制禮以奉其性。爲六畜、五牲、三犧，以奉五味；爲九文、六采、五章，以奉五色；爲九歌、八風、七音、六律，以奉五聲；爲君臣、上下，以則地義；君臣有尊卑，法地有高下。爲夫婦、外内，以經二物；夫治外，婦治内，各治其物。爲父子、兄弟、姑姊、甥舅、昏媾、姻亞，以象天明；六親和睦，以奉嚴父，若衆星之共辰極也。妻父曰昏，重昏曰媾。壻父曰姻，兩壻相謂曰亞。爲政事、庸力、行務，以從四時；在君爲政，在民爲事，民功曰庸，治功曰力，行其德教，務其時要，禮之本也。爲刑罰、威獄，使民畏忌，以類其震耀殺戮；雷震電曜，天之威也。聖人作刑戮，以象類之。爲温慈、惠和，以效天之生殖長養。民有好惡、喜怒、哀樂，生于六氣。此六者，皆稟陰陽、風雨、晦明之氣。是故審則宜類，以制六志。爲禮以制六志，使不可過節。哀有哭泣，樂有歌舞，喜有施舍，怒有戰鬬。喜生於好，怒生於惡。是故審行信令，禍福賞罰，以制死生。生，好物也；死，惡物也。好物，樂也；惡物，哀也。哀樂不失，乃能協于天地之性，是以長久。」簡子曰：「甚哉，禮之大也！」對曰：「禮，上下之紀，天地之經緯也，經緯，錯居以相成者。民之所以生也，是以先王上之。」簡子曰：「鞅也，請終身守此言也。」《正義》曰：「禮是儀之心，儀是禮之貌。本其心謂之禮，察其貌謂之儀。行禮必爲儀，爲儀未是禮，故云儀非禮也。鄭玄《禮序》云：『禮者，體也，履也。統之於心曰體，踐而行之曰履。』」自「夫禮」至「因地之性」，言禮本法天地也。自「生其六氣」至「民失其性」，言天用氣味，聲色以養人，不得過其度也。「是故爲禮」以下，言聖王制禮以奉天性，不使過其度也。

人稟天地之性而生，動作皆象天地，其所踐履謂之爲行。但人有賢不肖，行有過不及，聖人制爲中法，名之曰禮。故禮是民之行也。人之本性自然，法象天地，聖人還復法象天地而制禮教之，是禮由天地而來。故仲尼説孝，子産説禮，天、地、民三者並言之。《傳》稱天有六氣，此言生其六氣，謂天生之也。用其五行，謂天用之也。上天用此五行以養人，五行之氣入人口爲五味，發見於目爲五色，章徹於耳爲五聲。味以養口，色以養目，聲以養耳。此三者雖復用以養人，用不得過度，過度則爲昏亂，使人失其常性，故須爲禮以節之。味、色、聲本於五行，又六氣所生，口欲嘗味，目欲視色，耳欲聽聲，人之自然之性也。欲之不已，則失其性。聖人全其性【八】，故爲禮以奉養其性，使不失也。

【八】聖人全其性　「性」前原有「失」字，據四庫本、乾隆本删。

晏子曰：「禮之可以爲國也久矣，與天地並。君令臣共，父慈子孝，兄愛弟敬，夫和妻柔，姑慈婦聽，禮也。君令而不違，臣共而不貳，父慈而教，子孝而箴，兄愛而友，弟敬而順，夫和而義，妻柔而正，姑慈而從，婦聽而婉，禮之善物也。」昭二十六年，齊侯與晏子坐於路寢，公歎曰：「美哉室，其誰有此乎？」晏子曰：「敢問何謂也？」公曰：「吾以爲在德。」對曰：「如君之言，其陳氏乎！陳氏雖無大德，而有施於民。民歌舞之矣。後世若少惰，陳氏而不亡，則國其國也。」公曰：「善哉！其可若何？」對曰：「惟禮可以已之。在禮，家施不及國，民不遷，農不移，工賈不變，士不濫，官不滔，大夫不收公利。」公曰：「善哉！我不能矣。吾今而後知禮之可以爲國也。」對曰：「云云。」公曰：「善哉！寡人今而後聞此禮之上也。」對曰：「先王所稟於天地，以爲其民也，是以先王上之。」《正義》曰：「大夫稱家，國人是君之所有，大夫不得妄施遺之，以樹己私惠。陳氏施及國人，是違禮也。」又曰：「《洪範》曰：『惟辟作福，惟辟作威。』言作福、作威君之利也，大夫不得聚收公利，自作福也。陳氏作福以招國人之心，施民作福，是收公利也。」

孟僖子曰：「禮，人之幹也。無禮，無以立。」昭七年，公至自楚。孟僖子病不能相禮，乃講學之，苟能禮者從之。將死，召其大夫曰：「云云，吾聞孔丘，聖人之後也。我若獲没，必屬説與何忌於夫子，使事之而學禮焉。」

有子曰：「禮之用，和爲貴。先王之道斯爲美，小大由之。朱子曰：「禮者，天理之節文，人事之儀則也。和者，從容不迫之意。蓋禮之爲體雖嚴，而皆出於自然之理，故其爲用，必從容不迫，乃爲可貴云云。」有所不行，知和而和，不以禮節之，亦不可行也。」徒知和之爲貴而一於和，不復以禮節之，則亦非復禮之本然，所以流蕩忘反，而亦不可行也。程子曰：「禮勝則離，故禮之用和爲貴。樂勝則流，故有所不行。」范氏曰：「凡禮之體主於敬，而其用則以和爲貴。敬者，禮之所以立也；和者，樂之所由生也。若有子可謂達禮樂之本矣。」愚謂嚴而泰，和而節，此理之自然，禮之全體也。毫厘有差，則失其中正，而各倚於一偏，其不可行均矣。

或問：「禮之有和，何也？」曰：「禮之所以有是品節之詳者，皆出於人心自然之節，非以人之所不欲者强之也。故行之雖或甚苦，而自有不失其和者。若不本於此，而徒勉强於儀貌之間，則是徒禮而無和矣，云云。」黄直卿言：「《内則》一篇，子事父母之禮亦嚴矣。然下氣怡色，則和可知也。《玉藻》、《鄉黨》所載臣之事君，禮亦嚴矣。然二爵言言，三爵油油，君在與與，則和可知也。」先生曰：「如此，則和與禮成二物矣。須是見得禮便是和，乃可。如『入公門，鞠躬如不容』，可謂至嚴矣。然甘心爲之，而無厭倦之意者，乃所以爲和也。至嚴之中，便是至和處，不可分作兩截看。」禮之用和，是禮中之和，知和而和，已離却禮。禮中自有和。須是知得當如此，則行之自然到和處。因舉龜山與薛宗博説會職事茶事。薛曰：「禮起聖人之僞。今日會茶，莫不消得如此。」龜山曰：「只此打不過處，便見得禮非聖人之僞。禮之用，和爲貴。只爲不如此，則心有不安，故行之自和耳。」禮之和處，便是禮之樂。樂之有節處，便是樂之禮。禮主於敬，而其用以和爲貴。然如何得它敬而和？著意做不得。才著意嚴敬，即拘迫而不安；要放寬些，又流蕩而無節。須是真箇識得禮之自然處，則事事物物上都有自然之節文，雖欲不如此，不可得。故雖嚴而未嘗不和，雖和而未嘗不嚴也。南軒曰：「禮主乎敬，而其用則以和。然有敬而後有和，和者樂也。禮樂相須而成，故禮必以和爲貴。禮樂分而言之，則爲體，爲用，相須相成；合而言之，本一而已也。」「十世可知」章見《丙記》。

林放問禮之本。朱子曰：「放見世之爲禮者，專事繁文，而疑其本之不在是也，故以爲問。」子曰：「大哉問！孔子以時方逐末，而放獨有志於本，故大其問。蓋得其本，則禮之全體無不在其中矣。禮，與其奢也，寧儉。喪，與其易也，寧戚。」易，治也。孟子曰：「易其田疇。」在喪禮，則節文習熟，而無哀痛慘怛之實者也。戚則一於哀，而文不足耳【九】。禮貴得中，奢、易則過於文，儉、戚則不及而質，二者皆未合理。然凡物之理，必先有質而後有文，則質乃禮之本也【一〇】。范氏曰：「夫祭，與其敬不足而禮有餘也，不若禮不足而敬有餘也；喪與其哀

【九】

而文不足耳　「而」原作「雨」，據四庫本改。

【一〇】

禮之本也　「也」與上句「者」字順序顛倒，據文意乙正。

不足而禮有餘也，不若禮不足而哀有餘也。禮失之奢，喪失之易，皆不能反本而隨其末故也。禮奢而備，不若儉而不備之愈也；喪易而文，不若戚而不文之爲愈也。儉者物之質，戚者心之誠，故爲禮之本。」楊氏曰：「禮始諸飲食，故污尊杯飲，爲之簠、簋、籩、豆、罍、爵之飾，所以文之也，則其本儉而已。喪不可以徑情而直行，爲之衰麻哭踊之數，所以節之也，則其本戚而已。周衰，世方以文滅質，而林放獨能問禮之本，故夫子大之，而告之以此。」問：「林放問禮并以喪告之，何也？」曰：「喪亦是禮。」黄氏曰：「夫子於禮，但言從周，未見其從質也。今乃以儉與戚爲可尚，何也？聖人因俗之弊，感放之意，而爲是言也。然其辭必曰『與其奢，寧儉。與其易，寧戚』，則本非以儉戚爲可尚，特與其流於文弊，則寧如此耳。其言之抑揚得其中正，如此所以爲無弊也。」「杞、宋不足徵，周監二代」章並見《内記》。子入太廟，每事問。或曰：「孰謂鄹人之子知禮乎？入太廟，每事問。」子聞之，曰：「是禮也。」朱子曰：「敬謹之至，乃所以爲禮也。」尹氏曰：「禮者，敬而已矣。雖知亦問，謹之至也，其爲敬莫大於此。謂之不知禮者，豈足以知孔子哉？」

子貢欲去告朔之餼羊。朱子曰：「告朔之禮，古者天子常以季冬頒來歲十二月之朔于諸侯，諸侯受而藏之祖廟。月朔，則以特羊告廟。請而行之。餼，生牲也。魯自文公始不視朔，而有司猶供此羊，故子貢欲去之。」子曰：「賜也，爾愛其羊，我愛其禮。」愛，猶惜也。子貢蓋惜其無實而妄費，然禮雖廢，羊存猶得以識之而可復焉。若并去其羊，則此禮遂亡矣，孔子所以惜之。楊氏曰：「告朔，諸侯所以稟命於君親，禮之大者。魯不視朔矣，然羊存則告朔之名未泯，而其實因可舉。此夫子所以惜之也。」

子曰：「管仲之器小哉！」朱子曰：「言其不知聖賢大學之道，故局量褊淺、規模卑狹，不能正身脩德以致主於王道。」或曰：「管仲儉乎？」曰：「管氏有三歸，臺名。官事不攝，兼也。焉得儉？」「然則管氏知禮乎？」曰：「邦君樹塞門，管氏亦樹塞門。邦君爲兩君之好，有反坫，管氏亦有反坫。管氏而知禮，孰不知禮？」此皆諸侯之禮，而管仲僭之，不知禮也。愚謂孔子譏管仲之器小，其旨深矣。或人不知而疑其儉，故斥其奢，以明其非儉；或又疑其知禮，故又斥其僭，以明其不知禮。蓋雖不復明言小器之所以然，而其所以小者，於此亦可見矣。故程子曰：「奢而犯禮，其器之小可知。」蓋器大，則自知禮而無此失矣。此言當深味也。

子曰：「君子博學於文，約之以禮，亦可以弗畔矣夫！」朱子曰：「君子學欲其博，故於文無不考；守欲其要，故其動必以禮。如此，則可以不畔道矣。」程子曰：「博學於文而不約之以禮，必至於汗漫。博學矣，又能守禮而由於規矩，則亦可以不畔道矣。」博文約禮，聖門之要法。博文所以驗諸事，約禮所以體諸身。「約之以禮」，禮字便作「理」字看不得，正是持守有節文處。「克己復禮」之説亦然。博文約禮，學者之初【一一】，須作兩般理會而各盡其力，則久之見得功效，却能交相爲助而打成一片。若合下便要兩相倚靠，互相推托，則彼此擔閣，都不成次第矣。然所謂博，非泛然考質雜記、掇拾異聞以夸多取勝之謂，此又不可不知。

子曰：「恭而無禮則勞，慎而無禮則葸，勇而無禮則亂，直而無禮則絞。」朱子曰：「葸，畏懼貌。絞，急切也。無禮則無節文，故有四者之弊。」南軒曰：「恭、慎、勇、直，皆善道也，然無禮以主之，則過其節而有弊，反害之也。蓋禮者存乎人心，有節而不可過者也。夫恭而無禮則自爲罷勞，慎而無禮則徒爲畏懼，勇而無禮則流於陵犯，直而無禮則傷於訐切，其弊如此，豈所貴於恭、慎、勇、直者哉？蓋有禮以節之，則莫非天理之本然；無以節之，則亦人爲之私而已。是故君子以約諸己爲要也。」

子曰：「麻冕，禮也，今也純，儉。吾從衆。拜下，禮也；今拜乎上，泰也。雖違衆，吾從下。」朱子曰：「臣與君行禮，當拜於堂下。君辭之，乃升成拜。泰，驕慢也。」程子曰：「君子處世，事之無害

【一一】學者之初　「學」字原脱，據《朱熹文集》卷六十四補。

於義者，從俗可也；害於義，則不可從也。」南軒曰：「聖人於斯世，豈有意於從違哉？皆道之所在焉耳。於其儉，則不嫌於從俗；於其泰，則不避於違衆。聖人之意，蓋可見矣。」

《記》：夫禮者，所以定親疏，決嫌疑，別同異，明是非也。禮不妄説人，鄭氏曰：「爲近佞媚也。君子説之不以道，則不説也。」不辭費。爲傷信，君子先行其言而後從之。禮不踰節，不侵侮，不好狎。爲傷敬也。脩身踐言，謂之善行。踐，履也，言履而行之。行脩言道，禮之質也。言道，言合於道。質猶本也，禮爲之文飾耳。

道德仁義，非禮不成；教訓正俗，非禮不備；分爭辨訟，非禮不決；君臣、上下、父子、兄弟，非禮不定；宦學事師，非禮不親；班朝治軍，涖官行法，非禮威嚴不行；禱祠祭祀，供給鬼神，非禮不誠不莊。是以君子恭敬撙節退讓以明禮。呂氏曰：「兼天下而體之之謂『仁』，理之所當然之謂『義』，由是而之焉之謂『道』，有仁義於己之謂『德』，節文乎仁義之謂『禮』。仁義道德皆其心之所同有，於是而行之，雖不中不遠矣。然無節無文，則過與不及害之，以至於道之不明不行，此所以『非禮不成』也，云云。君子恭敬所以明禮之實，撙節所以明禮之文，退讓所以明禮之用。」愚按：「兼天下而體之謂『仁』」，未安。

人有禮則安，無禮則危，故曰禮者不可不學也。夫禮者，自卑而尊人，雖負販者必有尊也，而況富貴乎？鄭氏曰：「負販者轻恌志利，宜若無禮然。」

富貴而知好禮，則不驕不淫。貧賤而知好禮，則志不懾。愚謂富貴者以禮自檢，故無驕淫之過。貧賤者以禮自安，故無懾怯之病。

孔子曰：「夫禮，先王以承天之道，以治人之情，故失之者死，得之者生。《詩》曰：

『相鼠有體，人而無禮。人而無禮，胡不遄死？』」

故聖人耐以天下爲一家，以中國爲一人者，非意之也。必知其情，辟於其義，明於其利，達於其患，然後能爲之。何謂人情？喜、怒、哀、懼、愛、惡、欲，七者弗學而能。何謂人義？父慈、子孝、兄良、弟弟、夫義、婦聽、長惠、幼順、君仁、臣忠，十者謂之人義。講信脩睦，謂之人利；爭奪相殺，謂之人患。故聖人之所以治人七情，備十義，講信脩睦，尚慈讓，去爭奪，舍禮何以治之？飲食男女，人之大欲存焉；死亡貧苦，人之大惡存焉。故欲、惡者，心之大端也。人藏其心，不可測度也。美惡皆在其心，不見其色，欲一以窮之，舍禮何以哉？夫禮必本於太一，分而爲天地，轉而爲陰陽，變而爲四時，列而爲鬼神，其降曰命。《正義》曰：「必本於太一者，謂天地未分，混沌之元氣也。極大曰太，未分曰一。其氣既極大而未分，故曰太一也。禮理既與太一而齊，故制禮者用至善之大理以爲教本，是本於太一也。分而爲天地者，混沌元氣既分，輕清爲天在上，重濁爲地在下，而制禮者法之，以立尊卑之位也。轉而爲陰陽者，天地二形既分，而天之氣運轉爲陽，地之氣運轉爲陰，而制禮者貴左以象陽，貴右以法陰也。變而爲四時者，陽氣則變爲春夏，陰氣則變爲秋冬，而制禮者吉禮則有四時之生，凶禮則有恩理節權【一二】，是法四時也。列而爲鬼神者，鬼神，謂生成萬物鬼神也。四時變化，生成萬物，皆鬼神之功。聖人制禮，則陳列鬼神之功以爲教也。其降曰命者，降，下也。言聖人制禮，皆仰法太一以下之事，而下之以爲教命也。」按：《正義》以至善之大理言太一，其義甚精。蓋太一者，即太極之異名。以其未分，故曰一。以其極至，故曰極。

故惟聖人爲知禮之不可以已也【一三】，故壞國、喪家、亡人，必先去其禮。

先王之立禮也，有本有文。忠信，禮之本也。義理，禮之文也。無本不立，無文不行。

【一二】凶禮則有　「則」字原脱，據四庫本補。

【一三】聖人爲知禮　「爲」前有「之」字，據《禮記注疏》卷二十二删。

禮釋回，增美質，鄭氏曰：「釋猶去也。回，邪僻也。質猶性也。」措則正，施則行。其在人也，如竹箭之有筠也，如松柏之有心也。二者居天下之大端矣，故貫四時而不改柯易葉。箭，篠也。端，本也。四物於天下最得氣之本，或柔刃於外，或和澤於内，用此不變傷也。人之得禮，亦猶然也。故君子有禮，則外諧而内無怨。故物無不懷仁，鬼神饗德。故君子欲觀仁義之道，禮其本也。君子曰：「甘受和，白受采，忠信之人可以學禮。苟無忠信之人，則禮不虚道。是以得其人之爲貴也。」

禮者，因人之情爲之節文，以爲民坊者也。

禮，時爲大，順次之，體次之，宜次之，稱次之。鄭氏曰：「言聖人制禮所先後。」堯授舜，舜授禹，湯放桀，武王伐紂，時也。

君子之行禮，不可不慎也。衆之紀也，紀散而衆亂。禮也者，猶體也，鄭氏曰：「若人身體。」體不備，君子謂之不成人。設之不當，猶不備也。禮有大有小，有顯有微。大者不可損，小者不可益，顯者不可揜，微者不可大也。故經禮三百，曲禮三千，其致一也。鄭氏曰：「致之言至也。一謂誠也。經禮謂《周禮》也。《周禮》六篇，其官有三百六十。曲猶事也。事禮謂今禮也。禮篇多亡，本數未聞，其中事儀三千【一四】。」禮之正國也，猶衡之於輕重也，繩墨之於曲直也，規矩之於方圜也。故衡誠縣不可欺以輕重，繩墨誠陳不可欺以曲直，規矩誠設不可欺以方圜，君子審禮不可誣以姦詐。是故隆禮由禮，謂之有方之士。不隆禮，不由禮，謂之無方之民。禮

【一四】其中事儀　「中」原作「申」，據《禮記注疏》卷二十三改。

禁亂之所由生，猶坊止之水所自來也，故以舊坊爲無所用而壞之者，必有水敗；以舊禮爲無所用而去之者，必有亂患。故婚姻之禮廢，則夫婦之道苦，而淫辟之罪多矣；鄉飲酒之禮廢，則長幼之序失，而爭鬬之獄繁矣；喪祭之禮廢，則臣子之恩薄，而倍死忘生者衆矣；朝覲之禮廢，則君臣之位失，諸侯之行惡，而倍畔侵陵之敗起矣。故禮之教化也微，其止邪也於未形，使人日徙善遠罪而不自知也，是以先王隆之也。

任人有問屋廬子曰：「禮與食孰重？」曰：「禮重。」朱子曰：「任，國名。屋廬子，名連，孟子弟子也。」「色與禮孰重？」任人復問。曰：「禮重。」曰：「以禮食，則飢而死；不以禮食，則得食，必以禮乎？親迎，則不得妻；不親迎，則得妻，必親迎乎？」屋廬子不能對，明日之鄒以告孟子。孟子曰：「於答是也何有？何有，不難也。不揣其本而齊其末，方寸之木可使高於岑樓。本，謂下。末，謂上。方寸之木至卑，喻食色。岑樓，樓之高鋭似山者，至高，喻禮。若不取其下之平，而升寸木於岑樓之上，則寸木反高，岑樓反卑矣。金重於羽者，豈謂一鉤金與一輿羽之謂哉？鉤，帶鉤也。金本重而帶鉤小，故輕，喻禮有輕於食色者；羽本輕而一輿多，故重，喻食色有重於禮者。取食之重者，與禮之輕者而比之，奚翅食重？取色之重者，與禮之輕者而比之，奚翅色重？翅與啻同。禮食親迎，禮之輕者也。飢而死以滅其性，不得妻而廢人倫，食色之重者也。奚翅猶言何但。言其相去懸絶，不但有輕重之差而已。往應之曰：『紾兄之臂而奪之食，則得食；不紾，則不得食，則將紾之乎？踰東家牆而摟其處子，則得妻；不摟，則不得妻，則將摟之乎？』」紾，戾也。摟，牽也。處子，處女也。此二者，禮與食色皆其重者，而以之相較，則禮爲尤重也。　此章言義理事物，其輕重固有大分，然於其中又各自有輕重之別。聖賢於此錯綜斟酌，毫髮不差，固不肯枉尺而直尋，亦未嘗膠柱而調瑟，所以斷之，一視於理之當然而已矣。

《荀子》曰：人生而有欲，欲而不得，則不能無求。求而無度量、分界，則不能不爭；爭則亂，亂則窮。先王惡其亂也，故制禮義以分之，以養人之欲，給人之求，使欲必不窮於物，物必不屈於欲，兩者相待而長也。

禮者，人道之極也。

凡禮，事生飾歡也，送死飾哀也，師旅飾威也，是百王之所同、古今之所一也。按：《荀子》書有《禮論》，其論禮之本末甚備。至其論性，則以禮爲聖人之僞，豈不謬哉【一五】？

有人勞程子曰：「先生謹於禮四五十年，亦甚勞且苦矣。」先生曰：「吾日履安地，何勞苦之有？它人日踐危地，乃勞苦也。」

或勸先生以加禮近貴【一六】，先生曰：「何不見責以盡禮，而責之以加禮。禮盡則已，豈有加也？」

張子曰：「學者且須觀禮，蓋禮者滋養人德性，又使人有常業，守得定。非禮勿言，非禮勿動，即是養心之術。」又曰：「某所以使學者先學禮者，只爲學禮，則便除去世俗一副當習熟纏繞。譬之延蔓之物，解纏繞即上去。苟能除去世習，則自然脱灑也。」

進人之速，無如禮學。程子曰：「子厚以禮教學者，善使學者先有所據守。」

【一五】豈不謬哉　「謬」原作「繆」，據四庫本改。下同。

【一六】加禮近貴　「近貴」原作「貴近」，據《二程遺書》卷十七乙正。

右專言禮

《易·臨》六五：知臨，大君之宜，吉。程子曰：「五以柔中順體居尊位，而下應於二剛中之臣，是能倚任於二，不勞而治，以知臨下者也。夫以一人之身，臨乎天下之廣，若區區自任，豈能周於萬事？故自任其知者，適足爲不知。唯能取天下之善，任天下之聰明，則無所不周。是不自任其知，則其知大矣。」

《中庸》子曰：「舜，其大智也與！舜好問而好察邇言，隱惡而揚善，執其兩端，用其中於民，其斯以爲舜乎！」朱子曰：「舜之所以爲智，以其不自用而取諸人也。」

孟子曰：「天下之言性者，則故而已矣，故者以利爲本。朱子曰：「性者，人物所得以生之理也。故者，其已然之迹，若所謂天下之故者也。利，猶順也，語其自然之勢也。言事物之理，雖若無形而難知；然其發見之已然，則必有迹而可見。故天下之言性者，但言其故則理自明，猶所謂善言天者必有驗於人也。如人之善、水之下，非有所造作矯揉而然也。若人之爲惡、水之在山，則非自然之故矣。」所惡於智者，爲其鑿也。如智者若禹之行水也，則無惡於智者矣。禹之行水也，行其所無事也。如智者亦行其所無事，則智亦大矣。程子曰：「智出於人之性。人之爲智，或入於巧僞，而老、莊之徒遂欲棄智，是豈性之罪也哉？善乎孟子之言『所惡於智者，爲其鑿也』。」朱子曰：「天下之理，本皆順利，小智之人，務爲穿鑿，所以失之。禹之行水，則因其自然之勢而導之，未嘗以私智穿鑿而有所事，是以水得其潤下之性而不爲害也。」天之高也，星辰之遠也，苟求其故，千歲之日至，可坐而致也。」天雖高，星辰雖遠，苟求其已然之迹，則其運有常。雖千歲之久，其日至之度，可坐而得。況於事物之近，若因其故而求之，豈有不得其理者，而何以穿鑿爲哉？必言日至者，造歷者以上古十一月甲子朔夜半冬至爲歷元也。程子曰：「此章專爲智而發，愚謂事物之理，莫非自然。順而循之，則爲大智。若用小智而鑿以自私，則害於性而反爲不智。』程子此言，可謂深得其指矣。　南軒曰：「『所惡於智者，爲其鑿也』，鑿者以人爲爲之也。無是理而强爲之，故謂之鑿。鑿則失其性，失其性則不可推而行無所利矣。此所以惡夫智也。是蓋以其私智爲智，而非所謂智矣。蓋就下者，水之性也。水之性非禹之所得爲，禹能知而順之，非智乎？事事物物，其理之素具者，皆若水之就下然也。智者之於事物，皆若禹之於水，則智不亦大矣乎？所謂行其所無事也，謂由其所當然，未嘗致纖毫之力也。天雖高，星辰雖遠，而其故皆可得而求，蓋莫非循自然之理也。求其故，則『千歲之日至，亦可坐而致也』，而況它乎？故夫上世聖人所以建立人紀，裁成萬化，其事業爲無窮。然在聖人，亦何加毫末於此？皆天下之性所當然，而聖人特以利之耳。」

右專言智

《易·中孚》：豚魚吉，利涉大川，利貞。程子曰：「中孚爲卦，澤上有風。風行澤上而感於水中，爲中孚之象。感，謂感而動也。内外皆實而中虚，爲中孚之象。又二五皆陽，中實，亦爲孚義。在二體則中實，在全體則中虚。中虚信之本，中實信之質。」又曰：「豚躁魚冥，物之難感者也。孚信能感於豚魚，則無不至矣。忠信可以蹈水火，況涉川乎？守信之道，在乎堅正，故利於貞也。」《彖》曰：中孚，柔在内而剛得中，二柔在内，中虚，爲誠之象。二剛得上下體之中，中實，爲孚之象。卦所以爲中孚也。説而巽，孚乃化邦也。以二體言卦之用也。上巽下説，爲上至誠以順巽於下，下有孚以説從其上，如是，其孚乃能化於邦國也。若人不説從，或違拂事理，豈能化天下乎？豚魚吉，信及豚魚也。信能及於豚魚，信道至矣，所以吉也。利涉大川，乘木舟虚也。以中孚涉險難，其利如乘木濟川，而以虚舟也。舟虚則無沉覆之患。卦虚中，爲虚舟之象。中孚以利貞，乃應乎天也。中孚而貞，則應乎天矣。天之道，孚貞而已。九五：有孚攣如，无咎。五居君位。人君之道，當以至誠感通天下，使天下之心信之，固結如拘攣然，則爲无咎也。《象》曰：「有孚攣如，位正當也。」五居君位之尊，由中正之道，能使天下信之，如拘攣之固，乃稱其位，人君之道當如是。　按：《易》之言孚，不止《中孚》一卦。今取諸卦言孚處，并程子傳義附於此。　《需》：「有孚，光亨，貞吉，利涉大川。」《傳》曰：「需者，須待也。以卦才言之，五居君位，爲需之主，有剛健中正之德，而誠信充實於中，中實有孚也。有孚則光明而能亨通，得貞正而吉也。以此而需，何所不濟？雖險無難矣，故利涉大川。」　《訟》：「有孚，窒惕，中吉，終凶。」《傳》曰：「訟之道，必有其孚實。中無其實，乃是誣妄，凶之道也。卦之中實，爲有孚之象。訟者與人爭辨，而待决於人，雖有孚，亦須窒塞未通。不窒，則已明無訟矣。事既未辨，吉凶未可知也，故有畏惕。中吉，得中則言也。終凶，終極其事，則凶也。」　《比》初六：「有孚，比之，无咎，有孚盈缶，終來有它，吉。」《傳》曰：「初六，比之始也。相比之道以誠信爲本。中心不信而親人，人誰與之？故比之始，必有孚誠，乃无咎也。孚，信之在中也。誠信充實於内，若物之盈滿於缶中也。缶，質素之器。言若缶之盈實其中，外不加文飾，則終能來有它吉也。它，外也。诚信中實，雖它外皆當感而來從。孚信，比之本也。」

《小畜》六四：「有孚，血去惕出，无咎。」《傳》曰：「四於畜時處近君之位，畜君者也。若内有孚誠，則五志信之，從其畜也。卦獨一陰，畜衆陽者也，諸陽之志係於四。四苟欲以力畜之，則一柔敵衆剛，必見傷害。唯盡其孚誠以應之，則可以感之矣。故其傷害遠，其危懼免。如此，則无咎。此以柔畜剛之道也。以人君之威嚴，而微細之臣有能畜止其欲者，蓋有孚信以感之也。」　九五：「有孚攣如，富以其鄰。」《傳》曰：「小畜，衆陽爲陰所畜之時也。五以中正居尊位，而有孚信，則其類皆應之矣，故曰攣如，謂牽攣相從也。五必援挽，與之相濟，是富以其鄰也。」　《大有》六五：「厥孚交如，威如，吉。」《傳》曰：「六五當大有之時，居君位，虚中，爲孚信之象。人君執柔守中，而以孚信接於下，則下亦盡其信誠以事於上，上下孚信相交也。以柔居尊位，當大有之時，人心安易，若專尚柔順，則陵慢生矣，故必威如則吉。」《象》曰：「厥孚交如，信以發志也。」《傳》曰：「下之志，從乎上者也。上以孚信接於下，則下亦以誠信事乎上，故厥孚交如。由上有孚信以發其下孚信之志，下之從上猶響之應聲也。」《隨》九四：「隨有獲，貞凶。有孚在道，以明何咎。」《傳》曰：「九四以陽剛之才，處臣位之極，若於隨有獲，則雖正亦凶。有獲，謂得天下心隨於己。爲臣之道，當使恩威一出於上，衆心皆隨於君。若人心從己，危疑之道也，故凶。居此地者奈何？唯孚誠積於中，動爲合於道，以明哲處之，則又何咎？」《觀》：「盥而不薦，有孚顒若。」《傳》曰：「君子居上，爲天下之表儀，必極其莊敬，則下觀仰而化也。故爲天下之觀，當如宗廟之祭，始盥之時，不可如既薦之後，則下民盡其至誠，顒然瞻仰之矣。」《習坎》：「有孚，維心亨，行有尚。」《傳》曰：「陽實在中，爲中有孚信。維心亨，維其心誠一，故能亨通。至誠可以通金石，蹈水火，何險難之不可亨也。行有尚，謂以誠一而行，則能出險，有可嘉尚，謂有功也。不行則常在險中矣。」《彖》曰：「習坎，重險也。水流而不盈，行險而不失其信。」《傳》曰：「習坎，謂重險也。上下皆坎，兩險相重也。水流而不盈，陽動於險中，而未出於險，乃水性之流行而未盈於坎，既盈則出乎坎矣。行險而不失其信，陽剛中實，居險之中，行險而不失其信者也。坎中實，水就下，皆爲信剛中實，居險之中，行險而不失其信者也。坎中實，水就下，皆爲信義有孚也。」「維心亨，乃以剛中也。」《傳》曰：「維其心可以亨通者，乃以其剛中也。中實爲有孚之象。至誠之道，何所不通？以剛中之道而行，則可濟險難而亨通也。」《家人》上九：「有孚威如，終吉。」《傳》曰：「治家之道，非至誠不能也，故必中有孚信，則能常久，而衆人自化爲善。不由至誠，己且不能常守也，况欲使人乎？故治家以有孚爲本。家之患常在禮法不足而瀆慢生，故必有威嚴則終吉。保家之終，在有孚威如二者而已。」

《睽》九四：「睽孤，遇元夫，交孚，厲无咎。」《傳》曰：「九四當睽時，居非所安，無應而在二陰之間，是睽離孤處者也。以剛陽之德，當睽離之時，孤立無與，必以氣類相求而合，是以遇元夫也。夫，陽稱。元，善也。初九當睽之初，遂能與同德，而亡睽之悔，處睽之至善者也，故目之爲元夫，猶云善士也。四則過中，爲睽已甚，不若初之善也。四與初皆以陽處一卦之下，居相應之位，當睽乖之時，各無應援，自然同德相親，故會遇也。同德相遇，必須至誠相與交孚，各有孚誠也。上下二陽以至誠相合，則何時之不能行，何危之不可濟？故雖處危厲而无咎也。當睽離之時，孤處二陰之間，處不當位，危且有咎也。以遇元夫而交孚，故得无咎也。」《象》曰：「交孚，无咎，志行也。」《傳》曰：「初四皆陽剛。君子當睽乖之時，上下以至誠相交，協志同力，則其志可以行，不止无咎而已。卦辭但言无咎，夫子又從而明之，云可以行其志，救時之睽也。蓋君子陽剛之才，而至誠相輔，何所不能濟也？」《損》：「有孚，元吉，无咎可貞，利有攸往。」《傳》曰：「損，減損也。凡損抑其過，以就義理，皆損之道也。損之道，必有孚誠，謂至誠順於理也。損而順理，則大善而吉。所損無過差，可貞固常行，而利有攸往。人之所損，或過，或不及，或不常，皆不合正理，非有孚也。非有孚，則无吉而有咎，非可貞之道，不可行也。」《益》六三：「益之用凶事，无咎。有孚中行，告公用圭。」《傳》曰：「三居下體之上，在民上者也。居陽應剛，處動之極，居民上而剛決，果於爲益者也。果於爲益，用之於凶事則无咎，凶事謂患難非常之事。三居下之上，在下當承禀於上，安得自任，擅爲益乎？唯於患難非常之事，則可量宜應卒，奮不顧身，力庇其民，故无咎也。下專自任，上必忌疾，雖當凶難，義在可爲，然必有其孚誠，而所爲合於中道，則誠意通於上，而上信與之矣。專爲而無爲上愛民之至誠，固不可也；雖有誠意，而所爲不合中行，亦不可也。圭者，通信之物。凡祭祀朝聘用圭玉，所以通達誠信也。有誠孚而得中道，則能使上信之，是猶告公上用圭玉也，其孚能通達於上矣。」九五：「有孚惠心，勿問元吉。有孚惠我德。」《傳》曰：「五，剛陽中正，居尊位，又得六二之中正相應，以行其益，何所不利？以陽實在中，有孚之象也。以九五之德、之才、之位，而中心至誠，在惠益於物，其至善大吉，不問可知，故云『勿問元吉』。『有孚惠我德』，人君至誠益於天下，天下之人无不至誠愛戴，以君之德澤爲恩惠也。」《象》曰：「有孚惠心，勿問之矣。惠我德，大得志也。」《傳》曰：「人君有志誠惠益天下之心，其元吉不假言也。天下至誠懷君德以爲恩惠，是其道大行【一七】，人君之志得矣。」《夬》：「揚于王庭，孚號有厲。」《傳》曰：「小人方盛之時，君子之道未勝，安能顯然以正道決去之【一八】？故含晦俟時，漸圖消之之道。今既小人衰微，君子道盛，當顯行之於公朝，使人明知善惡，故揚于王庭。孚，信之在中，誠意也。號者，命衆之詞。君子之道雖長盛，而不敢忘戒備，故至誠以命衆，使知尚有危道。雖以此之甚盛，決被之甚衰，若易而無備，則有不虞之悔。是尚有危理，必有戒懼之心，則無患也。聖人設戒之意深矣。」

【一七】其道大行　「行」字原脱，據四庫本、《伊川易傳》卷三補。

【一八】以正道决去之　「去」原作「夫」，據四庫本、《伊川易傳》卷三改。

《象》曰：「孚號有厲，其危乃光也。」《傳》曰：「盡誠信以命其衆，而知有危懼，則君子之道乃無虞而光大也。」《萃》初六：「有孚不終，乃亂乃萃。若號一握，爲笑勿恤，往无咎。」《傳》曰：「初與四爲正應，本有孚以相從者也。然當萃時，三陰萃處，柔無守正之節，若捨正應而從其類，乃有孚而不終也。乃亂，惑亂其心也【一九】。乃萃，與其同類聚也。初若守正，不從號呼，以求正應則一握笑之矣。一握，俗語一團也，謂衆以爲笑也。若能勿恤，而在從剛陽之正應，則無過咎，不然則入小人之羣矣。」六二：「引吉，无咎，孚乃利用禴。」《傳》曰：「初陰柔，又非中正，恐不能終其孚，故因其才而爲之戒【二〇】。二雖陰柔，而得中正，故雖戒而其辭微。引吉无咎，引者相牽也。人之交，相求則合，相持則離。二與五爲正應，當萃者也，而相遠，又在羣陰之間，必相牽引，則得其萃矣。五居尊位，有中正之德，二亦以中正之道往與之萃，乃君臣和合也。其所共致，豈可量也？是以吉而无咎。无咎者，善補過也。二與五不相引，則過矣。『孚乃利用禴』，孚，信之在中，誠之謂也。禴，祭之簡薄者。菲薄而祭，不尚備物，直以誠意交於神明也。孚乃者，謂有其孚則可不用文飾，專以至誠交於上也。以禴言者，謂薦其誠而已，上下相聚而尚飾焉，是未誠也。蓋其中實者，不假飾於外，用禴之義也。孚信者，萃之本也。不獨君臣之聚，在誠而已。」

《升》九二：「孚乃利用禴，无咎。」《傳》曰：「二，陽剛而在下。五，陰柔而居上。夫以剛事柔，以陽從陰，雖有時而然，非順道也。以暗而臨明，以剛而事弱，若黽勉於事勢，非誠服也。上下之交不以誠，其可以久乎？其可以有爲乎？五雖陰柔，然居尊位。二雖剛陽，事上者也，當內存至誠，不假文飾於外，誠積於中，則自不事外飾，故曰『利用禴』，言尚誠敬也。自古剛强之臣事柔弱之君，未有不爲矯飾者也。禴，祭之簡質者也。云『孚乃』者【二一】，謂既孚乃宜不用文飾，專以其誠感通於上已，如是則得无咎。」《象》曰：「九二之孚，有喜也。」《傳》曰：「二能以孚誠事上，則不獨爲臣之道无咎而已，可以行剛中之道，澤及天下，是有喜也。」《井》上六：「井收勿幕【二二】，有孚元吉。」《傳》曰：「井以上出爲用。居井之上，井道之成也。收，汲取也。幕，蔽覆也。取而不蔽，其利無窮，井之施廣矣、大矣。有孚，有常而不變也。體井之用，博施而有常，大善之吉也。」《革》：「巳日乃孚。」《傳》曰：「革者，變其故也。變其故則人未能

【一九】惑亂其心　「惑」原作「乃」，據四庫本改。

【二〇】因其才　「才」原作「不」，據《伊川易傳》卷三改。

【二一】云孚乃者　「乃」原作「以」，據四庫本改。

【二二】井收勿幕　「收」原作「長」，據四庫本、乾隆本改。

遽信，故必巳日，然後人心信從。」《象》曰：「巳日乃孚，革而信之。」《傳》曰：「事之變革，人心豈能盡信？必終日而後孚。在上者於改爲之際，當詳告申令，至於巳日，使人信之。人心不信，雖强之行，不能成也。」九三：「征凶，貞厲，革言三就，有孚。」《傳》曰：「九三以剛陽爲下之上，又居離之上而不得中，躁動於革者也。在下而躁於變革，以是而行，則有凶也。然居下之上，事苟當革，豈可不爲也？在乎守貞正而懷危懼，順從公論，則可行之不疑。革言，謂當革之論。就，成也，舍也。審察當革之言，至於三而皆合，則可信也。言重慎之至，能如是則必得至當，乃有孚也。己可信而衆所信也，如此則可以革矣。」九四：「悔亡，有孚，改命吉。」《傳》曰：「九四當革之時也。事之可悔而後革之，革而當，其悔乃亡也。革之既當，唯在處之以至誠，故有孚則改命吉。改命，改爲也。既事當而弊革，行之以誠，上信而下順，其吉可知。」《象》曰：「改命之吉，信志也。」《傳》曰：「改命而吉，以上下之信其志也。誠既至，則上下信矣。革之道，以上下之信爲本。不當不孚則不信。當而不信，猶不可行，况不當乎？」九五：「大人虎變，未占有孚。」《傳》曰：「以大人中正之道，亦又革之，炳然昭著，不待占決，知其至當而天下必信也。」

《豐》六二：「豐其蔀，日中見斗，往得疑疾，有孚發若，吉。」《傳》曰：「明動相資，乃能成豐。二爲明之主，可謂明者也，而五在正應之地，陰柔不正，非能動者。二，至明之才，以所應不足與而不能成其豐，故曰見斗。斗，昏見者也。蔀，周匝之義，用障蔽之物掩晦於明者也。五以陰柔而當君位，日中盛明之時，乃見斗，猶豐大之時乃遇柔弱之主。二雖至明，所遇乃柔暗不正之君，既不能下求於己，若往求之，則反得疑猜忌疾。然則如之何則可？夫君子之事上也，不得其心，則盡其至誠，以感發其志意而已。苟誠意能動，則雖昏蒙可開也，雖柔弱可輔也，雖不正可正也。古人之事庸君常主，而克行其道者，己之誠意上達，而君見信之篤耳。管仲之相桓公，孔明之輔後主是也。」《象》曰：「有孚發若，信以發志也。」《傳》曰：「有孚發若，謂以己之孚信，感發上之心志也。」《兑》九二：「孚兑【一三】，吉，悔亡。」傳曰：「二承比陰柔，陰柔，小人也，説之則當有悔。二剛中之德孚信内充，雖比小人，自守不失。君子和而不同，説而不失剛中，故吉而悔亡。」《象》曰：「孚兑之吉，信志也。」《傳》曰：「心之所存爲志。二剛實居中，孚信存於中也。志存

【一三】孚兑　「兑」原作「説」，據四庫本、《伊川易傳》卷四改。

誠信，豈至説小人而自失乎？是以吉也。」九五：「孚于剥，有厲。」《傳》曰：「九五得尊位而處中正，盡説道之善矣。而聖人復設有厲之戒，蓋堯、舜之盛未嘗无戒也，戒所當戒而已。雖聖賢在上，天下未嘗無小人，然不敢肆其惡，聖人亦説其能勉而革面也。彼小人者，未嘗不知聖賢之可説也。如四凶處堯朝，隱惡而順命是也。聖人非人不知其終惡也，取其畏罪而强仁耳。五若誠心信小人之假善爲實善，而不知其包藏，則危道也。小人者，備之不至則害於善，聖人爲戒之意深矣。剥者，消陽之名。陰，消陽者也，蓋指上六，故孚于剥則危也。以五在説之時，密比於上六，故爲之戒。雖舜之聖，且畏巧言令色，安得不戒也。説之惑人，易入而可懼也如此。」《象》曰：「孚于剥，位正當也。」《傳》曰：「戒孚于剥者，以五所處之位而正當戒也。密比陰柔，有相説之道，故戒在信之也。」《中孚》已見前。《未濟》上九：「有孚于飲酒，无咎。濡其首，有孚失是。」《傳》曰：「九以剛在上，剛之極也。居明之上，明之極也。剛極而能明，則不爲躁而爲決。明能燭理，剛能斷義。居未濟之極，非得濟之位，无可濟之理，則當樂天順命而已。至誠安於義命而自樂，則可无咎。飲酒，自樂也。不樂其處，則忿躁隕穫，入於凶咎矣。若從樂而耽肆過禮，至濡其首，亦非能安其處也。有孚，自信於中也。失是，失其宜也。如是則於有孚爲失也。人之處患難，知其無可奈何，而放意不反者，豈安於義命者哉？」按：《程傳》論孚信之義，無一不切於用者。其間雖論人君之事，然在人臣亦無不可用者，皆當熟玩而服膺焉。

子曰：「人而無信，不知其可也。大車無輗，小車無軏，其何以行之哉？」楊氏曰：「車無輗軏，則無以引重而致遠，人之於信猶是也。故立則見其參於前，在輿則見其倚於衡，大然後行。舍是則不行於州里，況天下乎？」「民無信不立」章見《丙記》。

程子曰：「信不足以盡誠，猶愛不足以盡仁。」

右專言信

《易大傳》：立天之道曰陰與陽，立地之道曰柔與剛，立人之道曰仁與義。朱子曰：「陰陽成象，天道之所以立也。剛柔成質，地道之所以立也。仁義成德，人道之所以立也。道一而已，隨事著見，故有三才之別，而於其中又各有體用之分焉，其實則一太極也。陽也，剛也，仁也，物之始也。陰也，柔也，義也，物之終也。」勉齋黄氏曰：「天之道不外乎陰陽，寒暑往來之類是也。地之道不外乎柔剛，山川流峙之類是也。人之道不外乎仁義，事親從兄之類是也。陰陽以氣言，剛柔以質言，仁義以理言，雖若有所不同，然仁者陽剛之理也，義者陰柔之理也，其實則一而已。天地亦大矣，人以藐然之身，乃與天地並立而爲三。至其爲道，則又與天地混然而無間。其可不知所以自立哉？非陽剛陰柔，則雖天地不能以自立。不仁不義，則亦不可以謂之人矣。不謂之人，則與禽獸奚異哉？由仁義，則與天地並立而無間；由不仁不義，則無以自別於禽獸。學者其亦知所擇矣。」

天地之大德曰生，聖人之大寶曰位，何以守位曰仁，何以聚人曰財，理財正辭、禁民爲非曰義。按：《易》之並言仁義者，前章及此而已，在天地則曰生，在聖人則曰仁，仁之義蓋可識矣。又小人不恥不仁，不畏不義，是亦並言仁義之一也。

《記》：天地嚴凝之氣，始於西南而盛於西北，此天地之尊嚴氣也，此天地之義氣也。天地温厚之氣，始於東北而盛於東南，此天地之盛德氣也，此天地之仁氣也。

東方者春，春之爲言蠢也，産萬物者，聖也。南方者夏，夏之爲言假也，養之、長之、假之，仁也。西方者秋，秋之爲言愁也，讀爲揫【二四】。揫，斂也。愁之以時察，守義者也。察猶察，察嚴殺之貌。北方曰冬，冬之爲言中也，中者藏也。是以天子之立也，左聖鄉仁，右義偝藏也。南卿鄉仁，貴長大萬物也。《正義》曰：「五行：春爲仁，夏爲禮。今春爲聖，夏爲仁者，春、夏皆生養萬物，俱有仁恩之義，故此夏亦仁也。聖既生物，以生物言之【二五】，則謂之『聖』，故東方爲聖也。各以義言之，理亦通也。中

【二四】讀爲揫　「揫」原脱，據《禮記註疏》卷六十一補。

【二五】聖既生物以　「生物以」原脱，據《禮記正義》卷六十一補。

者，藏也。」

《中庸》：哀公問政。子曰：「文武之政【二六】，布在方策。其人存則其政舉，其人亡則其政息。人道敏政，地道敏樹。夫政也者，蒲盧也。故爲政在人，取人以身，脩身以道，脩道以仁。朱子曰：「仁者，天地生物之心，而人得以生者，所謂元者善之長也。言人君爲政在於得人，而取人之則又在脩身。能仁其身，則有君有臣，而政無不舉矣。」仁者人也，親親爲大。義者宜也，尊賢爲大。親親之殺，尊賢之等，禮所生也。」人，指人身而言。具此生理，便自然有惻怛慈愛之意，深體味之可見。宜者，分別事理，各有所宜也。禮，則節文斯二者而已。聖賢言仁，便有箇温厚慈祥之意，帶箇愛底道理。下便言親親爲大。問：「脩道以仁，繼之以仁者人也，何爲下面又添義禮？」曰：「仁便有義，如陽便有陰。親親尊賢，皆仁之事。親之尊之，其中有箇差等，便是義與禮。親親，在父子如此，在宗族如彼，所謂殺也，尊賢。有當事之者，有當友之者，所謂等也。」問：「仁即是道，如何説脩道以仁？」曰：「道是泛説，仁是切要底。」

孟子見梁惠王。王曰：「叟不遠千里而來，亦將有以利吾國乎？」孟子對曰：「王何必曰利？亦有仁義而已矣。朱子曰：「仁者，心之德、愛之理。義者，心之制、事之宜也。」王曰何以利吾國？大夫曰何以利吾家？士庶人曰何以利吾身？上下交征利而國危矣。萬乘之國弑其君者，必千乘之家；千乘之國弑其君者，必百乘之家。萬取千焉，千取百焉，不爲不多矣。苟爲後義而先利，不奪不饜。未有仁而遺其親者也，未有義而後其君者也。王亦曰仁義而已矣，何必曰利？」此章言仁義根於人心之固有，天理之公也。利心生於物我之相形，人欲之私也。循天理【二七】，則不求利而自無不利；徇人欲，則求利未得而害已隨之。所謂毫釐之差，千里之謬，此《孟子》之書所以

【二六】文武之政 「政」原作「道」，據四庫本改。

【二七】循天理 「循」原作「謂」，據四庫本改。

造端託始之深意，學者所宜精察而明辨也。　或問：「人之所以爲性者五，而獨舉仁義何也？」曰：「天地之所以生物者，不過乎陰陽，五行實一陰陽也。故人之所以爲性者，雖有仁義禮智信之殊，然曰仁義，則其大端已舉矣。」曰：「然則其或主於愛，或主於宜【二八】，而所施亦有君親之不同者也？」曰：「仁者，人也，其發則專主於愛，而愛莫切於愛親，故人仁則必不遺其親矣。義者，宜也，其發則事皆得其宜，而所宜者莫大於尊君，故人義則必不後其君矣。」曰：「子謂仁義未嘗不利，則是所謂仁義者，乃所以爲求利之資乎？」曰：「不然也。仁義，天理之自然也，居仁由義，循天理而不得不然者也。然仁義得於此，則君臣父子之間，以至於天下之事，自然無一物之不得其所者，而初非有求利之心也。《易》所謂『義之和』者，正謂此爾。」曰：「然則孟子何不以是爲言也？」曰：「仁義固無不利矣，然以是爲言，則人之爲仁義也，不免有求利之心焉。一有求利之心，則利不可得而害至矣，此孟子所以拔本塞源而救其弊也。」　心之制，亦是就義之全體處説。事之宜，是就千條萬緒各有所宜處説。事之宜，非是就在外之事説。看甚麽事來，這裏面便有箇宜處，這便是義。　問：「『心之德，愛之理』，俱以體言；『心之制，事之宜』，俱以用言否？」曰：「心之德是渾淪説，愛之理方説到親切處。心之制却是説義之體，程子所謂『處物爲義』是也。揚雄『言義以宜之』，韓愈言『行而宜之之謂義』，若以義爲宜，則義有在外意思。須如程子言『處物爲義』，是則處物者在心，而非外也。」　事之宜雖若在外，然所以制其宜，則在心也。　所謂事之宜，方是指那事物當然之理，未説到處置合宜處。　聖賢之言，所以要辨別教分明，但只要向義邊一直去，更不通商量第二着。才説義，乃所以爲利。固是義有大利存焉，若行義時便説道有利，則此心便傾邪向那邊去，故孟子云云。　董仲舒亦分明，説「不謀其利，不計其功」。

齊宣王問曰：「湯放桀，武王伐紂，有諸？」孟子對曰：「於《傳》有之。」曰：「臣弑其君可乎？」曰：「賊仁者謂之賊，賊義者謂之殘，殘賊之人謂之一夫。聞誅一夫紂矣，未聞弑君也。」朱子曰：「害仁者，凶暴淫虐，滅絶天理，故謂之賊。害義者，顛倒錯亂，傷敗彝倫，故謂之殘。一夫，

【二八】或主於宜　「主」原作「三」，據四庫本、《四書或問》卷二十六改。

言衆叛親離，不復以爲君也。」南軒曰：「夫仁義之在天下，彼豈能殘賊之哉？實自殘賊于厥躬耳。爲君如此，則上焉斷棄天命，下焉不有民物，謂之『一夫』，不亦宜乎？」

孟子曰：「自暴者，不可與有言也；自棄者，不可與有爲也。言非禮義，謂之自暴也；吾身不能居仁由義，謂之自棄也。仁，人之安宅也；義，人之正路也。仁宅見前篇「矢人函人」章。義者，宜也，乃天理之當行，無人欲之邪曲，故曰正路。曠安宅而弗居，舍正路而弗由，哀哉！」言道本固有而人自絶之，是可哀哉。此聖賢之深戒，學者所當猛省也。

孟子曰：「人之所以異於禽獸者幾希，庶民去之，君子存之。舜明於庶物，察於人倫，由仁義行，非行仁義也。」朱子曰：「人物之生，同得天地之理以爲性，同得天地之氣以爲形。其不同者，獨人於其間得形氣之正，而能有以全其性，爲少異耳。雖曰少異，然人物之所以分，實在於此。衆人不知此而去之，則名雖爲人，而實無以異於禽獸。君子知此而存之，是以戰兢惕厲，而卒能有以全其所受之理也。明，則有以識其理；察，則有以盡其理之詳。物理固非度外，而人倫尤切於身，故其知之有詳略之異。在舜則皆生而知之也。由仁義行，非行仁義，則仁義已根於心，而所行皆從此出。非以仁義爲美，而後勉强行之，所謂安而行之也。此則聖人之事，不待存矣。」尹氏曰：「存之者，君子也。存者，聖人也。由仁義行，存者能之。」「舜明於庶物，察於人倫」，明、察是見得事事物物之理，無一毫之未盡。所謂仁義者，皆不待求之於外，此身此心，便渾然都是仁義。問：「云云，若學者須是行仁義始得？」曰：「這便如三月不違意。他是平日身常在仁義内，即恁地行出。學者身在外，且須去求仁義就上行。然又須以由仁義行爲準的，方得。」或言：「由仁義行，好行仁義，便有善利之分。」曰：「豈不見上有舜字。惟舜便由仁義行，他人須窮理，知其爲仁爲義，從而行之。且如仁者安仁，智者利仁，既未能安仁，亦須是利仁。利仁豈是不好底，知仁之爲利而行之。不然，則以人欲爲利矣。」南軒曰：「『由仁義行，非行仁義』者，行仁義猶爲二物也。由仁義行則如目視而耳聽，手持而足履，無非是矣。若舜者可謂全其所以爲人者，而無虧欠矣，未至於舜皆爲未盡也。」

孟子曰：「仁，人心也；義，人路也。舍其路而弗由，放其心而不知求，哀哉！人有雞犬放，則知求之；有放心，而不知求。學問之道無他，求其放心而已矣。」朱子曰：「仁者心之德，程子所謂心如穀種，仁則其生之性，是也。然但謂之仁，則人不知其切於己，故反而名之曰人心，則可以見其爲此身酬酢萬變之主，而不可須臾失矣。義者行事之宜，謂之人路，則可以見其爲出入往來必由之道，而不可須臾舍矣。哀哉二字最宜詳味，令人惕然有深省處。」上兼言仁義，而下專論求放心者，能求放心，則不違於仁，而義在其中矣。　餘詳見前「求放心」章。

宋牼將之楚，孟子遇於石丘。曰：「先生將何之？」曰：「吾聞秦、楚構兵，我將見楚王説而罷之。楚王不悦，我將見秦王説而罷之。二王我將有所遇焉。」曰：「軻也請無問其詳，願聞其指。説之將何如？」曰：「我將言其不利也。」曰：「先生之志則大矣，先生之號則不可。先生以利説秦、楚之王，秦、楚之王悦於利，以罷三軍之師，是三軍之士樂罷而悦於利也。爲人臣者懷利以事其君，爲人子者懷利以事其父，爲人弟者懷利以事其兄。是君臣、父子、兄弟終去仁義，懷利以相接，然而不亡者，未之有也。先生以仁義説秦、楚之王，秦、楚之王悦於仁義而罷三軍之師，是三軍之士樂罷而悦於仁義也。爲人臣者懷仁義以事其君，爲人子者懷仁義以事其父，爲人弟者懷仁義以事其兄，是君臣、父子、兄弟去利，懷仁義以相接也。然而不王者，未之有也。何必曰利？」南軒曰：「事一也，而情有異，則所感與其所應皆不同。是以古之謀國者以理義，不以利害，此天理、人欲之所以分，而治忽之所由係。蓋不可不謹於其源也。夫説二君而使之罷兵，非不善也，然由宋牼之説，而説之以利，使其能從，亦利心耳。罷兵雖息一時之事，而徇利實傷萬世之彝。自衆人論之，惟欲其説之行，而不睹其害於後；在君子則寧説之不行，不忍失正理而啓禍源也。故使二君悦於利而聽從，則三軍之士樂罷而悦於利，以至於觀聽之間，亦莫不動焉。上下憧憧，徒知利之爲利，則凡私己而自便者，無不爲也。人欲肆行，君臣、父子、兄弟之大倫亦且不暇恤矣，則豈非危亡之道乎？由孟子之説而説以仁義，使二君幸而聽，則是其心復於正道，三軍之士樂罷而悦於仁義，則皆知仁義爲重，將於君臣、父子、兄弟之際無非以是心相與，人心正而治道興矣。三代之所以王者，用此道也，然則其説則一，而所以説者異，毫釐之間霄壤之分，可不謹哉！學者有見於此，則知五伯之在春秋爲功之首而罪之魁也。又知曾西之所以卑管、晏而尊子路者也，則庶乎知入德之門矣。」

孟子曰：「人之所不學而能者，其良能也；所不慮而知者，其良知也。朱子曰：「良者，本然之善也。」程子曰：「良知良能，皆無所由；乃出於天，不係於人。」孩提之童，無不知愛其親者；及其長也，無不知敬其兄者。親親，仁也；敬長，義也。無它，達之天下也。」南軒曰：「良云者，有本然之義，有善之義。蓋其本然者，無非善也。不學而能，不慮而知，則無一毫人爲加乎其間，天之所爲而性之所有也。孩提之童，莫不知愛其親，及其長，莫不知敬其兄。此其知，豈待於慮乎？而其能也，又豈待於學乎？此所謂良知、良能也。然此章下文獨言知者，蓋知常在先也。愛敬者，良心之大端，蓋親親爲仁，敬長爲義，人道不越是而已。能存是心而達之，則仁義之道不可勝窮矣。雖然人之良能、良知，如飢而食，如渴而飲，手執而足履，亦何莫非是乎？何孟子獨以愛親敬畏爲言也，蓋飢食渴飲、手持足履之類，固莫非性之自然形乎氣體者也。形乎氣體則有天理，有人欲，循其自然固莫非天理，毫釐之差則人欲亂之矣。若愛敬之所發，則仁義之淵源，故孟子之所以啓告之者，專指夫此，揭天理之粹以示人也。若異端舉物而遺，則天理、人欲混淆而莫識其源，爲弊有不可勝言者矣。」

王子墊問曰：「士何事？」孟子曰：「尚志。」曰：「何謂尚志？」曰：「仁義而已矣。殺一無罪，非仁也；非其有而取之，非義也。居惡在？仁是也；路惡在？義是也。居仁由義，大人之事備矣。」朱子曰：「志字與『父在觀其志』之『志』同，蓋未見於所行，而方見於所存也。」南軒曰：「尚志者，以立志爲先也。主乎仁義，所謂志也；不主乎仁義，則倀倀然何所據乎？謂之志不立可也。『殺一無罪』、『非其有而取之』，舉二事者，欲其推類而知仁義之所存也。夫『殺一無罪』而非仁，由是而體之，則仁之所以能愛者，可得而推矣。『非其有而取之』爲非義，由是而體之，則義之所以爲宜者，亦可得而推矣。居仁由義，居則不違，由則不離也【二九】。居仁則體立，由義則用行，大人之事亦不越此而已矣。學者可不以尚志爲先乎？」黄氏曰：「《論語》一書未嘗以仁義對言，而《孟子》言仁義者，不一而足。蓋夫子教人，無非仁義之道，使人油然入於仁義，而不自知也。孟子憫斯世之迷惑，故開關啓鑰，直指人心，而明告之也。五常百行皆性所有，而獨言仁義者何也？仁義蓋其總名，而五常百行其支派也。」

孟子曰：「人皆有所不忍，達之於其所忍，仁也；人皆有所不爲，達之於其所爲，義也。人能充無欲害人之心，而仁不可勝用也；人能充無穿踰之心，而義不可勝用也；人能充無受爾汝之實，無所往而不爲義也。」朱子曰：「惻隱羞惡之心，人皆有之，故莫不有所不忍不爲，此仁義之端也。然以氣質之偏、物欲之蔽，則於它事或有不能者。但推所能，達之於所不能，則無非仁義矣。充，滿也。穿穴、踰墻皆盜之事也。能推所不忍，以達其所忍，則能滿其無欲害人之心，而無不仁者矣；能推其所不爲，以達其所爲，則能滿其無穿踰之心，而無不義矣。爾汝人所輕賤之稱，人雖或有貪昧隱忍而甘受之者，然其中必有慚忿而不肯受之之實。人能即此而推之，使其充滿無所虧缺，則無適而非義矣。」南軒曰：「人皆有所不忍，皆有所不爲，此其秉彝

【二九】則不離也　「離」原作「它」，據四庫本、乾隆本改。

之不可殄滅也。然有所不忍矣，而於他則忍之，有所不爲矣，而於他則爲之，此豈有畢心哉！爲私欲所蔽，而生道息故也。若以其所不忍而達之於其所忍，豈非仁之方乎？以其所不爲而達之於所爲，豈非義之方乎？達謂達於用，充謂充其所有者也。此章始言仁義，而末獨言義，何也？蓋仁義體用相須者也【三〇】。人之不仁者，以非義害之也。不爲非義，而後仁可得而存。故反復再三，推而言之，使人知所用力也。」

荀子曰：「處仁以義然後仁。」學者有以此説爲當理者，蓋謂施仁而不以義，則兼愛無別，不足以爲仁矣。愚謂此不知仁之論也。蓋仁義雖曰對立，然仁未嘗不兼義。仁者，體也。義者，用也。有體斯有用也。以其體而言之，則仁者之心無不周徧，所謂理一也。至其施之，則親親與仁民不同，仁民與愛物不同，所謂分殊也，即所謂義也。程子之論，《西銘》盡之矣。必若荀子之言，則仁未足以爲仁，必處之以義，然後仁也。如此則仁小於義，義大於仁矣。豈理也哉？

揚子曰：「君子於仁也剛，於義也柔。」問：「仁是柔，如何却屬剛？義是剛，如何却屬柔？」朱子曰：「仁、剛、陽是一樣意思，義、柔、陰是一樣意思。蓋仁本是柔底物事，發出來却剛，但看萬物發生時，便恁地奮迅出來，有剛底意思。義本是剛底物事，發出來却柔，但看萬物肅殺時，便恁地收斂憔悴，有柔底意思。」又問：「揚子云云，如何？」曰：「仁體柔而用剛，義體剛而用柔。」洙曰：「此豈所謂陽根陰、陰根陽邪？」先生曰：「然。」陽主進，陰主退。陽主息，陰主消。進而息者其氣强，消而退者其勢弱，此陰陽之所以爲柔剛也。陽剛温厚居東南，主春夏，而以作長爲事。陰柔嚴凝居西北，主秋冬，而以斂藏爲事。作長爲生，斂藏爲殺，此剛柔之所以爲仁義也。以此觀之，則陰陽、剛柔、仁義之位豈不曉然？而彼揚子雲之所謂於仁也柔，於義也剛者，乃自其用處之末流言之。蓋亦所謂陽中之陰，陰中之陽，固不妨自爲一義，但不可以雜乎此而論之爾。問：「立天之道云云，則仁當屬陰？」先生曰：「仁何嘗屬陰。袁機仲力爭要以仁屬陰，引揚子之言爲證。殊不知仁之定體，自是屬陽。至論君子所學，則又就非地位上説，如何

【三〇】仁義體用　「體」原作「禮」，據四庫本改。

拘得。」按：前一段正答袁書也。

周子曰：「天以陽生萬物，以陰成萬物。生，仁也。成，義也。朱子曰：「陰陽以氣言，仁義以道言。」故聖人在上，以仁育萬民，以義正萬民。」

程子曰：「仲尼言仁，未嘗兼義，獨於《易》曰『立人之道曰仁與義』，而孟子言仁必以義配。蓋仁者體也，義者用也，知義之爲用而不外焉者，可與語道矣。世之論義者多外之，不然則混然無別，非知仁義之説者也。」龜山楊氏曰：「《西銘》理一而分殊，知其理一，所以爲仁；知其分殊，所以爲義。所謂分殊，猶孟子言『親親而仁民，仁民而愛物』，其分不同，故所施不能無差等耳。」或曰：「如是則體用果離而爲二矣。」曰：「用未嘗離體也。以人觀之，四支百骸，具於一身者體也，至其用處，則首不可以加屨，足不可以納冠。蓋即體而言，而分已在其中矣。」朱子曰：「此論分別異同，各有歸趣。」

朱子曰：「仁義如陰陽，只是一氣。」陽是正長底氣，陰是方消底氣。仁便是方生底義，義便是收回底仁。

問：「仁義之爲體用，何也？」曰：「仁存諸心，性之所以爲體也。義制夫事，性之所以爲用也。然以其性而言之，則皆體也。以其情而言之，則皆用也。以陰陽言之，則義體而仁用也。以存心制事言之，則仁體而義用也。錯綜交羅，惟其所當，莫不各有條理焉。程子仁體義用之言，特舉其一爾。」

又曰：「仁義相對爲體用。仁自有仁之體用，義自有義之體用。」

又曰：「去得不仁不義，則所行便是仁義。」下文云：「那得一箇在不仁不義與仁義之中底物事。不是人欲便是天理，不是天理便是人欲。所以謂欲知舜與跖之分者，無它，利與善之間也。所隔甚不多。」

天命之性，流行發用，見於日用之間，無一息之不然，無一物之不體。其大端全體，即所謂仁。而於其間事事物物莫不各有自然之分，如方維上下定位不易，毫釐之間不可差繆，即所謂義。立人之道，不過二者，初未嘗相離也。又朱子少時，嘗以書問延平李氏曰：「大抵仁者正是天理流動之機，以其包含和粹，涵育融漾，不可名貌，故特謂之仁；其中自然文理密察，各有定體處，便是義。只此二字，包括人道已盡。義固不出乎仁之外，仁亦不離乎義之内也。然則理一而分殊，是乃本然之仁義。」李氏報曰：「推測到此，甚密。加以涵養，何慮不見道也。」仁義而有窮，則天道之陰陽亦有窮也。蘇明允書以爲權衡之論爲仁義之窮而作，此非知仁義之言。夫舒而爲陽，慘而爲陰，孰非天地生物之心哉？仁義之於人，亦猶是已。若云云而可乎？

右兼言仁義

甲集九

孟子曰：「君子所以異於人者，以其存心也。君子以仁存心，以禮存心。仁者愛人，有禮者敬人。朱子曰：「此仁禮之施。」愛人者人恒愛之，敬人者人恒敬之。此仁禮之驗。有人於此，其待我以横逆，則君子必自反也，我必不仁也，必無禮也，此物奚宜至哉？其自反而仁矣，自反而有禮矣，其横逆由是也，君子必自反也，我必不忠。自反而忠矣，其横逆由是也，君子曰：『此亦妄人也矣。如此則與禽獸奚擇哉？於禽獸又何難焉？』是故君子有終身之憂，無一朝之患也。乃若所憂則有之：舜人也，我亦人也。舜爲法於天下，可傳於後世，我由未免爲鄉人也，是則可憂也。憂之如何？如舜而已矣。若夫君子所患則亡矣。非仁無爲也，非禮無行也。如有一朝之患，則君子不患矣。」此所謂「存心」與「存其心」不同，只是處心。又曰：「所以異於人，以其處心與人不同。」問「自反而忠」之「忠」。曰：「忠者，盡己也。盡己者，仁禮無一毫不盡【一】。」「我猶未免爲鄉人」，此便是知耻。知耻，則進學不得不勇。南軒曰：「其欲如舜者，非慕夫舜之事功也，欲如舜之盡其道爲難也。爲法於天下可傳於後世，言舜爲人倫之至也。其憂不如舜者，豈但憂之而已哉？而所以則而效之者，惟恐不及也，故曰『憂之如何？如舜而已矣』。」

揚子曰：「人必其自愛也，然後人愛諸；人必其自敬也，然後人敬諸。自愛，仁之

校勘記

【一】無一毫不盡　「毫」原作「豪」，據四庫本、《朱子語類》卷五十七改。下同。

至也；自敬，禮之至也。未有不自愛敬，而人愛敬之者也。」

右兼言仁禮

《易大傳》：與天地相似，故不違。知周乎萬物而道濟天下，故不過。旁行而不流，樂天知命，故不憂。安土敦乎仁，故能愛。其全章云：「易與天地準，故能彌綸天地之道。仰以觀於天文，俯以察於地理，是故知幽明之故。原始要終，故知死生之説。精氣爲物，游魂爲變，是故知鬼神之情狀云云。」下文云：「範圍天地之化而不過，曲成萬物而不遺，通乎晝夜之道而知，故神無方而易無體。」朱子曰：「易道之大，聖人用之如此。」天地之道，知仁而已。知周萬物者，天也。道濟天下者，地也。「知」且「仁」，則知而不過矣。「旁行」者，行權之知也。「不流」者，守正之仁也。既樂天理，而又知天命，故能無憂，而其知益深。隨處皆安而無一息之不仁，故能不忘其濟物之心而仁益篤。蓋仁者愛之理，愛者仁之用，故其相爲表裏如此。

《春秋傳》仲尼曰：「臧文仲其不仁者三，不知者三。下展禽，杜氏曰：「柳下惠也，文仲知柳下惠之賢，而使在下位。」《論語》曰：「臧文仲其竊位者與？知柳下惠之賢，而不與立也。」廢六關，塞關、陽關之屬，凡六關，所以塞絶末流而廢之。妾織蒲，三不仁也。家人販席，言其與民爭利。作虚器，謂居蔡、山節藻棁。《論語》子曰：「臧文仲居蔡，山節藻棁，何如其知也？」朱子曰：「當時以文仲爲知，孔子言其不務民義，而諂瀆鬼神如此，安得爲知？」楊氏曰：「以山節藻棁居蔡，是猶以己養養鳥也，焉得知？」南軒曰：「所貴乎知者，爲其明義理之是非也。僭上失禮之事，而處之不疑，則其昧理而悖於義。孰大於是？」按：《禮記》家不藏龜【二】，故南軒以爲僭上。縱逆祀，躋僖公。祀爰居。」海鳥曰「爰居」，止於魯東門，文仲以爲神，命國人祀之。文二年。愚按：孔子之言，雖爲臧文仲而發，然即其所謂不仁、不知者，則仁知之義可知矣。蓋舍其所當用之人，而使澤不得以及

【二】家不藏龜　「龜」原作「止」，據四庫本改。

民；　爭其所不當爭之利，而使民不得以自養，此文仲之不仁也。後之人欲反其失，則居顯位者，其可不以舉賢揚善爲事乎？食厚禄者，其可不以捐利予民爲心乎？去其不仁者，則仁可幾矣。龜所以卜，而居之以華侈之室，而不知其亡益；　躋後君於先君之上，而不知其非禮；　海鳥而祀之以盛樂，而不知其不能享。此文仲之不知也。後之人欲反其失，則凡求媚於鬼神、要福於冥漠，而不循其禮之正，不察其理之有無者，其可不戒之乎？去其不知者，則知可幾矣。若徒知文仲之失，而無自反自克之功，則雖終日誦聖經之訓言，銖較古人之失得，終於亡補而已。

《論語》：樊遲問智。子曰：「務民之義，敬鬼神而遠之，可謂智矣。」問仁。曰：「仁者先難而後獲，可謂仁矣。」朱子曰：「專用力於人道之所宜，而不惑於鬼神之不可知，智者之事也。先其事之所難，而後其效之所得，仁者之心也。」　程子曰：「人多信鬼神，惑也。而不信者又不能敬，能敬而遠，可謂知矣。」又曰：「先難者，克己也。以所難爲先，而不計其獲，仁也。」吕氏曰：「當務爲急，而不求所難知；　力行所知，不憚所難爲。」　或曰：「問仁而告之以『先難後獲』，何也？」曰：「爲是事者，必有是效，亦天理之自然也。然或先計其效，而後爲其事，則其事雖公而意則私，雖有成功，亦利仁之事而已。若夫仁者，則先爲其事，而不計其效，知循天理之自然，而無欲利之私心也。董子所謂『仁人者，正其誼不謀其利，明其道不計其功』，正謂此爾。然正誼未嘗不利，明道豈必無功，但不從夫功利者而爲之爾。」　民者，人也。義者，宜也。如《詩》所謂「民之秉彝」，即人之義也。此則人之所宜爲者，不可不務也。此而不務，而反求之幽冥不可測識之間，而欲避禍以求福，此豈謂之智者哉？　問：「有一毫計功之心，便是私欲？」曰：「是。」　獲，有期望之意，學者之於仁，工夫最難。但先爲人所難爲，不必有期望之心，可也。　先難後獲，只是我合做事，便自做將去，更無下面一截。才有計獲之心，便不是了。大抵學者爲其所不得不爲者，至於人欲盡而天理全，則仁在是矣。若先有箇云「我欲以此去爲仁」，便是先獲也。　南軒曰：「難莫難於克己，勉爲其難，不計所獲，循循不已，久自有所至。若先有蘄獲之意，則固已自累其心，而有害於天理矣。《無妄》之六二『不耕穫，不菑畲』，而《象》曰『未富也』，蓋此義也。」　仁者安仁，智者利仁，見前《言仁》篇。

子曰：「知者樂水，仁者樂山。知者動，仁者靜。知者樂，仁者壽。」朱子曰：「樂，喜好也。知者達於事理而周流無滯，有似於水，故樂水；　仁者安於義理而厚重不遷，有似於山，故樂山。動、靜以體言，樂、壽以效言也。動而不括，故樂；　靜而有常，故壽。」　程子曰：「非體仁、智之深者，不能如此形容之。」　智者動，然他見得許多道理分明，只是行其所無事，其理甚簡。雖動，而實未嘗不靜。仁者靜，然其見得天下萬事萬理皆在吾心，無不相關。雖靜，而未嘗不動。動，不是勞攘紛擾。靜，不是塊然死守。這與樊遲「問仁知」章相連，自有互相發明處。問：「『仁者樂山』，是就成德上説。『先難後獲』，是就初學上説。」曰：「也只一般，只有箇生熟。聖賢是已熟底學者，學者是未熟底聖賢。」　仁者一身渾然全是天理，故靜而樂山，且壽，壽是悠久之意。知者周流事物之間，故動而樂水，且樂，樂是處得當理而不擾之意。若以配陰陽，則仁配春，主發生，故配陽動。知配冬，主伏藏，故配陰靜。然陰陽動靜，又各互爲其根，不可一定求之也。此在學者默而識之。　或問：「『智者動，仁者靜。』如《太極圖説》，則智爲靜，仁爲動，如何？」曰：「這道理直看一樣，横看一樣。子貢説學不厭爲智，教不倦爲仁。子思却言成己爲仁，成物爲智。仁固有安靜意思，然施行却有運用之意。智是潛伏淵深底道理，至發出則有運用。然至於運用，各當其理而不可易處，又不專於動。」　南軒曰：「動靜者，仁知之體。樂水樂山，言其體則然也。動則樂，靜則壽，行所無事，不其樂乎？常永貞固，不其壽乎？雖然，知之體動，而理各有安靜，固在其中矣。仁之體靜，而周流不息，動亦在其中矣。動靜交見，體用一源，非深體者莫能識也。」

樊遲問仁。子曰：「愛人。」問知。子曰：「知人。」樊遲未達。曾氏曰：「遲之意，蓋以愛欲其周，而知有所擇，故疑二者之相悖爾。」子曰：「舉直錯諸枉，能使枉者直。」朱子曰：「舉直錯枉者，知也。使枉者直，則仁矣。如此，則二者不唯不相悖，而反相爲用矣。」樊遲退，見子夏，曰：「鄉也吾見於夫子而問『知』，子曰：『舉直錯諸枉，能使枉者直。』何謂也？」子夏曰：「富哉言乎！舜有天下，選於衆，舉皋陶，不仁者遠矣。湯有天下，選於衆，舉伊尹，不仁者遠矣。」伊尹，湯之相也。不仁者遠，言人皆化而爲仁，不見有不仁者，若其遠去爾，所枉者直也。子夏蓋有以知夫子之兼仁、智而言矣。　程子曰：「聖人之語，因人而變化。雖若有淺近者，而其包含無所不盡，觀於此章可見矣。非若他人之言，語近則遺遠，語遠則不知近也。」尹氏曰：「學者之問也，不獨欲聞其說，又必欲知其方；不獨欲知其方，又必欲爲其事。如樊遲未達，故又問焉，而猶未知其何以爲之也。及退而問諸子夏，然後有以知之，使其未喻，則必將復問矣。既問於師，又辨諸友【三】，當時學者之務實學也如此。」　愛人、知人，自相爲用。若不論枉與直，一例去愛他，便不得。大抵爲先知了，方能愛其所當愛。只此兩句，自包上下，此所以爲聖人之言。　愛人、知人，是仁智之用。聖人何故但以仁智之用告樊遲【四】，却不告之以仁智之體？蓋尋這用，便可以知其體，蓋用即是體中流出也。　問云云。曰：「尋常説仁智，一个是慈愛，一个是辨别，各自向一路。惟是『舉直錯諸枉，能使枉者直』，方見得仁智合一處，仁裏面有智，智裏面有仁。」

南軒曰：「原人之性，其愛之理乃仁也，知之理乃知也。仁者視萬物猶一體，而况人與我同類乎？故仁者必愛人，然則愛人果可以盡仁乎？以愛人而可以盡仁，則不可，而其所以愛人者，乃仁之所存也。至於問知而論以知人者，亦猶是爾。」

《中庸》：誠者，非自成己而已也，所以成物也。成己，仁也；成物，智也。性之德也，合外内之道也，故時措之宜也。　朱子曰：「誠雖所以成己，然既有以自成，則自然及物，而道亦行於彼矣。仁者體之存，智者用之發，是皆吾性之所固有，而無内外之殊。既得於己，則見於事者，以時措之，而皆得其宜也。」　《集畧》程子曰：「成己須是仁，推成己之道及物，即是智。」　吕氏曰：「誠雖自成也，道雖自道也，非有我之得私也，與天下同之而已。故思成己，必思所以成物，是所謂仁者之具也。性之所固有，合内外而無間也。夫天大無外，造化發

【三】又辨諸友　「辨」原作「下」，據四庫本、乾隆本改。

【四】告樊遲　「遲」原作「運」，據四庫本改。

育皆在其間，自無内外之別。人有是形，而爲形所梏，故有内外。内外一生，則物自物，己自己，與天地不相似矣【五】。反乎性之德，則安有欲義之異、内外之別哉？故具仁與智，無己無物，誠一以貫之，合天地而施化育，故能時措之宜也。」又曰：「子貢曰：『學不厭，智也。教不倦，仁也。』學不厭所以成己，此則成己爲仁。教不倦所以成物，此則成物爲智。何也？夫盡性以成己，則仁之體也。推是以成物，則智之事也，自成德而言也。學不厭所以致吾知，教不倦所以廣吾愛，自入德而言也。此子思、子貢之言所以異也。」朱子曰：「吕氏所論子貢、子思所言之異亦善，而猶有未盡者。蓋子貢之言主於知，子思之言主於行，故各就其所重，而有賓主之分，亦不但爲成德、入德之殊而已也。」

《孟子》：昔者子貢問於孔子，曰：「夫子聖矣乎？」孔子曰：「聖則吾不能，我學不厭而教不倦也。」子貢曰：「學不厭，智也；教不倦，仁也。仁且智，夫子既聖矣。」朱子曰：「學不厭，智之所以自明；教不倦者，仁之所以及物。」

孟子曰：「知者無不知也，當務之爲急；仁者無不愛也，急親賢之爲務。堯、舜之知而不徧物，急先務也，堯、舜之仁不徧愛人，急親賢也。朱子曰：「知者固無不知，然常以所當務者爲急，則事無不治，而其爲知大矣；仁者固無不愛，然常急於親賢，則恩無不洽，而其爲仁也博矣。」不能三年之喪，而緦小功之察；放飯流歠，而問無齒決，是之謂不知務。」此章言君子之於道，識其全體，則心不狹；知所先後，則事有序。豐氏曰：「智不急於先務，雖徧知人之所知，徧能人之所能，徒弊精神，而無益於天下之治矣。仁不急於親賢，雖有仁民愛物之心，小人在位，無由上達，聰明日蔽於上，而惡政日加於下，此孟子所謂不知務也。」先生因是推言：「學者亦有當務。如孟子論今樂古樂，則與民同樂，乃樂之本，學者所當知也。若欲明其聲音節奏，特樂之一事爾。學者須要窮其原本，放得大水下來，則如海潮之至，大船小船莫不浮動。如講學既能其大者，則小

【五】天地不相似　「似」原作「以」，據四庫本改。

小文義，自是該通。若只於淺處用功，則必不免沉滯之患矣。」南軒曰：「自身以至天下，皆有當務，蓋天下之事，未有無先後者。《傳》曰：『知所先後，則近道矣。』此所以貴乎格物也。雖然孟子之所喻，特言舍大而徇小者，爲不知務耳。非謂能三年之喪，則緦小功有不足察，無放飯流歠，則齒决有不必問也。先後具舉，本末畢貫，此爲學者又不可以不知也。」

右兼言仁智

孔子曰：「仁人不過乎物，孝子不過乎物。是故仁人之事親如事天，事天如事親。是故孝子成身。」鄭氏曰：「物，猶事也。事親、事天，孝、敬同也。《孝經》曰：『事父孝，故事天明。』舉無過事，以孝事親，乃所以成身。」

右兼言仁孝

子曰：「知及之，仁不能守之，雖得之，必失之。朱子曰：「智足以知此理，而私欲間之，則無以有之於身矣。」知及之，仁能守之，不莊以涖之，則民不敬。知此理而無私欲以間之，則所知者在我而不失矣。然猶有不莊者，蓋氣習之偏，或有厚於内而不嚴於外者，是以民不見其可畏而慢易之也。知及之，仁能守之，莊以涖之，動之不以禮，未善也。」動之，謂動民也，猶曰鼓舞而作興之云爾。禮，爲義理之節文。學至於仁，則善有諸己而大本立矣。涖之不莊，動之不以禮，乃其氣稟學問之小疵【六】，然亦非盡善之道也。故夫子歷言之，使知德愈全則責愈備，不可以爲小節而忽之也。問：「『克己復禮爲仁』，便是極了。今却又有『莊以涖之』與『動之以禮』底工夫，如何？」曰：「人自有此心純粹，更不走失，而於接物應事時，少些莊嚴底意思，自不足以使人敬，此便是未善處。」問：「此是要本末工夫兼備否？」曰：「固是。但先有『知及之，仁能守之』做箇根本了，却方好去檢點其

【六】學問之小疵　「疵」原作「疪」，據四庫本改。

餘,便無處無事不善。若根本不立,又有何可點檢處?」　問知及仁守。曰:「此是説講學莊以涖之,以後是説爲政。」　南軒曰:「知及乎此,而仁不能守此,則未能保之於己也。仁能守之,則在己者實矣。又須莊以涖之,而後内外相成而無弊,而又欲動之以禮,然後爲盡善。動之以禮者,以禮教民,風動之也。此雖言爲政之道至此而後善,然所以成己亦一而已。」

孟子曰:「愛人弗親,反其仁;治人不治,反其智;禮人不答,反其敬。行有不得者,反求諸己,其身正而天下歸之。《詩》云:『永言配命,自求多福。』」

右兼言智仁禮

子曰:「知者不惑,仁者不憂,勇者不懼。」朱子曰:「明足以燭理,故不惑;理足以勝私,故不憂;氣足以配道義,故不懼。此學之序也。」　問:「知是格物致知,仁是存養,勇是克治否?」先生曰:「是。勇謂持守堅固。」　問:「《中庸》『力行近乎仁』,又似『勇者不懼』意思。」曰:「交互説都是。」　智者直是見得分曉,故不惑。問:「『智不惑』一段,能明理便能無私否?」曰:「亦有人明理不能去私慾,然去私慾必先明理。惟聖人自誠而明,可以先言仁,後言智。至於教人,當以智爲先。」　問:「《子罕》『智仁勇』章與《憲問》『仁者勇』章,何以次序不同?」曰:「成德以仁爲先,進學以智爲先,此誠而明,明而誠也。」「《中庸》言三德之序如何?」曰:「此亦爲學者言。」又問:「何以勇皆序在後?」曰:「末後做工夫不退轉,此方是勇。」　問「仁者不憂」。曰:「仁者心與理一,心純是道理。看甚麽事,不問大小、改頭换面來,自家此心各有一箇道理應副去,不待事來,方始安排,所以自不煩惱。今人有這事,却無這道理,便處置不去,所以憂。」　又曰:「仁者理即是心,心即是理,有一事來,便有一理以應之,所以無憂。」　問:「無憂似未是仁?」先生曰:「今人學問百種,只是要克己復禮。若能克去私意,純是天理,自無所憂,如何不是仁?」　仁者,天下之公。私欲不萌,而天下之公在我。何憂之有?　孟子説「配義與道,無是餒也」,今有見得道理分明而反懾怯者，氣不足也。　南軒曰：「不惑者，見理明也；不憂者，其樂深也；不懼者，其守固也。」

子曰：「君子道者三，我無能焉：仁者不憂，智者不惑，勇者不懼。」子貢曰：「夫子自道也。」朱子曰：「自責以勉人也。道，言也。自道，猶云謙辭。」尹氏曰：「成德以仁爲先，進學以智爲先，故夫子之言，其序有不同如此。」　王彥霖問：「心，一也。有曰云云，何也？」程子曰：「此只是名其德爾，其理一也。得此道而不憂者，仁之事也。因其不憂，故曰此仁也。智、勇亦然。凡名其德，千百皆然，但此三者，達道之大者也。」　仁者不憂，知者不惑，勇者不懼，德之序也。知者不惑，仁者不憂，勇者不懼，學之序也。知以知之，仁以守之，勇以行之。

《中庸》：智、仁、勇三者，天下之達德也，所以行之者一也。此章當連「天下之達道五」參看。朱子曰：「謂之達德者，天下古今所同得之理也。一，則誠而已矣。達德雖人所同得，然一有不誠，則人欲間之，而德非其德矣。」　程子曰：「所謂誠者，止是誠實此三者。三者之外，更別無誠。」《輯畧》：「知仁勇三者，天下之達德，學之要也。」　又曰：「智知，仁守，勇決。」　又曰：「大凡於道，擇之則在乎知，守之則在乎仁，斷之則在乎勇。人之於道，患在不能擇，不能守，不能斷。」

子曰：「好學近乎智，力行近乎仁，知恥近乎勇。」此言未及乎達德，而求以入德之事。　呂氏曰：「愚者自是而不求，自私者徇人欲而忘反，懦者甘爲人下而不辭。故好學非智，然足以破愚；　力行非仁，然足以忘私；　知恥非勇，然足以起懦。」　上章既言達德之名，恐學者無所從入，故又言其不遠者以示之，使由是而求之，則可以入德也。　此節之指，惟呂氏之言淵慤有味，庶幾得之。

右兼言智仁勇

《論語》子曰：「道不行，乘桴浮于海。從我者其由與？」子路聞之喜。子曰：「由也，好勇過我，無所取材。」朱子曰：「桴，筏也。」程子曰：「浮海之嘆，傷天下之無賢君也。子路勇於義，故謂其能從己，皆假設之言耳。子路以爲實然，而喜夫子之與己。故夫子美其勇，而譏其不能裁度事理，以適於義也。」南軒曰：「夫聖人之勇，不可過也。而過焉，是未知所裁度也。」

子路曰：「子行三軍，則誰與？」子曰：「暴虎馮河，死而無悔者，吾不與也。必也臨事而懼，好謀而成者也。」朱子曰：「言此所以抑其勇而教之，然行師之要，實不外此。」南軒曰：「夫子路自負其勇，不避禍害，故夫子因其病而救之，以爲犯難而輕死，非君子所貴。蓋死或至於傷勇故也。臨事而懼，戒懼於事始，則所以爲備者周矣。好謀者或失於寡斷，好謀而成，則思慮審，而其發也必中矣。敬戒周密如此，此乃行三軍之道也。若徒以暴虎馮河爲勇，則將至於輕犯禍害，豈君子之所貴乎？」

齊宣王曰：「寡人有疾，寡人好勇。」孟子對曰【七】：「王請無好小勇。夫撫劍疾視，曰：『彼惡敢當我哉！』此匹夫之勇，敵一人者也。王請大之。朱子曰：「小勇，血氣所爲。大勇，理義所發。」《詩》曰：『王赫斯怒，爰整其旅，以遏徂莒，以篤周祜，以對于天下。』此文王之勇也。文王一怒而安天下之民。《書》曰：『天降下民，作之君，作之師。惟曰其助上帝，寵之四方，有罪無罪，惟我在，天下曷敢有越厥志？』一人衡行於天下，武王耻之。此武王之勇也。武王亦一怒而安天下之民。今王亦一怒而安天下之民，民惟恐王之不好勇也。」此言人君能懲小忿，則能養大勇，除暴救民，以安天下矣。南軒曰：「勇有大小：血氣之勇，勇之小也；義理之勇，勇之大也。以血氣爲勇，則其勇不出於血氣之内，勢力可勝也，利害可絀也。義理之勇不以血氣，勢力無所加，利害無所絀也，故曰『王請無好小勇』，欲其擴於義理也。夫聖人非無怒也，其動不以血氣而以理，可怒在彼而理在此，聖

【七】孟子對曰　「對」字原脱，據四庫本補。

人何加毫末乎？以文、武之事，觀之則可見矣。」「曾子聞大勇於夫子」章已見前《養氣》篇。

《揚子》：或問勇。曰：「軻也。」曰：「何軻也？」曰：「軻也者，謂孟軻也。若荆軻，君子盜諸。」請問孟軻之勇。曰：「勇於義而果於德。不以貧富、貴賤、死生動其心。其於勇也，其庶乎！」

或曰：「顏子之爲人，近於怯。」程子曰：「孰勇於顏子？觀其言曰『舜何人也，予何人也，有爲者亦若是』、『有若無，實若虛』之類，抑可謂大勇矣。」

程子曰：「人之學不進，只是不勇。」

《聘義》：所貴於勇敢者，貴其敢行禮義也。故勇敢强有力者，天下無事則用之於禮義，天下有事則用之於戰勝。用之於戰勝則無敵，用之於禮義則順治。

右專言勇　按：《左氏》晉狼瞫爲右，先軫黜之。狼瞫怒，其友曰：「盍死之？」瞫曰：「吾未獲死所。」其友曰：「吾與女爲難。」瞫曰：「《周志》有之：『勇則害上，不登於明堂。』死而不義，非勇也。共用之爲勇。吾以勇求右，無勇而黜，亦其所也。謂上不我知，黜而宜，乃知我矣。子姑待之。」及彭衙，既陳，以其屬馳秦師，死焉。晉師從之，大敗秦師。君子謂：「狼瞫於是乎君子。」狼瞫在春秋末得爲賢大夫，而所謂「死而不義，非勇也」，其言有可取者，故附此。

《書·仲虺之誥》：以義制事，以禮制心。此仲虺稱湯之詞，全章見《乙記》。

《記·冠義》：凡人之所以爲人者，禮義也。禮義之始，在於正容體，齊顏色，順辭令。容體正，顏色齊，辭令順，而後禮義備，以正君臣，親父子，和長幼。君臣正，父子親，長幼和，而後禮義立。

孟子曰：「非禮之禮，非義之義，大人弗爲。」朱子曰：「察理不精，則有二者之蔽。大人則隨事而順理，因時而制宜，豈爲是哉？」南軒曰：「非禮之禮，非義之義，謂其事雖本是禮義，而施之不當，一過其則，則爲非禮義矣。故程子曰：『恭本爲禮，過於恭是非禮之禮也。以物與人爲義，過於與是非義之義矣。』推是類可見矣。蓋禮義本於天，而著於人心，各有其則而不可過，乃天下之公而非有我之所得私也。一以己意加之，則是私情而已，故其事雖以禮義，而君子謂之『非禮之禮，非義之義』也。」

夫義，路也。禮，門也。惟君子能由是路，出入是門也。「萬章問不見諸侯」章全文見《丁記》。

「言非禮義，謂之自暴」，見前《仁義》篇。

張子曰：「天之生物，便有尊卑大小之象，人順之而已，此所以爲禮也。學者有專以禮出於人，而不知禮本於天之自然。告子專以義爲外，而不知所以行義由内也。皆非也，當合内外之道。」

右兼言禮義

《周禮·大司徒》：以五禮防萬民之僞，而教之中。以六樂防萬民之情，而教之和。鄭氏曰：「禮所以節正民之侈僞，使其行得中。鄭司農云：『五禮謂吉、凶、賓、軍、嘉。』樂所以蕩正民之情思，使其心應和也。司農云：『六樂謂《雲門》、《咸池》、《大韶》、《大夏》、《大濩》、《大武》。』」《大宗伯》：以天産作陰德，以中禮防之；以地産作陽德，以和樂防之。按：此義在《周禮》爲最難通者也。先鄭氏以陰德爲男女之情，既未適當。而康成則曰：「天産者動物，謂六牲之屬；地産者植物，謂九穀之屬。陰德，陰氣在人者。陰氣虚，純之則劣，故食動物，作之使動，過則傷性，制中禮以節之。陽德，陽氣在人者。陽氣盈，純之則躁，故食植物，作之使靜，過則傷性，制和樂以節之。如是，然後陰陽平，情性和，而能育其類。」後鄭之説如此，《正義》從之，亦未見其必然，更詳之。

以禮樂合天地之化、百物之産以事鬼神，以諧萬民，以致百物。禮濟虚，樂損盈，並行則四者乃得其和。能生非類曰化，生其種曰産。《正義》曰：「言四者，謂天地之化、百物之産共爲一，以事鬼神爲二，諧萬民爲三，以致百物爲四。知化産爲一者，以其化與産氣類相似，故爲一也。」

子曰：「先進於禮樂，野人也；後進於禮樂，君子也。朱子曰：「先進、後進，猶言前輩、後輩。野人，謂郊外之民。君子，謂賢士大夫也。」程子曰：「先進於禮樂，文質得宜，今反謂之質朴，而以爲野人。後進之於禮樂，文過其質，今反謂之彬彬，而以爲君子。蓋周末文勝，故時人之言如此，不自知其過於文也。」如用之，則吾從先進。」用之，謂用禮樂。孔子既述時人之言，又自言其如此，蓋欲損過以就中也。孔子窮而在下，所用禮樂固是從周；若達而在上，須更損益。南軒曰：「文勝而過質，則於禮樂之實反有害，故聖人思反本，而有從先進之言。」程子曰：『若用於時救文之弊【八】，則吾從先進小過之義也。』或曰：『然則從周之説奈何？』蓋文莫備於周，大體固當從周，而其末流文勝之弊，則不可以不正也。從先進與從周，固各有義耳。」「不仁如禮樂何」章見前。

子曰：「禮云禮云，玉帛云乎哉？樂云樂云，鐘鼓云乎哉？」朱子曰：「敬而將之以玉帛，則爲禮；和而發之以鐘鼓，則爲樂。遺其本而專事其末，則言禮樂之謂哉？」程子曰：「禮只是一箇『序』，樂只是一箇『和』。只此兩字，含多少義理。天下無一物無禮樂，且如置此兩椅，一不正，便是無序。無序便乖，乖便不和。又如盜賊至爲不道，然亦有禮樂。蓋必有總屬，必相聽順，乃能爲盜。不然，則叛亂無統，不能一日相聚而爲盜也。禮樂無處無之，學者須要識得。」黄氏曰：「程子、朱子曰言樂，則同主於和，至於言禮，則朱子主於敬，程子主於序。二説不

【八】時救文之弊　「救」原作「敕」，據四庫本、乾隆本改。

同，何也？曰：不但敬與序之不同，雖言和則同，而所以爲和亦不同也。《集注》之『敬與和』，主人心而言也。程子之『序與和』，主事理而言也。然有人心之『敬與和』，則見於事理者始有『序而和』矣。」

《記》：凡三王教世子，必以禮樂。樂，所以脩內也；禮，所以脩外也。禮樂交錯於中，發形於外，是故其成也懌，恭敬而温文。《正義》曰：「樂是喜樂之事，喜樂從內而生，和諧性情，故云『所以脩內也』。禮是恭敬之事，恭敬是正其容體，故云『所以脩外也』。樂雖由中，從中而見外；禮雖由外，從外而入中。是中之與外，皆有禮樂，故云『禮樂交錯於中，發形於外』也。」

樂由陽來者也，禮由陰作者也，陰陽和而萬物得。先王之制禮樂也，非以極口腹耳目之欲也，將以教民平好惡，而反人道之正也。上文云：「樂之隆，非極音也【九】。食饗之禮，非致味也。清廟之瑟，朱弦而疏越，壹倡而三歎，有遺音者矣【一〇】。大饗之禮，尚玄酒而俎腥魚，大羹不和，有遺味者矣云云。」《正義》曰：「以玄酒、腥魚、大羹非極口腹也，以朱弦、疏越非極耳目也【一一】。」

人生而靜，天之性也。感於物而動，性之欲也。物至知知，然後好惡形焉。好惡無節於內，知誘於外，不能反躬，天理滅矣。郑氏曰：「埋猶性也。」物之感人無窮，人之好惡無節，則是物至而人化物也。人化物也者，滅天理而窮人欲也。於是有悖逆詐僞之心，有淫泆作亂之事，是故强者脅弱，衆者暴寡，知者詐愚，勇者苦怯，疾病不養，老幼孤獨不得其所。此大亂之道也。是故先王之制禮樂，人爲之節。衰麻哭泣，所以節喪紀也；鐘鼓干戚，所以和安樂也；昏姻冠笄，所以別男女也；射鄉食饗，所以正交接也。禮節民心，樂和民聲，政以行之，刑以防之。禮樂刑政，四達而不悖，則王道備矣。樂者爲同，禮者爲異。

【九】非極音也　「音」原作「者」，據四庫本、《禮記正義》卷三十七改。

【一〇】有遺音者　「者」原作「若」，據四庫本改。

【一一】非極耳目　「目」原作「自」，據四庫本改。

同則相親，異則相敬。樂勝則流，禮勝則離。合情飾貌者，禮樂之事也。鄭氏曰：「欲其並行斌斌然。」《正義》曰【一二】：「樂主和統同，禮主序辨異，又恒相須也。勝，猶過也。若樂過和同而無禮，則尊卑混一而鮮區別。禮過殊隔而無和樂，則親屬離析，無復骨肉之愛。唯須禮樂兼有，所以爲美，故《語》云『禮之用，和爲貴』是也。」

樂由中出，鄭氏曰：「和在心也。」禮自外作。敬在貌也。樂由中出，故靜；禮自外作，故文。文猶動也。大樂必易，大禮必簡。樂至則無怨，禮至則不爭，揖讓而治天下者，禮樂之謂也。

大樂與天地同和，大禮與天地同節。鄭氏曰：「言順天地之氣與其數。」和，故百物不失；不失其性。節，故祀天祭地。成物有功報焉。明則有禮樂，教人者。幽則有鬼神，助天地成物者也。《正義》曰：「天地氣和，而生萬物。大樂之體，順陰陽律呂，生養萬物，是『與天地同和』也。天地之形，各有高下大小爲限節。大禮辨尊卑貴賤，與天地相似，是『與天地同節』也。《易·上繫》曰：『精氣爲物，遊魂爲變，是故知鬼神之情狀。』注云：精氣謂七八，遊魂謂九六。遊魂謂之鬼，物終所歸。精氣謂之神，物生所信。言木火之神，生物東南。金水之鬼，終物西北。」詳見後卷。問：「明則有禮樂，幽則有鬼神。」程子曰：「鬼神只是一箇造化，天尊地卑，乾坤定矣，鼓之以雷霆，潤之以風雨是也。」問云云。朱子曰：「禮主減，樂主盈。鬼神亦只是屈伸之理。禮樂、鬼神一理，在聖人制作處便是禮樂，在造化處便是鬼神。」如此則四海之內合敬同愛矣。禮者，殊事合敬者也；樂者，異文合愛者也。禮樂之情同，故明王以相沿也。沿猶因述也。《正義》曰：「尊卑有別，是殊事。俱行於禮，是合敬也。宮商別調【一三】，是異文。無不歡愛【一四】，是合愛也。禮樂之狀【一五】，質文雖異，樂情主和，禮情主敬，致治是同。以其致治情同，故明王所以相因述也【一六】。」

【一二】正義曰　「正」原作「乎」，據四庫本、乾隆本改。

【一三】宮商別調　「宮商」原作「玄商」，據四庫本改。

【一四】無不歡愛　「歡」原作「觀」，據四庫本改。

【一五】禮樂之狀　「禮」原作「樂」，據四庫本改。

【一六】明王所以　「王」原作「正」，據四庫本改。

故鐘鼓管磬羽籥干戚，樂之器也；屈伸俯仰綴兆舒疾，樂之文也。簠簋俎豆制度文章，禮之器也；升降上下周還裼襲，禮之文也。鄭氏曰：「綴，謂酇，舞者之位。兆，其外營域也。」《正義》曰：「綴，謂舞者行位相連綴也【一七】。周，謂行禮周曲回旋也【一八】。裼，謂袒上衣而露裼也。襲，謂掩上衣也。禮盛者尚質，故襲。不盛者尚文，故裼。」故知禮樂之情者能作，識禮樂之文者能述。作者之謂聖，述者之謂明。明聖者，述作之謂也。

樂者，天地之和也；禮者，天地之序也。和，故百物皆化；序，故羣物皆別。鄭氏曰：「化，猶生也。別，謂形體異也。」樂由天作，禮以地制。言法天地也。朱子曰：「『樂由天作』，屬陽，故有運動底意。『禮以地制』，如由地出【一九】，不可移易。」過制則亂，過作則暴。明於天地，然後能興禮樂也。《正義》曰：「此一節申明禮樂從天地而來，王者必明於天地，然後能興禮樂。樂者，調暢陰陽，是天地之和也。禮明貴賤，是天地之序也。樂主於陽，是法天而作。禮主於陰，是法地而制。」

論倫無患，樂之情也；欣喜歡愛，樂之官也。倫，猶類也。患，害也。官，猶事也。中正無邪，禮之質也；莊敬恭順，禮之制也。質，猶本也。若夫禮樂之施於金石，越於聲音，用於宗廟社稷，事乎山川鬼神，此所與民同也。言情官質制，先王所專也。《正義》曰：「論倫云云者，樂主和同，論說等倫，無相毀害，是樂之情也。言樂之本情，欲使倫等和同，無相損害也。欣愛云云者【二〇】，賀瑒曰：『八音宜諧，使物歡欣，此樂之事跡也。』在心則倫類無害，故爲樂情。在貌則欣喜歡愛，故爲樂事也。中正云云者【二一】，謂內心中正，無有邪僻，是禮之本質也。莊敬云云者，外貌莊敬恭愼，是禮之節制也。」

天高地下，萬物散殊，而禮制行矣。流而不息，合同而化，而樂興焉。春作夏長，仁

【一七】謂舞者　「謂」原作「者」，據四庫本、《禮記注疏》卷九十三改。

【一八】周曲回旋　「曲」原作「典」，據四庫本改。

【一九】如由地出　「出」字原脫，據《朱子語類》卷八十七補。

【二〇】欣愛云云者　「愛」疑作「喜」。

【二一】中正云云者　「正」原作「心」，據文意改。

也；秋斂冬藏，義也。仁近於樂，義近於禮。言樂法陽而生，禮法陰而成。樂者敦和，率神而從天；禮者別宜，居鬼而從地。敦和，樂貴同也。率，循也。從，順也。別宜，禮尚異也。鬼神，謂先聖先賢。故聖人作樂以應天，制禮以配地。禮樂明備，天地官矣。《正義》曰：「此一節申明禮樂配於天地，若禮樂備具，則天地之事各得其宜。」天高地下不同，故人倫尊卑有異，其間萬物各散殊塗。禮者，別尊卑，定萬物，是禮之法制行矣。天地萬物流動不息，合會齊同而變化者也。樂者，調和氣性，合德化育，是樂興也。樂主和同，故云「興」，禮主異，故云「行」。仁主仁愛，樂主和同，故仁近於樂。義主斷割，禮爲節限，故義近於禮。或問「天高地下」二段【二二】。朱子因歎：「此數句意思極好，非孟子以下所能作，其文如《中庸》。《左傳》子太叔亦論此：『夫禮，天之經，地之義，民之行，云云。』只是説得麄，文意不溜亮，不如此説之純粹通暢。他只是説人做這箇去合天之度數。如云『爲六畜、五牲、三犧，以奉五味』云云之類，都是做這箇去合那天，都無自然之理。如云『天高地下，萬物散殊，而禮制行矣；流而不息，合同而化，而樂興焉』，皆是自然合當如此。」愚按：《易》曰：「上天下澤，履。君子辨上下，定民志。」此禮之制，因乎自然之序也。又曰：「雷出地奮，豫。先王以作樂崇德，殷薦上帝以配祖考。」此樂之作，因乎自然之和也。天高而居上，地卑而居下，物生萬類，有大有小，分散而差殊。聖人因之制爲之禮，君父在上，臣子在下，即天高地下之象。昆弟、夫婦、師友、賓主，下及於輿臺皁隸，等級分明，不相混亂，即萬物散殊之象，此禮制之所自行也。陰陽五行之氣，流行於天地之間，未嘗止息，相摩相盪，若雷霆之鼓動，風雨之散潤，二氣和合，故能化生而不窮。聖人因之作爲之樂，有五聲，有十二律。角、徵【二三】，陽也；商、羽，陰也。六律陽也，六呂陰也。混合無間而樂成焉，故能與天地之和相應，此樂之所由興也。知乎此，然後識禮樂之原矣。春作夏長，氣之伸也，陽之屬也；秋斂冬藏，氣之屈也，陰之屬也。樂本陽，主乎流動，故曰敦和，率神而從天；禮本陰，主乎凝定，故曰別宜，居鬼而從地。所謂鬼神者，屈伸而已。注疏以聖人賢人之神主之，恐非。

【二二】地下二段　「二」原作「三」，據四庫本改。「二」作「一」，語意亦通。

【二三】角徵　「徵」原作「祉」，據四庫本、乾隆本改。

天尊地卑，君臣定矣。卑高已陳，貴賤位矣。動靜有常，小大殊矣。方以類聚，物以羣分，則性命不同矣。在天成象，在地成形，如此則禮者天地之别也。鄭氏曰：「卑、高，謂山澤也。位矣，尊卑之位，象山澤也。動靜，陰陽用事。小大，萬物也。大者常存，小者隨陽出入。方，謂行蟲也。物，謂殖生者也。性之言生也。命，生之長短也。象，光輝也。形，體貌也。」地氣上齊，天氣下降，陰陽相摩，天地相蕩，鼓之以雷霆，奮之以風雨，動之以四時，煖之以日月，而百化興焉，如此則樂者天地之和也。齊讀爲躋，升也。摩，猶迫也。蕩，猶動也。奮，迅也。百化，百物化生也。《正義》曰：「『地氣上躋』者，齊，升也，謂地氣上升天。『天氣下降』者，謂降下與地氣交合。『陰陽相摩』者，摩，謂切迫。『天地相蕩』者，蕩，動也，言天地之氣相感動。『鼓之以雷霆』者，雖以氣生而物未發，故用雷霆以鼓動之。『奮之以風雨』者，萬物得風雨，奮迅而出也。『動之以四時』者，言萬物生長，隨四時而動也。『煖之以日月』者，萬物之生，必須日月煖照之。自『鼓之以雷霆』至『煖之以日月』，皆以天地相蕩細别言之耳。」朱子嘗舉此章再三歎息。愚按：此章蓋詳析前章之旨，自「天尊地卑」至「貴賤位矣」，是言天高地下之義也。自「動靜有常」至「在地成形」，是言萬物散殊之義也。「地氣上躋」至「百化興焉」，是言流而不息，合同而化之義也。合二章而觀，其理煥然矣。動靜言物之性有動者、有靜者，方以類聚猶燥濕之異趍，物以羣分猶飛走之殊類，凡皆爲散殊而言，注疏之説恐非。

樂著大始而禮居成物。著之言處也【二四】。大始，百物之始生也。著不息者天也，著不動者地也。著，猶明白也。息，猶休止也。一動一靜者，天地之間也。間謂百物也。故聖人曰禮樂云。言禮樂之法天地也，樂靜而禮動，其並用事，則亦天地之間爾。《正義》曰：「此一節盛説禮樂之大。樂象於天，天爲生物之始。著，猶處也，是『樂處大始』。禮法於地，言禮以稟天氣以成於物，故曰『禮居成物』。著謂顯著，言顯著明白，運生

【二四】著之言處也　「言」原作「吉」，據四庫本改。

不息者，是天也，故《乾·象》曰『天行健』。顯著養物不移動者，地也，故《坤·象》曰『安貞吉』。言樂法於天，動而不息，禮象於地，靜而不動也。『一動一靜，天地之間也』者，動者，或一物飛走蠢動，感天之陽氣也。靜者，或一物安伏而止靜，感地之陰氣也。『天地之間也』者，言此一動一靜，在天地之間所有百物也。」愚按：此章亦推廣前章之指，樂著大始，禮居成物，注疏得之。但禮以稟六氣以成於物一句，辭義不明，似有舛誤。當云禮法於地，地稟天之氣以成物，故云禮居成物。樂著大始，注訓著爲處著不息云云，則訓著爲明白。愚謂三「著」字皆當訓「處」，而音同著尊之「著」。著之爲言處也，蓋處乎上而不息者天也，處乎下而不動者地也。此天地之定體，前章所謂「天地之序」也。而陰陽二氣，一動一靜，循環於兩間者，此天地之妙用，前章所謂「天地之和」是也。蓋必有自然之序，然後有自然之和，故聖人曰「禮樂云」而不曰「樂禮」。周子所謂「禮先而樂後」，程子所謂「無序則不和」，皆此意也。

夫豢豕爲酒，非以爲禍也，而獄訟益繁，則酒之流生禍也。鄭氏曰：「以穀食犬豕爲豢。爲，作也，言豢豕作酒，本以立祀養賢，而小人飲之，善酗以致獄訟。」是故先王因爲酒禮，壹獻之禮，賓主百拜，終日飲酒而不得醉焉。此先王之所以備酒禍焉。壹獻，士飲酒之禮。百拜，以喻多。故酒食者，所以合歡也。樂者，所以象德也；禮者，所以綴淫也。是故先王有大事，必有禮以哀之；有大福，必有禮以樂之。哀樂之分，皆以禮終。分，扶問反。大事，謂死喪也。樂也者，聖人之所樂，而可以善民心。其感人深，其移風易俗，故先王著其教焉。著，立也，謂立司樂以下，使教國子。《正義》曰：「士之饗禮，唯有壹獻，言所獻酒少也。從初至末，賓主相答而有百拜，言拜數多也。是意在於敬，不在酒也。終日飲云云，謂饗禮也，以其恭敬示飲而已，故不得醉也。綴，止也。人君制禮以教天下，所以綴止淫邪也。其感人云云者，言樂本從民心而來，故感動人深也。」愚按：有喪事而無禮，則哀必過；有大福而無禮，則樂必淫。哀樂之分，皆以禮終，所以約其情，使合於中也。禮之爲用，大矣哉！

君子曰：禮樂不可斯須去身。致樂以治心，則易直子諒之心油然生矣。鄭氏曰：「油然，新生好貌也。」易直子諒之心生則樂，樂則安，安則久，久則天，天則神。天則不言而信，神則不怒而威，致樂以治心者也。致禮以治躬，則莊敬，莊敬則嚴威。中心斯須不和不樂，而鄙詐之心入之矣；鄙詐入之，謂利欲生。外貌斯須不莊不敬，而易慢之心入之矣。故樂也者，動於內者也；禮也者，動於外者也。樂極和，禮極順，內和而外順，則民瞻其顏色而弗與爭也，望其容貌而民不生易慢也。故德輝動於內而民莫不承聽，理發諸外而民莫不承順，故曰致禮樂之道，舉而錯之天下無難矣。朱子曰：「易直子諒，《韓詩》作『易直慈良』爲是。」又曰：「聖賢之教，無一言一句不是入德門户，如所謂『禮樂不可斯須去身』者，尤爲深切，真當佩服存省，以終其身也。」或問：「鄙詐易慢，非心之本然也。今曰鄙詐之心、易慢之心，何耶？」愚謂：中心不和不樂，則鄙詐入而爲之主。外貌不莊不敬，則易慢入而爲之主。既爲主乎內，非心而何？

樂也者，動於內者也；禮也者，動於外者也。故禮主其減，樂主其盈。禮減而進，以進爲文；樂盈而反，以反爲文。鄭氏曰：「進，謂自勉强也。反，謂自抑止也。文猶美也，善也。」禮減而不進則銷；樂盈而不反則放。故禮有報而樂有反。放淫於聲，樂不能止也。報讀爲「褒」，褒猶進也。禮得其報則樂，樂得其反則安。禮之報，樂之反，其義一也。程子曰：「禮樂進反之間，便得性情之正。」朱子曰：「禮如凡事儉約，如收斂恭敬，便是減。須當着力向前去做，便是進。故以進爲文。樂如歌詠和樂，便是盈，須當有箇節制。和而不流，便是反。故以反爲文。禮減而却進前去，樂盈而却反退來，便是得性情之正。」

禮以謙遜退貶爲尚，故主減。然非人情之所樂，故須勉強做將去方得。樂以發揚蹈厲爲尚，故主盈。然樂只管充滿而不反，則又不可，故須反方得。主減者當進，須力行將去；主盈者當反，須回顧身心。

樂也者，施也；禮也者，報也。鄭氏曰：「樂出而不反，禮有往來。」樂，樂其所自生；而禮，反其所自始。樂章德，禮報情，反始也。自，由也。《正義》曰：「樂也者云云，言作樂之時，衆庶皆聽之，而無反報之意，但有恩施而已。禮也者云云，禮尚往來，受人禮事，必當報之也。樂樂其云，言王者正樂，歡樂其已之所由生，若武王民樂其武德，武王由武功而生王業，即以武爲樂名。以受施處立名，無報反之義也。而禮反云云，言王者制禮，必追反其所由始祖，若周由后稷爲始祖，即追祭后稷，報其王業之由，是禮有報也。樂章德云云者，樂但施恩，不望其報，是樂章明其盛德也。禮者報也，言行禮者，他人有恩於己，己則報有情，但先祖既爲始於子孫，則反報其初始。以人意言之，則謂之報情；以父祖子孫言之，則謂之反始，其實一也。」

樂也者，情之不可變者也；禮也者，理之不可易者也。樂統同，禮辨異，鄭氏曰：「統同【二五】，同和合也。辨異【二六】，尊卑也。」禮樂之説管乎人情矣。管，猶包也。窮本知變，樂之情也；著誠去僞，禮之經也。禮樂偩天地之情，達神明之德，降興上下之神，而凝是精粗之體，領父子君臣之節。偩，猶依象也。降，下也。興，猶出也。凝，成也。精粗，謂萬物大小也。領，猶理治也。是故大人舉禮樂，則天地將爲昭焉。言天地將爲之昭明也。《正義》曰：「樂也者云云，樂出於心，聽之則歡悦，是情之不可變也。禮也者云云，禮見於貌，行之則恭敬理事也，言事之不可改易也。樂出於心，故曰情。禮在於貌，故云理。樂統同云云，統，領也。言樂主相親，是主領其同。禮殊別貴賤，是分別其異也。禮樂所説義理，包管於人情也。窮本云云者，樂本出於人心，心哀則哀，心樂則樂，是可以窮原極本也。若心惡，不可變惡爲善，是知變也。著誠

【二五】統同　「統」字原脱，據《禮記注疏》卷三十八補。

【二六】辨異　「辨」原作「異」，據《禮記注疏》卷三十八改。

云云者，誠，謂誠信也。僞，謂虚詐也。言顯著誠信，退去虚僞，是禮之常也。若人内心虚詐，則外貌敖狠，唯禮知之，故云云也。偩，猶依象也。禮出於地，尊卑有序，是偩依地之情也。樂出於天，遠近和合，是偩依天之情也。禮樂出於人心，與神明和會，故云云也。降興云云者，興，猶出也。禮樂既與天地相合，用之以祭，故能降出上下之神，謂降上而出下也。凝，猶成也。是，謂正也。精粗，謂萬物大小也。言禮樂之能成就正其萬物大小之形體也。領，猶理治也。言禮樂理治父子君臣之限節，而樂主於和，聽之則上下相親。禮定貴賤長幼，是禮能領父子君臣也。」

仲尼燕居，子張、子貢、言游侍，縱言及於禮。云云。子曰：「禮者何也？即事之治也。君子有其事，必有其治。治國而無禮，譬猶瞽之無相與，倀倀乎其何之？譬如終夜有求於幽室之中，非燭何見？若無禮，則手足無所錯，耳目無所加，進退揖讓無所制。是故以之居處，長幼失其别，閨門三族失其和，朝廷官爵失其序，鬼神失其饗，喪紀失其哀。如此，則無以祖洽於衆也。」鄭氏曰：「凡言失者，無禮故也。言失禮無以爲衆倡始【二七】，無以合和衆。」子曰：「慎聽之，女三人者！吾語女，禮猶有九焉，大饗有四焉。苟知此矣，雖在畎畝之中，事之，聖人已。兩君相見，揖讓而入門，入門而縣興，揖讓而升堂，升堂而樂闋，下管《象》、《武》，《夏籥》序興，陳其薦俎，序其禮樂，備其百官。如此而后，君子知仁焉。行中規，還中矩，和鸞中《采齊》，客出以《雍》，徹以《振羽》，是故君子無物而不在禮矣。入門而金作，示情也。升歌《清廟》，示德也。下而管《象》，示事也。是故古之君子，不必親相與言也，以禮樂相示而已。」鄭氏曰：「大饗，謂饗諸侯來朝者也。四者，謂金再作，升歌《清廟》，下管《象》也。事之，謂立置於位也。聖人已者，是聖人也。縣興，金作也。金再作者，獻主君又作也。下，謂堂下也。《象》、《武》，武

【二七】爲衆倡始　「始」原作「如」，據《禮記注疏》卷五十改。

舞也。《夏籥》，文舞也。序，更也。堂下吹管，舞文、武之樂，更起也。知仁焉，知禮樂所存也。《采齊》、《雍》、《振羽》，皆樂章也，《振羽》、《振鷺》及《雍》，金作，示情也，賓、主人各以情相示也。金性内明，象人情也。示德，相示以德也，《清廟》頌文王之德。示事，相示以事，《武》、《象》武王之大事也。」《正義》曰：「四者，謂賓初入門而縣興，揖讓而升堂，主人獻賓，賓飲訖而樂闋，是一也。賓酢主人，金奏作，主人飲畢而樂闋，是二也。至工入，升堂歌《清廟》，是三也。歌畢，堂下管《象》、《武》，是四也。『行中規』至『徹以《振羽》』，是大饗四禮之外，加此五事，總爲九也。」按：「雖在畎畝之中，事之，聖人已。」鄭氏云：「事之，謂立置於位。聖人已者，是聖人也。」《正義》推説謂苟能知此四事，雖在畎畝，衆人奉之，立置於位，戴以爲君，本指恐不如此。近世慈湖楊氏有《閒居》解此一節，云：「畎畝之中，無兩君相見之禮也；而即兩君相見之禮也，無金聲之樂也；而即金聲之樂也，無管《象》、《夏籥》也；而管《象》、《夏籥》之音舞，未嘗不日奏於其前，而昧者不知也。」又曰：「學道者率以言而離，默而近，此兩君相見之禮，不親相與言也，以禮樂相示而已。禮樂即吾之言也。内外一物，動静一體，離物我，裂語默，判本末者，不足以語此也【二八】。」楊氏之説，頗有意味，姑附此，以俟講論。　君子知仁，鄭氏曰「知禮樂所存」，愚謂兩君相見，禮樂並興，敬而文，和而節，於此可見天理流行之妙，故曰知仁焉。蓋禮樂之中有仁，而仁不在禮樂之外也。

子張問政。子曰：「師乎，前！吾語汝乎！君子明於禮樂，舉而措之而已。」子張復問。子曰：「師，爾以爲必備几筵，升降酌獻酬酢，然後謂之禮乎？爾以爲必行綴兆，興羽籥，作鐘鼓，然後謂之樂乎？言而履之，禮也。行而樂之，樂也。君子力此二者，以南面而立，夫是以天下太平也。」

孔子閒居，子夏侍。子夏曰：「敢問《詩》云『凱弟君子，民之父母』，何如斯可謂『民之父母』矣？」孔子曰：「夫『民之父母』乎，必達於禮樂之原，以致『五至』而行『三無』，

【二八】不足以語此　「語」原作「與」，據四庫本、乾隆本改。

以横於天下，四方有敗，必先知之。此之謂『民之父母』矣。」鄭氏曰：「原，猶本也。横，充也。敗，謂禍災。」「敢問何謂『五至』？」曰：「志之所至，《詩》亦至焉。《詩》之所至，禮亦至焉。禮之所至，樂亦至焉。樂之所至，哀亦至焉。哀樂相生，是故正明目而視之，不可得而見也；傾耳而聽之，不可得而聞也。志氣塞乎天地，此之謂『五至』。」「敢問何謂『三無』？」曰：「無聲之樂，無體之禮，無服之喪，此之謂『三無』。」「敢問何《詩》近之？」曰：「『夙夜其命有密』，無聲之樂也；『威儀逮逮，不可選也』，無體之禮也；『凡民有喪，匍匐救之』，無服之喪也。君子之服也，猶有五起焉。無聲之樂，氣志不違；無體之禮，威儀遲遲；無服之喪，内恕孔悲。無聲之樂，氣志既得；無體之禮，威儀翼翼；無服之喪，施及四國。無聲之樂，氣志既從；無體之禮，上下和同；無服之喪，以畜萬邦。無聲之樂，日聞四方；無體之禮，日就月將；無服之喪，純德孔明。無聲之樂，氣志既起；無體之禮，施及四海；無服之喪，施于孫子。」鄭氏曰：「《詩》讀『其』爲『基』，聲之誤也。基，謀也。密，静也。言人君夙夜謀爲政教以安民，則安樂之，此非有鍾皷之聲也。逮逮，安和之貌。言君之威儀，安和逮逮然，則民傚之，此非有升降揖遜之禮也。『救之』，賙卹之，言君於民有喪，有以賙卹之，則民傚之，此非有衰絰之服。五起，謂君子習讀此詩，起此之義，其説有五也。」《正義》曰：「此五節從輕漸至於重。」

周子曰：「禮，理也。樂，和也。朱子曰：「禮，陰也。樂，陽也。」陰陽理而後和。君君臣臣，父父子子，兄兄弟弟，夫夫婦婦，萬物各得其理然後和，故禮先而樂後。」此定之以中正仁義而主静之意。程子論敬，則自然和樂，亦此理也。學者不知持敬，而務爲和樂，鮮不流於慢者。　朱子曰：「禮樂固必相須，然所謂樂者，亦不過謂胸中無事而自和樂爾，非是著意放開一路，而欲其和樂也。然欲胸中無事，非敬不能，故程子曰『敬則自然和樂』，而周子亦以爲『禮先而樂後』，此可見也。」

致堂胡氏曰：「仁者所行皆理，故可以爲禮；所安皆樂，故可以爲樂。此禮樂之本也。」劉向請興辟雍。胡氏論之曰：「向之論美矣，而未循其本也。孔子曰：『人而不仁，如禮何？人而不仁，如樂何？』不仁之人心非己有，視聽舉履皆迷其當，而何以爲禮樂，云云。彼庠序之羣處，雅頌之聲音，揖遜之威儀，特其具耳。無本而有其具，則舉此教人，祇益趣於虚僞之域，不若不行之愈也。」

右兼言禮樂

甲集十

《易大傳》子曰：「《易》，其至矣乎！夫《易》，聖人所以崇德而廣業也。知崇禮卑，崇效天，卑法地。天地設位，而易行乎其中矣。成性存存，道義之門。」朱子曰：「窮理則知崇，如天而德崇，循理則禮卑，如地而業廣。」　知是知處，禮是行處，知儘要高，行却自近起。　「知崇」是智識超邁，「禮卑」是須就切實處行。知識高便是象天，行切實便是法地。《大學》所說格物、致知，是「知崇」之事。所說誠意、正心、修身，是「禮卑」之事。　地至卑，無物不載。所謂「德言盛，禮言恭」是要極卑，故無物事無箇禮。雖至微至細底事，皆當畏謹，惟恐失之，這便是禮卑處。《曲禮》曰「毋不敬」，「自上東階先左足，上西階先右足」，「羹之有菜者用挾，無菜者不用挾」，正謂此也。　知崇者德之所以崇，禮卑者業之所以廣，才有些子不到處，這業便是有欠闕，便不廣了。　地雖極卑，無所欠闕，故廣。　知識貴乎高明，踐履貴乎着實。知既已明，須是放低着實做去。　顏子以能問於不能，以多問於寡，有若無，實若虛，犯而不校，曾子三省其身，惟恐謀之不忠，交之不信，傳之不習，其智之崇如彼，而禮之卑如此，豈有一毫自滿自是、强辨取勝之心乎？　成性，只是一箇渾淪之性，存而不失，便是道義之門。　「成性」與「成之者性」，只些子不同：「成之者性」便從上說來，言成這个物；「成性」是說已成底性，如「成德」、「成說」相似。　成性如名【一】，明德如表德相似。　「成性」猶言見成底性。這性元自好了，但「知崇」、「禮卑」，則成性便存存。　「成性」不曾作壞底。「存」謂常在這裏。　橫渠言：「纖恶必除，善斯成性矣。」其言成性猶言踐形，此說不是。性是本然已成之性，豈待習而後成邪？此說與孔子之意不相似。

右兼言知禮

校勘記

【一】成性如名　「名」原作「言」，據《朱子語類》卷七十四改。

孟子曰：「伯夷，聖之清者也；伊尹，聖之任者也；柳下惠，聖之和者也；孔子，聖之時者也。」張子曰：「無所雜者清之極，無所異者和之極。勉而清，非聖人之清；勉而和，非聖人之和。所謂聖者，不勉不思而至焉者也。」孔氏曰：「任者，以天下爲己責。」愚謂：孔子仕、止、久、速，各當其可，蓋兼三子之所以聖者而時出之，非如三子之可以一德名也。或疑伊尹出處，合乎孔子，而不得爲聖之時，何也？程子曰：「終是有任底意思在。」

孔子之謂集大成。集大成也者，金聲而玉振之也。金聲也者，始條理也；玉振之也者，終條理也。始條理者，智之事也；終條理者，聖之事也。此言孔子集三聖之事而爲一大聖之事，猶作樂者集衆音之小成，而爲一大成也。成者，樂之一終，《書》所謂「簫《韶》九成」是也。金，鐘屬。聲，宣也，如聲罪致討之聲。玉，磬也。振，收也，如振河海而不洩之振。始，始之也。終，終之也。條理，猶言脉絡，指衆音而言也。智者，知之所及；聖者，德之所就也。蓋樂有八音：金、石、絲、竹、匏、土、革、木。若獨奏一音，則其一音自爲始終，而爲一小成，猶三子之所知偏於一，而其所就亦偏於一也。八音之中，金石爲重，故特爲衆音之綱紀。又金始震而玉終詘然也，故並奏八音，則於其未作，而先擊鎛鐘以宣其聲；俟其既闋，而後擊特磬以收其韻。宣以始之，收以終之，二者之間，脉絡通貫，無所不備，則合衆小成而爲一大成，猶孔子之知無不盡而德無不全也。金聲玉振，始終條理，疑古《樂經》之言。故倪寬云：「惟夫子建中和之極，兼總條貫，金聲而玉振之。」亦此意也。

智，譬則巧也；聖，譬則力也。由射於百步之外也，其至，爾力也；其中，非爾力也。中，去聲。此復以射之巧力，發明智、聖二字之義。見孔子巧力俱全，而聖智兼備，三子則力有餘而巧不足，是以一節雖至於聖，而知不足以及乎時中也。此章言三子之行，各極其一偏；孔子之道，兼全於衆理。所以偏者，由其蔽於始，是以缺於終。所以全者，由其知之至，是以行之盡。三子猶春夏秋冬之各一其時，孔子則太和元氣之流行於四時也。

右兼言智聖

樊遲請學稼。子曰：「吾不如老農。」請學爲圃。曰：「吾不如老圃。」樊遲出。子曰：「小人哉，樊須也！上好禮，則民莫敢不敬；上好義，則民莫敢不服；上好信，則民莫敢不用情。夫如是，則四方之民襁負其子而至矣，焉用稼？」朱子曰：「禮、義、信，大人之事也。情，實也。敬服用情，蓋皆以其類而應。」南軒曰：「小人云者，爲其所見者小人之事耳。夫上之所好，下之所從也。上好禮，則篤於恭讓，故民視之而莫不尊敬焉；上好義，則動而得宜，故民心爲之猒服焉；上好信，則誠意下孚，故民亦用其情而無敢欺焉。感應之機，固不遠也。蓋好德者，人之公心，視遲之欲下從農圃之事以得民者，其亦遠矣。」

右兼言禮義信

有子曰：「信近於義，言可復也；恭近於禮，遠恥辱也；因不失其親，亦可宗也。」朱子曰：「信，約信也。義者，事之宜也。復，踐言也。恭，致敬也。禮，節文也。因，猶依也。宗，猶主也。言約信而合其宜，則言必可踐矣。致恭而中其節，則能遠恥辱矣。所依者不失其可親之人，則亦可以宗而主之矣。此言人之言行交際，皆當謹之於始而慮其所終，不然，則因仍苟且其間，將有不勝其自失之悔矣。」或問：「約信而合其宜，則言必可踐，何也？」曰：「人之約信，因欲其言之必可踐也。然其始也，或不度其宜焉，則所言將有不可踐者矣。以爲義有不可而遂不踐，則失其信，以爲信之所在而必踐焉，則害於義。二者無一可也。若約信之始，而必求其近於義焉，則其言無不可踐，而無二者之失矣。」或曰：「然則葉公所謂復言非信者，何耶？」曰：「此特爲人之不顧義理，輕言而必復者發，以開其自新之路耳。若信之名，則正以其復言而得之也。今不察其言不近義之差於前，而責其必復其言之失於後，顧與信之所以得名者而亂之，則是矯枉過其直矣。或者乃引之以釋此句，以爲信不近義，則言有不可復者，是乃使人不度於義而輕發其言，以開誕謾欺僞之萌，其弊且將無所不至，非聖賢所以垂世立教之旨也。」曰：「爲恭而中節，則能遠恥辱，何也？」曰：「致敬於人，固欲其遠於恥辱。然不合於節文，則或過或不及，皆所以自取恥辱。推致恭而必求近於禮焉，則其可遠恥辱也必矣。」或曰：「先儒又有以爲恭而近禮，然後君子行之，以遠恥辱，若非禮之恭，則寧身被困辱而不爲也。其説何如？」曰：「此其意善矣，然亦非有子之意也。有子之意本爲謹其言行，以防後患於未然之前，所謂言必慮其所終，行必稽其所敝者也。豈使人不戒於初，而徐計之於已然之後，崎嶇反側，如或者之言也哉！」曰：「因不失其所親，則爲可宗，何也？」曰：「此章前有孝弟謹信而親仁之説，厚重忠信而友勝己之説，後又有不求安飽，敏行謹言，而就正有道之説，其與此章之意，亦相表裏也。因，猶依也。宗，主也。言人欲有所依，必度其人之賢而後依之，則在我不失其所親，而彼亦可以爲宗主矣。」問云云。曰：「須是合下要約時，便審令近義。」要去致敬那人，合當拜，却長揖，則爲不及於禮。禮數不及，人必怒之，豈不爲辱？合當與那人相揖，却去拜它，便是過於禮。禮數過當，被人不答，豈不可恥？所依者，不失其可親之人，亦可以宗而主之。一般人來薦我，合下須知得那人如何，便當謹所擇。若失其可親之人而宗之，將來必生出悔吝。」陳了翁曾受蔡卞之薦，後來擺脱不得，乃是所因失其所當親者也。與人交際，當謹之於始。若其人下來不可宗主，則今日便莫要親它。宗，主也，所宗者可以久而宗主之。如夫子於衛主顏讎由【二】，則是可親之人。若主癰疽、瘠環，則是不可親之人。愚按：因不失其親，如擇師友、結昏姻之屬皆是。

右兼言信義禮

《易大傳》：勞謙，君子有終，吉。子曰：「勞而不伐，有功而不德，厚之至也。語以其功下人者也。德言盛，禮言恭。謙也者，致恭以存其位者也。」朱子曰：「釋《謙》九三爻義，言

【二】顏讎由「讎」原作「傳」，據四庫本、乾隆本改。

德欲其盛，禮欲其恭也。」

右兼言德禮

《易·乾》九三：子曰：「君子進德脩業，忠信，所以進德也；脩辭立其誠，所以居業也。」程子曰：「内積忠信，所以進德也。擇言篤志，所以居業也。」　朱子曰：「德是就心上説，業是就事上説，忠信是心中真實。『脩辭立其誠』，是説處真實。」　「忠信進德，脩辭立誠」，與「敬以直内，義以方外」，分屬乾坤，蓋取健順之體。脩辭立誠有剛健主立之體，敬義便有靜順之體。　「忠信所以進德」，是乾健工夫，蓋是剛健粹精，日進而不自已，如活龍然，精彩氣焰自有不可及者。「直内方外」，是坤順工夫，蓋是固執持守，依文按本做將去，所以爲學者事。伊川説：「内積忠信，見得積在此而未見於事之意。」　内積忠信是實心，擇言篤志是實事。　問：「忠信所以進德，《本義》云『忠信，主於心者，無一念之不實則是成德』，恐非進德之事？」曰：「忠信者，無一毫之不實，如捕風捉影，更無下工處。德何由進？須是表裏皆實，無一毫之僞，然後有以爲進德之地，德方日新矣。」　問：「《乾》之『忠信』與他書所謂『忠信』，正猶夫子之『忠恕』，與子思所謂『違道不遠』之『忠恕』相似。」曰：「不然。此非有等級也，但地頭各別耳。正如伊川所謂『無妄之謂誠，不欺其次也』，不欺也是誠，但是次於無妄耳。」　問：「《易》之『忠信』，莫只是實理？」曰：「此説實理未得，只是實心。有實心，則進德自無窮已。實心便是學者之關中河内，必先有此，而後可以有爲。若無此，則若存若亡而已，烏能有得？進者，日新而不已。居者，一定而不易。」　忠信只是實，若無實，如何會進？如播種相似，須是實有種子下在地中，方會日日發生。若把箇空殼下在裏面，如何會發生？忠信所以爲實者，且如孝，須實是孝，方始那孝之德一日進一日。如弟，須實是弟，方始那弟之德一日進一日。若不實，却自無根了，如何會進？　立其誠，誠依舊是上面忠信。居業是常常如此，不少間斷。德是得之於身，業是見之於事。德則欲日進，業要終始不易。　問：「脩辭也是舉一端？」曰：「言者行之表，故就言上説。忠信心也，脩辭事也，然藴於心者所以見於事，脩於事者所以養其心，此聖人之學，所以内外兩進，而非判然兩事也。」　或人以脩辭名齋，其意主於爲文。朱子告之曰：「《易》之《文言》，於《乾》九三實明學之始終，而其所謂『忠信所以進德』者，欲吾之心實明是理而真好惡之，若好好色而惡惡臭也。所謂脩辭立誠以居業者，欲吾之謹夫所發以致其實，而尤先於言語之易放而難收也。其曰脩辭，豈作文之謂哉？今或者以脩辭而名左右之齋，吾固未知其所謂，然設若盡如本指，則猶恐此事當在忠信進德之後，而未可以遽及。若以爲文辭而已，則恐其於乾乾夕惕之意，又益遠而不相似也。」

曾子曰：「吾日三省吾身：爲人謀而不忠乎？與朋友交而不信乎？傳不習乎？」

朱子曰：「盡己之謂忠，以實之謂信。」餘見後卷。　或問：「程子所謂盡己之謂忠，以實之謂信，何也？」曰：「盡己之心而無隱，所謂忠也，以其出乎内者而言也。以事之實而無違，所謂信也，以其驗乎外者而言也。然未有忠而不信，未有信而不出於忠者。故又曰『發己自盡謂忠，循物無違謂信』，表裏之謂也，亦此之謂而加密焉耳。」曰：「程子又謂忠信者，以人言之，要之則實理，何也？」曰：「信之爲信，實有之理也。凡性之所謂仁義禮智，皆實有而無妄者也。所謂實理者是也。其見於用，則出於心而自盡者謂之忠，以其物而無違者謂之信，而凡四端之發，皆必以是爲主焉，所謂以人言之者是也。蓋五行之氣，各居一方而王一時，唯土無不在，故居中央而分王於四季，是乃天理之本然，而人之所稟以生者，莫不象之，此人之所以克肖天地，而爲萬物之靈也。」　忠信一也，但發於心而自盡則爲忠，驗於理而不違則爲信。　忠是信之本，信是忠之發。　忠信只是一事，而相爲内外始終本末。存於己爲忠，見於物爲信。　「發己自盡」，謂凡出於己者，必自竭盡而不使其有苟簡不盡之意。「循物無違」，謂信謂言語之發，循其物之真實而無所背戾，如大則言大，小則言小，循於物而無所違爾。

子曰：「君子不重則不威，學則不固。見後篇「爲學」章。　主忠信，朱子曰：「人不忠信，則事皆無實，爲惡則易，爲善則難，故學者必以是爲主焉。」程子曰：「人道唯在忠信，不誠則無物，且出入無時，莫知其鄉者，人心也。若無忠信，豈復有物乎？無友不如己者，過則勿憚改。」並見後篇。 游氏曰：「忠信所以進德也，如甘之受和，白之受采，故善學者其心以忠信爲主，不言則已，言則必忠信也。故其言爲德，言不行則已，行則必忠信也。故其行爲德行，止而思，動而爲，無時而不在是焉，則安往而非進德哉？故爲仁不主於忠信，則仁出於姑息；爲義不主於忠信，則義必出於矯抗。操是心以往，則禮必出於足恭，智必出於行險，安往而非敗德哉？而何進德之有焉？譬之欲立數仞之墻，而浮埃積沫以爲基，亦没世不能立矣。故主忠信者，學者之要言也。」

子張問崇德、辨惑。子曰：「主忠信，徙義，崇德也。」朱子曰：「主忠信則本立，徙義則日新。」

《禮記》：忠信之人，可以學禮。詳已見前。

君子有大道，必忠信以得之，驕泰以失之。詳見後《大學》篇。

右兼言忠信

浩生不害問曰：「樂正子何人也？」孟子曰：「善人也，信人也。」「何謂善？何謂信？」曰：「可欲之謂善，朱子曰：「天下之理，其善者必可欲，其惡者必可惡。其爲人也，可欲而不可惡，則可謂善人矣。」有諸己之謂信，凡所謂善者，皆實有之，如惡惡臭，如好好色，是則可謂信人矣。 張子曰：「志仁無惡之謂善，誠善於身之謂信。」充實之謂美，力行其善，至於充滿而積實，則美在其中而無待於外矣。 充實而有光輝之謂大，和順積中而英華發外，美在其中而暢於四支。發於事業，則德業至盛而不可加矣。 大而化之之謂聖，大而能化，使其大者泯然無復可見之迹，則不思不勉，從容中道，而非人力之所能爲矣。 張子曰：「大可爲也，化不可爲也，在熟之而已矣。」聖而不可知之之謂神。程子曰：「聖不可知，謂聖之至妙，人所不能測。非聖人之上，又有一等神人也。」**樂正子，二之中、四之下也。**」蓋在善信之間，觀其從於子敖，則其有諸己者或未實也。張子曰：「顔淵、樂正子皆知好仁矣。樂正子志仁無惡而不致於學，所以但爲善人、信人而已；顔子好學不倦，合仁與智，具體聖人，獨未至聖人之止耳。」程子曰：「士之所難者，在有諸己而已。能有諸己，則居之安，資之深，而美且大可以馴致矣。徒知可欲之善，而若存若亡而已，則能不受變於俗者鮮矣。」尹氏曰：「自可欲之善，至於聖而不可知之神，上下一理。擴而充之至於神，則不可得而名矣。善人只是一箇渾然，好人都是可欲，更無些可嫌處。」問「可欲之善」。曰：「爲君仁，爲臣敬，爲父慈，爲子孝是也。」有諸己之謂信，謂真箇有此善。若不有諸己，則不可謂之信。有諸己，韓文公所謂足乎己無待於外之謂德是也。有待於外底，如伊川所謂富人多寶，貧子借看之喻是也。程子曰：「乾，聖人之分也，可欲之善屬焉。坤，賢人之分，有諸己之信屬焉。一是自然，一是做工夫，積習而至。」又曰：「善、信、美、大、聖、神，是六等人。可欲之謂善，是説資稟好。可欲【三】，是別人以爲可欲，有諸己之謂信，是説學。」南軒曰：「云云，人雖本有是善，而爲氣習所蔽，莫之能有。惟其存之久，而後能實有之。未有之，如它人之物，有諸己而後爲己物也。自是而不已焉，則進乎充實之地。充實者，充盛篤實也。美者，美在其中也。美之所積者厚，則光輝之所發者充塞而不可揜矣，故謂之大。然猶有大之可名，至於大而化，則大不足以名之。程子謂：『未化者，如操尺度以量物，用之尚未免於有差。至於化，則己即是尺度，尺度即己。蓋成乎天者也。』若夫神，則是聖人之妙，人不可得而測者。不疾而速，不行而至是也。非聖之外，復有所謂神也。」問：「『大而化之之謂聖』，横渠謂：『大可爲也，化不可爲也，在熟之而已矣。』此則與《易》之『擬議以成其變化』同。或説大猶有迹，化謂使充實光輝者，泯然無形迹之可見。竊疑與釋氏銷礙入空之説相似，不知如何？」先生答曰：「孟子説『化』字與《易》之變化不同，後説得之。然非銷礙入空之謂，更分別之，自可見矣。」

右兼言善信　此章言善、信、美、大、聖、神，凡六等。今獨摘善、信二字爲題者，蓋善、信者，美、大、聖、

【三】可欲　「可」字原脱，據《朱子語類》卷六十一補。

神之本，而美、大以上皆善、信之積故也。

《易》曰：自天祐之，吉無不利。子曰：「祐者，助也。天之所助者順也，人之所助者信也。履信思乎順，又以尚賢也。是以自天祐之，吉無不利也。」朱子曰：「釋《大有》上九爻義。」

右兼言信順

《書·皐陶謨》：天敘有典，勑我五典五惇哉。天秩有禮，自我五禮有庸哉。孔氏曰：「敘次、勑正、惇厚，秩序也。」張子曰：「生有先後，所以爲天敘，小大高下相並而相形焉，是謂天秩。知序然後經正，知秩然後禮行。」蘇氏曰：「父義、母慈、兄友、弟恭、子孝【四】，皆出於民性之自然，爲此敘者非天乎？我特從而正之，使益厚耳。」此論當矣。其論五禮則以鳥獸悲歡言之，是雜以情言也，今不取。又按：五禮，孔氏以爲公、侯、伯、子、男，先儒又以爲吉、凶、軍、賓、嘉。近世蔡氏曰：「敘者，君臣、父子、夫婦、兄弟、朋友之倫。敘秩者，尊卑、貴賤、等級、隆殺之品秩。」於義爲得。

《孝經》子曰：「父子之道，天性，君臣之義。父母生之，續莫大焉。君親臨之，厚莫重焉。故不愛其親而愛他人者，謂之悖德；不敬其親而敬他人者，謂之悖禮。」朱子曰：「『君臣之義』下當有錯簡。」愚按：此章蓋謂父子之道，本於天性之自然，父子之道即君臣之義也。父母生我者也，我則嗣續乎父母者，天性之恩孰大焉！君之臨臣，父之臨子，所以治而教之也，其厚乎我孰重焉！合君親而並言，以見父子、君臣其義一也。世以父子爲天，君臣爲人者，誤矣。下文獨言親者，蓋指天性之最切者，知愛敬乎親，則知愛敬乎君矣。

【四】弟恭子孝　「恭」原作「共」，據四庫本改。

孟子曰：「人之所不學而能者，其良能也；所不慮而知者，其良知也。朱子曰：「良者，本然之善也。」程子曰：「良知良能，皆無所由，乃出於天，不係於人。」孩提之童，無不知愛其親者；及其長也，無不知敬其兄者。孩提，二三歲之間，知孩笑、可提抱者也。愛親敬長，所謂良知良能者也。親親，仁也；敬長，義也。無他，達之天下也。」言親親敬長，雖一人之私，然達之天下無不同者，所以爲仁義也。南軒張氏曰：「良云者，有本然之義，有善之義。蓋其本然者，無非善也。不學而能，不慮而知，則無一毫人爲加乎其間，天之所爲而性之所有也【五】。孩提知愛其親，及長知敬其兄，此其知，豈待於慮乎？其能，豈待於學乎？此所謂良知良能也。然下文獨言知者，蓋知常在先也。愛敬者，良心之大端。蓋親親爲仁，敬長爲義，人道不越是而已。能存是心而達之，則仁義之道不可勝窮矣。」愚按：「達之天下」，二先生之説少異，當詳之。

《莊子》：「孔子曰：『天下有大戒二：命也，義也。子之愛親，命也，不可解於心；臣之事君，義也，無適而非君也，無所逃於天地之間。』」朱子曰：「莊周云云，古今以爲名言。然以予觀之，父子之仁，君臣之義，莫非天賦之本然，民彝之固有。彼乃獨以父子爲自然，而謂君臣之相屬，特出於事勢之不得已，夫豈然哉？」按：莊子之引孔子，蓋假設之辭。又朱子曰：「程子所謂性中只有仁義禮智，曷嘗有孝弟來？蓋父子之親，兄弟之愛，在性中只謂之仁。君臣之分，朋友之交，在性中只謂之義。推此言之，曰禮，曰智，無不然者。」愚按：仁、義、禮、智、信之性，古人謂之五常；君臣、父子、夫婦、昆弟、朋友之道，古人亦謂之五常。以性之體而言，則曰仁、義、禮、智、信；以性之用而言，則曰君臣之義、父子之仁、夫婦之别、長幼之序、朋友之信，其實則一而已。天下豈有性外之理哉？後世儒者乃曰：「立君臣，等上下，使父子有禮，六親有紀，非天之所爲，乃人之所設。」而近世復有以爲事君父兄出於聖人之所使，而制爲拜跪之禮以率之者，其昧於本原，不亦甚哉！以上言天性之本然。

【五】天之所爲　「所」原作「沂」，據四庫本、乾隆本改。

晏子曰:「君令臣共,父慈子孝,兄愛弟敬,夫和婦柔,姑慈婦聽,禮也。君令而不違,臣共而不貳,父慈而教,子孝而箴,兄愛而友,弟敬而順,夫和而義,妻柔而正,姑慈而從,婦聽而婉,禮之善物也。」愚按:君者,出令者也,不能出令,則非君矣。然必不違於理,然後可行。臣之事君,以恭爲本,又必秉心誠一,然後可貴。令而違,則有悖人之患;共而貳,則有飾貌之僞。父慈而不能教,則陷子於敗;子孝而不能箴,則陷父於惡。兄能愛弟矣,又必有切瑳之益,如朋友然;弟能敬兄矣,然禮勝則離,故以順濟之。夫本剛,故貴乎和,若柔懦暗弱,反受制於婦人,不得謂之和矣,故又主之以義;妻本於柔,必守之以正,而後無邪僻之失。從謂姑從其婦,聽謂婦聽於姑。自父子至夫婦,皆二德相濟,惟姑一於慈而從,婦一於聽而婉。婦姑相與,外此則它道也。此十者於禮爲至善,晏子之言真有關於世教哉!

《禮運》:父慈、子孝、兄良、弟弟、夫義、婦聽、長惠、幼順、君仁、臣忠,十者謂之人義。

《中庸》:天下之達道五,所以行之者三:曰君臣也,父子也,夫婦也,昆弟也,朋友之交也,五者天下之達道也。知、仁、勇三者,天下之達德也,所以行之者一也。朱子曰:「達道者,天下古今所共由之路,即《書》所謂五典,孟子所謂『父子有親,君臣有義,夫婦有別,長幼有序,朋友有信』是也。知,所以知此也;仁,所以體此也;勇,所以强此也。謂之達德者,天下古今所同得之理也。一則誠而已矣。達道雖人所共由,然無是三德,則無以行之;達德雖人所同得,然一有不誠,則人欲間之,而德非其德矣。」程子曰:「所謂誠者,正是誠實此三者。三者之外,更別無誠。」

《大學》:爲人君止於仁,爲人臣止於敬,爲人子止於孝,爲人父止於慈,與國人交止於信。朱子曰：「父所以慈，子所以孝，蓋父子本同一氣，只是一人之身，分成兩箇，其恩愛相屬，自有不期然而然者。其它大倫皆然，皆天理使之如此，豈容强爲哉？」以上通論。

孔子曰：「君子之事親孝，故忠可移於君；事兄弟，故順可移於長；居家理，故治可移於官。是故行成於内，而名立於後世矣。」此章言事親事兄。

子夏曰：「賢賢易色；事父母，能竭其力；事君，能致其身；與朋友交，言而有信。雖曰未學，吾必謂之學矣。」朱子曰：「賢人之賢，而易其好色之心，好善有誠也。致，猶委也。委致其身，謂不有其身也。四者皆人倫之大者，而行之必盡其誠，學求如是而已。故子夏言有能如是之人，苟非生質之美，必其務學之至。雖或以爲未嘗學，我必謂之已學也。」此章兼言事君親、交朋友。

欒共子曰：「民生於三，事之如一。父生之，師教之，君食之。非父不生，非食不長，非教不知生之族也，故一事之。唯其所在，則致死焉。報生以死，報賜以力，人之道也。」按：《國語》晉武公伐翼，殺哀侯，止欒共子曰：「苟無死，吾以子見天子，令子爲上卿，制晉國之政。」辭曰：「成聞之云云，臣敢以私利廢人之道，君何以訓矣？」遂鬭而死。韋氏曰：「欒共子，晉哀侯大夫共叔成也。如一，服勤至死也。族，類也。一事之，事之如一也。在君父爲君父，在師爲師。賜，惠也。」愚按：生之族也，謂君之養己，師之教己，與生我之恩同類也。報生以死，謂君、父、師。報賜以力，謂它人之有賜於我者。

《曲禮》曰：事親有隱而無犯，左右就養無方，服勤至死，致喪三年。鄭氏曰：「隱，謂恐傷親意。情有不盡，無犯顔而諫。左右，謂扶持之。方，猶常也。子則然。勤，勞辱之事。致，謂戚容稱其服也。凡此以恩爲制。」事君有犯而無隱，左右就養有方，服勤至死，方喪三年。無隱，君臣尚義，雖盡情以諫可也。

有方，不可侵官。方喪，資於事父。凡此以義爲制。事師無犯無隱，左右就養無方，服勤至死，心喪三年。無犯無隱，言雖盡情，猶微而婉。心喪，戚容如父而無服。凡此以恩義之間爲制。以上言事父、君、師。

父之讎弗與共戴天，鄭氏曰：「父者子之天【六】，殺己之父，與共戴天，非孝子也。行求殺之，乃止。」兄弟之讎弗反兵，恒執殺之備。交遊之讎弗同國。讎不吾避，則殺之。交遊或爲「朋友」。又《周禮・調人》：「凡和難，父之讎，辟諸海外；兄弟之讎，辟諸千里之外；從父兄弟之讎，不同國。國君之讎眡父，師長之讎眡兄弟，主友之讎眡從父兄弟。」鄭氏曰：「和之使辟於此，不得就而仇之。主，大夫君也。」蓋調人掌司萬民之難而諧和之，故有讎者使之相避，是又一義也。

《檀弓》：子夏問於孔子曰：「居父母之仇，如之何？」夫子曰：「寢苫，枕干，不仕，鄭氏曰：「雖除喪，居處猶若喪也。」弗與共天下也。遇諸市朝，不反兵而鬭。」言雖適市朝，不釋兵。曰：「請問居昆弟之仇，如之何？」曰：「仕弗與共國，銜君命而使，雖遇之不鬭。」爲負而廢君命。曰：「請問居從父昆弟之仇，如之何？」曰：「不爲魁，主人能，則執兵而陪其後。」魁，猶首也。以上言復君父昆弟之讎。

《白虎通德論》：三綱者，何謂也？謂君臣、父子、夫婦也。六紀者，謂諸父、兄弟、族人、諸舅、師長、朋友也。故君爲臣綱，父爲子綱，夫爲妻綱。下文：何謂綱紀？綱者張也，紀者理也，大者爲綱，小者爲紀，所以張理上下【七】，整齊人道也。人皆懷五常之性，有親愛之心，是以綱紀萬化，若羅綱之有綱紀而萬目張也。《詩》云：「亹亹我王，綱紀四方。」君臣、父子、夫婦，六人也，所以稱三綱何？一陰一陽謂之道，陽得陰而成，陰得陽而序，剛柔相配，故六人爲三綱。三綱法天地人，六紀法六合。六紀，爲三綱之紀者也。師長，君臣

【六】父者子之天　「天」原作「父」，據四庫本、《儀禮注疏》卷十一改。

【七】張理上下　「張」字原脱，據《四書或問》卷七補。

之紀也。諸父昆弟，父子之紀也。諸舅朋友，夫婦之紀也。《列女傳》：「君臣、父子、夫婦，三者天下之大綱紀也。」

以上言人道之當然。

右總論父子、君臣、夫婦、長幼、朋友之道。其言聖人設教明倫，別見《丙記》。

《孝經》：仲尼閒居，曾子侍坐。子曰：「參，先王有至德要道，以順天下，民用和睦，上下無怨，女知之乎？」曾子避席，曰：「參不敏，何足以知之。」子曰：「夫孝，德之本，教之所由生。復坐，吾語女：身體髮膚，受之父母，不敢毀傷，孝之始也。立身行道，揚名於後世，以顯父母，孝之終也。夫孝，始於事親，中於事君，終於立身。愛親者不敢惡於人，敬親者不敢慢於人。愛敬盡於事親，而德教加於百姓，刑于四海，蓋天子之孝。在上不驕，高而不危，制節謹度，滿而不溢。高而不危，所以長守貴；滿而不溢，所以長守富。富貴不離其身，然後能保其社稷而和其民人，蓋諸侯之孝。非先王之法服不敢服，非先王之法言不敢道，非先王之德行不敢行。是故非法不言，非道不行。口無擇言，身無擇行。言滿天下無口過；行滿天下無怨惡。三者備矣，然後能守其宗廟，蓋卿大夫之孝也。資於事父以事母而愛同；資於事父以事君而敬同。故母取其愛而君取其敬。兼之者，父也。故以孝事君則忠，以敬事長則順。忠順不失，以事其上，然後能保其爵禄而守其祭祀，蓋士之孝也。用天之道，分地之利，謹身節用，以養父母，此庶人之孝也。故自天子以下至於庶人，孝無終始，而患不及者，未之有也。」朱子曰：「此一節夫子、曾子問答之言，而曾氏門人之所記也。疑所謂《孝經》者，其本文止如此。其下則雜引傳記以釋經文，乃《孝經》之傳也。經之首統論孝終始，中乃敷陳天子、諸侯、卿大夫、士、庶人之孝【八】，而其末結之曰：『故自天子以下至於庶人，孝無終始而患不及者，未之有也。』其首尾相應，次弟相承，文勢連續，脉絡通貫，同是一時之言，無可疑者。而後人妄分以爲六、七章，又增『子曰』及引《詩》、《書》之文以雜乎其間，使其文意分斷間隔，而讀者不復得見聖言全體大義。故今合爲一章，而删去『子曰』者二，引《書》者一，引《詩》者四，凡六十一字，以復經文之舊云。」

子曰：「孝子之事親，居則致其敬，養則致其樂，病則致其憂，喪則致其哀，祭則致其嚴：五者備矣，然後能事親。事親者，居上不驕，爲下不亂，在醜不爭。居上而驕則亡，爲下而亂則刑，在醜而爭則兵，此三者不除，雖日用三牲之養，猶爲不孝也。」愚謂子之事親，一毫有所未盡，皆不可以言致【九】。故五者皆以致言，致者用力而極其至也，與《中庸》「致中和」之「致」同。驕、亂、爭，三者皆惡德，有一焉，皆足以危辱其親。爲人子不能謹行至於危辱其親，則其不孝大矣。共養之末，奚足道哉？

《論語》：孟懿子問孝。子曰：「無違。」樊遲御，子告之曰：「孟孫問孝於我，我對曰無違。」樊遲曰：「何謂也？」子曰：「生，事之以禮；死，葬之以禮，祭之以禮。」朱子曰：「無違，謂不背於理。」生事、葬祭，事親之始終具矣。禮即理之節文也。人之事親，自始至終，一於禮而不苟，其尊親也至矣。是時三家僭禮，故夫子以是警之，然語意渾然，又若不專爲三家發者，所以爲聖人之言也。胡氏曰：「人之欲孝其親，心雖無窮，而分則有限。得爲而不爲，與不得爲而爲之，均於不孝。所謂以禮者，爲其所得爲而已矣。」

孟武伯問孝。子曰：「父母惟其疾之憂。」朱子曰：「言父母愛子之心，無所不至，惟恐其有疾病，

【八】諸侯卿大夫　「卿」原作「即」，據四庫本改。

【九】可以言致　「致」原作「至」，據四庫本改。

常以爲憂也。人子體此，而以父母之心爲心，則凡所以守其身者，不容於不謹矣，豈不可以爲孝乎？」

子游問孝。子曰：「今之孝者，是謂能養。至於犬馬皆能有養；不敬，何以別乎？」朱子曰：「甚言不敬之罪，所以深警之也。」或問：「父母至尊親，犬馬至卑賤，聖人之言，豈若是其不倫乎？」曰：「此設戒之言也。故特以其尊卑懸絶之甚者明之，所以深儆夫能養而不敬者之罪也。」《坊記》子云：「小人皆能養其親，君子不敬何以辨？」

子夏問孝。子曰：「色難。有事，弟子服其勞；有酒食，先生饌，曾是以爲孝乎？」朱子曰：「事親之際，惟色爲難。服勞奉養，未足爲孝。」程子曰：「告懿子，告衆人者也。對武伯者，以其人多可憂之事。子游能養而或失於敬，子夏能直義而或少温潤之色，各因其材之高下與其所失而告之，故不同也。」

孔子曰：「父母在，不遠遊，遊必有方。」朱子曰：「遠遊，則去親遠而爲日久，定省曠而音問疏；不惟己之思親不置，亦恐親之念我不忘。遊必有方，如已告云詣甲，即不敢詣乙，欲親知己之所在而無憂，召己則必至而無失也。蓋子能以父母之心爲心，則孝矣。」《内則》曰：「親在出不易方，復不過時。」

《禮記》：凡爲人子之禮，冬温而夏清，昏定而晨省，在醜夷不爭。《正義》曰：「朋儕等輩，喜爭勝負，亡身及親，故誡之以不爭【一〇】，示民不敢專也。」爲人子者，出必告，反必面，鄭氏曰：「告、面同尔，反言面者，從外來，宜知親之顔色安否。」所遊必有常，所習必有業，恒言不稱老。廣敬。爲人子者，居不主奥，坐不中席，行不中道，立不中門。謂與父同宫者也，不敢當其尊處。室中西南隅謂之奥。道有左右。中門，謂棖闑之中央。《正義》曰：「奥者，室内西南隅也。室嚮南，户近東南角，則西南隅隱奥無事，常推尊者於閑樂無事之處，故尊者居必主奥也。既尊者所居，則人子不宜處之也。共坐則席端爲上，獨坐則席中爲尊。尊者

【一〇】誡之以不爭　「誡」原作「誠」，據四庫本、《禮記正義》卷一改。

宜獨，不與人共，則坐常居中，故卑者坐不得居中也。尊者常正路而行，卑者故不得也。中央有闑，闑旁有棖，棖闑之中，尊者所行，故人子不得當之而行。」又曰：「凡上四事，皆謂與父同宮者。若命士以上，父子異宮則不禁。所以尔者，有命既尊，各有臣僕【一一】，子孫應敬己故也。」

食饗不爲概，概，量也。不制待賓客饌具之所有。《正義》曰：「由尊者所裁，子不得限量多少。」祭祀不爲尸。尊者之處，爲其失子道。然則尸卜筮無父者。聽於無聲，視於無形，常若親之將有教使然。不登高，不臨深，不苟訾，不苟笑。爲其近危辱也。孝子不服闇，不乘危，懼辱親也。父母存，不許友以死。爲忘親也，死爲報仇讎。不有私財。又《坊記》云：「父母在，不敢有其身，不敢私其財，示民有上下也。」又曰：「父母在，饋獻不及車馬。」父召無諾。又《玉藻》云：「父命呼，唯而不諾，手執業則投之，食在口則吐之，走而不趨。」

子云：「父母在，不言老，言孝不言慈。閨門之內，戲而不歎。」鄭氏曰：「孝上施，言慈則嫌下流也。戲，謂孺子言笑者也。孟子曰：『舜五十而不失孺慕之心【一二】。』歎，謂有憂戚之聲。」愚按：言孝不言慈，謂人子以孝自勉，而不敢以慈望其親，故言不及之。戲而不嘆，老萊子是也。

孝子之有深愛者，必有和氣；有和氣者，必有愉色；有愉色者，必有婉容。朱子曰：「愛根於心，故其形見於外如此。」孝子如執玉，如奉盈，洞洞屬屬然如弗勝，如將失之。上言愛，下言敬，故曰愛敬盡於事親。嚴威儼恪，非所以事親也。四者容貌，非事親之體，事親當和順卑柔。

曾子曰：「孝子之養老也，樂其心，不逆其志，樂其耳目，安其寢處，以其飲食忠養之。是故父母之所愛亦愛之，父母之所敬亦敬之。至於犬馬盡然，而况於人乎？」鄭氏

【一一】各有臣僕　「各」原作「言」，據四庫本、《禮記集說》卷三改。

【一二】孺慕之心　「慕」原作「子」，據四庫本、乾隆本改。

曰：「上言其近親者，下言親所愛敬者。」張子曰：「親之故舊，所喜者，當極力招致，以其悦親。凡於父母賓客之奉，必極力營辦，不計家之有無。又須使親不知其勉强勞苦，苟使見其而爲不易，則亦不安矣。」

孔子曰：「仁人之事親也，如事天，事天如事親。」鄭氏曰：「事親、事天，孝敬同也。」

孟子曰：「曾子養曾皙，必有酒肉。將徹，必請所與。問有餘，曰有。曾元養曾子，必有酒肉。將徹，不請所與。問有餘，曰亡矣，將以復進也。此所謂養口體者也。若曾子，則可謂養志也。事親若曾子者，可也。」程子曰：「事親若曾子可也，未嘗以曾子之孝爲有餘也，蓋子之身所能爲者，皆所當爲也。」以上言事親大意。

后王命冢宰【一三】，降德於衆兆民。子事父母，司馬氏曰：「孫事祖父母同。」雞初鳴，咸盥漱，朱子曰：「咸，皆也。盥謂洗手，漱謂漱口。」櫛縱笄總，拂髦冠緌纓，櫛，梳也。縱，黑繒韜髮而結之也。笄者，横施於髻中以固髻也。總，烈練繒以束髮也。拂，謂振去塵也。髦，用髮爲之，象幼時鬌。纓者結之頷下以固冠，結之餘者，散而下垂謂之緌。端韠紳，搢笏。端，玄端，士服也。庶人深衣。韠，蔽膝也，以韋爲之，與裳同色，上繫之革帶。紳，大帶也。搢，猶扱也。扱笏於紳。笏，所以記事也。温公曰：「今用帽子衫帶。」左右佩用，紛帨、刀、礪、觿、燧之屬，備尊者使令也。偪屨著綦。偪，行縢也。綦，屨繫也。屨頭施繫以爲行戒。婦事舅姑，温公曰：「孫婦亦同。」如事父母。雞初鳴，咸盥漱，櫛縰笄總，衣紳。左右佩用衿纓綦屨，衿，其鳩反。衿猶結也，婦人有纓示繫屬也。温公曰：「今田冠子、背子。」以適父母舅姑之所。及所，下氣怡聲，問衣燠寒，疾痛苛癢，而敬抑搔之。怡，説也。苛，疥也。抑，按也。搔，摩也。温公曰：「丈夫唱喏，婦人道

【一三】后王命冢宰　「王」原作「皇」，據《禮記正義》卷二七改。

萬福，問侍者夜來安否何如？侍者曰安，乃退。其或有不節，則侍者以告。此即禮之晨省也。」顏之推曰：「父子之嚴不可以狎，骨肉之愛不可以簡。簡則慈孝不接，狎則怠慢生焉。由命士以上，父子異宮，此不狎之道也。抑搔痒痛，懸衾篋枕，此不簡之教也。」出入則或先或後，而敬扶持之。先後隨時，便也。進盥，少者奉槃，長者奉水，請沃盥，盥卒，授巾。槃承盥水者，巾以悅手。問所欲而敬進之，柔色以温之。父母舅姑必嘗之而后退。温，於運反。所欲，如饘粥酒醴飲食之類。温，藉也。承尊者必和顏色。温公曰：「父母舅姑起，子供藥物，婦具晨羞。尊長舉箸，子婦乃各退就食。」注曰：「藥物乃關身之切務，人子當親自檢數，調煮供進，不可但委婢僕。脱若有誤，即其禍不測。晨羞，俗謂點心。」《易》曰：「在中饋。」《詩》云：「惟酒食是議。」凡烹調飲膳，婦人之職也。近年婦女驕倨，皆不肯入庖厨。今縱不親執刀匕，亦當檢校監視，務令精潔。男女未冠笄者，雞初鳴，咸盥漱，櫛、縰，拂髦，總角，衿纓，皆佩容臭。昧爽而朝，總角，收髮結之。容臭，香物也。以纓佩之，爲迫尊者，給小使也。昧爽，後成人也【一四】。問何食飲矣。若已食則退，若未食，則佐長者視具。具，饌也。凡内外，此總論子婦之外僕隸之等。雞初鳴，咸盥漱，衣服，斂枕簟，灑掃室堂及庭，布席，各從其事。父母舅姑將坐，奉席請何鄉。將衽，長者奉席請何趾，少者執牀與坐。衽，卧席也。將衽，謂更卧處，順尊老所安也。御者舉几，斂席與簟，縣衾篋枕，斂簟而襡之。襡音獨。早旦親起，侍御之人，舉几以進，使馮之。篋謂以篋貯之，襡謂以襡韜之，須卧而鋪之也【一五】。

父母舅姑之衣、衾、簟、席、枕、几不傳，杖、屨祗敬之，勿敢近。敦、牟、卮、匜，非餕莫敢用。與恒食飲，非餕莫之敢飲食。在父母舅姑之所，有命之，應唯敬對。進退周旋慎齊，不敢噦噫、嚏咳、欠伸、跛倚、睇視，不敢唾洟。寒不敢襲，癢不敢搔。不有敬事，不敢

【一四】後成人也　「後成人也」，四庫本、乾隆本作「欲明未明之時」。

【一五】而鋪之也　「而鋪之也」原作「乃」，據四庫本、乾隆本改。

袒裼。不涉不撅，褻衣衾不見裏。父母唾洟不見。少事長，賤事貴，共帥時。以上言事親節文。子婦孝者敬者，父母舅姑之命，勿逆勿怠。若飲食之，雖不嗜，必嘗而待；加之衣服，雖不欲，必服而待；加之事，人代之，己雖弗欲，與之而姑使之，而後復之。子婦有勤勞之事，雖甚愛之，姑縱之，而寧數休之。子婦未孝未敬，勿庸疾怨，姑教之。若不可教，而後怒之；不可怒，子放婦出而不表禮焉。舅没則姑老，冢婦所祭祀賓客，每事必請於姑，婦雖受傳，猶不敢專行也。介婦請於冢婦。以其代姑之事【一六】。介婦，衆婦。舅姑使冢婦，無怠，雖有勤勞，不敢解倦。不友無禮於介婦。衆婦無禮，冢婦不友之也。善兄弟爲友，娣姒猶兄弟也。朱子曰：「友當作敢字之誤也。言不敢恃舅姑之命，而無禮於介婦也。」舅姑若使介婦，毋敢敵耦於冢婦，雖有勤勞，不敢相較計【一七】。今按：下文三句亦是。不敢並行，不敢並命，不敢並坐。下冢婦也。並命，並有教令之命。凡婦，不命適私室，不敢退。婦，侍舅姑者也。婦將有事，大小必請於舅姑。子婦無私貨，無私畜，無私器，不敢私假，不敢私與。家事統於尊也【一八】。婦或賜之飲食、衣服、布帛、佩帨、茝蘭，則受而獻之舅姑。舅姑受之則喜，如新受賜，若反賜之，則辭；不得命，如更受賜，藏以待之。待姑舅之乏。婦若有私親兄弟，將與之，則必復請其故賜，而後與之。以上兼言婦事姑舅之禮。

曾子曰：「孝有三：大孝尊親，其次弗辱，其下能養。」公明儀問於曾子曰：「夫子可以爲孝乎？」曾子曰：「是何言歟？是何言歟？君子所謂孝者，先意承志，諭父母於道。參真養者也，安能爲孝乎？」唐孔氏曰：「先意，謂父母將欲發意，孝子則預前逆知父母之意而爲之。

【一六】其代姑之事　「代」原作「位」，據四庫本改。

【一七】不敢相較計　「較計」原作「絞許」，據四庫本改。

【一八】家事統於尊　「統」原作「緒」，據四庫本改。

承志，父母已有志，己當承奉而行之。諭父母於道，曉諭父母，歸於正道也。」愚按：孝者順德，本無優劣，其論尊親、不辱、能養，則分天子、諸侯、卿大夫、士、庶人而言也。此章先事、曉諭、置父母於道，皆人子所當自致【一九】，其餘次第放此。

子曰：「事父母幾諫，見志不從，又敬不違，勞而不怨。」曾子曰：「敢問從父之令，可謂孝乎？」子曰：「是何言與！是何言與！昔者天子有爭臣七人，雖無道，不失天下。諸侯有爭臣五人，雖無道，不失其國。大夫有爭臣三人，雖無道，不失其家。士有爭友，則身不離於令名。父有爭子，則身不陷於不義。故當不義，則子不可以弗爭於父，臣不可以弗爭於君。故當不義則爭之。從父之令，又焉得爲孝乎？」愚按：無道而不失天下國家者，蓋有爭臣、爭子，則於失道必爭之。雖失而旋復，所以免於危亡也歟？

《禮記》曾子曰：「父母愛之，喜而弗忘。父母惡之，懼而無怨。父母有過，諫而不逆。」

父母有過，下氣怡色，柔聲以諫。諫若不入，起敬起孝，鄭氏曰：「子事父母，有隱無犯，起猶更也。」説則復諫。不説，與其得罪於鄉黨州閭，寧孰諫。朱子曰：「謂殷勤純熟而諫，得罪謂使父母得罪。」父母怒不悦而撻之流血，不敢疾怨，起敬起孝。

子之事親也，三諫而不聽，則號泣而隨之。以上言諫過。

葉公曰：「吾黨有直躬者，其父攘羊，其子證之。」孔子曰：「吾黨之直者異於是。父

【一九】所當自致　「致」字後原衍「之前」二字，據四庫本刪。

爲子隱，子爲父隱，直在其中矣。」朱子曰：「父子相隱，天理之公，情之至也。故不求爲直，而直在其中。」謝氏曰：「順理爲直。父不爲子隱【二〇】，子不爲父隱，於理順耶？瞽瞍殺人，舜竊負而逃，遵海濱而處。當是時，愛親之心勝，其於直不直，何暇計哉？」」邢氏引律大功以上得相容隱，告言祖父者入十惡，以爲得此意。善乎，其推言之也！

子曰：「善則稱親，過則稱己，則民作孝。」《坊記》。以上言隱過。

《易·蠱》初六：幹父之蠱，有子，考无咎。厲，終吉。程子曰：「初六雖居最下，成卦由之，有主之義。居内在下而爲主，子幹父蠱也。子幹父蠱之道，能堪其事則爲有子，而其考得无咎。不然，則爲父之累，故必惕厲【二一】，則得終吉也。處卑而尸尊事，自當惕厲。以六之才，雖能巽順，體乃陰柔，在下無應而主幹，非有能濟之義。若以不克幹而言，則其義甚小，故專言爲子幹蠱之道，必克濟則不累其父，能厲則可以終吉，乃備見爲子幹蠱之大法也。」

《象》曰：幹父之蠱，意承考也。子幹父蠱之道，意在承當於父之事也。故祗敬其事，以置父於无咎之地。常懷惕厲，則終得其吉也。盡誠於父事，吉之道也。九二：幹母之蠱，不可貞。九二以剛陽，爲六五所應，是以剛陽之才在下，而幹夫在上陰柔之事也，故取子幹母爲義。二巽體而處柔，順義爲多，幹母之蠱之道也。夫子之於母，當以柔巽輔道之，使得於義，不順而致敗蠱，則子之罪也。從容將順，豈無道乎？以婦人言之，則陰柔可知。若伸己剛陽之道，遽然矯拂，則傷恩，所害大矣，亦安能入乎？在乎屈己下意，巽順將承，使之身正事治而已，故曰「不可貞」。謂不可貞固盡其剛直之道，如是乃中道也。以剛陽之臣輔柔弱之君，義亦相近。《象》曰：幹母之蠱，得中道也。九三：幹父之蠱，小有悔，無大咎。三以陽剛之才，居下之上，主幹者也，子幹父之蠱。以陽處剛而不中，剛之過也。然而在巽體，雖剛過而不爲無順，順事親之本也。又居得正，故無大過。以剛陽之才，克幹其

【二〇】父不爲子隱　「不」字原脱，據《論語集注》卷七補。

【二一】故必惕厲　「惕」原作「易」，據四庫本、乾隆本改。

事，雖以剛過，而有小小之悔，終無大過咎也。然有小悔，已非善事親矣。《象》曰：幹父之蠱，終无咎也。

以上言幹蠱。

《書·堯典》：師錫帝曰：「有鰥在下，曰虞舜。」帝曰：「俞！予聞，如何？」曰：「瞽子。父頑、母嚚、象傲，克諧以孝，烝烝乂，不格姦。」東萊呂氏曰：「四岳稱舜可以當天下之實，獨於家庭中言之，何也？蓋舜，瞽瞍之子，父既頑，母既嚚，象復傲，自居死亡之地，而舜克諧以孝。方其始也，怨怒忌克，乖爭陵犯，一家之中，無所不有。克諧之後，悉變爲和順雍睦之風。『烝烝』二字，舜之工夫在此，烝烝者，有薰灌之意。《詩》曰：『烝之浮浮，如甑之炊炊。』然薪燃不斷，火薪相續，則自然烝烝以至於熟。舜處頑父、嚚母、傲象之間，苟非孝誠薰灌工夫源源，安能至於不格姦之地？」孔氏曰：「仁閔覆下謂之旻天。言舜爲父母所疾，日號泣於旻天及父母，克己自責，不責於人。載，事也。夔夔，悚懼貌。舜負罪引惡，敬以事見於父，悚懼齊莊，父亦信順之。言能以至誠感頑父。」《大禹謨》益贊于禹曰：「帝初于歷山，往于田，日號泣于旻天，于父母，負罪引慝。祗載見瞽瞍，夔夔齊慄，瞽亦允若。」

孟子曰：「天下大悦而將歸己。視天下悦而歸己，猶草芥也，惟舜爲然。不得乎親，不可以爲人；不順乎親，不可以爲子。朱子曰：「言舜視天下之歸己如草芥，而惟欲得其親而順之也。得者，曲爲承順以得其心之悦而已。順則有以諭之於道，心與之一，而未始有違，尤人所難能也。爲人蓋泛言之，爲子則愈密矣。」舜盡事親之道而瞽瞍厎豫，瞽瞍厎豫而天下化，瞽瞍厎豫而天下之爲父子者定，此之謂大孝。」瞽瞍至頑，嘗欲殺舜，至是而厎豫焉。《書》所謂「不格姦」、「亦允若」是也。蓋舜至此而有以順乎親矣。是以天下之爲人子者，知天下無不可事之親，顧吾所以事之者未若舜耳。於是莫不勉勉而爲孝，至於其親亦厎豫焉，則天下爲父者，亦莫不慈，所謂化也。子孝父慈，各止其所，而無不安其位之意，所謂定也。爲法於天下，可傳於後世，非止一身一家之孝而已，此所以爲大孝。李氏曰：「舜之所以能使瞽瞍底豫者，盡事親之道，共爲子職，不見父母之非而已。昔羅仲素語此云：『只爲天下無不是底父母。』了翁聞而善之曰：『唯如此而後，天下之爲父子者定。彼臣弒其君，子弒其父者，常始於見其有不是處耳。』」

萬章問曰：「舜往于田，號泣于旻天，何爲其號泣也？」孟子曰：「怨慕也。」萬章曰：「『父母愛之，喜而不忘；父母惡之，勞而不怨。』然則舜怨乎？」曰：「長息問於公明高曰：『舜往于田，則吾既得聞命矣；號泣于旻天，于父母，則吾不知也。』公明高曰：『是非爾所知也。』夫公明高以孝子之心，爲不若是恝，我竭力耕田，共爲子職而已矣，父母之不我愛，於我何哉？於父母，言呼父母而泣也。恝，無愁之貌。於我何哉，自責不知己有何罪耳，非怨父母也。楊氏曰：「非孟子深知舜之心，不能爲此言。蓋舜惟恐不順於父母，未嘗自以爲孝也；若自以爲孝，則非孝矣。」帝使其子九男二女，百官牛羊倉廩備，以事舜於畎畝之中。天下之士多就之者，帝將胥天下而遷之焉。爲不順於父母，如窮人無所歸。天下之士悅之，人之所欲也，而不足以解憂；好色，人之所欲，妻帝之二女，而不足以解憂云云。人悅之、好色、富貴，無足以解憂者，惟順於父母，可以解憂。人少，則慕父母；知好色，則慕少艾；有妻子，則慕妻子；仕則慕君，不得於君則熱中。大孝終身慕父母。五十而慕者，予於大舜見之矣。」言常人之情，因物有遷，惟聖人爲能不失其本心也。言五十者，舜攝政時年五十。五十而慕，則其終身慕可知矣。此章言舜不以得衆人之所欲爲己樂，而以不順乎親之心爲己憂。非聖人之盡性，其孰能知之？

子曰：「孝哉，閔子騫！人不間於其父母昆弟之言。」胡氏曰：「父母兄弟稱其孝友，人皆信之無異詞者，蓋其孝友之實，有以積於中而著於外。故夫子歎而美之。」《韓詩外傳》：「子騫早喪母。父娶後妻，生三子，疾惡子騫，以蘆花衣之。父察知之，欲逐後母。子騫啓曰：『母在一子寒，母去三子單。』父善之而止。母悔改之，後至均平，遂成慈母。」以上言事難事之親，曾、閔以孝並稱於聖門。曾子之父皙，亦幾難事者也。耡瓜误傷，而撻以大杖，蓋可見矣。而曾子援琴而鼓，唯恐傷親之心也，斯其所以爲孝與！然孔子「小杖則受，大杖則走」之言，尤人子所當知也。伯奇亦類此。韓文公《履霜操》曰：「兒罪當笞，逐兒何爲，蓋得伯奇之心者。」張子《西銘》曰：「勇於從而順令者，伯奇也。」其指尤深。爲人子者，不幸而事難事之親，則於大舜、曾、閔、伯奇之事，可不勉而師之乎！

《凱風》，美孝子也。衛之淫風流行，雖有七子之母，猶不能安其室，故美七子能盡其孝道，以慰其母心，而成其志爾。「凱風自南，吹彼棘心。棘心夭夭，母氏劬勞。毛氏曰：「興也。南風謂之凱風。樂夏之長養，棘難長養者。夭夭，盛貌。」孔氏曰：「凱，樂也。風性樂養萬物。」王氏曰：「棘心至於夭夭，則風之爲力多矣，此母氏劬勞之譬。」朱子曰：「此詩以凱風比母，棘心比子之幼時。蓋曰母生衆子，幼而育之，其劬勞甚矣。本其始而言，以起自責之端也。」凱風自南，吹彼棘薪。母氏聖善，我無令人。興也。毛氏曰：「棘，棗也，可以爲薪者。聖，叡也。」鄭氏曰：「令，善也。」朱子曰：「棘可以爲薪，則成矣。然非美材，喻子之壯大而無善也。」長樂劉氏曰：「自言七子之中有一令善之人【二二】，則母亦念之而不去也。」爰有寒泉，在浚之下。有子七人，母氏勞苦。興也。毛氏曰：「浚，衛邑也。」陳氏曰：「寒泉在浚之下邑，人賴之以生養，今子七人，反不能養一母，而使母勞苦求嫁也。」朱子曰：「母以淫風流行，不能自守，而諸子自責，但以不能事母，使母勞苦爲詞。婉詞幾諫，不顯其親之惡，可謂孝矣。」睍睆黄鳥，載好其音。有子七人，莫慰母心。」朱子

【二二】有一令善　「善」原作「事」，據四庫本改。

曰：「興也。睍睆，清和圓轉之意。」言黄鳥猶能好其音以悦人，而我七子獨不能慰悦母心哉！曾氏曰：「凱風盛於夏時，黄鳥鳴於夏木，寒泉亦夏所宜。寒泉能使人甘之，有子而使母勞苦；黄鳥能使人樂之，有子而莫慰母心。」愚按：此又處事親之變，而能盡其道者也，故以次於前章之後。

公孫丑問曰：「高子曰：『《小弁》，小人之詩也。』」孟子曰：「何以言之？」曰：「怨。」朱子曰：「高子，齊人也。《小弁》，《小雅》篇名。周幽王娶申后，生太子宜臼；又得褒姒，生伯服，而黜申后、廢宜臼。於是宜臼之傅爲作此詩，以叙其哀痛迫切之情。」按：《小弁》詩所謂「民莫不穀，我獨于罹。何辜于天？我罪伊何？靡瞻匪父，靡依匪母。不屬于毛？不離於裏」，凡皆怨辭也。曰：「固哉，高叟之爲詩也！有人於此，越人關弓而射之，則已談笑而道之；無他，疏之也。其兄關弓而射之，則已垂涕而道之；無它，戚之也。《小弁》之怨，親親也。親親，仁也。固矣夫，高叟之爲詩也！」曰：「《凱風》何以不怨？」曰：「《凱風》，親之過小者也；《小弁》，親之過大者也。親之過大而不怨，是愈疏也；親之過小而怨，是不可磯也。愈疏，不孝也；不可磯，亦不孝也。磯，水激石也。不可磯，言微激之而遽怒也。孔子曰：『舜其至孝矣乎，五十而慕。』」言舜猶怨慕，《小弁》之怨，不爲不孝。趙氏曰：「生之膝下，一體而分。喘息呼吸，氣通於親。當親而疏，怨慕號天。是以《小弁》之怨，未足爲愆也。」或問：「五十而慕，何必舜？」武夷胡氏曰：「所謂慕者，不變其初心也。初心者，赤子之心也。爲舜父母，日欲殺舜，與它人父母不同，故獨言舜耳。」此一節文當與前章參玩云。又晉獻公將廢太子申生，里克諫，不聽。太子曰：「吾其廢乎？」里克曰：「子懼不孝，不懼不得立。修己而不責人，則免於難。」君子曰：「善處父子之間。」季武子立其愛子悼子，而以長子公鉏爲馬正。公鉏愠而不出，閔子馬見之曰：「子無然。禍福無門，唯人所召。爲人子者，患不孝，不患無所。敬共父命，何常之有？若能孝敬，富倍季氏可也。姦回不軌，禍倍下民可也。」公鉏然之，敬共朝夕，恪居官次。季孫果喜而厚之。爲人子者，不幸而處愛憎與廢之間，則於里克、閔子馬之言，可不念之哉！

子曰：「父母之年不可不知也，一則以喜，一則以懼。」南軒曰：「以年之盛衰，察氣之强弱，亦人子盡其心於親之一事也。」

曾子曰：「親戚不説，不敢外交；近者不親，不敢求遠；小者不審，不敢言大。故人之生也，百歲之中，有疾病焉，有老幼焉，故君子思其不可復者而先施焉。親戚既没，雖欲孝，誰爲孝？年既耆艾，雖欲悌，誰爲悌？故孝有不及，悌有不時。病加於少愈，禍生於懈惰，孝衰於妻子，察此四者，慎終如始。《詩》曰：『靡不有初，鮮克有終。』」

揚子曰：「父母，子之天地與！事父母自知不足者，其舜乎！不得而久者，事親之謂也。孝子愛日。」以上三章，大指略同，皆欲及時以致養。

《禮記》：父母有疾，冠者不櫛，行不翔，言不惰，琴瑟不御，食肉不至變味，飲酒不至變貌，笑不至矧，齒本也。怒不至詈，疾止復故。《曲禮》，下同。

君有疾飲藥，臣先嘗之。親有疾飲藥，子先嘗之。醫不三世，不服其藥。

親瘠，色容不盛，孝子之疏節。鄭氏曰：「言未足爲至孝也。」愚謂此特末節，而猶不能盡，其爲不孝可知。《世子記》見《乙記》。此上言侍疾。又按：《春秋》昭十九年夏五月戊辰，許世子止弑其君買。胡氏曰：「《左氏》許悼公瘧，飲世子止之藥，卒。書曰弑其君者，止不嘗藥也。古者醫不三世，不服其藥。夫子之所謹者三，疾居其一。季康子饋藥，子曰：『某未達，不敢嘗。』敬謹其身如此也，而於君父可忽乎？君有疾飲藥，臣先嘗之；父有疾飲藥，子先嘗之。蓋言謹也。止不擇醫而輕用其藥，藥不先嘗而誤進於君，是有忽君父之心而不慎矣。此篡弒之萌，堅冰之漸，而《春秋》之所謹也，故加以大惡而不得辭，此《春秋》除惡於微之意也。」又曾幾言許世子弒君事，如律造御舟誤不牢合，禦藥誤不如本方，皆死。胡氏曰：「極是。」程子曰：「事親者，不可以不知醫。」司馬氏曰：「凡父母舅姑有疾，子婦無故不離側，親調嘗藥餌而供之。父母有疾，子色不滿容，不戲笑，不宴游。捨置餘事，專以迎醫檢方製藥爲務。」《顏氏家訓》曰：「父母有疾，子拜醫以求藥。蓋以醫者，親之存亡所繫，豈可忽也？」

《陟岵》，孝子行役，思念父母也。國迫而數侵削，役乎大國，父母兄弟離散，而作是詩也。「陟彼岵兮，瞻望父兮。父曰：『嗟，予子。行役夙夜無已！上慎旃哉，猶來無止！』」陳氏曰：「岵也，屺也，岡也，皆山之高處，可以瞻望者。」孔氏曰：「我欲行之時【一三】，父教戒我曰【一四】：『嗟，我子從軍行役之時，當早起夜寐，無得已止。』」蘇氏曰：「上，猶尚也。孝子登高，以望其父而不見，則思其將行之戒以自慰。」朱子曰：「尚庶幾慎之哉，猶可以來歸，無止於彼而不來。蓋生則必歸，死則止而不來矣。」陟彼屺兮，瞻望母兮。母曰：『嗟，予季，行役夙夜無寐！上慎旃哉，猶來無棄！』毛氏曰：「季，少子也。無寐，無耆寐也。」王氏曰：「尤憐愛少子者，婦人之情也。」呂氏曰：「母尚恩，故曰『無棄』，言無棄母而不歸也。」陟彼岡兮，瞻望兄兮。兄曰：『嗟，予弟，行役夙夜必偕！上慎旃哉，猶來無死！』」蘇氏曰：「必與同役者偕，無獨行也。」《魏風》。

《鴇羽》，刺時也。昭公之後，大亂五世，君子下從征役，不得養其父母而作是詩也。「肅肅鴇羽，集于苞栩。王事靡盬，不能蓺稷黍。父母何怙？悠悠蒼天，曷其有所？」毛氏

【一三】行之時　「行」原作「父」，據四庫本改。

【一四】父教戒我　「父」原作「止」，據四庫本改。

曰：「肅肅，鴇羽聲也。鴇之性不樹止也。」又曰：「鴇似雁而大，無後趾。集，止也。」孔氏曰：「物叢生曰苞。」毛氏曰：「叢也。」孔氏曰：「今柞櫟也，其子爲皂，可以染。」毛氏曰：「盬，不攻緻也。」孔氏曰：「盬與蠱，字異義同。《左氏》：『於文，皿蟲爲蠱【二五】。穀之飛亦爲蠱。』然則蠱害器、敗穀者皆謂之蠱，是盬不堅牢、不攻緻之意也。蓺，樹也。稷、黍，禾屬。」毛氏曰：「怙，恃也。」鄭氏曰：「曷，何也。君子從征役，以王事之靡盬，致子職有缺，不能播種五穀，我父母何所怙恃而得養？曰悠悠乎蒼天，何時使我得其所乎？人窮則反本，困則告天也。」肅肅鴇翼，集于苞棘，王事靡盬，不能蓺黍稷。父母何食？悠悠蒼天，曷其有極？蘇氏曰：「極，止也。」范氏曰：「曷其有極，言勞役之無已也。」肅肅鴇行，集于苞桑。王事靡盬，不能蓺稻粱。父母何嘗？悠悠蒼天，曷其有常？」蘇氏曰：「行，列也。」朱氏曰：「嘗，食也。」范氏曰：「思得休息，以反其常也。」《唐風》【二六】。

《北山》，大夫刺幽王也。役使不均，己勞於王事，而不得養其父母焉。其一章曰：「陟彼北山，言采其杞。偕偕士子，朝夕從事。王事靡盬，憂我父母。」李氏曰：「杞，枸杞也。」毛氏曰：「偕偕，彊壯貌。」朱氏曰：「大夫行役，陟彼北山，采杞而食也。」毛氏曰：「士子，有王事者也。」鄭氏曰：「朝夕從事，言不得休息。」朱氏曰：「言以王事而貽親憂也。」二章以下皆言役使不均之意，今不録。

《蓼莪》，刺幽王也。民人勞苦，孝子不得終養爾。李氏曰：「《凱風》，母不安其室之詩也。《小弁》，太子見棄之詩也。《蓼莪》，孝子不得終養之詩也。故其咎責怨慕，哀痛如此。苟不爲母所棄，爲父所逐，不困於行役而得終養，則其歡欣可知矣。觀《詩》者，當以此類求之。」「蓼蓼者莪，匪莪伊蒿。哀哀父母，生我劬勞。毛氏曰：「蓼蓼，長大貌。」歐陽氏曰：「周人苦於勞役，不得養其父母者，見彼蓼蓼然長大者，非莪即蒿，皆草木之微者，其茂盛如此。曰：『天地生育之功也。思我之生也，父母之養育我者，亦劬勞矣，而我不得以終養以報也。』」呂

【二五】皿蟲爲蠱　「皿蟲」原作「血蠱」，據四庫本改。

【二六】唐風　「唐」原作「晉」，據四庫本改。

氏曰：「莪蒿不能報天地之生育，猶人子不能報父母之劬勞也。孟郊《詩》云：『誰言寸草心，報得三春暉。』」蓼蓼者莪，匪莪伊蔚。哀哀父母，生我勞瘁。鄭氏曰：「瘁，病也。」缾之罄矣，維罍之恥。鮮民之生，不如死之久矣【二七】！無父何怙？無母何恃？出則銜恤，入則靡至。毛氏曰：「缾小而罍大。」王氏曰：「缾，譬則民也。罍，譬則君也。缾之罄則罍之恥，民之窮則君之羞。」呂氏曰：「鮮猶窮獨之義，言窮獨而從役，其生不如死也。」孔氏曰：「所以然者，以無父何所依怙，無母何所倚恃。」劉氏曰：「出則銜無窮之憂。」曾氏曰：「入則靡至，無所歸投也。」孔氏曰：「己無父母，則中心銜憂，旋來入門則堂宇空曠，不復覩見，是其所以悲恨也。」父兮生我，母兮鞠我。拊我畜我，長我育我。顧我復我，出入腹我。欲報之德，昊天罔極！毛氏曰：「鞠，養也。」孔氏曰：「拊，拊循也。」朱氏曰：「畜，亦養也。」鄭氏曰：「育，覆育也。顧，旋視也。復，反覆也。腹，懷抱也。父兮生我者，本其生氣也。」李氏曰：「『拊我畜我』而下，皆重言生育之恩也。」朱氏曰：「父母之恩如此，欲報之以德，而父母之恩如天之無窮，不知所以爲報也。」南山烈烈，飄風發發。民莫不穀，我獨何害！王氏曰：「烈烈，氣之寒。」毛氏曰：「發發，疾貌。」鄭氏曰：「穀，善也。」蘇氏曰：「虐政之病人，如大寒之視南山而聞飄風。」王氏曰：「『民莫不穀，我獨何害【二八】』，傷己獨不得終養也。」朱氏曰：「我獨何爲遭此害也。」南山律律，飄風弗弗。民莫不穀，我獨不卒！王氏曰：「南山之勢律律，蓋崒嵂之謂也。」毛氏曰【二九】：「律律，猶烈烈也。弗弗，猶發發也。」鄭氏曰：「卒，終也。我獨不得終養父母，重自哀傷也。」以上四《詩》，皆爲行役不得養親而作，然《陟岵》、《鴇羽》、《北山》，親猶在也，若《蓼莪》，則父母已終，無所復及矣，故其辭悲痛特甚焉。晉王哀以父不得其死，隱居教授廬於墓側【三〇】，攀柏悲號，樹爲之枯。讀《詩》至「哀哀父母，生我劬勞」，未嘗不三復流涕，門人受業者爲廢《蓼莪》之篇，詩之感人，蓋如此。古之君子，迫於王事，不得盡力於其親，故形之歌詠，極其慘愴。

【二七】不如死　「如」原作「知」，據四庫本、乾隆本改。

【二八】我獨何害　「我」原作「民」，據四庫本、《呂氏家塾讀書記》卷二十一改。

【二九】毛氏曰　「毛」原作「王」，據四庫本改。

【三〇】廬於墓側　「於」原作「子」，據四庫本改。

後世民兵既分，自非行伍之士，無長征遠戍者。優遊親側，足以自謌顧，乃有不知劬勞之當報者，亦獨何哉！誦此《詩》者，可以悚然知媿矣。

甲集十一

子曰：「孝子之喪親也，哭不偯，唐玄宗注曰【一】：「氣竭而息，聲不委曲。」禮無容，言不文，服美不安，聞樂不樂，食旨不甘，此哀感之情也。三日而食，教民無以死傷生，毁不滅性，此聖人之政也。喪不過三年，示民有終也。爲之棺、椁、衣、衾而舉之；陳其簠簋而哀感之；擗踊哭泣，哀以送之；卜其宅兆，而安厝之；爲之宗廟，以鬼饗之；春秋祭祀，以時思之。生事愛敬，死事哀感，生民之本盡矣，死生之義備矣，孝子之事親終矣。」

宰我問：「三年之喪，期已久矣。朱子曰：「期，周年也。」君子三年不爲禮，禮必壞；三年不爲樂，樂必崩。恐居喪不習而崩壞也【二】。舊穀既没，新穀既升，鑽燧改火，期可已矣。」没，盡也。升，登也。燧，取火之木也。改火，春取榆柳之火，夏取棗杏之火，夏季取桑柘之火，秋取柞楢之火，亦一年而周也。已，止也。言期年則天運一周，時物皆變，喪至此可止也。尹氏曰：「短喪之説，下愚且恥言之。宰我親學聖人之門，而以是爲問者，有所疑於心而不敢强焉爾。」子曰：「食夫稻，衣夫錦，於女安乎？」曰：「安。」禮，父母之喪：既殯，食粥、麤衰。既葬，疏食、水飲，受以成布。期而小祥，始食菜果，練冠縓緣、要絰不除，無食稻衣錦之理。夫子欲宰我反求諸心，自得其所以不忍者。故問之以此，而宰我不察也。「女安則爲之！夫君子之居喪，食旨不甘，聞樂不樂，居處不安，故不爲也。今女安，則爲之！」此夫子之言也。旨，亦甘也。初言女

校勘記

【一】唐玄宗　「玄」原作「元」，據四庫本改。

【二】恐居喪　「恐」原作「思」，據《論語集註》卷九改。

安則爲之，絶之之辭。以發其不忍之端，以警其不察。而再言汝安則爲之，以深責之。宰我出。子曰：「予之不仁也！子生三年，然後免於父母之懷。夫三年之喪，天下之通喪也。予也有三年之愛於其父母乎？」宰我既出，夫子懼其真以爲可安而遂行之，故深探其本而斥之。言由其不仁，故愛親之薄如此也。懷，抱也。又言君子所以不忍於親，而喪必三年之故。使之聞之，或能反求而終得其本心也。范氏曰：「喪雖止於三年，然賢者之情則無窮也。特以聖人爲之中制而不敢過，故必俯而就之。非以三年之喪，爲足以報其親也。所謂三年而後免於父母之懷，特以責宰我之無恩，欲其有以跂而及之爾。」

曾子曰：「吾聞之夫子，人未有自致者也，必也親喪乎！」南軒曰：「人於它事未能自盡，於親喪其可不自盡乎？若於此不能自盡，則何事能盡？若於此能自盡，則於其它亦推是心而已。」

《禮記》：「始死，充充如有窮。既殯【三】，瞿瞿如有求而弗得。既葬，皇皇如有望而弗至。」鄭氏曰：「皆憂懼在心之貌。」《檀弓》。

顔丁善居喪【四】：始死，皇皇焉如有求而弗得；及殯，望望焉如有從而弗及；既葬，慨然如不及，反而息。

縣子曰：「三年之喪如斬，期之喪如剡。」《雜記》。鄭氏曰：「言其痛之惻怛有淺深也。」

孔子曰：「少連、大連善居喪，三日不怠，三月不解，期悲哀，三年憂，東夷之子也。」鄭氏曰：「言其生於夷狄而知禮也。」愚謂夫子言此，所以儆中國之不知禮者。《雜記》。

高子皐之執親之喪也，泣血三年，未嘗見齒，君子以爲難。《檀弓》。

曾申問於曾子曰：「哭父母有常聲乎？」曰：「中路嬰兒失其母焉，何常聲之有？」

【三】既殯　「既殯」原脱，據四庫本、《禮記正義》卷六補。

【四】顔丁善居喪　「丁」原作「下」，據四庫本、《禮記正義》卷九改。

《雜記》。弁人有其母死而孺子泣者。孔子曰：「哀則哀矣，而難爲繼也。夫禮，爲可傳也，爲可繼也。」《檀弓》。

曾子謂子思曰：「伋，吾執親之喪也，水漿不入口者七日。」子思曰：「先王之制禮也，過之者俯而就之，不至焉者跂而及之。故君子之執親之喪也，水漿之不入口者三日，杖而後能起。」

樂正子春之母死，五日而不食，曰：「吾悔之，自吾母而不用吾情，吾烏乎用吾情？」《檀弓》。下同。

居喪之禮，毀瘠不形，視聽不衰，鄭氏曰：「爲其廢喪事。形謂骨見【五】。」升降不由阼階，出入不當門隧。常若親存。隧，道也。居喪之禮，頭有創則沐，身有瘍則浴，有疾則飲酒食肉，疾止復初。不勝喪，乃比於不慈不孝。

喪食雖惡，必充飢。飢而廢事，非禮也；飽而忘哀，亦非禮也。視不明，聽不聰，行不正，不知哀，君子病之。《雜記》。

毀而死，君子謂之無子。同上。

喪不慮居，爲無廟也。毀不危身，爲無後也。《檀弓》。皆爲親非爲己也。合前後數章而觀，則居喪之道可知矣。其居處、飲食、衣服之變，詳見《丙記》。

子思曰：「喪三日而殯，凡附於身者，必誠必信，勿之有悔焉耳。三月而葬，凡附於

【五】形謂骨見　「見」原作「立」，據《禮記注疏》卷三改。

棺者，必誠必信，勿之有悔焉耳。」鄭氏曰：「言其日月，欲以盡心脩備之。附於身，謂衣衾。附於棺，謂明器之屬。」《檀弓》。下同。

子游問喪具。夫子曰：「稱家之有亡。」子游曰：「有無惡乎齊？」夫子曰：「有，毋過禮。苟亡矣，斂手足形，還葬，鄭氏曰：「形，體。還之言便也，言已斂即葬，不待三月。」縣棺而封。不設碑繂，不備禮。封當爲窆【六】。窆，下棺也【七】。《春秋傳》作「塴」。人豈有非者哉？」

子路曰：「傷哉，貧也！生無以爲養，死無以爲葬也。」孔子曰：「啜菽飲水，盡其歡，斯之謂孝。斂手足形，還葬而無椁，稱其財，斯之謂禮。」

孟子曰：「養生者不足以當大事，惟送死可以當大事。」朱子曰：「事生固當愛敬，然亦人道之常耳；至於送死，則人道之大變。孝子之事親，舍是無以用其力矣。故尤以爲大事，而必誠必信，不使少有後日之悔也。」滕文公喪禮見《丙記》。孟子自齊葬於魯，反於齊，止於嬴。充虞請曰：「前日不知虞之不肖，使虞敦匠事。嚴，虞不敢請。今願竊有請也，木若以美然。」曰：「古者棺椁無度，中古棺七寸，椁稱之。自天子至於庶人，非直爲觀美也，然後盡於人心。不得，不可以爲悦；無財，不可以爲悦。得之爲有財，古之人皆用之，吾何爲獨不然？且比化者，無使土親膚，於人心獨無恔乎？朱子曰：「比，猶爲也。化者，死者也。恔，快也。言爲死者不使土近其肌膚，豈不快然無所恨乎？」吾聞之也：君子不以天下儉其親。」送終之禮，所當得而不自盡，是爲天下愛惜此物，而薄於吾親也。又魯平公將見孟子，嬖人臧倉曰：「禮義由賢者出，孟子之後喪踰前喪。君無見焉！」公曰：「諾。」

【六】封當爲窆　「封」原作「樂」，據《禮記注疏》卷八改。

【七】下棺也　「下」原作「不」，據四庫本改。

樂正子入見，曰：「君奚爲不見孟軻也？」曰：「或告寡人曰『孟子之後喪踰前喪』，是以不往見也。」曰：「何哉君所謂踰者？前以士，後以大夫，前以三鼎，後以五鼎與？」曰：「否。謂棺槨衣衾之美也。」曰：「非所謂踰也，貧富不同也。」今按：子思必誠必信以下數章，及孟子此章之指，則聖賢之於其親心無不盡，而其禮則以貧富有無爲則。學者觀此，知所取法矣。按：司馬氏《論葬》曰：「《孝經》云『卜其宅兆而安措之』，謂卜地決其吉凶耳，非若今陰陽家相其山岡風水也。國子高曰：『葬者，藏也。』又曰：『死則擇不食之地而葬我焉。』明無地不可葬也。古者天子七月，諸侯五月，大夫三月，士踰月而葬，蓋以會葬者遠近有差，不得不然也。然禮文多云三月而葬，蓋舉其中制而言之。按《春秋》己丑葬敬嬴，雨，不克葬，庚寅日中而克葬。丁巳葬定公，雨，不克葬，壬午日下昃乃葬。何嘗擇年月日時也？葬於北方北首，何嘗擇地也？今世俗信葬師之說，以爲子孫之貧富貴賤、賢愚壽夭盡繫於此，議論紛紜不決，至有終身不葬，累世不葬者。使殯葬實能致人禍福，爲子孫者豈忍暴露其親而自求利耶？悖禮傷義，無過於此。然孝子之心，慮患深遠，恐淺則爲人所指，深則濕潤速朽，故必擇土厚水深之地而葬之【八】。所擇必數處者，以備卜之不吉故也。或曰，世人久未葬者，非盡以陰陽拘忌之故，亦以貧故也。予曰，孔子有云：『斂手足形還葬而無槨，稱其財之謂禮。』又子游問喪具，孔子云云。昔廉范千里負喪，郭原平自賣營墓，豈待豐富然後葬哉？在禮未葬不變服，食粥，居倚廬，寢苫枕塊，蓋閔親之未有所歸，故寢食不安。奈何舍之，出仕食稻衣錦，不知其何以爲心哉！」而程子則曰：「卜其宅兆，卜其地之美惡也，地美則其神靈安，其子孫盛。」然則曷謂地之美者？土色之光潤，草木之茂盛，乃其驗也。而拘忌者惑以擇地之方位，決日之吉凶，甚者不以奉先爲計，而專以利後爲慮，尤非孝子安厝之用心也。惟五患者，不得不謹，須使異日不爲道路，不爲城郭，不爲溝池，不爲貴勢所奪，不爲耕犂所及。一本所謂五患者：溝渠、道路、避村落、遠井窑。合二先生之言觀之，以安親爲心，則地不可以不擇，其擇也不可以太拘。擇焉，而不至於太拘，則葬不患其不時矣。然世人多遷延不葬者，以昆若弟各懷自利之心，而野師俗巫又從而誑惑之，甚至偏納其賂而紿之以私己【九】。愚而無知者，安受其欺而弗悟也。夫某山强則某支富，某山弱則某支貧，非惟義理所不當問，雖近世陰陽家書亦有深排其說者。

【八】土厚水深之地　「深」，乾隆本作「淺」。

【九】偏納其賂　「偏」原作「徧」，據四庫本改。

惟野師俗巫則張皇煽惑，以爲取利之資。擇地者必先破此繆説，而後無太拘之患。爲人子者，所當深察也。《南史》：「何子平以兵饑，未葬其母者八年，晝夜號哭，常如祖括之日。」事在小學之書，當攷。

親喪外除，日月已竟，而哀未忘。兄弟之喪内除。日月未竟，而哀已殺。《雜記》【一〇】。免喪之外，行於道路，見似目瞿，聞名心瞿。弔死而問疾，顔色戚容必有以異於人也。如此而後可以服三年之喪，其餘則直道而行之是也【一一】。《雜記》似，謂容貌似其父母也【一二】。

孟獻子禫，縣而不樂，比御而不入。入，謂復寢。夫子曰：「獻子加於人一等矣。」《檀弓》。下同。

伯魚之母死，期而猶哭。夫子聞之，曰：「誰與哭者？」門人曰：「鯉也。」夫子曰：「嘻！其甚也。」伯魚聞之，遂除之。

子夏既除喪而見，見於孔子。予之琴，和之而不和，彈之而不成聲，作而曰：「哀未忘也，先王制禮，而不敢過也。」子張既除喪而見，予之琴，和之而和，彈之而成聲，作而曰：「先王制禮，不敢不至焉。」

魯人有朝祥而莫歌者，子路笑之。夫子曰：「由，爾責於人【一三】，終無已夫？三年之喪，亦已久矣夫。」子路出，夫子曰：「又多乎哉？踰月則其善也。」以上言喪葬祥除，其制度節文別見。

父没而不能讀父之書，手澤存焉爾。母没而杯圈不能飲焉【一四】，口澤之氣存焉爾。

【一〇】雜記　「記」後原有「曰」字，據四庫本、乾隆本删。

【一一】行之是也　「之」原脱，「是」原作「者」，據四庫本增改。

【一二】容貌似其父母　「貌」原作「見」，據四庫本、《禮記注疏》卷四十二改。

【一三】爾責於人　「責」原作「貴」，據四庫本、《禮記正義》卷六改。

【一四】杯圈不能飲　「杯」原作「柸」，據四庫本改。

鄭氏曰：「孝子見親之器物在側【一五】，不忍用也。」曾晳嗜羊棗，而曾子不忍食羊棗。朱子曰：「曾子以父嗜之，父没之後，食必思親，故不忍食也。」公孫丑問曰：「膾炙與羊棗孰美？」孟子曰：「膾炙哉！」公孫丑曰：「然則曾子何爲食膾炙而不食羊棗？」曰：「膾炙所同也，羊棗所獨也。諱名不諱姓，姓所同也，名所獨也。」南軒張氏曰：「曾子不忍食羊棗之意，愛敬之篤【一六】，不死其親者也。親之所嗜，見之而不忍食焉。推是一端，則凡其日用之間，所以感發於其親者多矣。常人於其親日遠而日忘矣，惟君子則不然，親雖日遠，而其心不可泯也。故雖事事物物之間，親心之所存，吾亦存之未嘗忘，而況於其言行乎？此之謂不死其親。或曰：屈到嗜芰，於其終也，命家老：『我死必薦芰。』而屈建命去之。然則非耶？蓋於親之所嗜而不忍食，此其愛親之心也。至於祭祀則有常物，事親之禮，不可以素。建不敢以私意事其親，而祭之以禮，未爲失也。然使建也而能體曾子不食羊棗之意，則其不薦也義固當，然其精微曲折之間，必更有以處者。觀其命去之之辭，則傷於大勁，而於親愛亦未免爲有害也。」

子曰：「父在，觀其志；父没，觀其行。三年無改於父之道，可謂孝矣。」朱子曰：「父在，子不得自專，而志則可知。父没，然後其行可見。故觀此足以知其人之善惡，然又必三年無改於父之道，乃見其孝，不然則所行雖善，亦不足爲孝矣。」尹氏曰：「如其道，雖終身無改可也。如其非道，何待三年？然則三年無改者，孝子之心有所不忍故也。」游氏曰：「三年無改，亦謂在所當改而可以未改者耳。」或問：「此章之指，猶有可取者乎？」曰：「晁氏、洪氏之説亦善。晁氏曰：『三年無改於父之道，此觀行之一節也。』洪氏曰：『父没雖可以行其志，然改父之道於三年之中，則無愛親之心，而其行亦不足觀矣。』」曰：「所取尹、游之説何也？」曰：「尹氏得其用心之本，游氏得其制事之宜，二説相須，爲不可易矣。」曰：「必若尹、游之説，則夫子之言，得無有不盡者乎？」曰：「爲人子者，本以守父之道，不忍有改爲之心。至其所遇之不同，則隨其輕重，而以義制之耳。三年而改者，意其有爲而言也。其不可改，則

【一五】器物在側　「在」原作「者」，據四庫本改。

【一六】愛敬之篤　「篤」原作「萬」，據四庫本、乾隆本改。

終身不改，固不待言。其不可以待三年者，則又非常之變，亦不可以預言矣。善讀者推類而求之，或終身不改，或三年而改，或甚不得已，則不待三年而改。顧其所遇之如何，但不忍之心則不可無耳。」或曰：「昔謝方明承前代人，不易其政，其必宜改，則以漸變之使無跡可尋。爲人子者，不幸而父之道有當必改者，以是爲法，而隱忍遷就於理義之中，不亦可乎？」曰：「吾嘗聞之師曰：以爲此其意則固善矣，然用心每每如此，即駸駸然所失多矣。若不得已，但當至誠哀痛以改之而已，何必隱忍遷就之云乎？至哉此言，足以儆學者用心之微矣。」南軒曰：「舊説爲父在能觀其志而承順之，父没觀其行而繼述之，此説文理爲順。」按：二先生之説不同，姑兩存之。

曾子曰：「吾聞諸夫子：孟莊子之孝也，其他可能也，其不改父之臣與父之政，是難能也。」朱子曰：「孟莊子，魯大夫，名速。其父獻子，名蔑。獻子有賢德，而莊子能用其臣，守其政。其它孝行雖有可稱，皆不若此事之爲難。」或問：「鄧氏之説如何？」曰：「鄧氏之言曰：『獻子歷相三君五十年，魯人謂之社稷之臣，則其臣必賢，其政必善矣。莊子年少嗣立，又與季孫宿同朝，宿父文子忠於公室，宿皆不能守而改之，莊子乃獨能不改其父之臣與父之政而終身焉，是孔子之所謂難也。』若父之臣與父之政有不善而不改【一七】，則是成其父之惡耳，惡得爲孝哉？」

子云：「君子弛其親之過，而敬其美。」鄭氏曰：「弛，猶棄忘也。孝子不藏識父母之過。」《論語》曰：「三年無改於父之道，可謂孝矣。」不以己善駁親之過。《坊記》。以上言無改父道之孝。

按：《書·蔡仲之命》：「爾尚蓋前人之愆惟忠惟孝。」人子不幸如大禹之承鯀，蔡仲之承蔡叔，又當思所以蓋之。故治水成功，而鯀配夏郊；率德改行，而蔡叔世祀。豈非孝之大乎！後世如沈充叛臣也，其子勁以死節著；李義府姦臣也，其子湛以忠義聞。若勁與湛，可謂能蓋其父之愆矣。又《穀梁傳》孝子成父之美，不成父之惡，故魏顆從治命，君子是之。魯隱與桓【一八】，春秋弗取。是亦不可不知也。

【一七】善而不改　「而不改」原脱，據《四書或問》卷二十四補。

【一八】魯隱與桓　「桓」原作「相」，據四庫本改。

子曰：「祭如在，祭神如神在。」程子曰：「祭，祭先祖也。祭神，祭外神也。祭先主於孝，祭神主於敬。」朱子曰：「此門人記孔子祭祀之誠意。」

子曰：「吾不與祭，如不祭。」朱子曰：「又記孔子之言以明之。言己當祭之時，或有故不得與，而使它人攝之，則不得致其如在之誠。故雖已祭，而此心歉然，如未嘗祭也。」范氏曰：「君子之祭，七日戒，三日齋，必見其所祭者，誠之至也。是故郊則天神格，廟則人鬼享，皆由己以致之也。有其誠則有其神，無其誠則無其神，可不謹乎？『吾不與祭，如不祭』，誠爲實，禮爲虚也。」

曾子曰：「慎終追遠，民德歸厚矣。」朱子曰：「慎終者，喪盡其禮；追遠者，祭盡其誠。」

《禮記》曰：「霜露既降，君子履之必有悽愴之心，非其寒之謂也；春，雨露既濡，君子履之必有怵惕之心，如將見之。」鄭氏曰：「皆爲感時念親也。霜露既降，禮説在秋，此無秋，蓋脱爾。」《祭義》。下同。

致齋於内，散齋於外。齋之日，思其居處，思其笑語【一九】，思其志意，思其所樂，思其所嗜。齋三日，乃見其所爲齋者。程子曰：「凡祭必齋。『齋之日，思其居處，思其笑語』，此孝子平日思親之心，非齋也。齋不容有思，有思則非齋。三日見其所爲齋者，此非聖人語。齋者湛然純一，方能與鬼神接，能事鬼神，此是上一等人。」祭之日，入室，僾然必有見乎其位；僾然，微見貌。周還出户，謂專設時。肅然必有聞其容聲；出户而聽，愾然必有聞乎其歎息之聲。無尸者，闔户若食間，則有出户而聽之。是故先王之孝也【二〇】，色不忘乎目，聲不絶乎耳，心志嗜欲不忘乎心；致愛則存，致慤則著，著存不忘乎心，夫安得不敬乎？君子生則敬養，死則敬享，思終身弗辱也。唯聖人

【一九】思其笑語　「思」原作「恭」，據四庫本、《禮記正義》卷四十七改。

【二〇】先王之孝　「孝」原作「考」，據四庫本、乾隆本改。

爲能饗帝，唯孝子爲能饗親。鄭氏曰：「謂祭之能使之饗也。」饗者鄉也，鄉之，然後能饗焉。言中心鄉之，乃能使其祭見饗。

文王之祭也，事死者如事生，思死者如不欲生，忌日必哀，稱諱如見親。祀之忠也，如見親之所愛，如欲色然，其文王與！鄭氏曰：「思死者如不欲生，言思親之深也。如欲色者，以時人於色厚，假以喻之。」《詩》云：「明發不寐，有懷二人。」文王之詩也。祭之明日，「明發不寐」，饗而致之，又從而思之。祭之日，樂與哀半，饗之必樂，已至必哀。坐不寐【二一】，謂夜而至旦也。祭之日，謂繹日也。言繹之夜不寐也。二人，謂父母。

孝子將祭，慮事不可以不豫，比時具物不可以不備，虛中以治之。比時，猶先時。虛中，不兼念餘事。宮室既脩，墻屋既設，百物既備，夫婦齋戒、沐浴、盛服，奉承而進之，洞洞乎，屬屬乎，如弗勝【二二】，如將失之，其孝敬之心至也與！薦其樽俎，序其禮樂，備其百官，奉承而進之，於是諭其志意，謂使祝祝饗及侑尸也。以其恍惚以與神明交，庶或饗之。庶或饗之，或，猶有也，想見其彷彿來。孝子之志也！孝子之祭也，盡其慤而慤焉，盡其信而信焉，盡其敬而敬焉，盡其禮而不過失焉。進退必敬，如親聽命，則或使之也。如居父母前，將受命而使之。孝子之祭可知也：其立之也，敬以詘；詘，充詘，形容喜貌也。其進之也，敬以愉；謂進血腥。其薦之也，敬以欲，薦之，謂進熟。欲，婉順貌。退而立，如將受命；已徹而退，敬齊之色不絕於面。

【二一】坐不寐　「坐」《禮記正義》卷四十七作「明發」。

【二二】如弗勝　「弗」原作「予」，據四庫本、乾隆本改。

父母既没，必求仁者之粟以祀之，此之謂能終。孝子將祭祀，必有齊莊之心以慮事，以具服物，以脩宫室，以治百事。及祭之日，顔色必温，行必恐，如懼不及愛然。鄭氏曰：「如懼不及見所愛者【一三】。」其奠之也，容貌必温，身必詘，如語焉而未之然。如有所以語親而未見答。宿者皆出，其立卑静以正，如將弗見然。宿者皆出，謂賓助祭者事畢出去也。如將弗見然，祭事畢，而不知親所在，思念之深，如不見出也。

及祭之後，陶陶遂遂，如將復入然。思念既深，如覩親將復入也。陶陶遂遂，相隨行之貌。是故慤善不違身，耳目不違心，思慮不違親；結諸心，形諸色，而術省之，孝子之志也。術當爲述。

夫祭者，非物自外至也；自中出，生於心也。心怵而奉之以禮，是故唯賢者能盡祭之義。賢者之祭也，必受其福，非世之所謂福也。福者，備也，備者百順之名也。無所不順之謂備，言内盡於己，而外順於道也。忠臣以事其君，孝子以事其親，其本一也。《祭統》，下同。

孝子之事親也有三道焉：生則養，没則喪，喪畢則祭。養則觀其順也，喪則觀其哀也，祭則觀其敬而時也。盡此三道者，孝子之行也。既内自盡，又外求助，昏禮是也。故國君取夫人之辭曰：「請君之玉女，與寡人共有敝邑，事宗廟社稷。」此求助之本也。夫祭也者，必夫婦親之，所以備外内之官也。

及時將祭，君子乃齊。齊之爲言齊也，齊不齊以致齊也。防其邪物，訖其嗜欲，耳不

【一三】見所愛者　「者」原作「友」，據《禮記正義》卷四十八改。

聽樂，故《記》曰：「齊者不樂。」言不敢散其志也。心不苟慮，必依於道。手足不苟動，必依於禮。是故君子之齊也，專致其精明之德也，故散齊七日以定之，致齊三日以齊之。定之之謂齊，齊者精明之至也，然後可以交於神明也。

君子之祭也，必身親涖之。有故，則使人可也。張子曰：「事親奉祭，豈可使人爲之？」

君子將營宮室，宗廟爲先，廄庫爲次，居室爲後。凡家造，祭器爲先，犧賦爲次，養器爲後。無田祿者，不設祭器。有田祿者，先爲祭服。君子雖貧，不粥祭器；雖寒，不衣祭服；爲宮室，不斬於丘木。鄭氏曰：「廣敬鬼神也。粥，賣也。丘，壟也。」《曲禮》。又按程子曰：「冠昏喪祭，禮之大者，今人都不理會。豺獺皆知報本，今士大夫多忽此，厚於奉養而薄於先祖，甚不可也。某嘗修六禮，大畧家必有廟，廟必有主，月朔必薦新，時祭用仲月，冬至祭始祖，立春祭先祖，季秋祭禰，忌日迎主，祭於正寢。凡事死者，皆當厚於生者。人家得此數件，雖幼者可使漸知禮義。」

大夫祭器不假。祭器未成，不造燕器。《王制》。以上言祭享大意，其始死之奠，與虞祔、練祥、時祀之儀，別見《丙記》。又程子家治喪，不用浮屠。在洛亦有化之者，司馬氏闢之亦嚴。然彼之教得行，由吾之禮先廢，使今之居喪者，始死有奠，朔有殷奠，虞祔祥禫皆有祭，既足以盡人子追慕之情，則於世俗之禮，且將不暇爲之矣。不復祭禮，而徒曰勿用浮屠，使居喪者倀倀然，無以報其親，未見其可也。

君子有終身之喪，忌日之謂也。忌日不用，非不祥也。言夫日志有所至，而不敢盡其私也。鄭氏曰：「忌日，親亡之日。忌日者，不用舉它事，如有時日之禁也。」《祭義》。近世大儒有忌日以黲巾墨衰受吊者【二四】，或疑之，答曰：「《禮》不云：君子有終身之喪乎？」前世名家嫁女，其篋中有墨衰一稱，以爲忌日慰舅

【二四】黲巾墨衰　「黲」後原有「以」字，據四庫刪。

姑之服，皆可法也。　又程子曰：「人無父母，生日當倍悲痛，更安忍置酒張樂以爲樂。若具慶者，可矣。」愚謂人子之於生日，苟無父母，當以忌日之禮自處。唐太宗以萬乘之主能行之，況學者而可昧此乎？故附於忌日之下。

曾子有疾，召門弟子曰：「啓予足！啓予手！《詩》云：『戰戰兢兢，如臨深淵，如履薄冰。』而今而後，吾知免夫！小子！」朱子曰：「曾子平日以爲身體髮膚受之父母，不敢毁傷，故於此使弟子開其衾而視之。戰戰，恐懼。兢兢，戒慎。臨淵恐墜，履冰恐陷也。曾子以其所保之全者示門人【二五】，而言其所以保之之難如此【二六】，至於將死，而後知免於毁傷也。」程子曰：「君子曰終，小人曰死。君子保其身以没，爲終其事也，故曾子以全歸爲免矣。」尹氏曰：「父母全而生之，子全而歸之。曾子之啓手足，爲是故也。」范氏曰：「身體猶不可虧也，況虧其行以辱其親乎？」曾子奉持遺體，無時不戒慎恐懼，直至啓手足之時，方得自免。這箇身己直是頃刻不可自安。如所謂孝，非止尋常奉事而已。念慮之微有毫髮差錯，便是悖理傷道，便是不孝。只看一日之間，内而思慮，外而應接事物，這箇心略不檢點，便差失了。至危者無如人心，所以曾子常常恁地「戰戰兢兢，如臨深淵，如履薄冰」。朱子語。

《禮記》曰：「父母雖没，將爲善，思貽父母令名，必果；將爲不善，思貽父母羞辱，必不果。」《内則》。

曾子曰：「身也者，父母之遺體也。行父母之遺體，敢不敬乎！居處不莊，非孝也；事君不忠，非孝也；涖官不敬，非孝也；朋友不信，非孝也；戰陳不勇，非孝也。五者不遂，災及其親，敢不敬乎？亨孰羶薌，嘗而薦之，非孝也，養也。君子所謂孝也者，國人稱願焉【二七】，曰：『幸哉，有子如此！所謂孝也已。』衆之本教曰孝，其行曰養。養

【二五】以其所保之　「以其所」原作「所以」，據四庫本、乾隆本改。

【二六】之難如此　「如」原作「也」，據四庫本、乾隆本改。

【二七】稱願焉　「焉」原作「然」，據《大戴禮記解詁》卷四改。

可能也，敬爲難；　敬可能也，安爲難；　安可能也，卒爲難。父母既没，慎行其身，不遺父母惡名，可謂能終矣。」《祭義》，下同。　南軒張氏曰：『必如曾子全而歸之，然後可謂之能終。而世之昧者，顧以富貴利達爲足以顯其親，曾不知枉道苟得，戕賊天性，莫此之甚。而負乘播惡，恥加遺體，若撻市朝，其得失爲何如哉！是則行身以其道，則雖處貧賤，而其所爲事親者，未嘗不得。不以其道，則雖窮富極貴，而所爲辱親者，益以滋甚矣。」

樂正子春下堂而傷其足，數月不出，猶有憂色。門弟子曰：「夫子之足瘳矣，數月不出，猶有憂色，何也？」樂正子春曰：「善如爾之問也，善如爾之問也。吾聞諸曾子，曾子聞諸夫子，曰：『天之所生，地之所養，無人爲大【二八】。父母全而生之，子全而歸之，可謂孝矣。不虧其體，不辱其身，可謂全矣。』故君子頃步而不敢忘孝也。今予忘孝之道，予是以有憂色也。」一舉足不敢忘父母，是故道而不徑，舟而不游，不敢以先父母之遺體行殆。一出言而不敢忘父母，是故惡言不出於口，忿言不反於身。不辱其身，不羞其親，可謂孝矣。程子曰：「士大夫受職，尚期盡其職事，況受身於父母，安可不盡其道？」按：此亦歸全之義。

孟子曰：「事孰爲大？事親爲大；　守孰爲大？守身爲大。不失其身而能事其親者，吾聞之矣；　失其身而能事其親者，吾未聞之也。朱子曰：「守身，持守其身，使不陷於不義也。」孰不爲事？事親，事之本也；　孰不爲守？守身，守之本也。」事親孝，則忠可移於君，順可移於長。身正，則家齊、國治而天下平。

孟子曰：「世俗所謂不孝者五：惰其四支，不顧父母之養，一不孝也；　博弈好飲

【二八】無人爲大　此句《大戴禮記解詁》卷四作「人爲大矣」。

酒，不顧父母之養，二不孝也；好貨財，私妻子，不顧父母之養，三不孝也；從耳目之欲，以爲父母戮，四不孝也；好勇鬬狠，以危父母，五不孝也。」以上言謹身，乃孝之終也。或問：「父母既終，如何行孝？」武夷胡氏曰：「何嘗一步離？」其言有味，故附此。

曾子曰：「樹木以時伐焉，禽獸以時殺焉。夫子曰：『斷一樹，殺一獸，不以其時，非孝也。』」此章又以見一事未善，皆非所以爲孝，孝又非但謹身而已【二九】。

公孫丑曰：「君子之不教子，何也？」朱子曰：「不親教也。」孟子曰：「勢不可也。教者必以正；以正不行，繼之以怒；繼之以怒，則反夷矣。『夫子教我以正，夫子未出於正也。』則是父子相夷也。父子相夷，則惡矣。夷，傷也。教子者，本爲愛其子也，繼之以怒，則反傷其子矣。父既傷其子，子之心又責其父，曰「夫子教我以正道，而夫子之身未必自行正道」，則是子又傷其父也。古者易子而教之。易子而教，所以全父子之恩，而亦不失其為教。父子之間不責善。責善則離，離則不祥莫大焉。」王氏曰：「父有爭子，何也？所謂爭者，非責善也，當不義則爭之則而已矣。父之於子也如何？曰：當不義，則亦戒之而已矣。」又曰：「章子，子父責善而不相遇也。匡章，齊人。上文公都子曰：「匡章，通國皆稱不孝焉，夫子與之遊，又從而禮貌之，敢問何也？」孟子曰：「世俗所謂不孝者五云云，章子有一於是乎？」責善，朋友之道也；父子責善，賊恩之大者。」賊，害也。朋友當相責以善，父子行之，則害天性之恩也。此章言父子不責善。子之諫父已見前「幾諫」等章，父之不教子，獨見於此。然則子有未善，一付之師友，而父不問焉，可乎？曰：父未嘗不教子也。鯉趨而過庭，孔子告之以學《詩》、學禮，此非教而何，特不深責以善耳。然君子之教，以身不以

【二九】孝又非但謹身　「孝」字原脱，據四庫本補。

言，故公明宣學於曾子，三年不讀書。曾子曰：「宣，而居參之門，三年不學，何也？」公明宣曰：「安敢不學？宣見夫子居庭，親在，叱咤之聲未嘗至於犬馬。宣説之，學而未能。宣見夫子之應賓客，恭儉而不懈惰。宣説之，學而未能。宣見夫子之居朝廷，嚴臨下而不毁傷【三〇】。宣説之，學而未能。宣安敢不學而居君子之門乎？」古之君子，其以身教也如此，豈必諄諄然命之而後謂之教耶？夫子教我以正，而夫子未出於正，此正以言教不以身教之罪也。《説苑》曰：「父母正則子孫孝慈，孔子家兒不識怒，曾子家兒不識罵。」爲人父者，其可不知此義耶？

右言父子之親

《論語》子曰：「事君盡禮，人以爲諂也。」黄氏曰：「孔子於事君之禮，非有加也，如是而後盡耳。」程子曰：「聖人事君盡禮，當時以爲諂。若他人言之，必曰：『我事君盡禮，小人以爲諂。』而孔子之言止於如此，聖人道大德宏，於此可見。」按《鄉黨》：君在踧踖如也，與與如也。入公門，鞠躬如也，如不容。立不中門，行不履閾。過位，色勃如也，足躩如也，其言似不足者。攝齊升堂，鞠躬如也，屏氣似不息者。出，降一等，逞顔色，怡怡如也。没階，趨進，翼如也。復其位，踧踖如也。吉月，必朝服而朝。君賜食，必正席先嘗之。侍食於君，君祭，先飯。疾，君視之，東首，加朝服拖紳。君命召，不俟駕行矣。又曰：「拜下，禮也；今拜乎上，泰也。雖違衆，吾從下。」凡此皆所謂事君之禮也。

《禮記》：將適公所，宿齊戒，居外寢，沐浴。史進象笏，書思對命。既服，習容、觀玉聲，乃出。揖於朝，煇如也，登車則有光矣。《玉藻》。《左氏》：晉靈公不君，趙宣子驟諫，公患之，使鉏麑賊之。晨往，寢門闢矣。盛服將朝，尚早，坐而假寐。麑退歎而言曰：「不忘恭敬，民之主也。賊民之主不忠，棄君之命不信。有一於此，不如死也。」觸槐而死。此將朝之禮。

《儀禮》：始見于君，執摯至下，容彌蹙。鄭氏曰：「促，恭慤貌。」此始見之禮。

【三〇】臨下而不毁傷　一句原脱，據四庫本、乾隆本補。

《禮記》：大夫出入君門，由闑右。鄭氏曰：「臣統於君。」此出入君門之禮。君命召，雖賤人，大夫、士必自御之。鄭氏曰：「御當爲訝。訝，迎也。君雖使賤人來，必自出迎之，尊君命也。」

君命召，無諾。孟子曰：「孔子當仕有官職，而以其官召之也。」

凡君召以三節，二節以走，一節以趨。鄭氏曰：「節，所以明信輔君命。使使召臣，急則持二，緩則持一。」《玉藻》。此趍召之禮。

君若賜之爵，則越席再拜稽首受，登席祭之，飲卒爵而俟，君卒爵，然後授虚爵。君子之飲酒也，受一爵而色洒如也，先典反。鄭氏曰：「洒如，肅敬貌。」二爵而言言斯，魚斤反。言言，和敬貌。禮已三爵，而油油説敬貌。以退。禮，飲過三爵，則敬殺，可以去矣。《玉藻》。此侍燕之禮。

若君賜之食，則君祭先飯，徧嘗膳，飲而俟，君命之食，然後食。鄭氏曰：「君祭先飯，食其祭食，臣先飯，示爲君嘗食也。此謂君與之禮食。膳，謂進庶羞，既嘗庶羞，則飲，俟君之徧嘗也。」若有將食者，則俟君之食，然後食。將食猶進食，謂膳宰也。膳宰進食，則臣不嘗食。《周禮》：「膳夫授祭品，嘗食，王乃食。」《士相見禮》。此侍食之禮。

賜果於君前，其有核者，懷其核。鄭氏曰：「嫌棄尊者物也。」

君賜車馬，乘以拜。賜衣服，服以拜。敬君惠也。《玉藻》。此受賜之禮。

凡爲君使者，已受命，君言不宿於家。鄭氏曰：「急君命也。言謂有故所問也。」

若使人於君所，則必朝服而命之。使者反，則必下堂而受命。鄭氏曰：「此臣有所告請於其君。」《曲禮》，下同。　此受命、請命之禮。

執天子之器則上衡，鄭氏曰：「謂高於心，彌敬也。此衡謂與心平。」國君則平衡。　凡執主器，執輕如不克。重慎之也。克，勝也。　執主器，操幣、圭璧【三二一】，則尚左手。行不舉足，車輪曳踵。重慎也。尚左手，尊左也。車輪，謂行不絕地。　立則磬折垂佩。　主佩倚則臣佩垂，主佩垂則臣佩委。君臣俛仰之節。倚，謂附於身。小俛則垂，大俛則委於地。　此執器俛仰之體【三二二】。

大夫士下公門，式路馬。　以足蹙路馬有誅，齒路馬有誅。鄭氏曰：「廣敬也。」　衛靈公與夫人夜坐，聞車聲轔轔，至闕而止，過闕復有聲。公問夫人曰：「知此爲誰？」夫人曰：「此蘧伯玉也。」公曰：「何以知之？」夫人曰：「妾聞禮，下公門，式路馬，所以廣敬也。夫忠臣、孝子不爲昭昭信節，不爲冥冥惰行。蘧伯玉，衛之賢大夫也，仁而有智，敬於事上，此其人必不以闇昧廢禮，是以知之。」公使人視之，果伯玉也。　以上皆言事君之禮，傳記所載不止於此，姑志其略云。

子曰：「君子之事君也，進思盡忠，退思補過，將順其美，匡救其惡，故上下能相親。」

子路問事君。子曰：「勿欺也，而犯之。」朱子曰：「犯，謂犯顏諫爭。」　范氏曰：「犯非子路之所難也，而以不欺爲難，故夫子教以先勿欺而後犯。」　南軒曰：「盡誠而不欺，犯顏而納忠，事君之義大要盡是矣。然勿欺其本也，勿欺矣則誠信充積，一不得已，有時而犯之，則有以感動也。若忠信有所不足，則於事君之道爲未盡，而徒以犯顏爲事，亦鮮味矣。如内交要譽、惡其聲之類，一毫之萌，皆爲欺也。以子路之剛强，懼其果於犯也，故告之以勿欺爲主。」　黄氏曰：「僞言不直謂之欺，直言無隱謂之犯。欺與犯正相反。夫子之告子路，乃是一戒一勸，兩面平説之辭。若反覆以觀，則能勿欺而不能犯，則未免有回護之失【三二三】；能犯矣而不能勿欺，則未免有矯飾之病。此又不可以

【三二一】操幣圭璧　「璧」原作「壁」，據《禮記注疏》卷四改。

【三二二】執器俛仰　「執」原作「軌」，據四庫本改。

【三二三】有回護之失　「護」原作「互」，據四庫本、乾隆本改。

不戒也。」

子曰：「所謂大臣者，以道事君，不可則止。」季子然問：「仲由、冉求可謂大臣與？」子曰：「吾以子爲異之問，曾由與求之問！云云。今由與求也，可謂具臣矣。」曰：「然則從之者與？」子曰：「弑父與君，亦不從也。」朱子曰：「以道事君者，不從君之欲。不可則止者，必行己之志。」南軒曰：「大臣不枉道以徇人，其不合則有去而已。由、求爲季氏之臣，坐觀其失而不能去，直尸禄備數而已，故曰『具臣』。然則從之者與？季子意其不能止，則當無不從也。方是時，季氏無君之心已著矣，謂『弑父與君，亦不從』者，非惟言由、求所長，抑可使之聞而懼也。或曰此何必由、求而後能之【三四】？曾不知順從之臣，其始也，惟利害之是徇而已。履霜堅冰之不戒，馴習蹉跌，以至於從人而弑君父者，多矣。如荀彧、劉穆之之徒，其始從曹操、劉裕之時，亦豈遂欲弑父與君哉？惟其漸浸順長，而勢卒至此耳。」

子曰：「鄙夫可與事君也與？其未得之也，患得之；既得之，患失之。何氏曰：「患得之，謂患不能得之。」苟患失之，無所不至矣。」小則吮疽舐痔，大則弑父與君，皆生於患失而已。胡氏曰：「許昌靳裁之有言曰：『士之品大概有三：志於道德者，功名不足以累其心；志於功名者，富貴不足以累其心；志於富貴而已矣，則亦無所不至矣。』志於富貴，即孔子所謂鄙夫也。」南軒曰：「患得患失者，以得失爲事也。患得者，患無以得之也。惟其有是心，故既得則患失矣。其患失之心，乃患得之心也。若是，則凡可以勿失者，皆在所必爲，而亦何所不至哉！自古亂臣賊子，其初亦豈敢遽有簒弑之萌？惟其患失之心蹉跌至此，故夫未得則患得，既得則患失。患失則無所不至，履霜堅冰，馴致其道也。然則患得患失之萌，是乃弑父與君之原也。聖人謂爲鄙夫者，蓋區區惟己私之徇，不亦鄙乎！」按：眉山蘇氏曰：「李斯憂蒙恬之奪其權，則立二世以亡秦。盧杞懼李懷光之數其惡，則誤德宗以再亂。其心本生於患失，其禍乃至於喪邦，乃知聖人之言良不爲過，亦名論也。」

【三四】而後能之　「後」原作「從」，據乾隆本改。

晉丕鄭曰：「事君者從其義，不阿其惑。」《國語》：「晉獻公將黜太子申生而立奚齊。里克、丕鄭、荀息相見，里克曰：『夫史蘇之言將及矣！其若之何？』荀息曰：『吾聞事君者，竭力以役事，不聞違命。君立臣從，何貳之有？』丕鄭曰：『吾聞云云，必立太子。』里克曰：『我不識義，亦不阿惑，吾其靜也。』三大夫乃別。」愚按：三大夫所見不同，唯丕鄭之言，大臣之言也。而荀息一於阿惑，里克一於中立，遂成新城之禍，惜哉！方里克許驪姬以中立，丕鄭曰：「惜也！不如曰不信以疏之，亦固太子以攜之，多爲之故，以變其志，志少疏，乃可間也。今子曰中立，況固其謀，彼有成矣，難以得間。」未幾，卒如其言，亦可謂善謀矣。鄭又云：「事君者，君爲我心，制不在我。」亦名言也。鄭在晉，雖不得爲賢大夫，而其言有可法者，故録之。

晏子曰：「君所謂可，而有否焉，臣獻其否，以成其可。君所謂否，而有可焉，臣獻其可，以去其否。是以政平而不干，民無爭心。」《左氏傳》：「齊景公至自田，晏子侍。子猶馳而造焉。公曰：『唯據與我和夫！』晏子對曰：『據亦同也，焉得爲和？』公曰：『和與同異乎？』對曰：『異。和如羹焉，水火醯醢鹽梅，以烹魚肉【三五】，燀之以薪。宰夫和之，齊之以味，濟其不及，以洩其過。君子食之，以平其心。君臣亦然云云。故《詩》曰：亦有和羹，既戒既平；鬷嘏無言，時靡有爭。今據不然，君所謂可【三六】，據亦曰可；君所謂否，據亦曰否【三七】。若以水濟水，誰能食之？若琴瑟之專一，誰能聽之？同之不可也如是。』」

《禮記》曰：爲人臣者，有諫而無訕，有亡而無疾，頌而無諂，諫而無驕。鄭氏曰：「亡，去也。疾，惡也。頌，謂將順其美。驕，謂言行謀從，恃知而慢。」愚謂無驕者，不諛其君之美，以驕其心也。鄭説恐非。怠則張而相之，廢則埽而更之，廢，政教壞亂，無可因也。謂之社稷之役。役，爲也。《少儀》。

爲人臣之禮，不顯諫。鄭氏曰：「謂明言其君之惡，不幾微也。」三諫而不聽，則逃之。君臣有義則

【三五】以烹魚肉　「烹」原作「亨」，據四庫本改。

【三六】君所謂可　「可」原作「曰」，據四庫本、乾隆本改。

【三七】據亦曰否　「否」原作「不」，據四庫本改。

合，無義則去。《曲禮》。　豫章黄氏《詩》曰：「誰云君臣難？是亦父子間。所要功補衮，不言能犯顔。」此意當深味也。　愚按：「不顯諫」與「事父母幾諫」之義同，當參玩也。

子云：「善則稱君，過則稱己，則民作忠。《君陳》曰：『爾有嘉謀嘉猷，入告爾君于内。女乃順之于外，曰：此謀此猷，惟我君之德。於乎！是惟良顯哉！』」《坊記》。　子曰：「事君欲諫不欲陳。鄭氏曰：「言謂陳其過於外。」《詩》云：『心乎愛矣，瑕不謂矣。中心藏之，何日忘之？』」瑕之言胡也。謂，猶告也。　《表記》。

孟子曰：「齊人無以仁義與王言者，豈以仁義爲不美也？其心曰『是何足與言仁義也』云爾，則不敬莫大於是。我非堯、舜之道，不敢以陳於王前，故齊人莫如我敬王也。」景子曰：「内則父子，外則君臣。父子主恩，君臣主敬。丑見王之敬子也，未見所以敬王也。」曰：「惡！是何言也云云。」朱子曰：「景丑所言，敬之小者也；　孟子所言，敬之大者也。」　全文見《丁記》。

責難於君謂之恭，陳善閉邪謂之敬，謂吾君不能謂之賊。上文云：事君無義，進退無禮，言則非先王之道者，猶沓沓也。故曰云云。　范氏曰：「人臣以難事責於君，使其君爲堯、舜之君者，尊君之大也；　開陳善道以禁閉君之邪心，唯恐其君或陷於有過之地者，敬君之至也；　謂其君不能行善道而不以告者，賊害其君之甚也。」　南軒曰：「責難於君者，以先王事業望其君，不敢以君爲難也。」

孟子曰：「人不足與適也，政不足與間也。惟大人爲能格君心之非。君仁莫不仁，君義莫不義，君正莫不正。一正君而國定矣。」朱子曰：「言人君用人之非，不足過謫；　行政之失，不足非間。惟有大人之德，則能格其君心之不正以歸於正，而國無不治矣。大人者，大德之人，正己而物正者也。」程子曰：「天下之治亂，繫乎人君之仁不仁耳。心之非，即害於政，不待乎發之於外。昔者孟子三見齊王而不言事，曰：『我先攻其邪心，心既正，而後天下之事可得而理也。』夫政事之失，用人之非，知者能更之，直者能諫之。然非心存焉，則事事而更之，後復有其事，將不勝其更矣；人人而去之，後復用其人，將不勝其去矣。是以輔相之職，必在乎格君心之非，然後無所不正；而欲格君心之非者，非有大人之德，則亦莫之能也。」 南軒曰：「格之爲言，感通至到也。《書》曰：『格于上帝。』蓋君心之非，不可以氣力勝。必也，感通至到，而使之自消靡焉。所謂格也，蓋積其誠意，一動靜，一語默，無非格之之道也。若心非未格，則雖責其人才，更其政事，幸其見聽而肯改易，他日之所用、所行，亦未必是也。何者？其源不正，不可勝救也。心非既格，則人才、政事皆將源源而日新矣。然而格君之業，非大人則不能。若在己之非猶有未之能克者，而將何以盡夫感通之道哉！後世道學不明，論治者不過及於人才政事而已。孰知其本在於君心，而格君之本乃在於吾心乎！」

君子之事君也，務引其君以當道，志於仁而已。 魯欲使慎子爲將軍。孟子曰：「不教民而用之，謂之殃民。殃民者，不容於堯、舜之世。一戰勝齊，遂有南陽，然且不可。」慎子勃然不悅，曰：「此則滑釐所不識也。」曰：「吾明告子：天子之地方千里，不千里不足以待諸侯；諸侯之地方百里，不百里不足以守宗廟之典籍。周公之封於魯，爲方百里也，地非不足，而儉於百里。太公之封於齊也，亦爲方百里也，地非不足也，而儉於百里。今魯方百里者五，予以爲有王者作，則魯在所損乎？在所益乎？徒取諸彼以與此，然且仁者不爲，況於殺人以求之乎？云云。」朱子曰：「當道，謂事合於理；志仁，謂心在於仁。」《孟子》下章又曰：「今之事君者曰：『我能爲君辟土地，充府庫。』今之所謂良臣，古之所謂民賊也。君不鄉道，不志於仁，而求富之，是富桀也。『我能爲君約與國，戰必克。』今之所謂良臣，古之所謂民賊也。君不鄉道，不志於仁，而求爲之强戰，是輔桀也。由今之道，無變今之俗，雖與之天下，不能一朝居也。」 南軒曰：「此章大抵與前章意同。戰國之臣所以事君者，徒以能富國彊兵爲急，而其君亦固以此爲臣之忠於我，而孟子以爲民賊，何哉？蓋君不鄉道，不志於仁，而但欲之爲富彊之計，則君益以驕肆，而民益以憔悴，是上成君之惡，而下絶民之命也。當時諸侯乃以民賊爲良臣，豈不痛哉！孟子之言曰：『爲今之道，無變今之俗，雖與之天下，不能一朝居。』此聖賢拔本塞源之道。今之道，功利之道也。今之俗，功利之俗也。由是道不變其俗，本源既差，縱使其間節目之善，亦終無以相遠也，故必以不由其道爲先。不由其道，則由仁義之道矣。由仁義之道，變而爲仁義之俗，然後名正言順而事可成也。所謂不能一朝居者，功利既勝，人紀隳喪，雖得天下，何以維持主守之乎？故功愈就而害愈深，利愈大而禍愈速。富國彊兵之説，至於秦可謂獲其利矣。然自始皇初並天下，固已在絶滅之中，人心内離，豈復爲秦之臣也哉？孟子謂『雖與天下，不能一朝居』者，寧不信乎！知此義，而後可以謀人之國矣。」

有官守者，不得其職則去；有言責者，不得其言則去。孟子謂蚳鼃曰：「子之辭靈丘而請士師，似也，爲其可以言也。今既數月矣，未可以言與？」蚳鼃諫於王而不用，致爲臣而去。齊人曰：「所以爲蚳鼃，則善矣；所以自爲，則吾不知也。」公都子以告。曰：「云云，我無官守，我無言責，則吾進退，豈不綽綽然有餘裕哉？」朱子曰：「官守，以官爲守者。言責，以言爲責者。孟子居賓師之位，未嘗受禄，故其進退之際，寬裕如此。」尹氏曰：「進退久速，當於理而已。」又所就三，所去三，及其它論出處之節，皆見《丁記》。

君有過則諫，反覆之而不聽，則去。齊宣王問卿。孟子曰：「王何卿之問也？」王曰：「卿不同乎？」曰：「不同。有貴戚之卿，有異姓之卿。」王曰：「請問貴戚之卿。」曰：「君有大過則諫，反覆之而不聽則易位。」王勃然變乎色。曰：「王勿異也。王問臣，臣不敢不以正對。」王色定，請問異姓之卿，曰云云。朱子曰：「大過，謂足以亡其國者。易位，易君之位，更立親戚之賢者。蓋與君有親親之恩，無可去之義。以宗廟爲重，不忍坐視其亡，故不得已而至於此。若異姓，不合則可去，蓋君臣以義合故也。」此章言大臣之義，親疏不同，守經行權，各有其分。貴戚之卿，小過非不諫也，但必大過而不聽，乃可易位。異姓之卿，大過非不諫也，雖小過而不聽，已可去矣。然三仁貴戚，不能行之於紂，而霍光異姓，乃能行之於昌邑。此又委任權力之不同，不可以執一論也。　南軒曰：「非謂貴戚之卿，諫君反覆而不從，便可以易位，蓋極其理而言之，有可以易位之道，所謂以正對也。或謂斯言不亦過乎？蓋對宣王之問，不如是，無以深警其心也。」　愚按：貴戚易位之説，非後世所得行。君有大過，惟當反覆極言，如屈平、劉向之爲爾。平諫懷王不聽，雖放流，睠顧楚國，繫心懷王，不忘欲反，冀幸君之一悟、俗之一改也。其存君興國，而欲反覆之，一篇之中三致意焉。至亡可奈何而後已，可謂忠矣。然忿而沈淵，則過也。致堂胡氏嘗論之曰：「世謂屈原、劉向皆同姓之臣，忠言著於當時，文采表於後世，未易以優劣判。以愚觀之，向蓋優於原也。向歷事三帝，前經恭、顯擅朝，後值王鳳顓政，殺戮忠諫之時，上則正言譏刺，懇懇納忠，下則官雖不遷，禍亦不及，豈非德信有孚，周身無闕故耶？原則褊介悻直，揭揭然衆邪之中，上忤君心，下取衆疾，昧於不可則止之道，怨刺强聒，無所容身，懷沙赴流，智斯下矣。」胡氏之論向甚當，然於平則貶之大過，必如朱子曰：「原之爲人，其志行雖或過於中庸，而不可以爲法，然皆出於忠君愛國之誠心。」然後爲當其實爾。又同姓之卿，雖無可去之義，若其君有大惡，而不可諫，易位之事，又不得行，宗社將危，豈容坐待，則微子去之，亦有明義存焉。其惡雖未如紂，然非可事之君，義不當食其禄，則魯之叔肹可以爲法。《春秋》宣十有七年，公弟叔肹卒。《穀梁傳》曰：「叔肹賢之也。其賢之何也？宣弑而非之也。非之，則胡爲不去也？曰：兄弟也，何去而之？與之財，則曰我足矣。織屨而食，終身不食宣公之食。」《春秋》貴之，因時制義，初無定法也。　又按：孟子「反覆」二字，最宜深體。前世人臣，固有見君之過失，姑一言以塞責者，曰：「吾亦嘗諫之云爾，諫而不從，非吾責也。」此其用心，既欲苟全爵位，又欲壓塞公言，張華之所以見屈於張林，而不能自免也。必反覆而諫，諫而不從則去，此人臣之正法。　孟子之言，胡可易哉【三八】！

孟子去齊。尹士語人曰：「不識王之不可以爲湯、武，則是不明也；識其不可，然且至，則是干澤也。千里而見王，不遇故去，三宿而後出晝，是何濡滯也？士則茲不

【三八】胡可易哉　「可」原作「何」，據四庫本改。

悦。」高子以告。曰：「夫尹士惡知予哉？千里而見王，是予所欲也；不遇故去，豈予所欲哉？予不得已也。予三宿而後出晝，於予心猶以爲速，王庶幾改之！王如改諸，則必反予。夫出晝而王不予追也，予然後浩然有歸志。予雖然，豈舍王哉！王由足用爲善。王如用予，則豈徒齊民安，天下之民舉安。王庶幾改之，予日望之。朱子曰：「浩然，如水之流不止也。」楊氏曰：「齊王天資樸實，如好勇、好貨、好色、好世俗之樂，皆以直告而不隱，故足以爲善。若乃其心不善，而謬爲大言以欺人，是人終不可與入堯、舜之道矣。」予豈若是小丈夫然哉？諫於其君而不受，則怒，悻悻然見於其面，去則窮日之力而後宿哉？」尹士聞之，曰：「士誠小人也。」此章見聖賢行道濟時，汲汲之本心；愛君澤民，惓惓之餘意。李氏曰：「於此見君子憂則違之之情，而荷蕢者所以爲果也。」南軒曰：「『予日望之』，孟子非不知道之行否有命，而拳拳不已者，吉凶與民同患之心也。學者所宜反覆詳味之。若夫諫而不用則怒，悻悻然見於其面，去則窮日之力，則是私意之所發。其諫也，固無未言之憾【三九】，而其去也，豈復有忠厚之氣哉！」

《考槃》，刺鄭莊公不能繼先公之業，使賢者退而窮處。「考槃在澗，碩人之寬。獨寐寤言，永矢弗諼。毛氏曰：「考，成。槃，樂也。」程氏曰：「賢者之退，窮處澗谷間，雖德體寬裕，而心在朝廷，寤寐不能忘懷，深念其不得以善道告君，故陳其由也。」楊氏曰：「『矢』如皋陶『矢厥謨』之『矢』，自陳不能忘其君。」考槃在阿，碩人之薖。獨寐寤歌，永矢弗過。毛氏曰：「阿、薖，寬大貌。」楊氏曰：「自陳不得過君之朝。」考槃在陸，碩人之軸。獨寐寤宿，永矢弗告。」蘇氏曰：「軸，槃桓不行、從容自廣之謂也。」張子曰：「《考槃》之詩，永矢弗過、弗告，解以永不復告君過，豈是賢者之言！」楊氏曰：「《考槃》云云，説者曰誓不過君之朝，非

【三九】無未言之憾　「憾」原作「感」，據《癸巳孟子説》卷二改。

也。昔有以問常立者，立曰古之人蓋有視其君如寇讎者，此尤害理。雖其時君使賢者退而窮處爲可罪，夫苟一日有悔過遷善之心，復以用我，我必復立其朝，何終不過之有？」　鄭介夫説略同。

《羔裘》，大夫以道去其君也。國小而迫，君不用道，好絜其衣服，逍遥遊燕，而不能自强於政治，故作是詩也。　鄭氏曰：「以道去其君者，三諫不從，待放於郊，得玦乃去。」　孔氏曰：「《公羊傳》云：『大夫已去，三年待放。』范甯以爲君賜之環則還，賜之玦則往，故荀卿云『召人以環，絶人以玦』。」「羔裘逍遥，狐裘以朝。豈不爾思？勞心忉忉。　毛氏曰：「羔裘以遊燕，狐裘以適朝。」　范氏曰：「急於遊燕，而怠於政治，此賢人所以去也。夫忠臣之事君，言不用而去之，不得已也，其心豈舍君哉？故曰云云。」羔裘翱翔，狐裘在堂。豈不爾思？我心憂傷。　鄭氏曰：「翱翔，猶逍遥也。」羔裘如膏，日出有曜。豈不爾思？中心是悼。」朱子曰：「羔裘色潤澤，如脂膏所漬，日色照之，則有光耀。」　《檜風》。　又《鄭風·狡童》之詩曰：「彼狡童兮，不與我言兮。維子之故，使我不能餐兮！彼狡童兮，不與我食兮。維子之故，使我不能息兮！」昭公之昏淫，國人以狡童目之，其不君可知矣。「不與我食」，其疏棄賢者又可知，而賢者猶憂之、念之，至於不能食息，況於由足爲善者乎？　又樂毅曰：「古之君子交絶不出惡聲【四〇】，忠臣去國不顯其名。」劉向曰：「忠臣雖在畎畝，猶不忘君惓惓之義也。」其言皆忠厚可法，故附。　以上言事君之道，與夫言不行而去，去而不忘其君者，皆人臣所當知也。

《柏舟》，言仁而不遇也。衛頃公之時，仁人不遇，小人在側。　鄭氏曰：「不遇者，君不受已之志也。」　張氏曰：「不遇非不達也，不受其志也。」「汎彼柏舟，于汎其流【四一】。耿耿不寐，如有隱憂。微我無酒，以敖以遊。　毛氏曰：「興也。汎汎，流貌。柏木，宜爲舟。耿耿，猶儆儆也。隱，痛也。非我無酒，可

【四〇】古之君子　「古」原作「言」，據四庫本、《資治通鑑》卷四改。

【四一】于汎其流　「于」四庫本、乾隆本作「亦」。

以敖游忘憂也。」我心匪鑒，不可以茹。亦有兄弟，不可以據。薄言往愬，逢彼之怒。毛氏曰：「茹，度也。」長樂王氏曰：「責我心之如鑒，必能度形，猶責周公必知管、蔡之叛，而不使之；責孟子必識齊王之不可爲湯、武，而不應其聘。」朱氏曰：「鑒能度物，而我不能。但以兄弟宜可據依，而不知其不可也。故或往愬焉，而反逢其怒耳。」范氏曰：「此公族之臣也，故僚類皆其兄弟。」我心匪石，不可轉也。我心匪席，不可卷也。威儀棣棣，不可選也。毛氏曰：「石雖堅，尚可轉。席雖平，尚可卷。棣棣，富而閑習也。」歐陽氏曰：「其意謂石、席可轉卷，我匪石、席，故不可轉卷也。」呂氏曰：「『不可選也』，言威儀閑習自有常度，不可選擇以避禍也。翟方進謂馮參：『君侯以王舅見廢，不得在公卿位。今五侯至尊貴也，與之並列，宜少詘節卑體，視有所宗。而君侯盛修容貌，以威嚴加之，此非所以下五侯而自益者也。』參性好禮儀，不改其常操。」憂心悄悄，慍于羣小。覯閔既多，受侮不少。靜言思之，寤辟有摽。毛氏曰：「悄悄，憂貌。慍，怒也。閔，病也。靜，安也。辟，拊心也。摽，拊心貌。」歐陽氏曰：「『慍于羣小』，羣小慍仁人也。」王氏曰：「國亂而君昏，則小人衆而君子獨，君子憂而小人樂。君子之憂者，憂其國而已。憂其國，則與小人異趣，其爲小人所慍，固其理也，故曰『憂心悄悄，慍于羣小』。小人得志，則爲讒誣以病君子。君子既病矣，則又從而侮之，故曰『覯閔既多，受侮不少』。其曰既多、不少者，以著小人之衆也。」日居月諸，胡迭而微？心之憂矣，如匪澣衣。靜言思之，不能奮飛。孔氏曰：「居、諸者，語助也。《檀弓》云『何居』，注云：『居，語助也。』」歐陽氏曰：「『日居月諸，胡迭而微』者，謂仁人傷衛日往月來而漸微爾，猶言日朘月削也。」范氏曰：「『如匪澣衣』者，中垢而不濯也。『不能奮飛』者，鬱陶無所發也。」鄭氏曰：「臣不遇於君，猶不忍去，厚之至也。」

《北門》，刺仕不得志也。言衛之忠臣不得其志爾。楊氏曰：「忠信重禄，所以勸士也。衛之忠臣至於寠貧，莫知其艱，則無勸士之道，仕之所以不得志也。先王視臣如手足，豈有以事敦遺之而不知其艱哉！然不擇事而安之，無懟憾之辭，知其無可奈何而歸之於天，所以爲忠臣也。」張氏曰：「此詩，忠臣所自作也。」「出自北門，憂心殷殷。終寠且貧，莫知我艱。已焉哉，天實爲之，謂之何哉！《爾雅》曰：「殷殷，憂也。」李氏曰：「《爾雅》云：『寠，貧也。』兼言之，以見其貧之甚也。」張氏曰：「『出自北門』，是游息偶北門，因有此言也。」朱氏曰：「衛之忠臣，不得其志，因行出北門而有所感，心爲之憂慇慇然。蓋出北門，背明向陰，亦處亂世、事暗君之比也。」鄭氏曰：「詩人事君無二志，自決歸之於天。」王事適我，政事一埤益我。我入自外，室人交徧讁我。已焉哉，天實爲之，謂之何哉！鄭氏曰：「王事，國有王命役使之事。」蘇氏曰：『政事，國之政事。」毛氏曰：「適，之。埤，厚也。讁，責也。」朱氏曰：「王事既適我矣，政事又一埤益我，其勢如此，而寠貧之甚，室人無以自安，而交徧讁我，則其困於内外極矣。」王事敦我，政事一埤遺我。我入自外，室人交徧摧我。已焉哉，天實爲之，謂之何哉！《韓詩》云：「敦，迫也。」毛氏曰：「遺，加也。摧，沮也。」以上二詩：一則不見遇於君，困於羣小，而不忍舍去；一則不得志於時，窘於貧寠，而安之若命，皆人臣所宜知。然《柏舟》同姓之臣，故所處如此。

曾子曰：「可以託六尺之孤，可以寄百里之命，臨大節而不可奪也。君子人與？君子人也。」朱子曰：「其才可輔幼君，攝國政，其節至於死生之際而不可奪，可謂君子矣。與，疑詞。也，決詞。設爲問答，所以深著其必然也。」程子曰：「節操如是，可謂君子矣。」問：「云云，本是兼才節説，然緊要却在節操。」曰：「不然。三句都是一般説。須是才節兼全，方謂之君子。若無其才而徒有其節，雖死何益？如受人託孤之責，我雖無欺孤之心，却爲他人所欺，即是我不能受人之託。受人百里之寄，我雖無竊命之心，却爲他人所竊，亦是我不能受人之寄矣。徒能守節，不能了事，只是枉死，濟得甚事！如晉荀息是也。所謂君子者，豈是拱手端坐無所能爲之人耶？故伊川說：『君子者，才德出衆之名。』孔子曰：『君子不器。』既曰君子，須是事事理會得方可，若但有節無才，亦唤作好人，只是不濟得事爾。」　問：「此三句，如霍光當得否？」曰：「霍光亦當得上二語，如許后事，大節已奪矣。譬如有猷、有爲、有守，託孤寄命是有猷、有爲，臨大節而不可奪是有守。霍光雖有猷、有爲，只是無所守。」　聖人言語渾全温厚，曾子便恁地剛勁，有孟子氣象，即此語可見也。

晉荀息曰：「臣竭其股肱之力，加之以忠貞。其濟，君之靈也；不濟，則以死繼之。」《國語》晉獻公立奚齊爲太子【四二】，使荀息傅之。公疾，召之曰：「以是藐諸孤辱在大夫，其若之何？」稽首而對曰，云云。公曰：「何謂忠貞？」對曰：「公家之利，知無不爲，忠也。送往事居，耦俱無猜，貞也。」公卒，里克、丕鄭以三公子之徒作亂，將殺奚齊，先告荀息曰：「三怨將作，秦、晉輔之，子將何如？」荀息曰：「將死之。」里克曰：「君殺正而立不正，廢長而立幼，如之何？」荀息曰：「吾與先君言矣，不可以貳。能欲復言而愛身乎？雖無益也，將焉辟之？」里克殺奚齊，荀息立公子卓。克又殺之，荀息死之。　息可謂不食言矣。　按：荀息阿獻公之惑，而立奚齊，不得爲忠，然其言有可取者。使當申生將廢之時，而能引義力爭，未必不見從。不從而死，則於義得矣。不死於申生，而死於奚齊，其何謂耶？故司馬文公正公嘗論之，以爲左氏之志所以貶荀息，而非褒也。今特以其言之善而録之，亦因以爲戒也。

狐突曰：「子之能仕【四三】，父教之忠，古之制也。策名委質，貳乃辟也。杜氏曰：「質，音贄。名，書於所書之策，屈膝而事之，則不可以貳。辟，罪也。」今臣之子，名在重耳，有年數矣。若又召之，教之貳也。父教子貳，何以事君？」《左氏》：晉懷公命無從亡人，期期而不至，無赦。狐突之子毛及偃久從重耳在秦，弗召。懷公執狐突曰：「子來則免。」對曰：「云云，刑之不濫，君之明也，臣之願也。淫刑以逞，誰則無罪？臣聞命矣。」乃殺之。

【四二】《國語》誤，事見《左傳》僖公九年。

【四三】子之能仕　「仕」原作「杜」，據四庫本改。

解揚曰：「君能制命爲義，臣能承命爲信，信載義而行之爲利。謀不失利，以衛社稷，民之主也。義無二信，杜氏曰：「欲爲義者，不行兩信。」信無二命。欲行信者，不受二命。君之賂臣，不知命也。受命以出，有死無霣，又可賂乎？臣之許君，以成命也。死而成命，臣之禄也。寡君有信臣，下臣獲考，考，成也。死又何求？」《左氏》：楚子圍宋，晉使解揚如宋，使無降楚，曰：「晉師悉起，將至矣。」鄭人囚而獻諸楚，楚子厚賂之，使反其言，不許，三而許之。登諸樓車，使呼宋人而告之，遂致其君命。楚子將殺之，使與之言曰：「爾既許不穀而反之，何故？非我無信，女則棄之，速即爾刑。」對曰云云。楚子舍之以歸。按：漢景帝時，吴、楚反，漢使路中大夫告梁使勿下，爲吴所得，誘之使反其言。路大夫陽許之，卒致其君命，與解揚事畧同。然揚獲免而大夫死，亦無媿於人臣之義矣。史失其名，惜哉！

箴尹曰：「君，天也，天可逃乎？」《左氏傳》宣三年，楚滅若敖氏。箴尹克黄使於齊，還，及宋，聞亂。其人曰：「不可以入矣。」箴尹曰：「棄君之命，獨誰受之？」云云。」遂歸復命，而自拘於司敗。王思子文之治楚國也，曰：「子文無後，何以勸善？」使復其所，改命曰生。按：鬬椒作亂，楚滅其族。箴尹克黄，子文之孫，鬬椒之族也。人臣不幸而遭此，則如箴尹之所處者得之矣。又以君爲天，始見於此，故録之。

齊王蠋曰：「忠臣不事二君，烈女不更二夫。」《史記》：樂毅破齊，聞畫邑人王蠋賢，令軍中環畫邑三十里無入，使人請蠋。蠋謝不往，燕人曰：「不來，吾且屠畫邑。」蠋曰：「云云，齊王不用吾諫，故退而耕於野。國破君亡，吾不能存，而又欲刼之以兵，吾與其不義以生，不若死。」遂經其頸於樹枝，自奮絶脰而死。齊人聞之曰：「王蠋，布衣也，義不北面於燕，況在位食禄者乎？」乃相聚如莒，求諸子立爲襄王。

肥義曰：「貞臣也，難至而節見；忠臣也，累至而行明。」《史記》：趙武靈王愛少子何，二十七年，大朝於東宮，傳國立子何爲王，肥義爲相國，傅王。武靈王自號爲主父，封長子章爲代安陽君。章素侈，心不服其弟立，主父又使田不禮相章也【四四】。李兑謂肥義曰：「公子章黨衆而欲大，田不禮忍殺而驕，二人相得，必有陰謀。夫小人有欲，輕慮淺謀，徒見其利而不顧其害，同類相推，俱入禍門。以吾觀之，必不久矣。子任重而勢大，亂之所始，禍之所集也，子必先患。仁者愛物，而智者備禍於未形，不仁不智，何以爲國？子奚不稱疾毋出，傳政於公子成，毋爲怨府，毋爲禍梯。」肥義曰：「不可。昔者主父以王屬義也，曰：『毋變而度，毋異而慮，堅守一心，以歿而世。』義再拜受命而籍之。今畏不禮之難，而忘吾籍【四五】，變孰大焉？進受嚴命，退而不全，負孰大焉？變負之臣，不容於刑。諺曰：『死者復生，生者不愧。』吾言已在前矣，吾欲全吾言，安得全吾身！且夫云云，子則有賜而忠我矣，雖然，吾有語在前者也，終不敢失。」李兑曰：「諾，子勉之矣！吾見子止今年矣。」涕泣而出。李兑數見公子成，以備田不禮之事。異日肥義謂信期曰：「公子與田不禮甚可憂也。其於義也聲善而實惡，此爲人也不子不臣。吾聞之也，姦臣在朝，國之殘也；讒臣在中，主之蠹也。此人貪而欲大，内得主而外爲暴。矯令爲慢，以擅一旦之命，不難爲也，禍且逮國。今吾憂之，夜而忘寐，飢而忘食。盜賊出入不可不備，自今以來，若有召王者必見吾面，我將先以身當之，無故而王乃可入。」信期曰：「善哉。」四年，朝羣臣，安陽君亦來朝。主父令王聽朝，而自從旁觀窺羣臣宗室之禮。見其長子章傫然，反北面爲臣，心憐之，欲分趙而王章於代，計未決而輟。主父及王游沙丘，異宮，公子章即以其徒與田不禮作亂，詐以主父令召王。肥義先入，殺之。高信即與王戰。公子成與李兑自國至，乃起四邑之兵入距難，殺公子章及田不禮，滅其賊黨而定王室。按：肥義不忍背君命而全其身，可謂忠矣。然知田不禮之必亂，不能預爲之備，而止患於未形，僅能以身當其難而已。使無公子成、李兑入而討賊，則惠文王必死於亂。義雖忠，其何益乎？然其言有可法者，故併録其事以爲戒，是亦前章取苟息之義也。李兑有知幾之智，又有定亂之材，其過肥義遠矣。然沙丘之圍併及主父而弑之，是自陷於亂臣賊子之域也。仁與智果安在乎？士大夫不幸受任於危難之時，必有徇國之忠，而輔之以弭亂之謀，然後可。不然，則是一肥義而已矣。嗚呼，難哉！

【四四】主父又使　「父」原作「公」，據四庫本、乾隆本改。

【四五】而忘吾籍　「吾」原作「君」，據四庫本改。

袁盎曰：「社稷臣主在與在，主亡與亡。」《漢・袁盎傳》【四六】：絳侯爲相，朝罷趨出【四七】，意甚得。盎進曰：「丞相何如人也？」文帝曰：「社稷臣。」盎曰：「所謂功臣，非社稷臣也」云云。方諸吕用事，劉氏不絶如帶。是時絳侯爲太尉，本兵柄，不能正。吕后崩，大臣共誅諸吕，適會其成功。所謂功臣，非社稷臣。」按：盎此言本以傾絳侯耳，然所謂「主在與在，主亡與亡」，則名論也，故録之。　以上皆言事君之節，當與《乙記・謀國》、《丁記・處死生》參觀，然後扶顛持危、伏節死義之事始備。

子游曰【四八】：「事君數，斯辱矣；朋友數，斯疏矣。」　程子曰：「數，煩數也。」胡氏曰：「事君諫不行，則當去；導友善不納，則當止。至於瀆，則言者輕，聽者厭矣，是以求榮而反辱，求親而反疏也。」范氏曰：「君臣朋友，皆以義合，故其事同。」

子曰：「事君，敬其事而後其食。」朱子曰：「『後』與『後獲』之『後』同。食，禄也。君子之食也，有官守者修其職，有言責者盡其忠。皆以敬吾之事而已，不可先有求禄之心也。」　南軒曰：「事君者主於敬其事而已，後其事猶後獲之意，然則爲貧而仕則奈何？孔子嘗爲委吏矣，亦曰會計當而已矣，蓋亦以敬其事爲主也。若曰爲貧而仕，食焉而已，遑恤其事，則失其義矣。」

子曰：「事君慎始而敬終。」鄭氏曰：「輕交易絶，君子所耻。」《表記》。

子曰：「不以舜之所以事堯者事君，不敬其君者也。」全文見前《仁》篇。

《文中子》：房玄齡問事君之道，子曰：「無私。」又問正主庇民之道，曰：「先遺其身。夫能遺其身，然後無私；無私，然後能至公；至公，然後以天下爲心矣。」《文中子》曰：不以伊尹、周公之道康其國，非大臣也。不以霍光、諸葛亮之心事其君者，皆具

【四六】袁盎　「袁」字原脱，據文義補。

【四七】朝罷趨出　「朝」字原脱，據四庫本補。

【四八】子游曰　「游」字原脱，據四庫本、《論語注疏》卷四補。

臣也。

程子曰：「爲臣之道，當含晦其章美，有善則歸之於君，乃可常而得正。上無忌惡之心，下得恭順之道也。」《易·坤》六三《傳》。

世儒有論魯祀周公以天子禮樂，以爲周公能爲人臣不能爲之功，則可用人臣不得用之禮樂，是不知人臣之道也。夫居周公之位，則爲周公之事，由其位而能爲者，皆所當爲也，周公乃盡其職耳。《師》九二《傳》。

臣之於君，竭其忠誠，致其才力，乃顯比其君之道也。用之與否，在君而已，不可阿諛逢迎，求其比己。《比》九五《傳》。

當君道方否之時，處逼近之地，所惡在居功取忌而已。若能使動必出於君命，威柄一歸於上，則无咎，而其志行，可以濟時之否矣。《否》九四《傳》。

爲臣之道，當使恩威一出於上，衆心皆隨於君。若人心從己，危疑之道也。居此地者奈何？唯孚誠積於中，動爲合於道，以明哲處之，則又何咎？《隨》九四《傳》。大臣之任，上畜止人君邪心，下畜止天下之惡人。人之惡，止於初則易，既盛而後禁，則扞格而難勝。故上之惡既甚，則雖聖人救之，不能免違拂；下之惡既甚，則雖聖人治之，不能免刑戮。莫若止之於初，如童牛加牿，則元吉也。《大畜》六四《傳》。

以人臣而當重任，必常懷危厲則吉。如伊尹、周公，何嘗不憂勤兢畏，故得終吉。《頤》

上九《傳》。

以剛强之臣事柔弱之君，當内存至誠，不假文飾於外，故曰「利用禴」，謂尚誠敬也。上下之交不以誠，其能久乎？《萃》六二《傳》。

夫君子之事上也，不得其心，則盡其全誠，以感發其志意而已。苟誠意能動，則昏蒙可開也，柔弱可輔也，雖不正可正也。古人之事庸君常主，而克行其道者，已之誠意上達，而君見信之篤耳。管仲之相桓公，孔明之輔後主是也。《豐》六二《傳》。

大臣當險難之時，唯至誠見信於君，其交固而不可解，又能開明君心，則可保无咎矣。夫欲上之篤信，唯當盡其質實而已。多儀而尚飾，莫如燕享之禮，故以燕享喻之，言當不尚浮飾，唯以質實。所用一樽之酒，二簋之食，復以瓦缶爲器，質之至也。其質實如此，又須納約自牖。納約，謂進結於君之道。牖，開通之義。室之暗也，故設牖所以通明。自牖，言自通明之處，以况君心所明處。《詩》云「天之牖民」，毛公訓牖爲道，亦開通之謂。人臣以忠信善道結於君心，必自其所明處乃能入也。人心有所蔽，有所通。所蔽者暗處也，所通者明處也。當就其明處而告之，求信則易也。且如君心蔽於荒樂，唯其蔽也故爾。雖力抵其荒樂之非，如不省何？必於所不蔽之事，推而及之，則能悟其心矣。自古能諫其君者，未有不因其所明者也。故訐直强勁者率多取忤，而温厚明辯者其説多行。如漢祖愛戚姬，將易太子，是其所蔽也。羣臣爭之者衆矣。嫡庶之義，長幼之序，非不明也，如其蔽而不察何？四老者，高祖素知其賢而重之，此其不蔽之明心也，故因其所明而及其事，則悟之如反手。且四老人之力，孰與周昌、叔孫通？然而不從彼而從此者，由攻其所蔽與就其明之異耳。左師觸龍之事亦然。《坎》六四《傳》【四九】。

當睽之時，君心未合，賢臣在下，竭力盡誠，期使之信合而已。至誠以感動之，盡力以扶持之，明義理以致其知，杜蔽惑以誠其意，如是宛轉以求其合也。遇非枉道迎逢也，巷非邪僻曲徑也，故曰未失道也。《睽》九二《傳》。 又按：南軒答人書曰：「來諭謂事最忌激觸者，要當平心易氣，審處其理，期於中節而已。若欲遷就回互，於當然而不然，枉尋而以求直尺，而曰『吾所畏者激觸也』，無乃終墮於姦邪之域，人欲愈肆，而天理愈滅歟！觀伊川解『遇主于巷』一爻，意極明切。後人不知，乃以己私窺聖人之意，其失大矣。」

人臣之義，當以王陵爲正。以上亦言事君之道。每條各發一義，皆人臣所當知也。

孟子曰：「有事君人者，事是君則爲容悅也。朱子曰：「阿徇以爲容，逢迎以爲悅，此鄙夫之事、妾婦之道也。」有安社稷臣者，以安社稷爲悅者也。言大臣之計安社稷，如小人之務悅其君，眷眷於此而不能忘。有天民者，達可行之天下而後行之者也。民者，无位之稱。以其全盡天理，乃天之民，故謂之天民。必其道可行於天下，然後行之。不然，則寧没世不見知而不悔，不肯小用其道以徇於人也。張子曰：「必功覆斯民然後出，如伊、吕之徒。」有大人者，正己而物正者也。」大人，德盛而上下化之，所謂「見龍在田，天下文明」者。此章言人品不同，略有四等。容悅佞臣不足言。安社稷則忠矣，然猶有一國之士也。天民則非一國之士也，然猶有意也。唯其所在而物無不化，惟聖者能之。 南軒曰：「以事是君爲容悅者，慕爵禄而從君者也。以安社稷爲悅者，則志

【四九】《坎》六四《傳》原脱，據四庫本補。

存乎功業者也。與爲容悦者固有間矣，然未及乎道義者。蓋志存乎功業，則苟可就其功業而遂其志，則亦所屑爲矣。古之人惟守道明義而已，故雖有蓋世之功業在前可爲，而在我者有一毫未安，則不敢徇也。蓋功業一時之事，而良心萬世之彝故也。所謂天民者，必明見夫達，而其道可行於天下，而後行之。蓋其所主在道，而非必於行也。謂之天民者，言能全夫天生此民之理也。天之生民也，其理無不具，而人之虧欠者多矣，故程子謂天民爲能踐形者也。以其在下而未達，故謂之民。大人者，即天民之得時、得位者也。若伊尹之在莘野則爲天民，出而佐商則爲大人也。正己而物正者，己正而物自正也。秦、漢而下，其間號爲賢臣者，極於以安社稷爲悦而已，語夫天民之事業，則鮮矣。」

《荀子》：有態臣者，有篡臣者，有功臣者，有聖臣者。内不足使一民，外不足使距難，然而巧敏佞説，善取寵乎上，是態臣者也。楊氏曰：「以佞媚爲容態。」上不忠乎君，下善取譽乎民，不恤公道通義【五〇】，朋黨比周，以環主圖私爲務，是篡臣者也。環主，環繞其主不使賢臣得用。圖，謀也。篡臣者，篡奪其君政也。内足使一民，外足使距難，民親之，士信之，上忠乎君，下愛百姓而不倦，是功臣者也。上則能尊君，下則能愛民，政令教化，形下如影，應卒遇變，齊給如響，推類接譽【五一】，以待無方，曲成制象，是聖臣者也。此明應卒遇變之意。無方，無常也。推其比類，接其聲譽，言見其本而知其末也。待之無常，謂不滯於一隅也。委曲皆成制度法象，言物至而應，無非由法，不苟而行之也。聖，無所不通之謂。故齊之蘇秦、秦終死於齊，故云云。楚之州侯、楚襄王佞臣。秦之張儀，可謂態臣者也。韓之張去疾、未見。趙之奉陽、趙肅侯弟。齊之孟嘗，可謂篡臣也。晉之咎犯、齊之管仲、楚之孫叔敖，可謂功臣矣。殷之伊尹、周之太公，可謂聖臣矣。是人臣之論也。

【五〇】公道通義　「通」原作「道」，據四庫本、乾隆本改。

【五一】推類接譽　「譽」原作「舉」，據《荀子校釋》卷九改。

從命而利君謂之順，從命而不利君謂之諂；逆命而利君謂之忠，逆命而不利君謂之篡。不恤君之榮辱，不恤國之臧否，偷合苟從，以持禄養交而已耳，謂之國賊。君有過謀、過事，將危國家，殞社稷，大臣、父兄有能進言於君，用則不去，不用則去，謂之諫；有能進言於君，用則可，不用則死，謂之爭；有能比知同力，率羣臣百吏而相與强君、矯君【五二】，君雖不安，不能不聽，遂以解國之大患，除國之大害，成於尊君安國，謂之輔；有能抗君之命，竊君之重，反君之事，以安國之危，除君之辱，功伐足以成國之大利，謂之拂。故諫、爭、輔、拂之人，社稷之臣也，國君之寶也。伊尹、箕子可謂諫矣；比干、子胥可謂爭矣；平原君之於趙，可謂輔矣；信陵君之於魏，可謂拂矣。《傳》曰：「從道不從君。」此之謂也。

有大忠者，有次忠者，有下忠者，有國賊者。以德復君而化之，大忠也；以德調君而補之，次忠也；以是諫非而怒之，下忠也；不恤君之榮辱，不恤國之臧否，偷安苟容，以之持禄養交而已耳，國賊也。若周公之於成王，可謂大忠矣。若管仲之於桓公，可謂次忠矣。若子胥之於夫差，可謂下忠矣。若曹觸龍之於紂，可謂國賊矣。按：《荀子》之言，醇疵相半，然其大概有可取者，姑録之。以上言人臣優劣之差，亦事君者所當深知而審處也。又《鶡冠子》有師臣、友臣、僕臣之目，蓋爲人主用人而發，此不録。然所謂僕臣者，正孟子所謂以事君爲容悦，荀子所謂態臣是也。故眉山蘇氏有云：「僕隸之臣，諾諾唯唯，士大夫志在禄位而媮合苟容，無復責難陳善之義者，皆所謂僕臣也。少有羞惡之心者，其可爲乎？」

【五二】强君矯君　「君」原作「曰」，據四庫本、乾隆本改。

定公問：「君使臣，臣事君，如之何？」孔子對曰：「君使臣以禮，臣事君以忠。」朱子曰：「二者皆理之當然，各欲自盡而已。」　吕氏曰：「使臣不患其不忠，患禮之不至；事君不患其無禮，患忠之不足。」尹氏曰：「君臣以義合者也，故君使臣以禮，則臣事君以忠。」　南軒曰：「使臣以禮，如所謂『敬大臣，體羣臣』之類是也。事君以忠，如所謂『無以有己，有犯無隱』之類是也。」

孟子告齊宣王曰：「君之視臣如手足，則臣視君如腹心；君之視臣如犬馬，則臣視君如國人；君之視臣如土芥，則臣視君如寇讎。」王曰：「禮爲舊君有服，何如斯可爲服矣？」曰：「諫行言聽，膏澤下於民；有故而去，則君使人導之出疆，又先於其所往；去三年不反，然後收其田里。此之謂三有禮焉。如此，則爲之服矣。今也爲臣，諫則不行，言則不聽；膏澤不下於民；有故而去，則君搏執之，又極之於其所往；去之日，遂收其田里。此之謂寇讎。寇讎何服之有？」朱子曰：「極，窮也。窮之於其所往之國，如晉錮欒盈也。」潘興嗣曰：「孟子告齊王之言，猶孔子對定公之意也，而其言有迹，不若孔子之渾然也。蓋聖賢之別如此。」楊氏曰：「君臣以義合者也，故孟子爲齊王深言報施之道，使知爲君者不可不以禮遇其臣耳。若君子之自處，則豈應其薄乎？孟子曰『王庶幾改之，予日望之』，君子之言蓋如此。」　南軒曰：「此所以深警宣王也。若夫在爲人臣者之分，君雖待我者有未至，我所以事君者可以不自盡乎？是當玩孟子三宿出晝之心，則庶乎其得之矣。」　按：《檀弓》穆公問於子思曰：「爲舊臣反服，古與？」子思曰：「古之君子進人以禮，退人以禮，故有舊君反服之禮也。今之君子進人若將加諸膝，退人若將墜諸淵。毋爲戎首，不亦善乎？又何反服之禮之有？」孟子之言，蓋本乎此。　此上言君臣交盡其道。

右言君臣之義

甲集十二

《易·説卦》：有天地然後有萬物，有萬物然後有男女，有男女然後有夫婦，有夫婦然後有父子，有父子然後有君臣，有君臣然後有上下，有上下然後禮義有所錯。程子曰：「天地萬物之本，夫婦人倫之始，所以上經首《乾》、《坤》，下經首《咸》繼以《恒》也。天地二物，故二卦分爲天地之道。男女交合而成夫婦，故《咸》與《恒》皆二體合爲夫婦之義。咸，感也，以説爲主。恒，常也，以正爲本。而説之道自有正也，正之道固有説焉。《咸》之爲卦，兑上艮下，少女少男也。男女相感之深，莫如少者，故二少爲咸也。艮體篤實，止爲誠慤之義。男志篤實以下交，女心説而上應，男感之先也。男先以誠感，則女説而應也。」

夫婦之道不可以不久也，故受之以《恒》。恒，久也。咸，夫婦之道。夫婦終身不變者也，故咸之後受之以恒也。咸，少男在少女之下，以男下女，是男女交感之義。恒，長男在長女之上，男尊女卑，夫婦居室之常道也。論交感之情，則至爲深切；論尊卑之叙，則長當謹正。故兑艮爲咸，而震巽爲恒也。荀子曰：「《易》之《咸》，見夫婦之道，不可不正也，君臣、父子之本也。咸，感也，以高下下，以男下女，柔上而剛下。聘仕之義，親迎之道，重始也。」此章論人倫之始。

《禮記》：天地合而後萬物興焉。夫昏禮，萬世之始也。取於異姓，所以附遠厚别也。幣必誠，辭無不腆。鄭氏曰：「誠，信也。腆，猶厚也。」告之以直信。直，猶正也。此二者所以教婦正直信也。信，事人也，信，婦德也。事猶立也。壹與之齊，終身不改，故夫死不嫁。齊，謂共牢而食，同尊卑也。齊或爲「醮」。男子親迎【一】，男先於女，剛柔之義也。天先乎地，君先乎臣，其義一也。先，謂倡道也。執摯以相見，敬章别也。言不敢相褻也。摯，所奠鴈也。男女有别，然後父子親；父子親，然後義生；義生，然後禮作；禮作，然後萬物安。言人倫有别，則氣性醇也。無别無義，禽獸之道也。言聚麀之亂類也。壻親御授綏，親之也。親之也者，親之也。言己親之所以使之親己。出乎大門而先，男帥女，女從男，夫婦之義由此始也。先者，車居前也。《郊特牲》。昏禮者，將合二姓之好，上以事宗廟，而下以繼後世也，故君子重之。是以昏禮納采、問名、納徵、請期，皆主人筵几於廟，而拜迎於門外，入揖讓而升，聽命於廟，所以敬慎重正昏禮也。鄭氏曰：「聽命，謂主人聽使者所傳壻家之命也。」疏曰：「問名者，問其女之所生母之姓名。」父親醮子而命之迎，男先於女也。子承命以迎，主人筵几於廟，而拜迎於門外。壻執鴈入，揖讓升堂，再拜奠鴈，蓋親受之於父母也。降出，御婦車，而壻授綏，御輪三周。先俟于門外，婦至，壻揖婦以入，共牢而食，合巹而酳，所以合體同尊卑以親之也。酌而無酬酢曰醮。醮之禮如冠醮。所以異者，於寢耳。壻御婦車，輪三周，御者代之，壻自乘其車先，道之歸也。「共牢而食，合巹而酳」，成婦之義。疏曰：「所以必命迎者，欲使男往迎之，女則從男而來。是男子先迎，女從後至也。拜迎於門外者，壻來先迎，而以敵體待之也。巹，謂半瓢，以一瓠分爲兩瓢，謂之巹。壻之與婦各執一片以酳，故云合巹而酳。同尊卑，謂共牢也。所以合體同尊卑者，欲使壻之親婦，婦亦親壻，所以體同爲一，不使尊卑有殊也。」

敬慎重正而後親之，禮之大體，而所以成男女之别而立夫婦之義也。男女有别，而後

【一】男子親迎　「子」原作「女」，據《禮記注疏》卷二十六改。

夫婦有義；夫婦有義，而後父子有親；父子有親，而後君臣有正。故曰：「昏禮者，禮之本也。」言子受氣性純則孝，孝則忠也。疏曰：「所以以昏禮本者，昏姻得所，則受氣純和，生子必孝，事君必忠。孝則父子親，忠則朝廷正，昏禮爲諸禮之本也。」夙興，婦沐浴以俟見。質明，贊見婦於舅姑，執笲棗栗腶脩以見。贊醴婦，婦祭脯醢，祭醴，成婦禮也。成其爲婦之禮也。贊醴婦，當作「禮」。舅姑入室，婦以特豚饋，明婦順也。以饋明婦順者，供養之禮主於孝順。疏曰：「士昏，故有特豚饋於舅姑。若大夫以上，非惟特豚而已。」厥明，舅姑共饗婦以一獻之禮，奠酬，舅姑先降自西階，婦降自阼階，以著代也。言既獻之，而授之以室事也。降者，各還其燕寢。婦見及饋饗於適寢。《昏禮》不言「厥明」，此言之者，容大夫以上禮多，或異日。疏曰：「此以士爲主，亦兼明大夫，故厥明饗婦。若士，婦見舅姑之日即舅姑饗婦，不待厥明。以著代者，謂阼階是舅姑所升之處。今婦由阼階而降，是著明代舅姑之事也。適寢者，謂舅姑之適寢也。適，丁歷反。」成婦禮，明婦順，又申之以著代，所以重責婦順焉也。婦順者，順於舅姑，和於室人，而後當於夫，以成絲麻布帛之事，以審守委積蓋藏。室人，謂女妐、女叔、諸婦也。當，猶稱也。後言稱夫者，不順舅姑，不和室人，雖有善者，猶不爲稱夫也。妐，之容反，夫之兄也。藏，丁浪反。疏曰：「以審守委積蓋藏者，言以此詳審保守家之所有委積，掩蓋藏聚之物也。室人，是在室之人，非男子也。女妐，謂壻之姊也。女叔，謂壻之妹。諸婦，謂娣姒之屬。」

是故婦順備而後內和理，內和理而後家可長久也，故聖王重之。是以古者婦人先嫁三月，祖廟未毀，教於公宮；祖廟既毀，教於宗室。教以婦德、婦言、婦容、婦功，教成，祭之，牲用魚，芼之以蘋藻，所以成婦順也。鄭氏曰：「謂天子、諸侯同姓者也。嫁女必就尊者教成之。教成之者，女師也。祖廟，女所出之祖也。公，君也。宗室，宗子之家也。婦德，貞順也。婦言，辭令也。婦容，婉娩也。婦功，絲麻也。祭之，祭其所出之祖也。魚、蘋藻，皆水物，陰類也。魚爲俎實，蘋藻爲羹菜。祭無牲牢，吉事耳，非正祭也，其粢盛用黍云。君使有司告之。宗子之家，若其祖廟已毀，則爲壇而告焉。」《白虎通》曰：「婦人所以有師何？學事人之道也。學一時足以成矣。與君有緦麻之親者，教于公宫三月，與君稱親者，各教於宗廟宗婦之室。國君取大夫之妾，士之妻，老無子而明於婦道者，又禄之，使教宗室五屬之女。大夫、士皆有宗族，自於宗子之室學事人也。」《昏義》。男女非有行媒，不相知名。非受幣，不交不親。故日月以告君，鄭氏曰：「《周禮》：凡取判妻入子，媒氏書之以告君。」齊戒以告鬼神，《昏禮》凡受女之禮，皆於廟爲神席以告鬼神。爲酒食以召鄉黨僚友，會賓客也。以厚其别。厚，重慎也。《曲禮》。孟子曰：「丈夫生而願爲之有室，女子生而願爲之有家。不待父母之命、媒妁之言，鑽穴隙相窺，踰墻相從，則父母國人皆賤之。」禮娶則爲妻，奔則爲妾。

子云：「夫禮，坊民所淫，章民之别，使民無嫌，以爲民紀者也。故男女無媒不交，無幣不相見，恐男女之無别也。鄭氏曰：「重男女之會，所以遠别之於禽獸也。有幣者必有媒，有媒者不必有幣。」以此坊民，民猶有自獻其身。」獻謂進也。疏曰：「謂民之女，人猶有自進其身以求男者也。」《坊記》。昏禮不用樂，幽陰之義也。樂，陽氣也。鄭氏曰：「幽，深也。欲使婦深思其義，不以陽散之也。」疏曰：「陽是動散，用樂則令婦志意動散，不能深思陰静之義，以脩婦道也。」昏禮不賀，人之序也。序，猶化也。

程子曰：「昏禮不用樂，幽陰之義也，此説非是。昏禮豈是幽陰，但古人重此大禮，嚴肅其事，不用樂也。昏禮不賀，人之序也，此則得之。」

孔子曰：「嫁女之家，三夜不息燭，思相離也。離，力智反。鄭氏曰：「思骨肉也。」取婦之家，三日不舉樂，思嗣親也。」重世變也。　疏曰：「所以不舉樂者，思今已之取妻嗣續其親，則是親之代謝，所以悲哀感傷，重世之改變也。」　以上總言昏禮大意，其節文則見《丙記》。

三十曰壯，有室。鄭氏曰：「妻稱室。」《曲禮》，下同。

女子許嫁，笄而字。鄭氏曰：「以許嫁爲成人。」

三十而有室，始理男事。女子十有五年而笄，二十而嫁。有故，二十三年而嫁。鄭氏曰：「故謂父母之喪。」《内則》。

魯哀公問於孔子曰：「禮，男必三十而有室，女必二十有夫也，豈不晚哉？」孔子曰：「夫禮，言其極也，不是過也。男子二十冠，有爲人父之端；女子十五許嫁，有適人之道。於此而往，則爲昏矣。」《家語》。　以上言昏嫁之年。　其下文云曰：「羣生閉藏乎陰而爲化育之始，故聖人因時以合偶男女，窮天數也。霜降而婦功成，嫁娶者行焉。冰泮而農桑起，婚禮殺於此。」　王肅曰：「季秋霜降，嫁娶者始於此。《詩》云：『將子無怒，秋以爲期。』正月農事起，蠶者採桑【二】，婚禮始殺，言未止也。《詩》云：『士如歸妻，迨冰未泮。』言如欲使妻歸，當及冰未泮散之時。」　此又言嫁娶之時。　按：《詩·桃夭》、《摽有梅》皆以男女及時爲美，而齊之《有狐》、鄭之《野有蔓草》皆以男女失時爲刺。至漢王吉則曰：「夫婦，人倫大綱，夭壽之萌。世俗嫁娶太蚤，未知爲人父母之道而有子，是以教化不明而民多夭。」二義皆所當知也。

孔子曰：「女有五不取：逆家子者，謂其逆德也；何休曰：「廢人倫也。」亂家者，謂其亂倫；何休曰：「類不正。」世有刑人者，謂其棄於人也；有惡疾子者，謂其棄於天也；喪父長子，謂其無受命也。」程子曰：「世人多謹於擇壻，而忽於擇婦。其實壻易見，婦難知。所繫甚重，豈可忽

【二】蠶者採桑　「蠶」字原脱，據《孔子家語》卷六補。

也？」愚按：孔子五不取，即擇婦之法也。婦人深居閨闥，美不外著，賢否未易知也，亦觀其家如何爾。逆家子不娶，是其所取必忠孝之家也；亂家子不娶，是其所取必禮義之族也。推是類而求之，其不中者鮮矣。唯喪父長子一節，先儒以爲疑。若父雖喪而母賢，則其教女必有法，又非所拘也。今世俗擇婦不謹，其失有二：一曰以色；二曰以財。晉叔向欲娶於申公巫臣氏，其母曰：「吾聞之，甚美必有甚惡。昔有仍氏生女，黰黑而甚美，光可以鑑，名曰玄妻。樂正后夔取之，生伯封，實有豕心，貪惏無饜。后羿滅之，夔以是不祀。夫有尤物足以移人。苟非德義，則必有禍。」叔向卒娶之，遂滅羊舌氏，此可爲色娶者之戒。文中子曰：「昏娶而論財，夷虜之道也，君子不入其鄉。」此又深譏財娶之失也。又先賢有言，嫁女必求勝吾家者，則女之事人也恭；娶婦必不若吾家者，則婦之執禮也謹。今之士起於寒微，而驟結昏於權要，鮮有不慢其夫者。晉大夫董叔將娶於范氏，叔向曰：「范氏富，盍已乎？」「欲爲繫援焉。」它日，董祁愬於范獻子，曰：「不吾敬也。」獻子執而縛於庭之槐，叔向過之，曰：「子盍爲我請乎？」叔向曰：「求繫既繫矣，求援亦援矣。欲而得之，又何請焉？」韋昭曰：「董祁者，范宣子之女，獻子之妹也。」此又可爲扳援貴勢而自取羞辱者之戒，故附著之。

此章言擇婦。

子云：「取妻不取同姓，以厚别也。以此坊民，《魯春秋》猶去夫人之姓曰吴，其死曰孟子卒。」鄭氏曰：「吴，大伯之後，魯同姓。昭公取焉，去姬曰『吴』而已，至其死，亦畧云『孟子卒』，不書夫人某氏薨。孟子蓋其字。《坊記》。

衛公使其大夫求婚於季氏，桓子問禮於孔子。子曰：「同姓爲宗，有合族之義，故繫之以姓而弗别，綴之以食而弗殊。王肅曰：「君有食族人之禮，雖親盡不異之。殊食，多少也。」雖百世，婚姻不得通，周道然也。」桓子曰：「魯、衛之先，雖寡兄弟，今已絶遠矣，可乎？」孔子曰：「固非禮也。夫上治祖禰，以尊尊也；下治子孫，以親親也；旁治昆弟，所以敦睦也。此先王不易之教也。」《白虎通》曰：「不娶同姓者，重人倫，防淫佚，恥與禽獸同也。外屬小功以上，亦不得娶也。」以上言不娶同姓。今人知同姓之不可娶，而不知有姓雖異，而其出同者，如韓、毛之類是也。又外屬之有服者，亦罕知避，故著此義焉。

《春秋》文四年夏，逆婦姜于齊。胡氏曰：「逆皆稱女，以未成婦。而女者，在父母家之所稱也。往迎而稱婦，入國不書至，何哉？此《春秋》誅意之效也。禫制未終，思念娶事，是不志哀而居約矣。方逆也，而已成爲婦；未至也，而如在國中，原其意而誅之也。」唐德宗時，張茂宗尚主未昏，茂宗母卒，遺表請終嘉禮，帝許之，起復茂宗左衛將軍。諫官蔣乂諫曰：「古者兵革之急，有墨衰從事者，未聞起復尚主者。」帝曰：「人間多借吉成昏者，卿何執之堅也？」對曰【三】：「昏姻、喪紀，人之大倫，吉凶不可瀆也。委巷之家，不知禮教，其女孤貧無恃，或有借吉從人，未聞男子借吉娶婦者也。」帝不悅，趣下嫁之期。范氏曰：「委巷鄙慝之禮，法之所當禁也。乃引以爲比，不亦惑乎？」今士大夫之家，以喪昏者衆矣，非獨委巷爲然。此失禮之尤，不可不戒，故著此義焉。此章言喪娶非禮。

父醮子，命之曰：「往迎爾相，承我宗事。鄭氏曰：「子壻相，助也。宗事，宗廟之事。」勗帥以敬，先妣之嗣，若則有常。」勗，勉也。若，猶汝也。勉帥道婦，以敬其爲先妣之嗣。女之行則當有常，深戒之。《詩》曰：「大姒嗣徽音。」子曰：「諾。惟恐弗堪，不敢忘命。」父送女，命之曰：「戒之敬之，夙夜無違命。」夙，起也，早起夜卧。命，姑舅之戒命。母施衿結帨，曰：「勉之勉之，夙夜無違宮事。」庶母及門内施鞶，申之以父母之命，命之曰：「敬恭聽宗爾父母之言，夙夜無愆，視諸衿鞶。」庶母，父之妾也。鞶，鞶囊也。所以盛帨巾，言尊也。愆，過也。諸，之也。示之以衿鞶者，皆託戒使識之也【四】。《士昏禮》。按：夫之道在敬身以帥其婦，婦之道在敬身以承其夫，故父之醮子，必曰「勉帥以敬」，親之

【三】對曰　「對」原作「又」，據《資治通鑑》卷二百三十五改。

【四】使識之　「識」原作「誠」，據四庫本改。

送女，必曰「敬之戒之」，夫婦之道盡於此矣。《孟子》：「女子之嫁也，母命之，往送之門，戒之曰：『往之女家，必敬必戒，無違夫子。』以順爲正者，妾婦之道也。」

《易·坤·文言》：陰雖有美，含之以從王事，弗敢成也。地道也，妻道也，臣道也。地道無成而代有終也。程子曰：「爲下之道，不居其功，含晦其章美，以從王事，代上以終其事而不敢有其成功，猶地道代天終物而成功，則主於天也。妻道亦然。」《書》：「牝雞無晨。牝雞之晨，惟家之索。」此蓋婦人用事之譬，然則妻道其可自專其成乎？

《小畜》九三：輿説輻，夫妻反目。程子曰：「三以陽爻，居不得中，而密比於四，陰陽之情，相求也。又暱比而不中，爲陰畜制者也，故不能前進，猶車輿説去輪輻，言不能行也。『夫妻反目』，陰制於陽者也。今反制陽，如夫妻之反目也。『反目』謂怒目相視，不順其夫，而反制之也。婦人爲夫寵惑，既而遂反制其夫，未有夫不失道而妻能制之者也，故説輻反目，三自爲也。」按：三自爲，謂其自取之也。《象》曰：夫妻反目，不能正室也。夫妻反目，蓋由不能正其室家也。三自處不以道，故四得制之不使進，猶夫不能正其室家，故致反目也。

《恒》六五：恒其德，貞。婦人吉，夫子凶。程子曰：「五應於二，以陰柔而應陽剛，居中而所應又中，陰柔之正也，故恒久其德則爲貞也。夫以順從爲恒者，婦人之道，在婦人則爲貞，故吉。若丈夫而以順從於人爲恒，則失其剛陽之正，乃凶也。」《象》曰：婦人貞吉，從一而終也。夫子制義，從婦凶也。如五之從二，在婦人則爲正而吉，婦人以從爲正，以順爲德，當終守於從一。夫子則以義制者也，從婦人之道，則爲凶也。

《姤》：女壯，勿用取女。程子曰：「一陰始生，自是而長，漸以盛矣，是女之將壯長也。陰長則陽消，女壯則男弱，故戒勿用取如是之女。取女者，欲其柔和順從，以成家道。姤乃方進之陰，漸壯而敵陽者，是以不可取也。」

《彖》曰：勿用取女，不可與長也。取女者，欲長久而成家也，此漸盛之陰，將消勝於陽，不可與之長久也。

《歸妹》：征凶，無攸利。程子曰：「歸妹者，女之歸也。妹，少女之稱。爲卦震上兑下，以少女從長男也。男動而女説，又以説而動，皆男説女、女從男之義。卦有男女配合之義者四：《咸》、《恒》、《漸》、《歸妹》也。《咸》，男女之相感也，男下女，二氣感應，止而説，男女之情相感之象。《恒》，常也，男上女下，巽順而動，陰陽皆相應，是男女居室，夫婦唱隨之常道。《漸》，女歸之得其正也，男下女而各得正位，止靜而巽順，其進有漸，男女配合得其道也。《歸妹》，女之嫁謂歸也【五】，男上女下，女從男也，而有説少之義。以説而動，動以説則不得其正矣，故位皆不當。以説而動，動而不當，故凶。」

《彖》曰：歸妹，天地之大義也。一陰一陽之謂道，陰陽交感，男女配合，天地之常理也。天地不交則萬物不興，歸妹，人之終始也。天地不交，則萬物何從而生？女之歸男，乃生生相續之道。男女交而後有生息，有生息而後其終不窮。前者有終，而後者有始，相續不窮，是人之終始也。説以動，所歸妹也。『征凶』，位不當也。以二體釋歸妹之義。男女相感説而動者，少女之事，故以「説而動」，所歸者妹也。所以征則凶者，以諸爻皆不當位也。所處皆不正，何動而不凶？大率以「説而動」，安有不失正者？無攸利，柔乘剛也。不唯位不當也，又有乘剛之過。三五皆乘剛。男女有尊卑之序，夫婦有唱隨之禮，此常理也，如《恒》是也。苟不由常正之理，徇情肆欲，唯説是動，則夫婦瀆亂，男率欲而失其剛，婦狃説而忘其順，如《歸妹》之乘剛是也。所以凶，無所往而利也。夫陰陽之配合，男女之交媾，理之常也。然從欲而流放，不由義理，則淫邪無所不至，傷身敗德，豈人理哉？歸

【五】嫁謂歸也　「謂」原作「之」，據四庫本改。

妹之所以凶也。

《象》曰：澤上有雷，歸妹，君子以永終知敝。雷震於上，澤隨而動，陽動於上，陰説而從，女從男之象也，故爲歸妹。君子觀男女配合，生息相續之象，而以永其終，知有敝也。永終謂生息嗣續，永久其傳也。知敝謂知物有敝壞，而爲相繼之道也。女歸則有生息，故有永終之義。又夫婦之道，當常永有終，必知其有敝壞之理而戒慎之。敝壞謂離隙。《歸妹》，説以動者也，異乎《恒》之巽而動，《漸》之止而巽也。少女之説，情之感動，動則失正，非夫婦正而可常之道，久必敝壞。知其必敝，則當思永其終也。天下之反目者，皆不能永終者也。不獨夫婦之道，天下之事，莫不有終有敝，莫不有可維可久之道。觀歸妹，則當思永終之戒也。

初九：歸妹以娣，跛能履，征吉。女之歸，居下而無正應，娣之象也。剛陽在婦人爲賢貞之德，而處卑順，娣之賢正者也。處説居下爲順義，娣之卑下，雖賢，何所能爲？不過自善其身，以承助其君而已。如跛之能履，言不能及遠也。然在其分爲善，故以是而行則吉也。《象》曰：歸妹以娣，以恒也。跛能履吉，相承也。歸妹之義，以説而動，非夫婦能常之道。九乃剛陽，有賢貞之德，雖娣之微，乃能以常者也。雖在下不能有所爲，如跛者之能履，然征而吉者，以其能相承助也。能助其君，娣之吉也。

九二：眇能視，利幽人之貞。九二陽剛而得中，女之賢正者也。上有正應，而反陰柔之質，動於説者也。乃女賢而配不良，故二雖賢，不能自遂以成其内助之功，適可以善其身而小施之，如眇者之能視而已，言不能及遠也。男女之際，當以正禮。五雖不正，二自守其幽靜貞正，乃所利也。二有剛正之德，幽靜之人也。二之才如是，而言利貞者，利言宜於如是之貞，非不足而爲之戒也。《象》曰：利幽人之貞，未變常也。守其幽貞，未失夫婦常正之道也。世人以媟狎爲常，故以貞靜爲變常，不知乃常久之道也。

六三：歸妹以須，反歸以娣。三居下之上，本非賤者，以失德而無正應，故爲欲有歸而未得其歸。須，待也。待者，未有所適也。六居三，不當位，德不正也。柔而尚剛，行不順也。爲説之主，以説求歸，動非禮也。上無應，無受之者也。無所適，故須也。女子之處如是，人誰取之？不可以爲人配矣。當反歸而求爲娣媵則可也，以不正而失其所也。**《象》曰：歸妹以須，未當也。**未當者，其處、其德、其求歸之道皆不當，故無取之者，所以須也。

九四：歸妹愆期，遲歸有時。九以陽居四，四上體，地之高也。陽剛在女子爲正德，賢明者也。無正應，未得其歸也。過時未歸，故云愆期。女子居貴高之地，有賢明之資，人情所願娶，故其愆期乃爲有時，蓋自有待，非不售也，待得佳配而後行也。九居四，雖不當位，而處柔乃婦人之道。以無應故爲愆期之義，而聖人推理以女賢而愆期，蓋有待也。**《象》曰：愆期之志，有待而行也。**所以愆期者，由己而不由彼。賢女，人所願娶，所以愆期，乃其志欲有所待，待得佳配而後行也。

六五：帝乙歸妹，其君之袂，不如其娣之袂良，月幾望，吉。六五居尊位，妹之貴高者也。下應於二，爲下嫁之象。王姬下嫁，自古而然。至帝乙而後正婚姻之禮，明男女之分，雖至貴之女，不得失柔巽之道，有貴驕之志。故《易》中陰尊而謙降者，則曰「帝乙歸妹」，《泰》六五是也。貴女之歸，唯謙降以從禮，乃尊高之德也，不事容飾以説於人也。娣媵者，以容飾爲事者也。衣袂所以爲容飾也。六五尊貴之女，尚禮而不尚飾，故其袂不及其娣之袂良也。良，美，好也。月望，陰之盈也，盈則敵陽矣。幾望，未至於盈也。五之貴高，常不至於盈極，則不亢其夫，乃爲吉也。女之處尊貴之道也。**《象》曰：帝乙歸妹，不如其娣之袂良也。其位在中，以貴行也。**以帝乙歸妹之道言，其袂不如其娣之袂良，尚禮而不尚飾也。五以柔中，在尊高之位，以尊貴而行中道也。柔順降屈，尚禮而不尚飾，乃中道也。

上六：女承筐無實，士刲羊無血，無攸利。上六，女歸之終而無應，女歸之無終者也。婦者，所以承先祖，奉祭祀，不能奉祭祀，則不可以爲婦矣。筐篚之實，婦職所供也。古者房中之俎葅歜之類，后夫人職之。諸侯之祭，親割牲，卿大夫皆然，割取血以祭。禮云血祭，盛氣也。女當承事筐篚而無實，無實則無以祭，謂不能奉祭祀也。夫婦共承宗廟，婦不能奉祭祀，乃夫不能承祭祀也，故刲羊而無血，亦無以祭也，謂不可以承祭祀也。婦不能奉祭祀，則當離絶矣。是夫婦之無終者也，何所往而利哉？《象》曰：上六無實，承虛筐也。筐無實，是空筐也。空筐可以祭乎？言不可以奉祭祀也。女不可以承祭祀，則離絶而已，是女歸之無終者也。

《禮記》曰：婦人，從人者也。幼從父兄，嫁從夫，夫死從子。夫也者，天也。夫也者，以知帥人者也。知，音智。夫之言丈夫也。《昏義》。

《家語》曰：女子者，順男子之教而長其理者也。是故無專制之義，而有三從之道。幼從父兄，既嫁從夫，夫死從子，言無再醮之端。王肅曰：「始嫁言醮。禮無再嫁之端，言不改事。」教令不出於閨門，事在供酒食而已。無閫外之非儀也，閫，門限。婦人以貞專，無閫外之威儀。《詩》云：「無非無儀，惟酒食是儀。」孟子之母曰：「婦人之職，精五飯、幕五漿、養舅姑、縫衣裳而已。故有閨門之脩而無閫外之志。」不越境而奔喪。言無擅爲，行無獨成，參知而後動，可驗而後言，晝不遊庭，夜行以火，所以效匹婦之德也。《白虎通》曰：「婦人之贄以棗栗腶脩者，婦人無專制之義，御衆之任，交接辭讓之禮，職在供養饋食之間，其義一也。故后夫人以棗栗腶脩者，凡肉脩陰也，棗取其朝早起，栗戰慄自正也。」

魯師春姜曰：「夫婦人以順從爲務，貞慤爲首。故婦人事夫有五：平旦纚笄而朝，則有君臣之嚴；沃盥饋食，則有父子之敬；報反而行，則有兄弟之道；受期必誠，則有朋友之信；寢席之交，而後有夫婦之際。」

《春秋傳》：曰季使過冀，見冀缺耨，其妻饁之。敬，相待如賓。與之歸，言諸文公曰：「敬，德之聚也。能敬必有德，德以治民，請用之。臣聞之，出門如賓，承事如祭，仁之則也。」

禮始於謹夫婦，不敢縣於夫之楎、椸，不敢藏於夫之篋、笥，不敢共湢浴。夫不在，斂枕篋簟席，襡器而藏之。鄭氏曰：「不敢褻也。」少事長，賤事貴，咸如之。《曲禮》。以上言夫婦之道。

《詩·召南·鵲巢》，夫人之德也。國君積行累功以致爵位，夫人起家而居有之，德如鳲鳩，乃可以配焉。鄭氏曰：「夫人有均一之德，如鳲鳩然，而後可配國君焉。」「維鵲有巢，維鳩居之。之子于歸，百兩御五嫁反。之。毛氏曰：「鳲鳩不自爲巢，居鵲之成巢。百兩，百乘也。諸侯之子嫁於諸侯，送御皆百乘。」滎陽吕氏曰：「維鵲有巢，維鳩居之，但取鳩之不自爲巢，而居鵲之成巢，非取鵲之强而不淫，知義之所在，亦非取鳩有均養之德也【六】。」廣漢張氏曰：「唯其專靜均壹，能端然享之，是乃夫人之德也。有所作爲，則非婦道矣。」「維鵲有巢，維鳩方之。之子于歸，百兩將之。毛氏曰：「方，有之也。將，送也。」「維鵲有巢，維鳩盈之。之子于歸，百兩成之。」毛氏曰：「盈，滿也。」鄭氏曰：「滿者，言衆媵姪娣之多。」朱氏曰：「成，成其禮也。南國諸侯被文王之化，能正心脩身以齊其家，其女子亦被后妃之化，而有專靜純一之德，故嫁於諸侯，

【六】取鳩有均　「鳩」原作「鳲」，據四庫本改。

而其家人美之，曰云云。此詩之意，猶《周南》之有《關雎》也。」四明袁氏《講義》曰：「《序》言夫人之德，而《詩》之所稱惟曰鵲有巢，而鳩居之，安在其爲德乎？曰：此乃夫人之實德也。婦人無外事，謙柔正靜，保養其良心而已。」又曰：「此《詩》三章不稱其多能，而以不能爲貴，非惡大能也。安於婦道之常，而不願乎其外，乃所謂能也。至於夫道則不然，以發强剛毅爲本，以委靡媮安爲戒。爲夫而柔弱，則夫不夫矣；爲婦而剛强，則婦不婦矣。各有攸當故也。序此《詩》者，曰國君云云，夫人云云，玆其所以爲夫婦之別乎？」按：《周南》皆天子后妃之詩，別見《乙記》。

《采蘩》，夫人不失職也。夫人可以奉祭祀，則不失職矣。楊氏曰：「夫人爲宗廟社稷主，以供祭祀爲職【七】。」「于以采蘩，于沼于沚。于以用之？公侯之事。毛氏曰：「蘩，皤蒿也。公侯夫人執蘩菜以助祭。」長樂劉氏曰：「尊祭祀，故直謂之『事』。《春秋》『有事于太廟』、『大事于太廟』是也。」于以采蘩？于澗之中。于以用之？公侯之宮。毛氏曰：「宮，廟也。」被之僮僮，夙夜在公。被之祁祁，薄言還歸。」毛氏曰：「被，首飾也。」孔氏曰：「髲髢也。僮僮，竦敬也。」長樂劉氏曰：「僮僮步雖移，而被不動之貌。」朱氏曰：「公，公所也，謂宗廟之中，非私室也。」毛氏曰：「祁祁，舒遲也，去事有儀也。」朱氏曰：「《祭義》曰『及祭之後，陶陶遂遂，如將復入』，不欲遽去，愛敬之無已也。」袁氏曰：「祭祀之事，古人之所甚重。人孰不奉祭祀，而可以奉祭祀者實難。是必洞洞屬屬，精一不雜，有以契夫鬼神之微，則可以行此禮矣。邦君之配，國人所尊，謂之小君，而其職非有它事，惟曰奉祭祀而已。可以奉祭祀是爲稱職，不足以奉祭祀，則失其職矣。然則夫人者，可不職思其憂乎？」又曰：「物之可薦者多矣，不及其他，而獨有取夫蘩，豈不曰交乎神明者，在誠而不在物與？誠心不至，雖犧牲肥腯，粢盛豐備，神其吐之矣。」又曰：「僮僮，竦敬之貌。執蘩以助祭，而竦敬於宗廟之中，亦足以明此心之不放逸矣。雖然，當祭而致敬，祭畢而忘之，是誠心易衰也，又豈足爲敬乎？被之祁祁云云，即《祭義》如將復入之意。不即安於私室，而猶遲遲其歸，心足以御其形，而不爲形所役，心不懈則形不倦，故既祭之餘，無以異於承祭之時也。是之謂

【七】以供祭祀　「供」原作「共」，據四庫本、乾隆本改。

夫人之職。」

《草蟲》，大夫妻能以禮自防也。「喓喓草蟲，趯趯阜螽。未見君子，憂心忡忡。亦既見止，亦既覯止，我心則降。朱氏曰：「喓喓，聲也。草蟲，蝗屬。趯趯，躍貌。阜螽，蠜也。忡忡，猶衝衝也。覯，遇。降，下也。」《召南》之大夫行役在外，其妻獨居，見此二物以類相從，似有陰陽之性，因感時物之變而思其君子，恐不得保其全而見之也【八】。陟彼南山，言采其蕨。未見君子，憂心惙惙。亦既見止，亦既覯止，我心則説。朱氏曰：「非必大夫妻親出采蕨，蓋言今其時矣。」歐陽氏曰：「婦人見時物之變新，思其君子。」陟彼南山，言采其薇。未見君子，我心傷悲。亦既見止，亦既覯止，我心則夷。」朱氏曰：「薇，似蕨而差大，有芒。」袁氏曰：「人惟有一心，因物而遷，非此心之正也。況婦人以正靜爲主，此心不純，而以邪思亂之，則婦德虧矣。古之所謂賢婦者，惟朝夕從事乎此心，心無他念，是爲大本，萬善之所從出也。喓喓云云，此鳴彼躍，陰陽相求，有不能自已者。大夫行役於外，其妻獨居，感時物之變，而惟君子之思，能無動乎？然自君子之外，非有他念，思得其正，則亦未嘗不靜也。采蕨采薇，非必躬自爲之，觀於他人采此二物，隨時而變，於是乎復爲君子之思，此亦思之無邪者也。未見君子，念念不忘；既見且遇，而此念釋矣。此《詩》三章曰忡忡，曰惙惙，曰傷悲，皆憂也。憂之如何？人心惟危，一念有失，墮於人欲，將何以作配於君子？是則可憂也。序詩曰『能以禮自防』，其心以憂，則兢兢業業，遵蹈規矩，而不違乎禮矣。禮者，人道之極也。躬行於閨門之中，俯仰無所愧怍，可不謂賢婦乎！」

《采蘋》，大夫妻能循法度也。能循法度，則可以承先祖、共祭祀矣。「于以采蘋？南澗之濱。于以采藻？于彼行潦。毛氏曰：「蘋，大萍也。藻，聚藻也。行潦，流潦也。」王氏曰：「采蘋必於南澗之濱，采藻必於行潦，言其所薦有常物，所采有常處也。」于以盛之？維筐及筥。于以湘之？

【八】見之也　「也」原作「出」，據四庫本改。

維錡及釜。毛氏曰：「方曰筐，圓曰筥。湘，烹也。錡，釜屬，有足曰錡，無足曰釜。」王氏曰：「言其所用有常器也。」長樂劉氏曰：「言其誠信之至，事事必躬也。」于以奠之？宗室牖下。誰其尸之？有齊季女。」毛氏曰：「奠，置也。宗室，大宗之廟也。大夫士祭於宗廟，奠於牖下。尸，主。齊，敬。季，少也。蘋藻，薄物也。澗潦，至質也。筐筥錡釜，陋器也。少女，微主也。」王氏曰：「『宗室牖下』，言其所奠有常地也。自所薦之物，所采之處，所用之器，所奠之地，皆有常而不敢變，此所謂『能循法度』。」長樂劉氏曰：「季女者，大夫之妻也。」東萊呂氏曰：「采之盛之，湘之奠之，所爲者非一端，所歷者非一所矣。煩而不厭，久而不懈，循其序而有常，積其誠而益厚，然後祭事成焉。季女之少，若未足以勝此，而實尸此者，以其有齊敬之心也。大夫之妻，未必果少，特言苟持敬，則雖少女猶足以當大事云爾。《采蘩》以職言，舉其綱也。《采蘋》以法度言，詳其目也，尊卑之辨也。」

《殷其靁》，勸以義也。召南之大夫遠行從政，不遑寧處。其室家能憫其勤勞，勸以義也。鄭氏曰：「召南大夫，召伯之屬。」「殷其靁，在南山之陽。何斯違斯？莫敢或遑。振振君子，歸哉歸哉！毛氏曰：「殷，靁聲也。山南曰陽。何，此君子也。違，去也。遑，暇也。振振，信厚也。」張氏曰：「如鸛鳴婦歎之義，將風雨則思念行者也。」朱氏曰：「何斯，斯此人也。違斯，斯此所也。歸哉歸哉，冀其畢事而還歸也。閔之深而無怨辭，所謂勸以義也。」呂氏曰：「再言歸哉者，欲慎其歸以復命也。遠行從役，不辱君命，然後可以言歸。」殷其靁，在南山之側。何斯違斯？莫敢遑息。振振君子，歸哉歸哉！毛氏曰：「息，止也。」殷其靁，在南山之下。何斯違斯？莫敢遑處。振振君子，歸哉歸哉！」毛氏曰：「處，居也。」袁氏曰：「世俗之所謂歸者，夫婦共處，足以相歡也。此詩所云，非是之謂。奉命而行，事竟而返，有以復命，斯其爲歸也，美矣。」

《小星》，惠及下也。夫人無妬忌之行，惠及賤妾，進御於君，知其命有貴賤，能盡其心矣。呂氏曰：「夫人無妬忌之行，而賤妾安於其命，所謂上好仁而下必好義者也。」「嘒彼小星，三五在東。肅肅宵征，夙夜在公。寔命不同！毛氏曰：「嘒，微貌。小星，衆無名者。三心五噣，四時更見。」鄭氏曰：「心在東方，三月時也。噣在東方，正月時也。」毛氏曰：「肅肅，疾貌。宵，夜。征，行。」鄭氏曰：「夙，早也。凡妾御於君，不敢當夕。」朱氏曰：「命，所賦之分也。衆妾進御於君，不敢當夕。見星而往，見星而還，故因其所見以起興。」孔氏曰：「衆妾自知己賤，不敢同於夫人。」嘒彼小星，維參與昴。肅肅宵征，抱衾與裯。寔命不猶！」毛氏曰：「參，伐也。昴，留也。《釋文》曰：『二星皆西方宿。』」衾，被也。裯，襌被也。猶，若也。程子曰：「賤妾得進御於君，是其僭恣可行，而分限得踰之時也。乃能謹於『抱衾與裯』，而知其『命之不猶』，則教化至矣。」袁氏曰：「《語》曰：『不知命，無以爲君子。』天之賦分，髮毫無差，貴與賤殊體，上與下殊位，媵之不可同嫡，猶臣之不可僭君也。此理甚明，而干名犯分者世多有之，惟其不知命而已。今曰『寔命不同』、『寔命不猶』，何其審於自知而無歆羨之心，達於天理而無人欲之蔽歟？是固有本焉。國君之德足以刑于寡妻，則夫人之惠必能及於賤妾，故妾之知命，雖夫人之賢，而實國君之德也。」

《江有汜》，美媵也。勤而無怨，嫡能悔過也。文王之時，江沱之間，有嫡不以其媵備數，媵遇勞而無怨，嫡亦自悔也。孔氏曰：「嫡謂妻，媵謂妾。古者女嫁必姪娣從，謂之媵。」董氏曰：「江況嫡，沱況媵。今《序》言江沱之間，失詩指矣。」「江有汜，之子歸，不我以。不我以，其後也悔。《爾雅》疏曰：「凡水決之歧流復還本水曰汜。」程氏曰：「其嫡不使備嬪妾之數，以待君也。汜，水之分。渚，水之歧。沱，水之別。當使媵妾均承其澤。」鄭氏曰：「之子，謂嫡也。婦人謂嫁曰歸。」范氏曰：「以，之爲言用也。」江有渚，之子歸，不我與。不我與，其後也處。范氏曰：「處媵得其所。」江有沱，之子歸，不我過。不我過，其嘯也歌。」鄭氏曰：「嘯，蹙口而出聲。嫡，既覺自悔而歌。」朱氏曰：「嘯以舒憤懣之氣，言其悔時也。歌則得其所處而樂矣。此兼上兩章之意而言。」呂氏曰：「『以』如『不使大臣怨乎不以』之『以』，『與』如『暴虎馮河，吾不與也』之『與』，『過』如『過從』之『過』，『不我過』言不我顧也。一章曰其後也悔，二章曰其後也處，三章曰其嘯也歌，始則悔悟，中則相安，終則相歡，言之序也。」愚按：此詩不美嫡而美媵者，蓋嫡之悔過由媵遇勞無怨之所感也。臣之事君，子之事親，亦若是焉而已矣。以上專言婦道。按：《周南》詩言后妃之德化，別見《乙記》。今取《召南》詩言夫人大夫妻之德者，悉列於此，以爲閨門之法焉。

《緑衣》，衛莊姜傷己也。妾上僭，夫人失位，而作是詩也。「緑兮衣兮，緑衣黄裏。心之憂矣，曷維其已！朱氏曰：「緑，倉勝黄之間色。黄，中央土之正色。間色賤而以爲衣，正色貴而以爲裏，言皆失其所出。已，止也。」莊公惑於嬖妾，夫人莊姜賢而失位，故作此詩，言緑衣黄裏，以比賤妾尊顯，而正嫡幽微，使我憂之，不能自已。廣漢張氏曰：「《緑衣》之憂，言嫡妾之亂，其弊將至於不可勝言者，憂在宗國也。夫豈爲一身之私哉？」緑兮衣兮，緑衣黄裳。心之憂矣，曷維其亡！朱子曰：「上曰衣，下曰裳。《記》曰：『衣正色，裳間色。』今以緑爲衣，而黄者自裏轉而爲裳，其失所益甚矣。」曾氏曰：「亡，失也。不須訓爲忘。」緑兮絲兮，女音汝。所治平聲。兮。我思古人，俾無訧兮。朱氏曰：「女，指其君子而言也。治，謂理而織之也。俾，使。訧，過也。」言緑方爲絲，而女又治之，以比妾方少艾，而女又嬖之也。然則我將如之何哉？我思古人有嘗遭此而善處之者，以自厲焉。使不至於有過而已。愚謂緑之未染也，亦絲而已，女治之而后爲緑。妾之未僭也，妾而已，汝嬖之而后上僭。妾不能自僭，由絲之不能自緑也。絺兮綌兮，淒其以風。我思古人，實獲我心。」朱氏曰：「絺綌之遇寒風，猶己之過時而見棄也。故思古人之善處此者，真能先得我心之所求也。」

《燕燕》，衛莊姜送歸妾也。鄭氏曰：「莊姜無子，陳女戴嬀生子名完，莊姜以爲己子。莊公薨，完立，而州吁殺之。戴嬀於是大歸，莊姜遠送之于野，作詩見己志。」「燕燕于飛，差池其羽。之子于歸，遠送于野。瞻望弗及，泣涕如雨。毛氏曰：「之子，去者也。歸，歸宗也。遠送，過禮。于，外也【九】。郊外曰野。」蘇氏曰：「禮，婦人送迎不出門，遠送至野，情之所不能已也。」孔氏曰：「至野與之訣別，己留而彼去，稍稍更遠，瞻望之不復能及，故念之泣涕。」王氏曰：「燕方春時，以其匹至，其羽相與差池，其鳴一上一下，故莊姜感所見以興焉。」廣漢張氏曰：「《燕燕》，以興己與戴嬀嫡妾相與之善歟？獨言泣涕之情者，蓋家國之事，有不可勝悲者。晉褚太后批桓温廢立詔云：『未亡人不幸，罹此百憂，感念存没，心焉如割。』其有合於詩人之情歟！」燕燕于飛，頡之頏之。之子于歸，遠于將之。瞻望弗及，佇立以泣。毛氏曰：「飛而上曰頡，飛而下曰頏。佇立，久立也。」鄭氏曰：「將，亦送也。」燕燕于飛，下上其音。之子于歸，遠送于南。瞻望弗及，實勞我心。仲氏任只，其心塞淵。終温且惠，淑慎其身。先君之思，以勗寡人。」朱氏曰：「仲氏，戴嬀字也。以恩相信曰任。只，語辭。塞，實。淵，深。終，竟。温，和。惠，順。淑，善也。先君謂莊公也。勗，勉也。寡人，寡德之人，莊姜自稱也。」言戴嬀之賢如此，又以先君之思勉我，使我常念之而不失其守也。楊氏曰：「州吁之暴，桓公之死，戴嬀之去，皆夫人失位，不見答於先君所致也。而戴嬀猶以先君之思勉其夫人，真可謂温且惠矣。」

《日月》，衛莊姜傷己也。遭州吁之難，傷己不見答於先君，以至困窮之詩也。廣漢張氏曰：「《緑衣》方妾上僭之時，故獨反己以自責而已。至《日月》之作，則在州吁弑嫡之後，於是始推原其致禍之本，以爲

【九】于外也　「外」原作「於」，據四庫本改。

由己不見答於先君之所致，亦猶孟子所謂『過大而不怨，是愈疏也』。」「日居月諸，照臨下土。乃如之人兮，逝不古處。胡能有定？寧不我顧！朱氏曰：「日居月諸，呼而訴之也。莊姜不見答於莊公【一〇】，故呼日月而訴之。言日月之照下土久矣，今乃有如是之人，而不以古道相處，是其心志回惑，亦何能有定哉？而何爲其獨不我顧也？見棄如此，而猶有望之之意焉。此詩之所以爲厚也。」「日居月諸，下土是冒。乃如之人兮，逝不相好。胡能有定？寧不我報！毛氏曰：「冒，覆也。」張氏曰：「以禮事莊公，不以恩答己，寧不我報是也。」「日居月諸，出自東方。乃如之人兮，德音無良。胡能有定？俾也可忘！毛氏曰：「日始月盛，皆出東方。音，聲。良，善也。」朱氏曰：「德音，美其辭。無良，醜其實也。」袁氏曰：「德音天所同得，莊公固有是德音矣。以不定之故，良心轉爲無良，甚可惜也。」「日居月諸，東方自出。父兮母兮，畜我不卒。胡能有定？報我不述！」朱氏曰：「畜，養。卒，終也。不得於夫，而歎父母養我之不終。蓋憂患疾痛之極，必呼父母，人之至情也。」呂氏曰：「《左傳》曰：『子叔姬妃齊昭公，生舍。叔姬無寵，舍無威。』夫人見薄，則冢嗣之位望亦輕，此國本所以傾摇也。莊姜既不見答【一一】，則桓公之位何能有定乎？反覆言之，蓋推原禍亂之由，而非爲己私也。『俾也可忘』，謂若思莊公恩義之薄，嫡庶不定之禍，誠使我可忘，而我自不忍忘之也。末章不欲呰莊公，徒自傷父母養我不終而已。『報我不述』，言莊公所以報我不欲稱述之矣，亦不欲呰莊公也。」按：朱子以此詩爲不見答時所作，與序文異。《終風》詩母子事，今不録。

《雄雉》，刺衛宣公也。淫亂不恤國事，軍旅數起，大夫久役，男女怨曠，國人患之，而作是詩。朱氏曰：「此詩皆女怨之辭。」「雄雉于飛，泄泄其羽。我之懷矣，自詒伊阻。朱氏曰：「雉，野鷄。泄泄，飛之緩也。」曾氏曰：「雄雉以喻其夫。雄雉于飛，雌懷安而不從之，今之阻隔，蓋自遺也。大夫行役，婦

【一〇】莊姜不見答　「答」字原脱，據四庫本補。

【一一】莊姜既不　「姜」原作「公」，據《吕氏家塾讀詩記》卷四改。

人本無可從之理，其言如此，乃怨思之切耳。」雄雉于飛，下上其音。展矣君子，實勞我心。毛氏曰：「展，誠也。」朱氏曰：「言誠又言實，所以甚言此君子之勞我心也。」瞻彼日月，悠悠我思。道之云遠，曷云能來。朱氏曰：「悠悠，長也。」鄭氏曰：「視日月之行，迭往迭來。今君子獨久行役而不來，使我心悠悠然思之。曷，何也。何時能來望之也。」程氏曰：「日月，取其迭往迭來之意，又日月陰陽相配，而不相見，又旦暮所見，動人情思，總包意其間。」百爾君子，不知德行。不忮不求，何用不臧。」朱氏曰：「百，猶凡也。忮，害。求，貪。臧，善也。言凡爾君子，豈不知德行乎？若能不忮害又不貪求，則何所爲而不善哉！憂其遠行之犯患，冀其善處而獲全也。」呂氏曰：「婦人思其君子之切，而知其未得歸也，於是復自解曰：凡百君子，我婦人不知孰爲德行也，但不忮害，不貪求，則何所用而不善？雖久處軍旅之間，固未害也。」

《谷風》，刺夫婦失道也。衛人化其上，淫於新昏而棄其舊室，夫婦離絶，國俗傷敗焉。朱子曰：「皆述逐婦之辭也。宣姜有寵而夷姜縊，是以其民化之，而《谷風》之詩作。所謂一國之事繫一人之本者，如此。」「習習谷風，以陰以雨。黽勉同心，不宜有怒。采葑采菲，無以下體。德音莫違，及爾同死。毛氏曰：「習習，和舒貌。東風謂之谷風。陰陽和而谷風至。」程氏曰：「陰陽交和，則感陰而成雨。其感也陰，其成也雨。夫婦之道當黽勉和同，不宜有怨怒也。蓋和則夫婦之道成而室家正，如陰陽和而成雨也。」毛氏曰：「葑，須也。菲，芴也【一二】。下體，根莖也。」鄭氏曰：「此二菜者，蔓菁與葍之類也。皆上下可食，然而其根有美時，有惡時，采之者不可以根惡時併棄其葉，喻夫婦以禮義合，顏色相親，不可以顏色衰，棄其相與之禮。」程氏曰：「夫婦之道，貴其有終。德音，好音也。當期好音無違，至於偕老。」行道遲遲，中心有違。不遠伊邇，薄送我畿。誰謂荼苦，其甘如薺。宴爾新昏，如兄如弟。朱氏曰：「遲遲，舒行貌。違，相背也。畿，門

【一二】菲芴也　「芴」原作「勿」，據《毛詩注疏》卷三改。

內也。荼，苦菜。薺，甘菜。宴，樂也。新昏，夫所更娶之妻。」言我之被棄，行於道路，遲遲不進，蓋其足欲進，而心有所不忍，如相背然。而故夫之送我，乃不遠而甚邇，亦至其門內而止耳。又言荼雖甚苦，反甘如薺，以比己之見棄，其苦有甚於荼，而其夫方且宴樂其新昏，如兄如弟而不見恤。蓋婦人從一而終，今雖見棄，猶有望其夫之情，厚之至也。」涇以渭濁，湜湜其沚。宴爾新昏，不我屑以。毋逝我梁，毋發我笱。我躬不閱，遑恤我後！朱氏曰：「涇、渭，水名。湜湜，清貌。沚，水渚也。屑，潔。以，與。逝，之也。梁，堰石障水而空其中，以通魚之往來也。笱，以竹爲器，而承梁之空以取魚者也。閱，容也。」涇濁渭清，然涇未屬渭之時，雖濁而未甚見，由二水既合而清濁益分。婦人以自比其容貌之衰久矣，又以新昏形之，益見憔悴。然其心固猶有可取者，但以故夫之安於新昏，故不以我爲潔而與之耳。歐陽氏曰：「禁其新昏。毋逝我梁，毋發我笱，言棄妻雖去，猶顧惜其家之物。既而歎曰我身不容，安得恤後事乎？」朱氏曰：「知其不能禁而絕意之辭也。」就其深矣，方之舟之。就其淺矣，泳之游之。何有何亡，黽勉求之。凡民有喪，匍匐救之。朱氏曰：「潛行曰泳，浮水曰游。匍匐，手足並行，急遽之甚也。婦人自陳其治家勤勞之事，言我隨事盡其心力而爲之，深則方舟，淺則泳游，不計其有無，而强勉以求之。又周睦其鄰里鄉黨，莫不盡其道也。」不我能慉？反以我爲讎。既阻我德，賈用不售。昔育恐育鞠，及爾顛覆。既生既育，比予于毒。朱氏曰：「慉，養。阻，却。鞠，窮也。」承上章言我於女家勤劳如此，女既不我養，而反以我爲仇讎。惟其心既拒卻我之善，雖勤勞如此而不見取，如賈之不見售也。因念其昔時相與爲生，惟恐其生理窮盡而及爾，皆至於顛覆。今既遂其生矣，乃反比我於毒而棄之乎？張子曰：「育恐，謂生於恐懼之中。育鞠，謂生於困窮之際。亦通。」我有旨蓄，亦以御冬。宴爾新昏，以我御窮。有洸有潰，既詒我肄。不念昔者，伊余來塈！」朱氏曰：「旨，美。蓄，聚。御，當也。洸，武貌【一三】。潰，怒色也。肄，勞。

【一三】洸武貌　「洸」原作「光」，據四庫本、乾隆本改。

墍，息也。」又言我之所以蓄聚美菜者，蓋欲以禦冬月乏無之時，至於春夏，則不食之矣。今君子安於新昏而厭棄我，是但使禦其窮苦之時，至於安樂則棄之也。又言於我極其武怒，而盡遺我以勤勞之事，曾不念昔者我之來息時也。追言其始見君子之時接禮之厚，怨之至也。

《泉水》，衛女思歸也。嫁於諸侯，父母終，思歸寧而不得，故作是詩以自見也。鄭氏曰：「國君夫人，父母在則歸寧，没則使大夫寧於兄弟。」楊氏曰：「衛女思歸，發乎情也；其卒也不歸，止乎禮義也。聖人著之於經，以示後世，使知適異國者【一四】，父母終，無歸寧之義，則能自克者知所處矣。」「毖彼泉水，亦流于淇。有懷于衛，靡日不思。孌彼諸姬，聊與之謀。朱子曰：「毖，泉始出之貌。」衛女嫁於諸侯，父母終，思歸而不得，故作此詩。言毖然之泉水亦流于淇矣，我之有懷于衛，則亦無日而不思矣。是以即諸姬而與之謀爲歸衛之計，如下兩章所云也。呂氏曰：「諸姬非必俱嫁於此國，蓋有所思而欲與親者謀，乃人情之常，亦非必真得相見也。」出宿于泲，飲餞于禰。女子有行，遠父母兄弟。問我諸姑，遂及伯姊。朱氏曰：「泲，地名。飲餞者，古之行者必有祖道之祭，祭畢，處者送之，飲於其側而後行也。禰亦地名，皆自衛來時所經之處也。諸姑、伯姊即所謂諸姬也。」言始嫁來時，則固已遠其父母兄弟矣，况今父母既終，而復可歸哉？是以問於諸姑伯姊，而謀其可否云爾。出宿于干，飲餞于言。載脂載舝，還車言邁。遄臻于衛，不瑕有害？朱氏曰：「干、言，地名，適衛所經之地也。脂，以脂膏塗其舝，使滑澤也。舝，車軸也，不駕則脱之，設之而後行也。還，旋也。旋其嫁來之車也。遄，疾。臻，至也。瑕，何，古音相近，通用。」言如是則其至衛疾矣，然豈不害於義理乎？疑之而不敢遂之辭也。我思肥泉，兹之永歎。思須與漕，我心悠悠。駕言出遊，以寫我憂。」朱氏曰：「肥泉，水名。須、漕，衛邑也。悠悠，思之長也。寫，除也。」既不敢歸，然其思衛地不能忘也。安得出遊於彼，而寫其憂乎？

【一四】使知適異　「使」原作「彼」，據四庫本改。

《柏舟》，共姜自誓也。衛世子共伯蚤死，其妻守義，父母欲奪而嫁之，誓而弗許，故作是詩以絶之。范氏曰：「衰亂之世，淫風大行，共姜得禮之正，而能守義，故以首《鄘風》也。」「汎彼柏舟，在彼中河。髧彼兩髦，實維我儀。之死矢靡它。母也天只，不諒人只！」毛氏曰：「中河，河中。髧，兩髦之見者，垂髮至眉，子事父母之飾。儀，匹也。矢，誓。靡，無。之，至也。至己之死，而無它心。諒，信也。」鄭氏曰：「舟在河中，猶婦人之在家，是其常處。兩髦之人，謂共伯也，實是我之匹，故我不嫁也。」朱氏曰：「告其母而質之於天，曰：『何其不信我也？』序所謂誓而不許者如此。不及父者，疑時獨母在，或非父意耳。」汎彼柏舟，在彼河側。髧彼兩髦，實維我特。之死矢靡慝。母也天只，不諒人只！」毛氏曰：「特，匹也。慝，邪也。」王氏曰：「以再嫁爲慝，則絶之甚矣。」

《載馳》，許穆夫人作也。閔其宗國顛覆，自傷不能救也。衛懿公爲狄人所滅，國人分散，露於漕邑。許穆夫人閔衛之亡，傷許之小，力不能救，思歸唁其兄，又義不得，故賦是詩也。鄭氏曰：「滅者，懿公死也。露於漕邑者，謂戴公也。」朱氏曰：「露謂未有宫室而露居也【一五】。」范氏曰：「先王制禮，父母没則不得歸寧者，義也。雖國滅君死，不得往赴焉，義重於亡故也。」「載馳載驅，歸唁衛侯。驅馬悠悠，言至于漕。大夫跋涉，我心則憂。」毛氏曰：「吊失國曰唁。悠悠，遠貌。漕，衛東邑。草行曰跋，水行曰涉。」范氏曰：「載馳載驅，急也。言至于漕，思之也。」朱氏曰：「夫人父母不在，當使大夫寧於兄弟。夫人欲自歸唁其兄弟，而託以不欲勞大夫之跋涉也。」既不我嘉，不能旋反。視爾不臧，我思不遠。既不我嘉，不能旋濟。視爾不臧，我思不閟。鄭氏曰：「嘉，善也。爾，許人也。臧，善也。」吕氏曰：「許

【一五】露謂未有　「謂」字原脱，據四庫本、乾隆本補。

人既不以我歸衛爲善，則我亦不能旋反於衛矣。爲許人者，盍亦視爾父子兄弟之間有災患不臧，其心如之何，則我之思不遠矣。不閟，謂曉然易見，初不閟也。」陟彼阿丘，言采其蝱。女子善懷，亦各有行。許人尤之，衆稺且狂。毛氏曰：「偏高曰阿丘。蝱，貝母也。」曾氏曰：「善懷猶善思也。鄭箋善猶多也，女子之於懷思甚於男子。」朱氏曰：「善懷，多憂思也，猶《漢書》岸善崩也。」又曰：「將欲升高望遠，以舒憂想之情。言采其蝱，以療鬱結之疾。」吕氏曰：「女子善懷，亦各有行，言女子雖多懷思，然今之所以迫切者，亦各有道。他人不知，則以爲女子情性之常，而尤之也。衆稺且狂，非真指許人以爲稺狂，蓋言我憂患如此之迫切，彼方且尤我之歸，意者衆人其幼稺乎？其狂惑乎？不然，何其不相體悉，不識緩急，一至於是也。」我行其野，芃芃其麥。控于大邦，誰因誰極！大夫君子，無我有尤。百爾所思，不如我所之。」毛氏曰：「願行衛之野，麥芃芃然方盛長。」朱氏曰：「控，持而告之也。因，如因魏莊子之因。」毛氏曰：「極，至也。」朱氏曰：「言我將行其野，涉芃芃之麥，而控告于大邦。然未知其將何所因而何所至乎，雖大夫君子爲我思所以處此者百方，然不如使我得自盡其心之爲愈也。」王氏曰：「此終欲歸唁之辭。」

《竹竿》，衛女思歸也。適異國而不見答，思而能以禮者也。范氏曰：「夫婦之際，猶君臣之交，或遇或不遇，命也。進不見答，退不得歸，則如之何？以禮自止而已。衛之賢女，唯安於義，命是以雖憂而不困也。」「籊籊竹竿，以釣于淇。豈不爾思？遠莫致之。毛氏曰：「籊籊，長而殺也。」朱氏曰：「此言思以竹竿釣于淇水，而遠不可至也。」泉源在左，淇水在右。女子有行，遠兄弟父母【一六】。李氏曰：「言舊時游泳二水之間，其樂如此。今也嫁於異國，而不得見也，故曰云云。」愚謂：此女雖思二水之間，然念方其有行，已遠兄弟父母矣。今可復思歸乎此，亦止乎禮義之意。淇水在右，泉源在左。巧笑之瑳，佩玉之儺。毛

【一六】兄弟父母　此句，四庫本、乾隆本作「父母兄弟」。

氏曰：「瑳，巧笑貌。儺，行有節度。」歐陽氏曰：「思衛女之在其國者，巧笑佩玉威儀閑暇，樂然於二水之上，念己有所不如也。」淇水滺滺，檜楫松舟。駕言出遊，以寫我憂。」毛氏曰：「滺滺，流貌。檜，柏葉松身。楫，所以櫂舟。」朱氏曰：「與《泉水》卒章同意。」

《河廣》，宋襄公母歸于衛，思而不止，故作是詩也。鄭氏曰：「宋桓公夫人，衛文公之妹，生襄公而出。」孔氏曰：「夫人爲先君所出，其子承父之重，與祖爲一體，母出與廟絶，不可以私反，故義不得也。」范氏曰：「夫人之不往，義也。天下豈有無母之人歟？有千乘之國，而不得養其母，則人之不幸也。爲襄公者，將若之何？生則致其孝，没則盡其禮而已。衛有婦人之詩，自莊姜至於襄公之母六人焉，皆止於禮義，而不敢過也。夫以衛之政教淫僻，風俗傷敗，然而女子猶知有禮而畏義如此者，蓋以先王之化所及也。」「誰謂河廣？一葦杭之。誰謂宋遠？跂予望之。鄭氏曰：「誰謂河水廣與？一葦加之，則可以渡之，喻狹也。今我之不渡，直自不往耳，非爲其廣。予，我也。誰謂宋國遠與？我跂足則可以望見之，亦喻近也。今我不往，直以義不往耳，非爲其遠。」誰謂河廣？曾不容刀。誰謂宋遠？曾不崇朝。」鄭氏曰：「不容刀，亦喻狹。小船曰刀。崇，終也。行不終朝，亦喻近。」

《伯兮》，刺時也。言君子行役，爲王前驅，過時而不反焉。鄭氏曰：「衛宣公之時，蔡人、衛人、陳人從王伐鄭。」范氏曰：「居而相離則思，期而不至則憂，此人之常情也。文王之遣戍役，周公之東征，其詩皆叙其室家之情，男女之思以閔之，故其民説而忘死。聖人能通天下之志，故能成天下之務。兵者，毒民於死地者也。孤人之子，寡人之妻，傷天地之和，致水旱之灾，故聖王重之。如不得已而行，則告以歸期，念其勤劳，哀傷惨怛，不啻如在己。是以詩美之，則言其君上之閔恤；刺之，則録其室家之怨思，以爲人情不出乎此也。」「伯兮朅兮，邦之桀兮。伯也執殳，爲王前驅。鄭氏曰：「伯，君子字也。」毛氏曰：「朅，武貌。」鄭氏曰：「桀，英桀。」朱氏曰：「婦人自言其君子之才之美如是，今乃執殳而爲王前驅也。」自伯之東，首如飛蓬。豈無膏沐？誰適爲容？朱氏曰：「蓬，草名，其華似柳絮，聚而飛，如亂髮也。膏，所以澤髮者。沐，滌首去垢也。適，主也。」言我髮亂如此，非無膏沐可以爲容，所以不爲者，君子行役，無所主而爲之故也。《傳》曰：「女爲説己容。」其雨其雨，杲杲出日。願言思伯，甘心首疾！朱氏曰：「其者，冀其將然之辭。」冀其將雨而杲然日出，以比望其君子之歸而不歸也。是以不堪憂思之苦，而寧甘心於首疾也。焉得諼草？言樹之背。音佩。願言思伯，使我心痗！音每，又音悔。毛氏曰：「諼草可以忘憂，背，北堂也。」孔氏曰：「何處得一忘憂之草，我樹之於北堂之上，冀觀之以忘憂【一七】。」朱氏曰：「思得草之美者，玩以忘憂，然世豈有是哉？則亦思之不已，而心痗焉。爾心痗，則其病愈深，非特首疾而已也。」

《女曰雞鳴》，刺不説德也。陳古義以刺今，不説德而好色也。「女曰雞鳴，士曰昧旦。子興視夜，明星有爛。將翱將翔，弋鳧與鴈。朱氏曰：「昧，晦。旦，明也。昧旦，天欲旦，晦明未辨之際也。明星，啓明之星，先日而出者也。弋，繳射【一八】，謂以生絲繫矢而射。鳧，水鳥，如鴨。」此詩人述賢夫婦相警戒之詞。言女曰雞鳴，以警其夫，而士曰昧旦，則不止於雞鳴矣。婦人又語其夫曰：若是則子可以起而視夜之如何，意者明星已出而爛然，則當翱翔而往，弋取鳧鴈而歸矣。其相與警戒之言如此，則不留於宴昵之私可知矣。弋言加之，與子宜之。宜言飲酒，與子偕老。琴瑟在御，莫不靜好。朱氏曰：「加，中也，《史記》所謂『以弱弓微繳加諸歸鴈之上』是也。宜，和其所宜也，《內則》所謂『鴈宜麥』之屬是也。」知子之來之，雜佩以

【一七】觀之以忘憂　「忘」原作「志」，據四庫本、乾隆本改。

【一八】弋繳射　「射」原作「時」，據《詩傳通釋》卷四改。

贈之。知子之順之，雜佩以問之。知子之好之，雜佩以報之。」朱氏曰：「來之，致其來者。雜佩者，左右佩玉也。呂氏曰：『非獨玉也，觽燧箴管紛帨，凡可佩者皆是也。』贈，送。順，愛。問，遺也。」朱氏曰：「婦又語其夫曰：我苟知子之所致而來，及所親愛者，則將解此雜佩以送遺報答之。蓋不惟治其門內之職，又欲其君子親賢友善，結其驩心，而無所愛於服飾之玩也。」張氏曰：「言婦人之好德甚於男子。」以上皆婦人之詩，或踈棄擯逐，而有忠厚惻怛之言；或優游暇豫，而有箴誡諷切之益。所謂發乎情，止乎禮義者，具見於此。然豈獨婦人所當佩服哉？凡爲臣子者，苟能玩繹其詞指，以養胸中和平之氣，則邇之事父，遠之事君，處常盡變，綽乎其有餘裕矣。後世惟班婕妤《自悼賦》，庶幾乎此。其末章曰：「顧左右兮和顔，酌羽觴兮銷憂。惟人生兮一世，忽已過兮若浮。已獨享兮高明，處生民兮極休。勉虞精兮極樂，與福禄兮無期。《綠衣》兮《白華》，自古兮有之。」婕妤爲趙飛燕姊弟所讒退，共養長信宮而作此。朱子序之以爲：「其情雖出於幽怨，而能引分以自安，援古以自慰，和平中正，不過於慘傷。其德性之美，學問之力，有過人者。嗚呼，賢哉！」又按：《柏舟》之不再適，蓋婦人之大節，故孔子列之於《鄘風》之首，使萬世取法焉。其後有魯寡陶嬰者，少寡，養幼孤，無强昆弟，紡績爲産。魯人或聞其義，將求焉。嬰聞之，恐不得免，作歌明己之不更二也，其歌曰：「悲夫黄鵠之早寡兮，七年不雙。宛頸獨宿兮，不與衆同。夜半悲鳴兮，想其故雄。天命早寡兮，獨宿何傷！寡婦念此兮，泣下數行。嗚呼哀哉，死者不可忘！飛鳥尚然兮，況於貞良？雖有賢雄兮，終不再行。」魯人聞之曰：「斯人不可得已。」遂不復敢求。嬰寡終身不改。又梁寡高行者【一九】，梁之寡婦也。其爲人榮於色而美於行，夫死早寡不嫁，梁貴人多爭欲娶而不能得。梁王聞之，使相聘焉【二〇】。高行曰：「妾聞婦人之義，壹往而不改，以全貞信之節。今忘死以趨生，是不信也。貪貴而忘賤，是不貞也。棄義而從利，無以爲人。」乃援鏡持刃以割其鼻，曰：「妾已刑矣，所以不死者，不忍幼弱之重孤也。」於是相以報，王大其義而高其行，乃復其身，尊其號曰「高行」。陳寡孝婦者，年十六而嫁，未有子。其夫當行戍，且行屬孝婦曰：「我生死未可知，幸有老母，無它兄弟，倘不還，汝肯養吾母

【一九】梁寡高行者　「梁」原作「累」，據四庫本、《儀禮經傳通解》卷二改。

【二〇】使相聘焉　「聘」原作「娉」，據四庫本改。

乎？」婦曰：「諾。」夫果死不還。婦養姑不衰，喪三年，父母哀其無子而早寡也，將取而嫁之。孝婦曰：「妾聞之：信者，人之幹也；義者，行之節也。夫且行屬妾以其母，既諾之，夫受人之託，豈可棄哉？棄託不信，背死不義，不可也。」母固欲嫁之，孝婦不從，因欲自殺，父母懼而不敢嫁。養其姑二十八年，姑死，葬之，終奉祭祀。淮陰太守以聞，漢文帝賜之黄金四十斤，復之終身，無所與，号曰「孝婦」。是三人者，庶乎有《柏舟》之風矣！諸史尚多有之，今不録。或問於程子曰：「孀婦於理似不可取，如何？」曰：「然凡取以配身也，若取失節者以配身，是己失節也。」又問：「或有孤孀貧窮無託者，可再嫁否？」曰：「只是後世怕寒餓死，故有是説。然餓死事極小，失節事極大。」程子之論，可爲世深戒，故併著焉。

孔子曰：「婦有七出，三不去。不順父母出，謂其逆德也；無子出，謂其絶世也；淫僻出，謂其亂族；嫉妬出，謂其亂家；惡疾出，謂其不可供粢盛；多言出，謂其離親；竊盜出，謂其反義。三不去者：有所取無所歸，一也；何休取作受，又云：「不窮窮也。」與共更三年之喪，二也；先貧賤後富貴者，三也。」按：《禮記》諸侯出夫人，夫人比至於其國，以夫人之禮行。至，以夫人入。行道以夫人之禮者，棄妻致命其家，乃義絶，不用此爲始【二二】。《疏》曰：「出夫人謂夫人有罪，諸侯出之，令歸本國。」使者將命曰：「寡君不敏，不能從而事社稷宗廟，使臣某敢告於執事。」主人對曰：「寡君固前辭不教矣。前辭不教，納采時也。謂有司官陳器皿，主人有司亦官受之。器皿，其本所賫物也。律：「棄妻畀所賫。」朱子曰：「以上三節，諸侯禮也。」妻出，夫使人致之曰：「某不敏，不能從而共粢盛，使某也敢告於侍者。」主人對曰：「某之子不肖，不敢辟誅，敢不敬須以俟命。」使者退，主人拜送之。朱子曰：「此一節，卿大夫之禮也。」如舅在則稱舅，没則稱兄，無兄則稱夫。言棄妻者，父兄在則稱之，命當由尊者出也。唯國君不稱兄。主人之辭曰：「某之子不肖。」姑姊妹，亦皆稱之。姑姊妹見棄，亦曰「某之姑，某之姊若妹不肖」。朱子曰：「此兩節通禮也。」《雜記》。古者於出妻之事，雍容有禮如此，所以重匹耦也。又《家語》：曾參後母遇之無恩，而供養不衰。

【二二】用此爲始　「始」原作「貽」，據《禮記注疏》卷四十三改。

及其妻以藜烝不熟，因出之。人曰：「非七出也。」參曰：「藜烝小物耳，猶不用吾命，况大事乎？」遂出之，終身不娶。其子元請焉，參曰：「高宗以後妻殺孝己，尹吉甫以後妻放伯奇，吾上不及高宗，中不比吉甫，庸知其得免於非乎！」

或問於程子曰：「妻可出乎？」曰：「妻不賢，出之何害？如子思亦嘗出妻。今世俗乃以出妻爲醜行，遂不敢爲，古人不如此。妻有不善，便當出也。」又問：「古人出妻，有以對姑叱狗、藜烝不熟者，亦無甚惡而遂出之，何也？」曰：「此古人忠厚之道。古之人交絕不出惡聲，君子不忍以大罪出其妻，而以微罪去之，以此見其忠厚之至也。且如叱狗親前，亦有甚大故不是處，只爲他平日有故，因此一事出之爾。」或曰：「彼以此細故見逐，安能無辭？兼他人不知是否，則如之何？」曰：「彼必自知其罪，但已理直足矣。何必求他人知？然有識者當自知之也。如必待彰暴其妻之不善，使他人知之，是亦淺丈夫而已。大凡人説話，多欲令彼曲我直。若君子，自有一個含容意思。」或曰：「古語有之：出妻令可嫁，出友令可交。乃此意否？」曰：「是也。」味程子此言，則古人非大故無出妻之理，後世其可輕爲之哉！

《禮記》：子甚宜其妻，父母不悦，出。鄭氏曰：「宜，猶善也。」子不宜其妻，父母曰：「是善事我。」子行夫婦之禮，没身不衰。《内則》。按：此正七出之第一條也。

文中子曰：「早婚少聘，教人以偷。妾媵無數，教人以亂。言棄古禮是掌教者之罪。且貴賤有等，一夫一婦，庶人之職也。」愚按：古者自天子至於士庶人，妻妾媵各有等降之數，後世惟力是視而已，此文中子所以歎也。夫正家之本，由於夫婦之各正，治家以禮，而無寵昵之偏。使嫡妾之序紊，失夫之正也【一二二】。撫下以恩而無妬忌之失，使怨曠之禍興，失婦之正也。得其正則家治，失其正則家亂，此必然之理也。至於妾媵猥多，未有不爲家之害者，内或陷子弟於惡，外或生僮僕之變，無所不有。欲正其家者，於此尤不可不戒，故以是章終焉。

【一二二】失夫之正　「失」原作「此」，據四庫本改。下同。

甲集十三

《常棣》，燕兄弟也。閔管、蔡之失道，故作《常棣》焉。「常棣之華，鄂不韡韡？凡今之人，莫如兄弟。毛氏曰：「常棣，棣也。鄂猶鄂鄂然，言外發也。韡韡，光明也。」朱氏曰：「不，猶豈不也。此燕兄弟之樂歌，故言常棣之華【一】，則其鄂然外見者，豈不韡韡乎？凡今之人，則豈有如兄弟者乎？」　孔氏曰：「《爾雅》釋《毛傳》以爲常棣之木，衆華俱發，實韡韡而光明，以興兄弟衆多而相和睦，豈不强盛而有光輝乎？」鄭氏曰：「承華者鄂，不當作柎。柎，鄂足也【二】。鄂足得華之光明，則韡韡然盛。興者，喻弟以敬事兄，兄以愛覆弟，恩義之顯亦韡韡。」程氏曰：「常棣，今所謂玉李花，鄂相承甚力，故以喻兄弟。」又曰：「韡韡，鮮華壯盛之貌，不作柎，亦可如字。亦可以花蕚相依，生相親，力相承，興人之莫如兄弟也。」王氏曰：「華鄂之相恃，不可須臾離者，以天屬故也。兄弟，天屬也，其相承覆相恃而不可離如此。」死喪之威，兄弟孔懷。原隰裒矣，兄弟求矣。」毛氏曰：「威，畏也。懷，思也。裒，聚也。求矣，言求兄弟也。」　鄭氏曰：「死喪可畏怖之事，維兄弟之親，甚相思念。」　程氏曰：「此章叙兄弟相賴之事。人當死生患難之可畏，則思兄弟之助，方困窮離散，羣聚於郊野之時，則求所親以相依恃。」王氏曰：「不得保其常居而裒於原隰之中，此與人同患難之時也。當是時，人各顧其親，則非兄弟孰肯以相求哉！」　吕氏曰：「疎其所親而親其所疎，此失其本心者也。故此詩反覆言朋友之不如兄弟，蓋示之以親疎之分，使之反循其本也。本心既得，則由親及疎，秩然有序。兄弟之親既篤，而朋友之義亦敦矣，初非薄於朋友也。苟雜施而不孫，雖曰厚於朋友，如無源之水，朝滿夕除，豈可保哉！」或曰：「人之在難，朋友亦可以坐視歟？」曰：「每有良朋，况也永歎，則非不憂

校勘記

【一】常棣之華　「常」原作「當」，據四庫本、乾隆本改。

【二】鄂足也　「足」原作「是」，據四庫本改。

憫也，但視兄弟之急難爲差耳。詩人之辭各有抑揚，然《常棣》周公作也，聖人之言，小大高下皆宜，而前後左右不相悖。」

「脊令在原，兄弟急難。每有良朋，況也永歎。」毛氏曰：「脊令，雝渠也。飛則鳴，行則搖，不能自舍耳。急難，言兄弟之相救於急難。」鄭氏曰：「每有，雖也。良，善也。」毛氏曰：「況，兹也。永，長也。」程氏曰：「此章言兄弟相須之急，猶脊令首尾相應。急難之際，其相應如是也。」鄭氏曰：「當急難之時，雖有善友來兹，對之長歎而已。」范氏曰：「兄弟無不相死之義，朋友之於患難，義有不得相救也，則況也永歎而已。」王氏曰：「古者朋友之喪視兄弟，視兄弟則急難寇讎何爲而不豫？曰：莫不有君而爲之臣，莫不有父而爲之子，莫不有師而爲之弟子，莫不有兄弟而爲之兄弟，則吾急難寇讎之所當致力也博矣。又推而致之朋友，則吾有所不暇。而無禮以節之，則吾之憂無窮，而人之責無已。蓋古之道如此。而後世之士猶有以恩望朋友，而至於離絶者。然則世之致力於朋友者非歟？曰：勢足以振之，力足以周之，而無傷於義，則鄰里鄉黨不可以不勉，而況於朋友乎？」

「兄弟鬩于墻，外禦其務【三】。每有良朋，烝也無戎。」毛氏曰：「鬩，狠也。」鄭氏曰：「禦，禁。務，侮也。兄弟雖内鬩而外禦也。」朱氏曰：「烝，發語聲。」毛氏曰：「戎，相也。」范氏曰：「兄弟内鬩而猶外禦不敗親也。外禦則它人不與，故雖朋友猶無相也。」王氏曰：「狠於内，非令兄弟也。然及其禦侮，則雖有良朋，曾不如不令兄弟之爲可恃。」朱氏曰：「此章正爲管、蔡之事而發，以明兄弟恩情之篤也。吕與叔解鬩爲窺伺，謂寇至而兄弟同力以相死也。此意亦甚美矣，然以文義及一篇全指觀之，則未安也。蓋此詩首章畧言卒親莫如兄弟之意，次章乃以意外不測之事言之，以明兄弟之情其切如此，三章但言急難，則淺於死喪矣。至於此章，則又以其情義之甚薄，而猶有所不能已者言之。其序若曰：死喪不能相救，急難尤相助，又不幸而至於或有小忿，猶當共禦外侮。其所以責之者，可謂益輕以約，而所以著夫兄弟之義者，益深且切矣。至於又不能然，乃或無事而相忘，則兄弟真爲路人矣。故下章始深責之，

【三】外禦其務　「務」，底本字迹不清，似「侮」字。此據下文鄭玄註改。

然其詞氣和平，怨而不怒，讀者猶或以爲當然而未之悟也。其後兩章，乃始極道兄弟至親，雖有籩豆室家之樂，然非兄弟則無與同之，以備見兄弟之恩，異形同氣，死生苦樂，無適而不相須之意。卒章又申告之，使之反覆窮極，驗其信然，可謂委曲漸次，説盡人情矣。然其詞意高深，初若簡質闊疏而不切於事者，故説者有所不察。又以小忿爲嫌，而曲其説以避之，於是一篇之意，無復統紀，而失聖人之意遠矣。」

「喪亂既平，既安且寧。雖有兄弟，不如友生。歐陽氏曰：「此乃責之之辭。」蘇氏曰：「人居平安之世，不知兄弟之可恃，而以至親相責望，則兄弟常多過失，易以生怨，故有以朋友爲賢於兄弟者。」朱氏曰：「上章言患難之時兄弟相救，非朋友可比。此章遂言安寧之後，乃有視兄弟不如友生者，悖理之甚也。」儐爾籩豆，飲酒之飫。兄弟既具，和樂且孺。毛氏曰：「儐，陳也。」蘇氏曰：「飫，饜也。」程氏曰：「孺，親慕之義。小兒親慕父母謂之孺子。此章勸其相燕樂，養恩義。陳爾籩豆，飲樂飫足，兄弟既皆來，當和樂而相親慕也。」朱子曰：「陳籩豆以醉飽，而兄弟有不具焉，則無與共享其樂矣。」妻子好合，如鼓瑟琴。兄弟既翕，和樂且湛。鄭氏曰：「如鼓瑟琴之聲，相和合也。」程氏曰：「此章言兄弟相樂，則其妻子好合，其和如琴瑟。兄弟既志意翕合，故其和樂久而不厭。」朱氏曰：「言妻子好合，如瑟琴之和，而兄弟有不合焉，則無以久其樂矣。」宜爾室家，樂爾妻孥【四】。是究是圖，亶其然乎？」毛氏曰：「孥，子也。圖，謀也。亶，信也。」程氏曰：「言能如是親睦其兄弟，則能宜其室家，樂其妻孥。窮究是理，圖念是事，信其然乎？信然【五】。」孔氏曰：「宗族同心，人無侵侮，然後宜汝之室家，保樂汝之妻子矣。兄弟不和，忿鬩自起，外見侵侮，內不能救，則不能保其大小，室家危焉。汝於是深思之，於是善謀之，信其然者否乎？」蘇氏曰：「小人思慮不遠，常以爲兄弟之於我無所損益，不知兄弟之相親，乃所以宜爾室家，樂爾妻孥。患其淺陋不信，故使之深思遠圖，乃知其信否。」呂氏曰：「告人以兄弟之當親，未有不以爲然者也。不誠知其然，則

【四】樂爾妻孥　「孥」原作「帑」，據四庫本改。下同。

【五】信然　「信」原作「言」，據《程氏經説》卷四改。

所知者特其名而已。凡學蓋莫不然。」

《二子乘舟》，思伋、壽也。衛宣公之二子爭相爲死，國人傷而思之。「二子乘舟，汎汎其景。願言思子，中心養養。毛氏曰：「宣公爲伋取齊女而美，公奪之，生壽及朔。朔與其母愬伋於公，公令伋之齊，使賊先待於隘而殺之。壽知之，以告伋，使去之。伋曰：『君命也，不可以逃。』壽竊其節而先往，賊殺之。伋至曰：『君命殺我，壽有何罪？』賊又殺之。」孔氏曰：「汎汎然見其影之去。」鄭氏曰：「願，念也。」毛氏曰：「養養然憂不知所定。」蘇氏曰：「自衛適齊【六】，必涉河。國人傷其往而不返，汎汎然徒見其景，欲救之不可得，是以思之養養然。」二子乘舟，汎汎其逝。願言思子，不瑕有害【七】？」毛氏曰：「逝，往也。」王氏曰：「死非其所不得爲無瑕，陷父於不義不得爲無害，雖然其心豈有他哉！故詩人恕之曰不瑕有害。唯其能不瑕有害也，是以恕之云爾。」太史公曰：「余讀《世家》言，至於宣公之子以婦見誅，弟壽爭死以相讓，此與晉太子申生不敢明驪姬之過同，俱惡傷父之志。然卒死亡，何其悲也！或父子相殺，兄弟相戮，亦獨何哉！」愚按：自古處兄弟之變者，舜也，周公也。至於讓國以爲仁，殺身以爲義，則有若夷、齊、伋、壽焉。學者觀聖賢待兄弟之道，知大舜不以象將殺己爲怨，而忘親愛之心，則怨之小者當如何？知周公不以管、蔡畔周，而遂疑忌宗室，則變之小者當如何？利莫大於得國，觀夷、齊之相遜，則區區土田金幣何足校？害莫大於殺身，觀伋、壽之更相爲死，則利害得喪之微，尤不足言矣。大舜、周公之聖，夷、齊、伋、壽之賢，亦人而已爾。均是人也，聖賢之於親親若是其厚，而我乃甘心以薄自處，不亦甚可媿乎！舜事見《乙記》，夷、齊見《言仁》篇。

《葛藟》，王族刺平王也。周室道衰，棄其九族焉。「緜緜葛藟，在河之滸。終遠兄弟，謂他人父。謂他人父，亦莫我顧！毛氏曰：「綿綿，長不絕之貌。」《左傳》曰：「葛藟猶能芘其本根。」胡氏曰：「《周南》云：『葛之覃兮，施于中谷。』又云：『南有樛木，葛藟纍之。』《大雅》云：『莫莫葛藟，施于條枚。』然則

【六】自衛適齊　「衛」原作「晉」，據四庫本、乾隆本改。

【七】不瑕有害　「瑕」原作「遐」，據四庫本改。

葛也、藟也，必生於山谷丘野之地，延蔓於草木條枚之上，不生於河滸水厓。生不得其地，則失物之性也。」王氏曰：「謂他人父，謂他人母，謂他人昆，所謂不愛其親，而愛它人。」李氏曰：「王既以他人爲父，亦無顧我之意。我，九族也。」緜緜葛藟，在河之涘。終遠兄弟，謂他人母。謂他人母，亦莫我有！鄭氏曰：「有，言不有也。」《左傳》曰：「不有寡君。」緜緜葛藟，在河之漘。終遠兄弟，謂他人昆。謂他人昆，亦莫我聞！」毛氏曰：「昆，兄也。」李氏曰：「不與我相聞知也。」

《杕杜》，刺時也。君不能親其宗族，骨肉離散，獨居而無兄弟，將爲沃所并爾。「有杕之杜，其葉湑湑。獨行踽踽，豈無他人？不如我同父。嗟行之人，胡不比焉？人無兄弟，胡不佽焉？毛氏曰：「杕，特生貌。杜，赤棠也。」王氏曰：「湑湑，潤澤也。」毛氏曰：「踽踽，無所親也。」范氏曰：「比，親也。」毛氏曰：「佽，助也。」有杕之杜，其葉菁菁。獨行睘睘，豈無它人？不如我同姓。嗟行之人，胡不比焉？人無兄弟，胡不佽焉？」毛氏曰：「菁菁，盛也。睘睘，無所依也。」呂氏曰：「杜雖特生，然此詩方云其葉湑湑，其葉菁菁，即非以比晉君不親宗族也。蓋言晉公室枝葉凋落，曾杕杜之不如也。『獨行踽踽』，言孤立無親。『豈無他人，不如我同父』，言他人之不足恃。『嗟行之人，胡不比焉，人無兄弟，胡不佽焉』，言苟以它人爲可恃，則嗟彼行道之人，胡不自相親比也。凡人無兄弟者，胡不外求佽助也。蓋深曉晉君，以行道之人，必不相親比，苟非兄弟，必不相佽助。信乎，『豈無它人，不如我同父！』」以上二詩，所刺正與《常棣》相反。學者以此二詩，與《常棣》參玩，則可以見成周之所以興，與平王之不能復振。晉昭之所以敗亡，其得失蓋原於此。然豈獨有國所當戒哉？凡爲人，未有不賴同氣扶持而能有立者。司馬氏《家範》曰：「吐谷渾阿豺有子二十人，病且死，謂曰：『汝曹各奉吾一箭，將玩之。』俄命其弟慕利延曰：『汝取一箭折之。』慕利延折之。曰：『汝取十九箭折之。』慕利延不能折。阿豺曰：『汝曹知否？單者易折，衆則難摧，戮力一心，然後社稷可固。』彼夷狄也，猶知宗族相保以爲安，况華夏乎？」

程子曰：「今人多不知兄弟之愛。且如閭閻小人得一食，必先以食父母，夫何故？以父母之口重於己之口也。得一衣，必先以衣父母，夫何故？以父母之體重於己之體也。至於犬馬亦然。待父母之犬馬，必異乎己之犬馬也。獨愛父母之子，輕於己之子，甚者至若仇敵，舉世皆然，惑之甚矣。」顔之推曰：「兄弟者，分形連氣之人也。方其幼也，父母左提右挈，前襟後裾，食則同案，衣則傳服，學則連業，遊則共方，雖有悖亂之人，不能不相愛也。及其壯也，各妻其妻，各子其子，雖有篤厚之人，不能不少衰也。娣姒之比兄弟，則疎薄矣。今使疎薄之人，而節量親厚之恩，猶方底而圓蓋，必不合矣。惟友悌深至，不爲傍人之所移者，免夫。」又柳仲塗曰：「皇考治家，孝且嚴。旦望，弟婦等拜堂下畢，即上手低面，聽我皇考訓戒曰：『人家兄弟，無不義者。盡因娶婦入門，異姓相聚，爭長競短，漸漬日聞，偏愛私藏，以至背戾，分門割户，患若賊讎，皆汝婦人所作。男子剛腸者幾人？能不爲婦言所惑者鮮矣。若等寧有是耶？』退則惴惴，不敢出一語，爲不孝事。開輩賴之獲全其家云。」按：程子之言孰不知之，而鮮克蹈之者。雖薄俗漸染使然，其所以離間骨肉之親者，未有不由婦言是聽者也，故以顔、柳之説附焉。

或曰：「事兄盡禮，不得兄之歡心，如何？」曰：「但當起敬起孝，盡至誠，不求伸己可也。」曰：「接弟之道如何？」曰：「盡孝愛之道而已。」

張子曰：「《斯干》詩云：『兄及弟矣，式相好矣，無相猶矣。』猶，似也。人情大抵施不報則輟，故恩不能終。兄弟之間，各盡己之所宜施者，無學其不相報而廢恩也。君臣、父子、朋友之間，亦莫不用此道，盡己而已。」朱子曰：「按此於文義或未必然，然意則善矣。」舊說：猶，謀也。言居是室者，兄弟相好，而無相謀也，故朱子云云。　以上言兄弟。

問：「視己子與兄子有間否？」曰：「聖人立法，曰兄弟之子猶子也，是欲視之猶子也。」問：「第五倫視其子之疾與兄子之疾不同，自謂之私，如何？」曰：「不特安寢與不安寢，只十起與不起，便是私也。父子之愛本是公，才著些心做，便是私也。」又問云云，曰云云。又問：「天性自有輕重，疑若有間然。」曰：「只爲今人以私心看了。孔子曰：『父子之道，天性也。』此只就孝上說，故言父子。若君臣、兄弟、賓主、朋友之類，亦豈不是天性。只爲今人小看，却不推其本所由來故爾。己之子與兄之子，所爭幾何？是同出於父者也。只爲兄弟異形，故以兄弟爲手足。人多以異形，故親己之子異於兄弟之子，甚不是也。」又問：「孔子以公冶長不及南容，故以兄之子妻南容，以己之子妻公冶，何也？」曰：「此亦以己之私心看聖人也。凡人避嫌者，皆內不足也。聖人自是至公，何更避嫌？凡嫁女，必量才求配。若孔子事，或是年不相若，或時有先後，皆不可知，以孔子爲避嫌，則大不是。避嫌雖賢者且不爲，況聖人乎？」　此章言兄弟之子與己子不異，故附於此。

《禮記》：適子、庶子祇事宗子、宗婦。鄭氏曰：「祇，敬也。宗子，大宗。」　疏曰：「適子謂父及祖之適子，是小宗也。庶子謂適子之弟。宗子謂大宗子。宗婦謂大宗子之妻。」雖富貴，不敢以富貴入宗子之家。雖衆車徒，舍於外，以寡約入。入，謂入宗子家。子弟猶歸器、衣服、裘衾、車馬，則必獻其上，而後敢服用其次也。猶，若也。子弟若有功德，以物見饋賜，當以善者與宗子也。若非所獻，則不敢以入於宗子之門，謂非宗子之爵所當服也。不敢以富貴加於父兄宗族。加，猶高也。《內則》。凡宗法，見《丙記》。

魯人有同姓死而弗弔者。人曰：「在禮，當免不免，當弔不弔，有司罰之。如之何子之無弔也？」曰：「吾以其疎遠也。」子思聞之，曰：「無思之甚也。昔者季孫問於夫子曰：『百世之宗，有絶道乎？』子曰：『繼之以姓，義無絶也。故同姓爲宗，合族爲屬，雖國子之尊，國子，諸侯卿大夫之子。不廢其親，所以崇愛也。是以綴之以食，序列昭穆，萬世婚姻不通，忠篤之道然也。』」《孔叢子》。　范文正公之爲參政也，嘗告諸子曰：「吾吴中宗族甚衆，於吾固有親疎，然吾祖宗視之，則均是子孫，固無親疎也。苟祖宗之意無親疎，則飢寒者吾安得不卹也？自祖宗來積德百餘年，而始發於吾得至大官，若獨享富貴，而不卹宗族，異日何以見祖宗於地下，今何顔入家廟乎？」於是恩例俸賜常均於族人，并置義田宅云。　程子曰：「凡人家法，須令每有族人遠來，則爲一會以合族，雖無事，亦當每月一爲之。古人有花樹韋家宗會法，可取也。然族人每有吉凶嫁娶之類，更當相與爲禮，使骨肉之意常相通。骨肉之疏者，只爲不相見，情不相接耳。」《蘇氏族譜序》曰：「今之相視如涂人者，其初兄弟也。兄弟其初一人之身也。」其推説亦善，故附此。　以上言宗族。

《禮記》：年長以倍，則父事之；鄭氏曰：「謂年二十於四十者。」十年以長，則兄事之；五年以長，則肩隨之。與之並行差退。羣居五人，則長者必異席。席以四人爲節，因宜有所尊。《曲禮》。父之齒隨行，兄之齒鴈行，朋友不相踰。廣敬也。輕任并，重任分，頒白者不提挈。皆謂以與少者。《王制》。

幼子常視毋誑，童子不衣裘裳，立必正方，不傾聽。長者與之提攜，則兩手奉長者之手，習其扶持，尊者提挈，謂牽行。疏曰：「爲兒長大，方當供養扶持長者，故先使學之，令習便也。」負劍、辟咡詔之，則掩口而對。辟，匹亦反。咡，如志反，口耳之間曰咡。負，謂負之於背。劍，謂挾之於旁。辟咡詔之，謂傾頭與語。口旁曰咡。使之掩口而對，習其鄉尊者屏氣矣。疏曰：「劒謂挾於脇下，如帶劒也。長者負兒之時，傾頭與語，必掩口而對，恐氣觸人也。」張子曰：「古之小兒，便能敬事長者。與之提攜，則兩手奉長者之手；問之，掩口而對。蓋稍不敬事，便不忠信，故教小兒且須安詳恭敬。」《曲禮》。

尊長於己踰等，不敢問其年。踰等，父兄黨也。問年，則己恭遜之心不全。燕見不將命。見，賢遍反。私燕而見，不使擯者將傳其命，不敢用賓主之禮，來則若子弟然。遇於道，見則面，尊者若見己，己則面見。若尊者不見己，己則隱，不敢煩動尊者也。不請所之。不問所往也。喪俟事不犆弔。犆音特。亦不敢故煩動也。事，朝夕哭時。侍坐弗使，不執琴瑟，不畫地，手無容，不翣也。尊長或使彈琴指畫，則爲之可也。手無容，不弄手也。翣，扇也。雖熱，亦不敢摇扇也。此皆端慤所以爲敬。寢則坐而將命。坐，跪也。命，有所傳辭。若尊者臥，而侍者傳辭當跪前，不可以立，恐臨尊也。侍射則約矢。矢，箭也。凡射必計耦，先設箭在中庭，上耦前取一次，下耦又進取一。如是更進，各得四箭而升堂，插三於要，而手執一。若卑者侍射，則不敢更拾進取，但一時并取四矢，故云「約矢」。

侍投則擁矢。投，投壺也。擁，抱也。矢，投壺箭也。尊者委四矢於地，一一取以投，卑者不敢委於地，悉執之。勝則洗而以請，若敵射及投壺竟，司射命酌，而勝者弟子酌酒，不勝者飲之。若卑者得勝，則不敢直酌，但當洗爵，而請問何所行觴也。客亦如之。客射若投壺不勝，主人亦洗而請之，如卑侍之法，所以優賓也。今按：此二句，皆是卑者與尊者爲耦而射及投壺。若己勝而司射命酌，則不敢使它弟子酌酒以罰尊者，必自洗爵而請行觴。若耦勝，則亦不敢煩它弟子酌而飲己，必自洗爵而請自飲也。註疏説恐非是【八】。不角，角，謂觥，罰爵也。於尊長與客飲，如獻酬之爵，不敢用角也。不擢馬。擢，去也，謂徹也。已徹馬嫌勝，故專之。疏曰：「凡投壺，每一勝輒立

【八】註疏説　「説」字後原衍一「説」字，據四庫本删。

一馬，至三馬而成勝。但頻勝三馬難得，若一朋得二馬，一朋得一馬，於是二馬之朋，徹取一馬者足以爲三馬，以成定勝也。今若卑者朋，雖得二馬，亦不敢徹尊長馬足成己勝也。」《少儀》。以上總言事長之禮。

凡爲長者糞之禮，必加帚於箕上，爲，去聲。埽席前曰糞。如是得兩手奉箕，恭也。謂初執而往時也。《弟子職》曰：「執箕膺擖，厥中有帚。」以袂拘而退，其塵不及長者，謂埽時也。以袂擁帚之前，埽而卻行之。疏曰：「拘，障也。當埽時，卻退以一手捉帚，又舉一手衣袂以拘障於帚前，且埽且退，故曰拘而退。」以箕自鄉而扱之。鄉與嚮同，扱音吸。扱讀曰吸，謂收糞時也，箕去棄物以鄉尊者，則不恭。

奉席如橋衡。奉，芳勇反。橋，居廟反。横奉之，令左昂右低，如有首尾然。橋，井上桔槔。衡，上低昂。疏曰：「衡，横也。如橋之横也。席舒則有首尾，故《公食禮》云『卷自末』，末即尾也。已卷則無首尾，此奉之左昂右低，故如有首尾也。」請席何鄉，請衽何趾。順尊者所安也。衽，臥席也。坐問鄉，臥問趾，因於陰陽。疏曰：「坐是陽，鄉亦陽。臥是陰，趾亦陰也。」

席南鄉北鄉，以西方爲上；東鄉西鄉，以南方爲上。布席無常，此其順之也。上，謂席端也。坐在陽則上左，坐在陰則上右。《曲禮》。

見父之執，不謂之進不敢進，不謂之退不敢退，不問不敢對。敬父同志如事父。《曲禮》。

謀於長者，必操几杖以從之。從，猶就也。疏曰：「几杖俱是眷尊之物，故於謀議之時，將就也。」

長者問，不辭讓而對，非禮也。當謙不敏，若曾子之爲。《曲禮》。從於先生，不越路而與人言。尊不二也。先生，老人教學者。遭先生於道，趨而進，正立拱手。爲有教使。疏曰：「拱手，見師而起敬，故疾趨而進就之也。又不敢斥問先生所爲，故正立拱手而聽先生之教。」先生與之言，則對；不與之言，則趨而退。爲其不欲與己並行。從長者而上丘陵，則必鄉長者所視。爲遠視不察有所問。《曲禮》。將即席，容毋怍。怍，謂顔色變也。疏曰：「此謂弟子講問初來之法。即，就也。」兩手摳衣，去齊尺。齊，音咨。齊，裳下緝也。謂就席之時，以兩手提裳，令下緝去地一尺許，恐轉足踐之。衣毋撥，撥，發揚貌。足毋蹶。蹶本又作蹷【九】。蹶，行遽邈。先生書策琴瑟在前，坐而遷之，戒勿越。廣敬也。在前，謂當行之前。坐，亦跪也。遷，移也。越，踰也。虚坐盡後，盡，津忍反。疏曰：「虚，空也。空謂非飲食坐也。《玉藻》云『徒坐不盡席』，亦是也。」食坐盡前。爲汙席。汙，音烏。疏曰：「古者地鋪席，而俎豆皆陳於席前之地，若坐近後則濺汙席，故盡前也。《玉藻》云『讀書、食則齊豆去席尺【一〇】』，亦是也。」坐必安，執爾顔，安，謂不動。執，猶守也。久坐好異。長者不及，毋儳言【一一】。儳，仕鑒反。儳猶暫也，非類雜。疏曰：「長者正論甲事，未及乙事，少者不得輒以乙事，暫然雜之。」今按：《說文》云：「儳，互不齊也。」儳言，儳長者之先而言也。正爾容，聽必恭，正謂矜莊也。聽先生之言，不恭敬，則心不存而易忘【一二】。毋勦說，勦，初交反【一三】。勦，猶擥也。謂取人之説以爲己説。毋雷同，雷之發聲，物無不同時應者，人之言，當各由己，不當然也。必則古昔，稱先王。雖不雷同，又不得專輒，言必有依據。

毋踐屨，毋踖席，摳衣趨隅，必慎唯諾。趨隅，升席必由下也。慎唯諾者，不先舉，見問乃應。

侍坐於先生，先生問焉，終則對。不敢錯亂尊長之言。請業則起，請益則起。尊師重道也。起，若今摳衣前請也。業，謂篇卷也。益，謂受説不解了，欲師更明説之。子路問政，子曰：「先之勞之。」請益，曰：「無倦。」

【九】蹶本又作蹷　「又作蹷」原脱，據《禮記正義》卷二補。

【一〇】去席尺　「尺」字原脱，據四庫本補。

【一一】毋儳言　「儳」原作「儳」，據四庫本改。

【一二】心不存而易忘　「存」原作「有」，據四庫本、乾隆本改。

【一三】初交反　「反」字原脱，據四庫本補。

父召無諾，先生召無諾，唯而起。應辭，唯恭於諾。疏曰：「唯，㖃也。諾則似緩慢。」

侍坐於所尊敬，毋餘席。言先生坐一席，己坐一席，必盡其所近尊者之席端，無使有餘，蓋欲得親近。若扶持備顧問，且擬有後來者，闕其下以待之。

見同等不起。不爲私敬。疏曰：「同等後來者，任其坐於下也。」燭至起，異晝夜。食至起，爲饌變。上客起。敬尊者。疏曰：「尊者見之起，故侍者宜從之而起。然食與燭至起，則尊者不起，但侍者起也。」燭不見跋。跋，本也。燭盡則去之，嫌若燼多有厭倦意。疏曰：「本，把處也。古者未有蠟燭，惟呼火炬爲燭。」尊客之前不叱狗。主人於尊客之前不敢倦，嫌若風去之。風，去聲。疏曰：「卑客亦然，舉尊爲甚。」讓食不唾。嫌有穢惡。

侍坐於君子，君子問更端，則起而對。離席對，敬異事也，君子必令復坐。離，去聲。疏曰：「更端，謂鄉語已畢，更問他事。」

侍於君子，不顧望而對，非禮也。禮尚謙也。不顧望，若子路率爾而對【一四】。疏曰：「若指問一人，則一人直對。若普問衆人，則當顧望坐中，恐有勝己者，不得率爾先對也。」

長者賜，少者、賤者不敢辭。不敢亢禮也。賤者，僮僕之屬。

侍坐於君子，若有告者，曰「少間，願有復也」，則左右屏而待。間，音閑，注同。復，白也。言欲須少空間有所白也。屏，猶退也，隱也。空，去聲。疏曰：「卑者正侍君子，而有人來告，云『欲侍君子少間無事時有所白』，則侍者當自退避之，不得遠也。」毋側聽，毋噭應，毋淫視，毋怠荒。遊毋倨，立毋跛，坐毋箕，寢毋伏。斂髮毋髢，冠毋免，勞毋袒，暑毋褰裳。毋側聽，嫌探人之私也。側聽，耳屬於垣。毋噭

【一四】率爾而對　「率」原作「帥」，據四庫本、乾隆本改。下同。

應以下，皆爲其不敬。噭，號呼之聲也。淫視，流動邪睇也。怠荒，身體放縱，不自拘斂也。遊，行。倨，慢也。跛，偏任也。立，當雙足並立，不得挈舉一足，一足蹋地也。箕，謂舒展兩足，狀如箕舌也。伏，覆也。髢，髲也，毋垂餘如髲也。免，去。褰，袪也。

侍坐於君子，請見不請退。君子欠伸，運笏，澤劍首，還屨，問日之蚤莫，雖請退可也。不請退者，去止不敢自由【一五】。欠伸以下皆解倦之狀。伸，頻伸也。運、澤，謂玩弄也。金器弄之，易以汙澤。疏曰：「運，動也。澤，光澤也。玩弄劍首，則生光澤。還【一六】，轉也。尊者脱屨於户内，屨常在側。」

侍坐於長者，屨不上於堂，屨賤，空則不陳於尊者之側。《疏》曰：「長者在堂，則侍坐者脱屨於階下，不得上堂。若長者在室，則侍坐者得著屨上堂，而不得入室。」解屨不敢當階。爲妨後升者。疏曰：「《内則》云：『屨，著綦。』鄭云：『綦，屨繫也。』將升堂則解之也。」就屨，跪而舉之，屏於側。謂獨退也。就，猶著也。屏，亦不當階。鄉長者而屨，跪而遷屨，俯而納屨。謂長者送之也。不得屏遷就近而已。俯，俛也。納，内也。遷，或爲「還」。　今按：注云「長者送之」，恐非是，但謂雖降階出户，猶鄉長者，不敢背耳。《曲禮》。

排闔説屨於户内者，一人而已矣。闔，音合。説，吐活反。雖衆敵，猶有所尊。有尊長在，則否。在，在内也。後來之衆，皆説屨於户外。《少儀》　以上言洒埽應對進退之節，當與後小學篇參觀。

燕侍食於君子，則先飯而後已。飯，煩晚反，「小飯」同。所以勸也。疏曰：「先飯，若嘗食然。後已，若勸食然。」毋放飯，毋流歠，小飯而亟之，亟，疾也。備噦噎，若見問也。數噍，毋爲口容。數，色角反。噍，在笑反，又作嚼。　數噍，謂數數嚼之。口容，弄口。客自徹，辭焉則止。主人辭其徹。疏曰：「徹，謂徹俎。主人辭則客止。」《少儀》。

【一五】去止不敢自由　「去止」原作「云正」，據《禮記注疏》卷三十五改。

【一六】還　「還」原作「旋」，據四庫本改。

侍食於先生，異爵者，後祭先飯。謙也。《玉藻》。侍食於長者，主人親饋，則拜而食。勸長者食耳【一七】。雖賤，不得執食興辭，拜而已，示敬也。主人不親饋，則不拜而食。以其禮於己不隆。《曲禮》。

凡食果實者，後君子，陰陽所成，非人事也。火食者，先君子。備火齊不得，故先嘗之也。《玉藻》。

食棗、桃、李，弗致於核。核，行隔反。恭也。弗致者，謂不置於地。瓜祭上環，食中，棄所操。上環，頭忖也。忖，亦作刌，寸本反【一八】。疏曰：「食瓜亦祭先圃也。環者，橫斷形如環也。上環是脱華處也。」今按：頭忖，謂疐頭所切一環也。以其所生之本味最甘美，又先斷而不汙，故以爲祭。中者，中環也，亦甘且潔，故以奉尊者所操。下環爲手所持處，以其味薄而不潔，故棄之而不食也。《玉藻》。

侍飲於長者，酒進則起，拜受於尊所。降席拜受，敬也。燕飲之禮鄉尊。疏曰：「陳尊之所，貴賤不同。若諸侯燕及大射、鄉飲酒及卿大夫燕，各見本篇。今《燕禮》、《鄉飲酒》皆無拜受於尊所之文，正是文不具耳。近尊鄉長者，故往於尊所，鄉長者而拜也。」

長者辭，少者反席而飲。長者舉未釂，少者不敢飲。不敢先尊者。盡爵曰釂。《燕禮》曰：「公卒爵而後飲也。」疏曰：「飲酒尊卑異爵，故《燕禮》公執膳爵，受賜爵者執散爵。」又曰：「『受賜爵者以爵就席坐，公卒爵然後飲。』與此禮合。而《士相見禮》云：『若君賜之爵，則下席再拜稽首受爵，升席祭，卒爵而俟君卒爵，然後授虛爵。』《玉藻》云：『君若賜之爵，則越席再拜稽首受，登席祭之。飲卒爵而俟君卒爵，然後授虛爵。』皆先君卒爵者【一九】。此據燕飲正禮，《玉藻》及《士相見禮》謂私燕之禮【二〇】，故不同也。」

【一七】勸長者食耳　「勸」字原脱，據《禮記注疏》卷二補。

【一八】寸本反　「本」原作「木」，據四庫本改。

【一九】先君卒爵者　「君」，四庫本、乾隆本作「言」。

【二〇】士相見禮　「士」原作「主」，據四庫本、乾隆本改。

御同於長者，雖貳不辭，謂侍食於長者，饌具與之同也。貳，謂重殽膳也。本爲長者設，辭之爲長者嫌。偶坐不辭。偶，媲也。或彼爲客設饌，而召己往媲共食。以上《曲禮》。以上言俟食之禮。

右言長幼之序

按：舜命司徒以敷五教，其四不曰兄弟而曰長幼，蓋宗族鄉黨皆有長焉，非但同氣而已。故今所叙先兄弟，次宗族，次先生長者云。

《易·兑》之《象》曰：「麗澤，兑，君子以朋友講習。」程子曰：「麗澤，二澤相附麗也。兩澤相麗，交相浸潤，互有滋益之象，故君子觀其象，而以朋友講習。朋友講習，互相益也。先儒謂天下之可説，莫若朋友講習。然當明相益之象。」

《詩·伐木》，燕朋友故舊也。自天子至於庶人，未有不須友以成者。親親以睦，友賢不棄，不遺故舊，則民德歸厚矣。孔氏曰：「朋是同門之稱，友是同志之名，故舊即昔日之朋友也。朋友新故通名，故舊唯施久遠。舊則不可更擇，新交則非賢不友，故變朋友曰友賢也。『親親以睦』，指上《棠棣》。『友賢不棄，不遺故舊』，即此篇是也。」「伐木丁丁，鳥鳴嚶嚶。出自幽谷，遷于喬木。嚶其鳴矣，求其友聲。相彼鳥矣，猶求友聲；矧伊人矣，不求友生！神之聽之，終和且平。毛氏曰：「丁丁，伐木聲。」朱氏曰：「嚶嚶，鳥聲之和。」又郭璞曰：「兩鳥鳴。」張氏曰：「『神之聽之，終和且平』，此爲求友生。」程氏曰：「和，謂相好。平，謂不變。」什方張氏曰：「詩人多相因之詞，如伐木而感鳥鳴，蓋因此以興焉故也，故下章皆以伐木言之。」程氏曰：「山中伐木，非一人能獨爲，必與同志者共之。既同其事，則相親好，成朋友之義。伐木之人，必有此義，况士君子乎？故賦伐木之人，叙其情，推其義，以勸朋友之道，燕朋友故舊則歌之，所以風天下。朋友故舊篤，則民德厚矣。繼言『鳥鳴嚶嚶』，又以物情興朋友之好。『嚶嚶』，相應和之和聲。鳥聲相應和，自幽谷升喬木，相追隨，嚶然其鳴，蓋求其應。友聲，謂應聲，猶人之朋友相從也。視鳥如是，豈人而不求友乎？朋友之信，恒久不渝，可質於神明。」丘氏曰：「伐木者，其聲丁丁，然空谷響應，出於自然。喻朋友故舊氣類之相從【二一】，亦如此也。」蘇氏曰：「事之甚小而須友者，伐木也。物之無知而不離其羣者，鳥也。鳥出於谷而升於木，以木爲安而不獨有也，故嚶然而鳴以求其友，況於事之大於伐木，而人之有知者哉！」**伐木許許，釃酒有藇。**音叙。**既有肥羜，以速諸父。寧適不來，微我弗顧。於粲洒埽，陳饋八簋。既有肥牡，以速諸舅。寧適不來，微我有咎。**程氏曰：「許許，衆人共力之聲【二二】。」朱氏曰：「《淮南子》云：『舉大木者呼邪許。』蓋舉重勸力之歌也。」毛氏曰：「以筐曰釃，以草曰湑。藇，美貌。羜，未成羊也。」鄭氏曰：「速，召也。」朱氏曰：「諸父，朋友之同姓而尊者也。諸舅，朋友之異姓而尊者也。」孔氏曰：「稱之以父與舅，親親之辭也。」　鄭氏曰：「寧適不來，寧召之，適自不來也。」毛氏曰：「微，無也。」朱氏曰：「顧，念也。於，歎辭。」毛氏曰：「粲，鮮明貌。」孔氏曰：「粲然掃洒其室庭，陳飲食之饋。」毛氏曰：「天子八簋。」孔氏曰：「簋，盛黍稷之器。」長樂劉氏曰：「簋八則籩豆倍之，天子燕禮之數也。」孔氏曰：「肥牡，肥羜之牡者。」毛氏曰：「咎，過也。」李氏曰：「上章既言『伐木丁丁，鳥鳴嚶嚶』，下章但言『伐木許許』，省文也。」朱氏曰：「言具酒食以樂朋友如此，寧使彼有故而適不來，而無使我恩意之不至也。孔子曰：『所求乎朋友，先施之未能也。』此可謂先施矣。」**伐木于阪，釃酒有衍。籩豆有踐，兄弟無遠。民之失德，乾餱以愆。有酒湑我，無酒酤我。坎坎鼓我，蹲蹲舞我。迨我暇矣，飲此湑矣。**」蘇氏曰：「衍，多也。」鄭氏曰：「踐，陳列貌。」　朱氏曰：「兄弟，朋友之同儕者。無遠，皆在也。先諸舅而後兄弟者，尊卑之等也。乾餱，食之薄者也。愆，過也。湑，亦釃也。酤，買也。坎坎，擊鼓聲。蹲蹲，舞貌。迨，及也。言人之所以至於失朋友之義者，非必有大故，或但以乾餱之薄不以分人，而至於有愆耳。故我於朋友不計有無，但及閒

【二一】氣類之相從　「氣」，四庫本、乾隆本作「聲」。

【二二】衆人共力　「力」原作「方」，據四庫本改。

暇，則飲酒以相樂也。」

《谷風》，刺幽王也。天下俗薄，朋友道絶焉。長樂劉氏曰：「天子之於天下，無它職也，厚其人倫，皇建厥極，人君之所以夙夜者也。是故朋友道絶，則琢磨之義不行，人不會其有極而歸其有極矣。於是君得以遂其不君，臣得以遂其不臣，父得以遂其不父，子得以遂其不子，以至兄弟、夫婦皆失其道。由琢磨之義不行而習以成俗，莫知以爲耻也。乃至人倫悖亂，亡國喪身，而弗可救，非天子之責歟？其曰刺之，不亦宜乎！」呂氏曰：「急則相求，緩則相棄，恩厚不知，怨小必記，皆小人之交也。天下俗薄，朋友道絶，則莫非小人之交。」「習習谷風，維風及雨。將恐將懼，維予與女。將安將樂，女轉棄予。鄭氏曰：「習習，和調之貌。東風謂之谷風。將，且也。」孔氏曰：「谷風，生長之風，取其朋友相長益也。」毛氏曰：「風雨相感，朋友相須。」鄭氏曰：「風而有雨，則潤澤行。」孔氏曰：「潤澤是雨之事也，但雨得風乃行，則潤澤亦由風，故《易》曰『潤之以風雨』，是風雨共爲潤。」丘氏曰：「在危難恐懼，則相親愛。曰『維予與女』，謂與己厚也。」孔氏曰：「纔得且安且樂，汝便轉更棄我乎？」毛氏曰：「言朋友趨利，窮達相棄。」呂氏曰：「朋友之義出於天，其相求本非以利害也，故窮達若　。不知其義，則利害而已耳，離合安可常哉？玩『習習谷風，維風及雨』之辭，其義益可識矣。」習習谷風，維風及頹。將恐將懼，寘予于懷。將安將樂，棄予如遺。毛氏曰：「頹，風之焚輪者也。」孔氏曰：「《釋天》云：『焚輪謂之頹，扶摇謂之猋【一三】。』孫炎曰：『迴風從上下曰頹，迴風從下上曰猋。』」鄭氏曰：「寘，置也。」毛氏曰：「風薄相扶而上，喻朋友相須而成。」孔氏曰：「頹風從上而下，力薄不能更升。谷風與相遇之風并力，乃相扶而上，以喻朋友相率而成也。」鄭氏曰：「置我於懷，言至親己也。如遺者，如人行道遺忘物，忽然不省存也。」呂氏曰：「叔向見司馬侯之子，撫而泣之曰：『自此其父之死，吾蔑與比而事君矣。昔者此其父始之，我終之；我始之，夫子終之，無不可。』所謂維風及頹，此其一端也。」習習

【一三】扶摇謂之猋　「猋」原作「焱」，據四庫本改。

谷風，維山崔嵬。無草不死，無木不萎。忘我大德，思我小怨。」毛氏曰：「崔嵬，山巔也。」朱氏曰：「『習習谷風，維山崔嵬』，言其所被者廣，然猶無不死之草、不萎之木，況於朋友，豈可以忘大德而思小怨乎？」劉氏曰：「天地之功，有所不足，奈何忘我大德，思我小怨乎？」吕氏曰：「生物之恩及於崔嵬之山，不知以爲德，一草一木偶然死絶，則怨其恩之不足，此忘我大德、思我小怨也。」鄭氏曰：「大德切磋，以道相成之謂也。」

子貢問友。子曰：「忠告而善道之，不可則止，毋自辱焉。」朱子曰：「友所以輔仁，故盡其心以告之，善其説以道之。然以義合者也，故不可則止。若以數而見疏，則自辱矣。」或問云云。曰：「善道云者，心平氣和，理明意盡，或從容深厚，或親切簡當，使聞者不忤而樂於聽從之謂也。」朋友數斯疏矣，已見《君臣》篇。

曾子曰：「君子以文會友，以友輔仁。」朱子説，見《言仁篇》。南軒曰：「朋友講習，與夫攝以威儀，莫非文也。爲仁固由己，而亦資朋友輔成之。輔之者，左右翼助之意。蓋非惟切磋之益，其從容浹洽，相觀而善，所輔爲多。」

孔子曰：「益者三友，損者三友。友直，友諒，友多聞，益矣。友便辟，友善柔，友便佞，損矣。」朱子曰：「友直，則聞其過。友諒，則進於誠。友多聞，則進於明。便，習熟也。便辟，謂習於威儀而不直。善柔，謂工於媚説而不諒。便佞，謂習於口語而無見聞之實。三者損益正相反也。」尹氏曰：「自天子至於庶人，未有不須友以成者，而其損益有如是者，可不謹哉！」或問：「三友之説盡於《集註》之説而已乎？」曰：「是亦釋其文之正意云尔。若推而言之，則是三者之於人皆有薰陶漸漬之益焉，皆有嚴憚畏謹之益焉，皆有興起慕效之益焉，不但如彼之所言而已也。」曰：「損者之友其相反奈何？」曰：「便辟則無責善之誠矣，善柔則無固守之節矣，便佞則無貫通之實矣。」南軒曰：「友者，所以輔成己德也。直者，有過必告；諒者，忠信相與；多聞者，知識可資。是三者友之，則使人常懷進修而不敢自足，焉得不日益乎？便辟、便佞，謂便於辟與佞者；善柔，謂善爲柔者。辟則容止足恭，柔則每事卑屈，佞則巧言爲悦，是三者友之，則使人日趨於驕惰，焉得不日損乎？自天子以至於庶人，皆當謹乎此也。」

愚按：《集注》謂便辟，直之反，善柔，諒之反，便佞，多聞之反。南軒則不然，正宜參玩。

子夏之門人問交於子張。子張曰：「子夏云何？」對曰：「子夏曰：『可者與之，其不可者拒之。』」子張曰：「異乎吾所聞：君子尊賢而容衆，嘉善而矜不能。我之大賢與，於人何所不容？我之不賢與，人將拒我，如之何其拒人也？」朱子曰：「子夏之言迫狹，子張譏之是也，但其所言亦有過高之病。蓋大賢雖無所不容，然大故亦所當絶；不賢固不可以拒人，然損友亦所當遠。學者不可不察。」或問三章之説。曰：「二子之言各有所偏，折以聖人之中道，則初學大略當如子夏之言，然於不可者，亦疎之而已，拒之則害乎交際之道。成德大略當如子張之説，然於其有大故者，亦不得而不絶也。以是處之，其庶幾乎！」

南軒曰：「包注：『友交當如子夏，泛交當如子張。』其説是。蓋交有淺深，二子論交，各爲一義，不可廢也。若但與之泛然交際而已，則固當尊賢而容衆，嘉善而矜不能。若與之爲朋友之交，則當與其可者，而拒其不可也。但拒之之辭微過耳。然而在學者之分，則子張之言，未若子夏之嚴也。而遽非子夏之説，且曰『我之大賢與，於人何所不容？』其言若以成德自居者，此亦其堂堂氣象也與？」

朋友死，無所歸，於我殯。朋友之饋，雖車馬，非祭肉，不拜。朱子曰：「朋友有通財之義，故雖車馬之重，不拜。祭肉則拜者，敬其祖考，同於己親也。」此一節，記孔子交朋友之義。

逄蒙學射於羿，盡羿之道，思天下惟羿爲愈己，於是殺羿。孟子曰：「是亦羿有罪焉。」公明儀曰：「宜若無罪焉。」曰：「薄乎云爾，惡得無罪？」朱子曰：「羿，有窮后羿也。逄蒙，羿之家衆也。羿善射，篡夏自立，後爲家衆所殺。愈，猶勝也。薄，言其罪差薄耳。」鄭人使子濯孺子侵衛，衛使庚公之斯追之。子濯孺子曰：『今日我疾作，不可以執弓，吾死矣夫！』問其僕曰：『追我者誰也？』其僕曰：『庚公之斯也。』曰：『吾生矣。』其僕曰：『庚公之斯，衛之善射者也。夫子曰吾生，何謂也？』曰：『庚公之斯學射於尹公之他，尹公之他學射於我。夫尹公之他，端人也，其取友必端矣。』庚公之斯至，曰：『夫子何爲不執弓？』曰：『今日我疾作，不可以執弓。』曰：『小人學射於尹公之他，尹公之他學射於夫子。我不忍以夫子之道反害夫子。雖然，今日之事，君事也，我不敢廢。』抽矢，扣輪，去其金，發乘矢而後反。」之，語助也。僕，御也。尹公他，亦衛人也。端，正也。孺子以尹公正人，知其取友必正，故度庚公必不害己。小人，庚公自稱也。金，鏃也。扣輪出鏃，令不害人，乃以射也。乘矢，四矢也。孟子言使羿如子濯孺子得尹公他而教之，則必無逄蒙之禍。然夷羿篡弑之賊，蒙乃逆儔；庚斯雖全私恩，亦廢公義。其事皆無足論者，孟子蓋特以取友而言耳。

萬章問曰：「敢問友。」孟子曰：「不挾長，不挾貴，不挾兄弟而友。友也者，友其德也，不可以有挾也。挾者，兼有而恃之稱。孟獻子，百乘之家也，有友五人焉：樂正裘，牧仲，其三人則予忘之矣。獻子之與此五人者友也，無獻子之家者也。此五人者亦有獻子之家，則不與之友矣。孟獻子，魯之賢大夫仲孫蔑也。張子曰：「獻子忘其勢，五人者忘人之勢。不資其勢而利其有，然後能忘人之勢。若五人者有獻子之家，則反爲獻子之所賤矣。」非惟百乘之家爲然也，雖小國之君亦有之。費惠公曰：『吾於子思，則師之矣；吾於顔般，則友之矣；王順、長息，則事我者也。』惠公，費邑之君也。師，所尊也。友，所敬也。事我者，所使也。非惟小國之君爲然也，雖大國之君亦有之。晉平公之於亥唐也，入云則入，坐云則坐，食云則食。雖疏食菜羹，未嘗不飽，蓋不敢不飽也。然終於此而已矣，弗與共天位也，弗與治天職也，弗與食天禄也。士之尊賢者也，非王公之尊賢也。「平公」、「王公」下，諸本多無「之」字，疑闕文也。亥唐，晉賢人也。平公造之，唐言入，公乃入；言坐，乃坐；言食，乃食也。疏食，糲飯也。不敢不飽，敬賢者之命也。范氏曰：「位曰『天位』，職曰『天職』，禄曰『天禄』，言天所以待賢人，使治天民，非人君所得專者也。」舜尚見帝，帝館甥于貳室，亦饗舜，迭爲賓主，是天子而友匹夫也。尚，上也。舜上而見於帝堯也。館，舍也。《禮》：「妻父曰外舅。謂我舅者，吾謂之甥。」堯以女妻舜，故謂之甥。貳室，副宫也。堯館舜於副宫，而就饗其食。用下敬上，謂之貴貴；用上敬下，謂之尊賢。貴貴、尊賢，其義一也。」貴貴、尊賢，皆事之宜者。然當時但知貴貴，而不知尊賢，故孟子曰「其義一也」。此言朋友人倫之一，所以輔仁，故以天子友匹夫而不爲詘，以匹夫友天子而不爲僭。此堯、舜所以爲人倫之至，而孟子言必稱之也。

孟子謂萬章曰：「一鄉之善士，斯友一鄉之善士；一國之善士，斯友一國之善士；天下之善士，斯友天下之善士。朱子曰：「言己之善蓋於一鄉，然後能盡友一鄉之善士。推而至於一國、天下皆然，隨其高下以爲廣狹也。以友天下之善士爲未足，又尚論古之人。頌其詩，讀其書，不知其人，可乎？是以論其世也。是尚友也。」尚，上同。言進而上也。頌、誦通。論其世，論其當世行事之迹也。言既觀其言，則不可以不知其爲人之實，是以又考其行也。夫能友天下之善士，其所友衆矣，猶以爲未足，又進而取於古人。是能進其取友之道，而非止爲一世之士矣。

有問於程子者曰：「吾與人居，視其有過而不告，則心有所不安。告之而人不受，則奈何？」曰：「與之處而不告，非忠也。要使誠意之交通在於未言之前，則言出而人信矣。」又曰：「責善之道，要使誠有餘而言不足，則於人有益，而在我者無自辱矣。」

張子曰：「人之有朋友，不爲燕安，所以輔佐其仁。今之朋友，擇其善柔以相與，拍肩執袂以爲氣合；一言不合，怒氣相加。朋友之際，欲其相下不倦，故於朋友之間主其敬者，日相親與，得效最速。」又曰：「有潛心於道，忽忽爲他慮引去者，此氣也。舊習纏繞，未能脱洒，畢竟無益，但樂於舊習耳。是故古人欲得朋友與琴瑟簡編，常使心在於此。惟聖人知朋友之取益爲多，故樂得朋友之來。」

朱子曰：「人之大倫，其别有五，自昔聖賢皆以爲天之所叙，而非人之所能爲也。然以今考之，則惟父子兄弟爲天屬，而以人合者居其三焉。是則若有可疑者。然夫婦者，天屬之所由以續者也；君臣者，天屬之所賴以全者也；朋友者，天屬之所賴以正者也。是則所以紀綱人道，建立人極，不可一日而偏廢。雖或以人而合，其實皆天理之自然，有不得不合者，此其所以爲天之所叙，而非人之所能爲者也。然是三者之於人，或能具其形矣，而不能保其生；或能保其生矣，而不能存其理。必欲君臣、父子、兄弟、夫婦之間交盡其道而無悖焉，非有朋友以責其善，輔其仁，其孰能使之然哉！故朋友之於人倫，其勢若輕，而所繫爲甚重；其分若疎，而所關爲至親；其名若小，而所職爲甚大。此古之聖人修道立教，所以必重乎此而不敢忽也。然白世教不明，君臣、父子、兄弟、夫婦之間，既皆莫有盡其道者，而朋友之倫廢闕爲尤甚。世之君子，雖或深病其然，未必深知其所以然也。予嘗思之：父子也，兄弟也，天屬之親也，非其乖離之極，固不能輕以相棄，而夫婦、君臣之際，又有雜出於情物事勢，而不能自已者，以故雖或不盡其道，猶得以相牽聯比合，而不至於盡壞。至於朋友，則其親不足以相維，其情不足以相固，其勢不足以相攝，而爲之者，初未嘗知其理之所從，職之所任，其重有如此也。且其於君臣、父子、兄弟、夫婦之間，猶或未嘗求盡其道，則固無所藉於責善輔仁之益。此其所以恩疎而義薄，輕合而易離，亦無怪其相視漠然如行路之人也。夫人倫有五，而其理則一，朋友者又其所藉以維持是理，而不使至於悖焉者也。由夫四者之不求盡道，而朋友以無用廢。然則朋友之道盡廢，而責善輔仁之職不舉，彼夫四者又安得獨力而久存哉！嗚呼！其亦可爲寒心也已。非夫彊學力行之君子，則孰能深察而亟反之哉！」

始予讀王深甫《告友》之篇，感其言若有補於世教者，徐而考之，則病其推之不及於天理之自然，顧以夫婦、君臣一出於情勢之偶合【二四】。至於朋友，則亦不求其端，直以爲聖人彊而附於四者之間也。誠如是也，則其殘壞廢絶，是乃理分之當然，無足深歎，而其至是亦晚矣。王回深父《告友》，見《文鑑》，今不録。

右論朋友之交　自《易》以下，每條各一義，故其凡別与《父子》、《君臣》諸篇不同。

《易大傳》：「形而上者謂之道，形而下者謂之器。」程子曰：「形而上爲道，形而下爲器，須著如

【二四】顧以夫婦　「顧」原作「願」，據四庫本改。

此說。器亦道，道亦器。」《坤·傳》曰：「形而上者，天地之道。形而下者，陰陽之功。」朱子曰：「卦爻陰陽，皆形而下者，其理則道也。」形而上者無形無象，是理；形而下者有情有狀，是器。然有此器則有此理，有此理則有此器，未嘗相離，却不是於形器之外別有所謂理。又曰：「形而上底虛，渾是道理；形以下底實，便是器。這箇分別得精切，明道說惟此語截得上下最分明。」問：「如何以形言？」曰：「此言最的當。設若以有形無形言之，便是物與理相間斷了。器亦道，道亦器，有分別而不相離也。」指器爲道固不得，離器於道亦不得。形而上者，指理而言；形而下者，指事物而言。事事物物，皆有其理。事物可見，而其理難知。即事即物，便要見此理。大學之道不曰「窮理」，而曰「格物」，只是使人就實處窮竟。形而上者是理，才有作用，便是形而下者。問：「陰陽如何是形而下者？」曰：「一物便有陰陽，寒暖、生殺皆見得。事物雖大，皆形而下者；理雖小，皆形而上者。」天地形而下者，乾坤形而上者。天地，乾坤之形殼；乾坤，天地之性情。

子曰：「朝聞道，夕死可矣。」朱子曰：「道者，事物當然之理。苟得聞之，則生順死安，無復遺恨矣。朝夕，所以甚言其時之近。」程子曰：「言人不可以不知道，苟得聞道，雖死可也。」又曰：「皆實理也，人知而信者爲難。死生亦大矣，非誠有所得，豈以夕死爲可乎？」或問：「朝聞夕死，得無近於釋氏之說乎？」曰：「吾之所謂道者，君臣、父子、夫婦、昆弟、朋友，當然之實理也。彼之所謂道，則以此爲幻、爲妄，而絶滅之，以求其所謂清淨寂滅者也。人事當然之實理，乃人之所以爲人而不可以不聞者，故聞之而夕死，亦可以無所憾。若彼之所謂清淨寂滅者，則初無所效於人生之日用，其急於聞之者，特懼夫死之將至，而欲倚是以敵之耳。是以爲吾之說者，行法俟命而不求知死。爲彼之說者，坐忘立脱【二五】，變見萬端，而卒無補於世教之萬分也。故程子於此專以實見實理，義重於生，與夫知所以爲人者爲說，其旨亦深切矣。」南軒曰：「所謂聞道者，蓋涵養體察，積習精深，而自得於實理，非若異端驚怪，恍惚超悟，直入之論也。」按《集義》程子曰：「聞道知所以爲人也，夕死可矣，是不虛生也。」又曰：「苟有『朝聞道，夕死可矣』之

【二五】坐忘立脱　「忘」原作「亡」，據四庫本、乾隆本改。

志，則不肯一日安於所不安。何止一日？須臾不能。如曾子易簀，須要如此乃安。人不能若此者，只爲不見實理。實理者，實見得是，實見得非【二六】。見是理，得之於心自別。若耳聞此道者，心實不見。若見得，必不肯安於此。」又曰：「古人有捐軀隕命者【二七】，若不實見得，則烏能如此？須是實見得生不重於義，生不安於死也，故有殺身成仁者，只是成就一箇是而已。」程子之説如此，朱子所取其略也。

子曰：「參乎！吾道一以貫之。」曾子曰：「唯。」朱子曰：「貫，通也。唯者，應之速而無疑者也。聖人之心，渾然一理，而泛應曲當，用各不同。曾子於其用處，蓋已隨事精察而力行之，但未知其體之一爾。夫子知其真積力久，將有所得，是以呼而告之。曾子果能默契其指，即應之速而無疑也。」子出，門人問曰：「何謂也？」曾子曰：「夫子之道，忠恕而已矣。」盡己之謂忠，推己之謂恕。而已矣者，竭盡而無餘之詞也。夫子之一理渾然而泛應曲當，譬則天地之至誠無息，而萬物各得其所也。自此之外，固無餘法，而亦無待於推矣。曾子有見於此而難言之，故借學者盡己、推己之目以著明之，欲人之易曉也。蓋至誠無息者，道之體也，萬殊之所以一本也；萬物各得其所者，道之用也，一本之所以萬殊也。以此觀之，一以貫之之實可見矣。或曰：「中心爲忠，如心爲恕。」於義亦通。　程子曰：「以己及物，仁也；推己及物，恕也。違道不遠是也。忠恕一以貫之：忠者天道，恕者人道；忠者無妄，恕者所以行乎忠也；忠者體，恕者用，大本達道也。此與違道不遠異者，動以天爾。」又曰：「維天之命【二八】，於穆不已，忠也；乾道變化，各正性命，恕也。」又曰：「聖人教人各因其才，吾道一以貫之，唯曾子爲能達此，孔子所以告之也。曾子告門人曰：『夫子之道，忠恕而已矣。』亦猶夫子之告曾子也。《中庸》所謂『忠恕違道不遠』，斯乃下學上達之義。」又曰：「『忠恕違道不遠』，『施諸己不願，亦勿施於人』，此又掠下教人。」忠是根本，恕是枝葉。　一者，忠也。以貫之者，恕也。體一而用殊。　忠是一箇忠，做得百千萬般箇恕出來。「一以貫之」，只是萬事一理。伊川謂：「仁義亦得，蓋仁是統體，義是分別。」　存於内爲忠，見於外爲恕。忠是無一毫自欺處，恕是稱

【二六】實見得非　「見」原作「是」，據四庫本改。下同。

【二七】捐軀隕命　「捐」原作「損」，據四庫本改。

【二八】維天之命　「維」原作「繼」，據四庫本改。

物平施處。　忠因恕見，恕由忠出。　天地是無心底忠恕，聖人是無爲底忠恕，學者是求做底忠恕。

問：「或云忠恕只是無私心，不責人。」曰：「自有六經以來，不曾說不責人是恕。若《中庸》，也只是說『施諸己而不願，亦勿施於人』而已，何嘗說不責人？不成只取我好，別人不好，更不管他？《論語》只說『躬自厚而薄責於人』，謂之薄者，如言不以己之所能，必人之如己，隨材責任耳，何至舉而棄之？」　曾子忠恕，本是學者事，曾子特借來形容夫子一貫道理。忠便是一，恕便是貫。有這忠了，便做出許多恕來。聖人極誠無妄，便是忠。曰：「聖人之忠即是誠否？」曰：「是。」曰：「聖人之恕即是仁？」曰：「是。」曰：「在學者言之，則忠近誠，恕近仁。」　曾子零碎處盡曉得了，夫子便告之曰：「參乎！吾道一以貫之。」他便應之曰：「唯。」貫如散錢，一是索子。　夫子固是一以貫之，學者能盡己，而又推此以及物，亦是以一貫之。所以不同者，夫子以天，學者用力。　動以天之「天」，只是自然。

問：「忠是竭盡中心，無一毫不盡；恕是推中心之所欲以與人，所不欲不以與人。」曰：「是如此。」　夫子之所以告曾子時，無它，只緣它曉得千條萬日。他人連箇千條萬目尚自曉不得，如何識得一貫？　曾子件件曾做來，所以知。若不曾躬行踐履，如何識得？　忠是洞然明白，無有不盡。恕是知得爲君，推其仁以待下；爲臣，推其敬以事君。　忠者誠實不欺之名，聖人將此放頓在萬物上，故名之曰恕。　忠恕本末是說一貫，緣聖人告以一貫之說，故曾子借此二字以明之。　忠恕是學者事，如欲子之孝於我，必當先孝於親；欲弟之弟於我，必當先敬其兄；如欲人之不慢於我，我須先不慢於人；欲人不欺我，我須先不欺於人。　聖人一貫，是無作爲底；忠恕，是有作爲底。　將箇有作爲底，明箇無作爲底。　聖人則動以天，賢人動以人。　聖人不待推，然學者但能盡己以推之於人，推之既熟，久之自能見聖人不待推之意。　譬如一泓水，聖人是自然流出，灌溉百物。其它人須是推出來灌溉。　學者是這箇忠恕，聖人亦只是這箇忠恕，但聖人熟，學者生。　聖人自胸中流出，學者須着勉强。　「維天之命，於穆不已」，「乾道變化，各正性命」，是天之忠恕；「純亦不已，萬物各得其所」，是聖人之忠恕；「施諸己而不願，亦勿施於人」，是學者之忠恕。　忠一本，恕萬殊，一本是統會處，萬殊是流行處。在天道言之，一本是元氣之於萬物，有昆虫、草木之不同，而只是一氣之所生，萬殊則是昆虫、草木之所得，而生一箇自是一箇模樣。在人事言之，則一理之於萬事萬物，有君臣、父子、兄弟、朋友動息洒掃應對之不同，而只是此理之所貫；萬殊則是君臣、父子、兄弟、朋友之所當於道者，一箇自是一箇道理，其實只是一本。問：「如心爲恕。」曰：「如，比也，比自家心推將去。仁之與恕，只爭些子。自然底是仁，比而推之便是恕。」問：「忠恕，程子以推廣得去，則天地變化，草木蕃；推廣不去，天地閉，賢人隱，如何？」曰：「亦只推己以及物。推得去，則物我貫通，自有箇生生無窮底意思，便有天地變化、草木蕃氣象，天地只是這樣道理。若推不去，物我隔絶，欲利於己不利於人，欲己之富欲人之貧，欲己之壽欲人之夭，似這氣象，全然閉塞隔絶了，便似天地閉，賢人隱。」曾子平日，功用得九分九釐九毫，都見得了，只爭得這些子。一聞夫子警省之，便透徹了也。又問：「未唯之前，如何？」曰：「未唯之前，見一事各是一箇理；及既唯之後，千萬箇理只是一箇理。」夫子言一貫，曾子言忠恕，子思言小德川流，大德厚化，張子言理一分殊，只是一箇。忠恕則一，而在聖人、在學者，則不能無異，正猶孟子言「由仁義行」與「行仁義」之别爾。曾子專爲發明聖人一貫之旨，所謂由忠恕行者也；子思專爲指示學者入德之方，所謂行忠恕者也。所指既殊，不得不以爲二。然其所以爲忠恕，則其本體蓋未嘗不同也。

問：「程子以忠爲天道，恕爲人道，莫是謂忠者聖人之在己，與天同運，而恕者所以待人之道否？」曰：「聖人待己待人亦無二理，天人之别，但以體用之殊耳。」問：「伊川曰：『忠者天道，恕者人道。』所謂天道人道，初非以優劣言，自其渾然一本言之，則謂之天道；自其與物接者言之，則謂之人道耳。」曰：「然。此與『誠者天之道，誠之者人之道』，語意自不同。」南軒曰：「聖人之心，於天下之理無所不該，雖内外、本末、隱顯之致，各有其分，然未嘗不一以貫之也。故程子曰：『如百尺木，自根本至毫末，皆一貫。』夫子之告曾子，當其可耳。曾子蓋默識之，故荅門人之問，獨舉忠恕爲言，可以見曾子自得之深也。夫忠爲體，恕爲用，實有是體，則實有是用。用之周乎物，是其體之流行發見而已，體用一源也，豈非一貫之妙歟？聖人全乎此，天之道也。曾子所稱夫子忠恕是已。賢者求盡乎此，人之道也，子思所稱忠恕是已。」又孔子之告子貢亦曰：「予一以貫之。」正文見後篇，今以先儒注釋之語附此，庶互相發云。朱子曰：「一貫説見前篇，然彼以行言，而此以知言也。」　謝氏曰：「聖人之道大矣，人不能徧觀而盡識，宜其以爲多學而識之者也。然聖人豈務博者哉？如天之於衆形，匪物物刻而雕之也，故曰：『予一以貫之。』『德輶如毛，毛猶有倫。上天之載，無聲無臭。』至矣！」　尹氏曰：「孔子之於曾子，不待其問而直告之以此，曾子復深諭之曰『唯』。若子貢則先發其疑而後告之，而子貢終亦不能如曾子之唯也。二子所學之淺深，於此可見。」愚按：夫子之於子貢，屢有以發之，而它人不與焉，則顔、曾以下諸子所學之淺深，又可見矣。　或問云云。曰：「聖人生知，不待多學，子貢以己觀夫子，故以爲亦多學也。夫子以一貫告之，此雖聖人之事，然因己以告子貢，使知夫學者雖不可以不多學，然必有所謂一以貫之，然後爲至耳。蓋子貢之學固博矣，然意其特於一事一物之中，各有以知其理之當然，而未能知夫萬理之爲一理，而廓然無所不通也。若是者雖有以知夫衆理之所在，而泛然莫爲之統，其處事接物之間，有以處其所嘗學者，而於其所未嘗學者，則不能有以通也。故其聞一則止能知二，非以臆度而言，則亦不能以屢中。聖人以此告之，使之知所謂理者，本一理也，以是而貫通之，則天下事物之多皆不外乎是，而無不通矣。」

問：「謝氏謂『如天於衆形，非物物刻而雕之』，如何？」曰：「天只是一氣流行，萬物自生自長、自形自色，豈是逐一粧點得如此？聖人只是一箇大本大原裏發出，視自然明，聽自然聰，色自然温，貌自然恭，在父子則爲仁，在君臣則爲義。從大本中流出，便成許多道理，只是這箇一便貫將去，所主是忠，發出去無非是恕。」　又曰：「曾子是事實上做出；　子貢是就識見上得來【二九】。曾子從實處見，一直透上去；　子貢雖是知得，較似滯在知識上。」　曾子是就原頭上面流下來，子貢是就下面推上去。南軒曰：「賜之學博矣，夫子欲約之也，故告以『予一以貫之』，使極夫體之所該，用之所宗，不至泛而無統也。夫子之告子貢，與告曾子理則一，而告之之意則異也。於參也，所以達其至；於賜也，所以迪其歸。二子所造蓋有淺深，故所以告之之意不同，然在教之當其可則一也。」問：「明道曰：『維天之命，於穆不已，不其忠乎？天地變化，草木蕃，不其恕乎？』伊川曰：『乾道變化，各正性命，恕也。』侯子曰：『伊川説得尤有功。天授萬物之謂命，春生之，冬藏之，歲歲如是，天未嘗一歲誤萬物也，可謂忠矣。萬物洪纖、高下、短長

【二九】識見上得來　「得」後原衍「看」字，據四庫本刪。

各得其欲，可謂恕矣。』某謂二先生之言，不見有差殊。其在萬物得其所以蕃生，便是正性命，不知侯子何以分輕重，兼謂『維天之命』。爲天授萬物者，恐此天命只是天理。伊川所謂在天爲命，不必須是授之萬物始謂之命。故又謂春生冬藏歲歲如是，未嘗誤萬物爲忠，恐此亦只是恕，蓋已發者也。」南軒答曰：「明道之言，意固完具。但伊川所舉『各正性命』之語，爲更有功。忠，體也；恕，用也。體之而用未嘗不存其中。用之所形，體亦未嘗不具也。以此語玩味【三〇】，則見伊川言尤有功處。侯子所説忠字，恐未爲得二先生之意。天命且於理上推原，未可只去一元之氣上看。」　愚按：學者或有以一貫萬爲一貫者，如此則是以己之一貫彼之萬，雖聖人亦未免於有意，且裂道與一而爲二也，其可乎？學者當味聖人之言，曰「吾道一以貫之」，而不曰「以一貫之」，斯得之矣。

子曰：「誰能出不由户，何莫由斯道也？」朱子曰：「言人不能出不由户，何故乃不由此道耶？怪而歎之之辭。」洪氏曰：「人知出必由户，而不知行必由道。非道遠人，人自遠爾。」　或問云云。曰：「何莫之云，猶曰『何莫學夫《詩》』耳。若直以出不能不由户，譬夫行之不能不由道，則世之悖理犯義而不由於道者，爲不少矣。又何説以該之耶？」

子在川上曰：「逝者如斯夫！不舍晝夜。」朱子曰：「天地之化，往者過，來者續，無一息之停，乃道體之本然也。然其可指而易見者，莫如川流。故於此發以示人，欲學者時時省察，而無毫髮之間斷也。」　程子曰：「此道體也，天運而不已，日往則月來，寒往則暑來，水流而不息，物生而不窮，皆與道爲體，運乎晝夜，未嘗已也。是以君子法之，自强不息。及其至也，純亦不已焉。」又曰：「自漢以來，儒者皆不識此義。此見聖人之心，純亦不已也。純亦不已，乃天德也。有天德，便可語王道，其要只在謹獨。」　問：「《集注》云：『此道體之本然也。』後又曰：『皆與道爲體。』向見先生説：『道無形體，却是這物事盛，載那道出來，故可見。與道爲體，言與之爲體也。這體字較粗。』如此，則與本然之體微不同。」曰：「也便在裏面。只是前面『體』字説得來較闊，連本末精粗都包在裏面；後面『與道爲

【三〇】此語玩味　「語」原作「愚」，據四庫本改。

體』之『體』，又説出那道之親切底骨子。恐人説物自物，道自道，所以指物以見道。其實這許多物事湊合來，便都是道之體。道體便在這許多物事上，只是水上較親切易見。」問：「張思叔説：『此是無窮。』程子曰：『一箇無窮，如何便了得。』何也？」曰：「固是無窮，然須看因甚恁地無窮。須見得所以無窮處，始得。」問：「有天德便可語王道？」曰：「有天德，則便是天理，便做得王道；無天德則是私意計較，所以做王道不成。」因云舊曾作《觀瀾閣詞》有曰：「因常流之不息，悟有本之無窮。」又曰：「天理流行之妙，若有私欲以間之，便如水被障塞，不得滔滔地去。」問：「程子曰：『其要只在謹獨。』如何？」曰：「能謹獨，則無間斷而其理不窮。若不謹獨，便有人欲來參入裏面，便間斷了，如何會如川流底意。」問：「程子云『自漢諸儒皆不識此義』，如何？」曰：「此事除了孔、孟，却猶是佛、老見得些模様。後來儒者於此全無相着，如何教它不做大。」曰：「只爲佛、老從心上起工夫，其學雖不然却有本。儒者只從言語文字上做，有知此事是合理會者，亦只做一場説話過了，所以輸與它。」先生曰：「彼所謂心上工夫本不是，然却勝似今儒者多。公此説却是。」范氏説：「『與道爲體』四字，甚精。蓋物生水流非道之體，乃與道爲體。」南軒曰：「此不息之體也。自天地日月，以至於草木之微，其生道何莫不然？體無乎而不具也。君子之自强不息，所以體之也。聖人之心，純亦不已，則與之非二體矣。川流蓋其著見易察者，故因以明之。」

子曰：「人能弘道，非道弘人。」朱子曰：「弘，廓而大之也。人外無道，道外無人。然人心有覺，而道體無爲，故人能大其道，道不能大其人也。」張子曰：「心能盡性，人能弘道也【三一】；性不知檢其心，非道弘人也。」或問云云。曰：「人即道之所在，道即所以爲人之理，不可殊觀。但人有知思，則可以大其所有之理；道無方體，則豈能大其所託之人哉！」黄氏曰：「人能弘道，當自勉以力求；非道弘人，不可安坐而求得。」

《中庸》：道也者，不可須臾離也，可離非道也。朱子曰：「道者，日用事物當然之理，皆性之德而具於心，無物不有，無時不然，所以不可須臾離也。若其可離，則爲外物而非道矣。」按《輯畧》程子曰：「一物不該，

【三一】人能弘道　「弘」原作「洪」，據《張子全書》卷二改。

非中也。一事不爲，非中也。一息弗存，非中也。何哉？爲其偏而已矣。故曰：『道也者，不可須臾離也，可離非道也。』循此道者，『戒慎乎其所不睹，恐懼乎其所不聞』而已。由是而不息焉，則『上天之載，無聲無臭』，可以馴致也。」又曰：「道之外無物，物之外無道，是天地之間無適而非道也。即父子而父子在所親，即君臣而君臣在所敬，以至爲夫婦、爲長幼、爲朋友，無所爲而非道，此道之所以不可須臾離也。」呂氏曰：「率性之謂道，則四端之在我者，人倫之在彼者，皆吾性命之理，受乎天地之中，所以立人之道，不可須臾離也。絶類離倫，無意乎君臣父子者，過而離乎此者也；賊恩害義，不知有君臣父子者，不及而離乎此者也。雖過不及有差，而皆不可以行於世，故曰『可離非道也』。」楊氏曰：「夫盈天地之間，孰非道乎？道而可離，則道有在矣。譬之四方有定位焉，適東則離乎西，適南則離乎北【三二】，斯則可離也。若夫無適而非道，則烏得而離耶？故寒而衣，飢而食，日出而作，晦而息，耳目之視聽，手足之舉履，無非道也。此百姓所以日用而不知。伊尹耕於有莘之野，以樂堯、舜之道。夫堯、舜之道，豈有物可玩而樂之乎？即耕於有莘之野是已。此農夫田父之所日用者，而伊尹之樂有在乎是，若伊尹所謂知之者也。」朱子曰：「楊氏『無適非道』之云則善矣，然其言似亦有未盡。蓋衣食、作息、視聽、舉履，皆物也。其所以如此之義理準則，乃道也。若曰所謂道者，不外乎物，而人在天地之間，不能違道而獨立，是以無適而不有義理之準則，不可頃刻去之而不由，則是《中庸》之旨也。若便指物以爲道，而曰人不能頃刻而離此，百姓特日用而不知耳，則是不唯昧於形而上下之别，而墮於釋氏『作用是性』之失，且使學者誤謂道無不在，雖欲離之而不可得。吾既知之，則雖猖狂妄行，亦無適而不爲道。則其爲害將有不可勝言者，不但文義之失而已也。」所謂不可離者，謂道也。若便以日用之間舉止動作便是道，則無適而非道，無時而非道，然則君子何用戒謹恐懼耶？爲其不可離，所以須是依道而行始得。按：此章當與「性道教」、「戒慎恐懼」、「致中和」三章參玩。

君子之道費而隱。朱子曰：「費，用之廣也。隱，體之微也。」夫婦之愚，可以與知焉，及其至也，

【三二】適南則離　「南」原作「西」，據四庫本、《龜山集》卷二十改。

雖聖人亦有所不知焉；夫婦之不肖，可以能行焉，及其至也，雖聖人亦有所不能焉。天地之大也，人猶有所憾，故君子語大，天下莫能載焉；語小，天下莫能破焉。君子之道，近自夫婦居室之間，遠而至於聖人天地之所不能盡，其大無外，其小無内，可謂費矣。然其理之所以然，則隱而莫之見也。蓋可知可能者，道中之一事，及其至而聖人不知不能，則舉全體而言，聖人固有所不能盡也。侯氏曰：「聖人所不知，如孔子問禮問官之類；所不能，如堯、舜病博施之類。」愚謂人所憾於天地，如覆載生成之偏，及寒暑災祥之不得其正者。《詩》云：「鳶飛戾天，魚躍于淵。」言其上下察也。《詩·大雅·旱麓》之篇。鳶，鴟類。戾，至。察，著也。子思引此詩以明化育流行，上下昭著，莫非此理之用，所謂費也。然其所以然者，則非見聞所及，所謂隱也。故程子曰：「此一節，子思喫緊爲人處，活潑潑地，讀者其致思焉。」君子之道，造端乎夫婦；及其至也，察乎天地。結上文。《輯畧》程子曰：「費，日用處。」問：「聖人亦何有不能、不知也？」曰【三三】：「天下之理，聖人豈有不盡者？蓋於事有所不徧知，不徧能也。至纖悉委曲處，如農圃百工之事，孔子亦豈能知哉？」又曰：「此一段與『必有事焉而勿正心』之意同【三四】，活潑潑地。會得時，活潑潑地；會不得，只是弄精神。」又曰：「『鳶飛戾天』，向上更有天在，『魚躍于淵』，向下更有地在。」謝氏曰：「『鳶飛戾大，魚躍于淵』，非是極其上下而言，蓋真箇見得如此，此正是子思喫緊道與人處。若從此解悟，便可入堯、舜氣象。」又曰：「鳶飛云云，無些私意。上下察以明道體無所不在，非指鳶魚而言。若指鳶魚，則上面更有天，下面更有地在。知勿忘、勿助長則知此，知此則知夫子與點之意。」又曰：「鳶飛云云，猶韓愈所謂『魚川泳而鳥雲飛』，上下自然，各得其所也。詩人之意，言如此氣象，周王作人似之。子思之意，言上下察也，猶孟子所謂『必有事焉而勿正』，察見天理，不用私意也。故結上文云：『君子語大，天下莫能載；語小，天下莫能破。』今人學《詩》，將章句横在肚裏，怎生得脱洒去？」或問云云。朱子曰：「道之用廣，而其體則微密而不可見，所謂費而隱也。即其近而言之，則男女居室，人道之常，雖愚不肖亦能知而行之；極其遠而言之，則天下

【三三】曰　「曰」字原脱，據《禮記集説》卷一百二十七補。

【三四】而勿正心　「心」字疑爲衍文。

之大，事理之多，聖人亦容有不盡知、盡能者也。然非獨聖人有所不知、不能也，天能生覆而不能形載，地能形載而不能生覆，至於氣化流行，則陰陽寒暑、吉凶災祥，不能盡得其正者尤多，此所以天地之大而人猶有憾也。夫自夫婦之愚不肖所能知行，至於聖人天地之所不能盡，道蓋無所不在也。故君子之語道也，其大至於天地聖人之所不能盡，而道無不包，則天下莫能載矣；其小至於愚夫愚婦之所能知能行，而道無不體，則天下莫能破矣。道之在天下，其用之廣如此，可謂費矣。而其所用之體，則不離乎此，而有非視聽之所及者，此所以爲費而隱也。子思之言，至此極矣。然猶以爲不足以盡其意，故又引詩以明之，曰『鳶飛戾天，魚躍于淵』，所以言道之體用，上下昭著，而無所不在也。造端乎夫婦，極其近小而言也；察乎天地，極其遠大而言也。蓋夫婦之際，隱微之間，尤見道之不可離處，知其造端於此，則其所以戒謹恐懼之實，無不至矣。」曰：「然則程子所謂『鳶飛魚躍，子思喫緊爲人處，與必有事焉而勿正心之意同，活潑潑地』者，何也？」曰：「道之流行發見於天地之間，無所不在：在上則鳶之飛而戾于天者，此也；在下則魚之躍而出乎淵者，此也；其在人則日用之間，人倫之際，夫婦之所知所能，而聖人之所不知、不能者，亦此也。此其流行發見於上下之間者，可謂著矣。子思於此指而言之，惟欲學者於此默而識之，則爲有以洞見道體之妙而無疑。而程子以爲『子思喫緊爲人處』者，正以示人之意爲莫切於此也。其曰『與必有事焉而勿正心之意同，活潑潑地』，則又以明道之體用流行發見，充塞天地，亘古亘今，雖未嘗有一毫之空闕，一息之間斷，然其在人而見諸日用之間者，則初不外乎此心，故必此心之存而後有以自覺也。『必有事焉而勿正心，活潑潑地』，亦曰此心之存而全體呈露，妙用顯行，無所滯礙云爾。非必仰而視乎鳶之飛，俯而觀乎魚之躍，然後可以得之也。抑孟子此言固爲精密，但爲學者集義、養氣而發耳。至於程子借以爲言，則又以發明學者洞見道體之妙，非但如孟子之意而已也。蓋此一言，雖若二事，然其實則『必有事焉』半詞之間已盡其意。善用力者，苟能於此超然默會，則道體之妙已躍如矣，何待下句而後足於言耶？聖賢特恐學者用力之過而反爲所累，故更以下句解之，欲其雖有所事，而不爲所累爾，非謂必有事焉，又當別設此念，以爲正心之防也。」曰：「然則其所謂『活潑潑地』者，毋乃釋氏之遺意耶？」曰：「此但俚俗之常談。釋氏蓋嘗言之，而吾亦言之爾，彼固不得而專也。況吾之所言，雖與彼同，而所以形容實與彼異。若出於吾之所謂，則夫道之體用固無不在。然鳶而必戾于天，魚而必躍于淵，是君君、臣臣、父父、子子各止其所，而不可亂也。若出於彼之所謂，則鳶可以躍淵，而魚可以戾天矣。是安可同日而語哉！」謝氏既曰非是極其上下而言，又曰非指鳶魚而言，蓋曰子思之引此詩，姑借二物以明道體無所不在之實，非以是爲窮其上下之極，而形其無所不包之量也。又非以是二物專爲形其無所不在之體，而欲學者之必觀乎此也。此其發明程子之意，蓋有非一時同門之士所得聞者，而別以夫子與點之意明之，則其爲説益以密矣。但所謂察見天理者，恐非本文之訓，而於程氏之意，亦未免小失之耳。問：「形而上下與費而隱如何？」曰：「形而上下者，就物上説；費而隱者，就道上説。」「夫婦之愚，可以與知焉」，若據先儒解，當初何不道行道之人，何不道衆人之愚，何爲説夫婦，是必有意。至者，非極至之至，蓋道無不包，若盡論之，聖人豈能纖悉盡知？伊川之説是。問：「『語小，天下莫能破』，是極其小而言之。今以一髮之微，尚有可破而爲二者，所謂莫能破，則足見其小。」曰：「然。」鳶飛可見，魚躍可見，而所以飛，所以躍，果何物也？《中庸》不言隱者，隱在費之中。鳶飛魚躍之説，蓋是分明見得道體隨事發見處。察者，著也，非審察之察【三五】。詩中之意，本不爲此，《中庸》只是借此兩句，形容道體。鳶飛魚躍，費也。必有一箇什麼物，使得它如此，此便是隱。問：「鳶飛魚躍如何與它勿忘、勿助長之意同？」曰：「孟子本言得粗，程子却説得細，只是用其語。如程子之説，却不曾説勿字，蓋謂都没耳。其曰正當處者，謂天理流行處，故謝氏亦以此論曾點事。其所謂勿忘、勿助長者，亦非立此在四邊做防檢，不得犯着。蓋謂俱無此，而皆天理之流行耳。」問：「鳶有鳶之性，魚有魚之性，其飛其躍，天機自完，便是天理流行發見之妙處。故子思姑舉此一二，明道之無所不在否？」曰：「是。」活潑潑地，所謂活者，只是不滯於一隅。問：「《中庸》言造端乎夫婦，何也？」先生曰：「夫婦者，人倫中之至親且密者。夫人所爲，蓋有不可告其父兄，而悉以告其妻子者。」問：「費隱章都是説費，却不説隱，莫是所謂隱者只在費中否？」曰：「惟是不説，乃所以見得隱在其中。舊人多分畫，將聖人不知不能處做隱，下面都説不去，且如鳶飛戾天，魚躍于淵，亦何嘗隱來？」

【三五】審察之察　「審」原作「察」，據四庫本改。

甲集十四

子曰：「道不遠人。人之爲道而遠人，不可以爲道。朱子曰：「道者，率性而已，固衆人之所能知能行者也，故常不遠於人。若爲道者，厭其卑近以爲不足爲，而反務爲高遠難行之事，則非所以爲道矣。」《詩》云：『伐柯伐柯，其則不遠。』執柯以伐柯，睨而視之，猶以爲遠。故君子以人治人，改而止。《詩·豳風·伐柯》之篇。柯，斧柄。則，法也。睨，邪視也。言人執柯伐木以爲柯者，彼柯長短之法，在此柯耳。然猶有彼此之别，故伐者視之猶以爲遠也。若以人治人，則所以爲人之道，各在當人之身，初無彼此之别。故君子之治人也，即以其人之道還治其人之身。其人能改，即止。不治，蓋責之以其所能行，非欲其遠人以爲道也。張子所謂「以衆人望人，則易從」是也。忠恕違道不遠，施諸己不願，亦勿施於人。盡己之心爲忠，推己及人爲恕。違，去也。言自此至彼，相去不遠，非背而去之之謂也。道，即其不遠人者是也。施諸己而不願，亦勿施於人，忠恕之事也。以己之心度人之心，未嘗不同，則道之不遠於人者可見。故己之所不欲，則勿以施之於人，亦不遠人以爲道之事。張子所謂「以愛己之心愛人，則盡仁」是也。君子之道四，丘未能一焉：所求乎子，以事父未能也；所求乎臣，以事君未能也；所求乎弟，以事兄未能也；所求乎朋友，先施之未能也。庸德之行，庸言之謹，有所不足，不敢不勉，有餘不敢盡。言顧行，行顧言，君子胡不慥慥爾！」子、臣、弟、友，四字絶句。求，猶責也。道不遠人，凡己之所以責人者，皆道之所當然也，故反之以自責而自脩焉。庸，平常也。行者，踐其實。謹者，擇其可。德不足而勉，則行益力；言有餘而訒，則謹益至。謹之至則言顧行矣，行之力則行顧言矣。慥慥，篤實貌。言君子之言行如此，豈不慥慥乎，贊美之也。凡此皆不遠人以爲道之事。張子所謂「以責人之心責己則盡道」是也。《輯畧》程子曰：「以己及物，忠也。推己及物，恕也。違道不遠是也。」詳見「一貫」章。又曰：「忠恕兩字，要除一箇不得。」或問：「恕字，學者可用功否？」曰：「恕字甚大，然不可獨用，須得忠以爲體。不忠，何以能恕？看忠恕兩字，自見得相爲用處。」張子曰：「所求乎君子之道四，是實未能。道何嘗有盡？聖人人也，人則有限，是誠不能盡道也。聖人之心則直欲盡道，事則安能盡！」又曰：「以責人之心責己則盡道，所謂『君子之道四，丘未能一焉』者也。以愛己之心愛人則盡仁，所謂『施諸己而不願，亦勿施於人』者也。以衆人望人則易從，所謂『以人治人，改而止』者也。此君子所以責己、責人、愛人之三術也。」問「忠恕」。謝氏曰：「猶形影也，無忠做恕不出來。」或問：「子以爲『以人治人』爲以彼人之道還治彼人，善矣。又謂責其所能知能行，而引張子之説以實之，則無乃流於姑息之論，而所謂人之道者，不得爲道之全也耶？」曰：「上章固言之矣。夫婦之所能知能行者，道也；聖人之所不知不能而天地猶有憾者，亦道也。然自人而言，則夫婦之所能知能行者，人之所切於身而不可須臾離者也。至於天地聖人所不能及，則其求之當有漸次，而或非日用之所急矣。然則責人而先其切於身之不可離者，後其有漸而不急者，是乃行遠自邇、升高自卑之序。使其由是而不已焉，則人道之全，亦將可以馴致。今必以是爲姑息，而遽欲盡道以責於人，吾見其失先後之序，違緩急之宜，人之受責者，將至於有所不堪，而道之無窮，則終非一人一日之所能盡也，是亦兩失之而已。」曰：「諸説如何？」曰：「諸家説《論語》者，多引此章以明一以貫之之義，説此章者，又引《論語》以釋『違道不遠』之意，一矛一盾，終不相謀，而牽合不置，學者蓋深病之。及深考乎程子之言，有所謂動以天者，然後知二者之爲忠恕，雖同實異，非其知德之深，知言之至，其孰能判然如此而無疑哉！然盡己推己，乃忠恕之所以名，而正爲此章違道不遠之事。若動以天，而一以貫之，則不待盡己，而至誠者自無息；不待推己，而萬物已各得其所矣。曾子之言，蓋指其不可名之妙，而借其可名之粗以明之，學者默識於言意之表，則亦足以互相發明，而不害其爲同也。違道不遠，如齊師違穀之違，蓋曰自此而去以至於穀纔七里耳。《孟子》所云『夜氣不足以存，則其違禽獸不遠耳』，非謂昔本禽獸而今始違之也，亦曰自此而去以入於禽獸不遠耳。蓋所謂道者，當然之理而已，根於人心而見諸行事，不待勉而能也。然唯盡己之心而推以及人，可以得其當然之實，而施無不當，不然，則求之愈遠而愈不近矣。此所以自是忠恕而往，以至於道，獨爲不遠，非背而去之之謂也。程子又謂『事上之道莫若忠，待下之道莫若恕』，此則不可曉者。若姑以所重言之，則似亦不爲無理；若究其極，則忠之與恕，初不相離，程子所謂要除一箇除不得，而謝氏以爲猶形影者，意可見矣。今析爲二事而兩用之，則是果有無恕之忠、無忠之恕，而所以事上接下者，皆出於强爲，而不由乎中矣。是於程子他説殊不相似，意其記録之或誤，不然，則一時有爲言之，而非正爲忠恕發也。若程子所謂天地之不恕，亦曰天地之化，生生不窮，特以氣機闔闢，有通有塞。故當其通也，天地變化草木蕃，則有似於恕；當其塞也，天地閉而賢人隱，則有似於不恕耳。其曰不恕，非若人之蔽於私欲【一】，而實有忮害之心也。謝氏推明其説，乃謂天地之有不恕，乃因人而然，則其説有未究者。蓋若以爲人不致中，則天地有時而不位；人不致和，則萬物有時而不育。是謂天地之氣，因人之不恕，而有似於不恕，則可；若曰天地因人之不恕，而實有不恕之心，則是彼爲人者，既以忮心失恕，而自絶於天矣。爲天地者，反效其所爲，以自己其於穆之命也，豈不誤哉！楊氏謂『以人爲道，則與道二而遠於道』，故戒人不可以爲道，如執柯以伐柯，則與柯二，故睨而視之，猶以爲遠，則其違經背理，又有甚焉。使經而曰『人而爲道則遠人，故君子不可以爲道』，則其説信矣。今經文如此，而其説乃如彼，既於文義有所不通，而推其意，又將使道爲無用之物，人無入道之門，而聖人之教人以爲道者，反爲悮人而有害於道，是安有此理哉？侯氏四者未能之説，獨以爲若止謂恕己以及人，則是聖人將使天下皆無父子君臣矣，此則諸家皆所不及。蓋近世果有不得其讀，而輒爲之説曰：『此君子以一己之難克，而知天下皆可恕之人也。』嗚呼！此非所謂將使天下皆無父子君臣者乎？侯氏之言，於是乎驗矣。」未改以前是失人道，既改則便是復得人道，更何用治它？能改即是善矣，更何待别求善？天下只是一箇善惡，不善即惡，不惡即善。只改底便是善。

【一】蔽於私欲　「蔽」原作「閉」，據四庫本改。

「所求乎子以事父未能也」，須要如舜之事父，方盡得子之道。若有一毫不盡，便是道理有所欠闕，便非子之道矣。「所求乎臣以事君未能也」，須要如舜、周公之事君。若有一毫不盡，便非臣之道矣。無不是如此，只緣道理當然，自是住不得。　論著忠恕名義，自合依子思「忠恕違道不遠」是也。曾子所説，却是移上一階，説聖人之忠恕，其實只一箇忠恕，須自看教有許多等級分明。　或問：「到得忠恕已是道，如何云違道不遠？」曰：「仁是道，忠恕正是學者著力下工夫處。」　問：「忠恕即道也，而曰違道不遠何耶？」曰：「道是自然底，人能忠恕則去道不遠也。」　按：此章當與前「一貫」章參玩，則忠恕之義盡矣。

大哉，聖人之道！洋洋乎發育萬物，峻極于天。朱子曰：「峻，高且大也。此言道之極於至大而無外也。」優優大哉！禮儀三百，威儀三千。優優，充足有餘之意。禮儀，經禮也。威儀，曲禮也。此言道之入於至小而無間也。待其人而後行【二】。總結上兩節。故曰苟不至德，至道不凝焉。至德，謂其人。至道，指上兩節而言也。凝，聚也，成也。《輯畧》程子曰：「《中庸》言『禮儀三百，威儀三千』，方是説『優優大哉』。又却非如異教之説，須得如枯木死灰以爲得也。」張子曰：「禮儀三百，威儀三千，無一物之非仁也。」故君子尊德性而道問學，致廣大而盡精微，極高明而道中庸。温故而知新，敦厚以崇禮。尊者，恭敬奉持之意。德性者，吾所受於天之正埋也。温，猶燖温之温，謂故學之矣，復時習之也。敦，加厚也。尊德性，所以存心而極乎道體之大也。道問學，所以致知而盡乎道體之細也。二者修德凝道之大端也。不以一毫私意自蔽，不以一毫私欲自累，涵泳乎其所已知，敦篤乎其所已能，此皆存心之屬也。析理則不使有毫釐之差，處事則不使有過不及之謬，理義則日知其所未知，節文則日謹其所未謹，此皆致知之屬也。蓋非存心無以致知，而存心者又不可以不致知，故此五句，大小相資，首尾相應，聖賢所示入德之方，莫詳於此，學者宜盡心焉。　道者，自然之名。德者，人之所得。故禮者，道體之節文，必其人之有德，然後乃行之也。温故知新，敦厚崇禮，諸説但以二句相

【二】人而後行　「而」原作「然」，據四庫本、《中庸纂疏》卷三改。

對，明其不可偏廢。大意固然，細分之則温故然後有以崇禮，而敦厚又不可不崇禮，它皆然也。大抵此五句，承章首道體大小而言，故一句之内，皆具大小二意云云。聖人之道，峻極于天，只是充塞天地底意思。禮儀三百，威儀三千，優優大哉，皆是天道流行發見爲用處。禮儀三百，威儀三千，一事不可欠闕。才闕一事，便是於全體有虧。佛氏之學，只説道無不存，無適非道，只此便了，若有一二事不著亦不妨。廣大似所謂理一，精微似所謂分殊。聖人事事著實，禮樂刑政，文爲制度，觸處都是。體用動静，互换無端，都無少許空闕處。問：「『致廣大』，《章句》以爲『不以一毫私意自蔽』，『極高明』是『不以一毫私欲自累』，何也？」曰：「此心本廣大，若有一毫私意蔽之，便狹小；此心本高明，若以一毫私欲累之，便卑污。若能不以私意自蔽，則其心廣闊，都無此疆彼界底意思，自然能『致廣大』。不以私欲自累，則其心峻潔，决無浮下昏冥底意思，自然能『極高明』。」因舉張子曰：「陽明勝則德性用，陰濁勝則物欲行。」問：「尊德性而道問學，行意在先。擇善而固執之，知意又在先，如何？」曰：「此便是互相爲用處。」大哉聖人之道云云，是言道之大處。禮儀、威儀，是言道之細處。只章首便分兩節來，故下文五句又相因。尊德性至敦厚，此上一截，便是渾淪處。道問學至崇禮，此是下一截，便是詳密處。道體之大處直是難守，細處又難窮究。若有上一截而無下截，只道是我渾淪，更不務致知，則茫然無覺。若有下一截而無上截，只管要纖悉皆知，更不去行，則又空無所倚。有一般人實是篤厚淳朴，然或箕踞不以爲非，便是不崇禮。若只去理會禮文而不篤厚，則又無以居之。所以忠信之人可學禮，便是敦厚以崇禮底意。道體之大無窮，而於其間文理密察有不可以毫釐差者，此聖賢之語道所以既言「發育萬物，峻極于天」以形容其至大，而又必曰「禮儀三百，威儀三千」以該悉其至微，而其指示學者脩德凝道之功，所以既曰致其廣大而又必曰盡其精微也。近世之言道者則不然，其論大抵樂渾全而忌剖析，喜高妙而畧細微，其於所謂廣大者則似之，而於精微有不察，則其所謂廣大者，亦未易以議其全體之真也。古之君子，尊德性矣而必曰道問學，致廣大矣必曰盡精微，極高明矣必曰道中庸，温故知新矣必曰敦厚崇禮，蓋不如是，則所學所守必有偏而不備之處。惟其如是，故居上不驕，爲下不倍，有道足以興，無道足以容，而無一偏之蔽也。或謂：「尊德性至崇禮六句，不必以存心致知爲分，蓋道之在天下至大而無外，至小而無間。尊德性者存心養性之功，道問學者致知格物之事。能存心養性矣，而未能格物以致知，則其於道必有不盡者。下四句亦然。雖大而窮理未精，不足以盡道。造理雖高而行事未合乎中，不足以盡道。已學而用功不繼，質厚而守禮不嚴，皆不足以盡道。故必內外、本末、粗細、顯微，交致其功，然後於道體之大者無不到，其細者亦無所遺。至德謂此五者不如是，則至道不凝也。」此説與《章句》少異，姑存之。　南軒記時習之室曰：「《中庸》曰『苟不至德，至道不凝』，德道至於凝，則斯能有之矣，惟至德可以凝道。古之人禮儀三百，威儀三千，君臣父子夫婦朋友之際，洒掃應對，獻酬交酢，以至於坐立寢食之間，無一而不在德焉。至纖至悉也，所以成其天理而已。蓋毫厘之間不至，則毫厘之間天理不在，故學而時習之，無時而不習也，念念不忘天理也，此所以至德以凝道也。及其久也，融然無間，涣然和順，而內外精粗，上下本末，功用一貫，無餘力矣。」　按：此雖爲時習而言，然於此章之義有所發明，故附焉。

曹交問曰：「人皆可以爲堯、舜，有諸？」孟子曰：「然。」趙氏曰：「曹交，曹君之弟也。」　朱子曰：「人皆可以爲堯、舜，疑古語，或孟子所嘗言也。」「交聞文王十尺，湯九尺，今交九尺四寸以長，食粟而已，如何則可？」曰：「奚有於是？亦爲之而已矣。有人於此力不能勝一匹雛，則爲無力人矣；今曰舉百鈞，則爲有力人矣。然則舉烏獲之任，是亦爲烏獲而已矣。夫人豈以不勝爲患哉？弗爲耳。徐行後長者謂之弟，疾行先長者謂之不弟。夫徐行者，豈人所不能哉？所不爲也。堯、舜之道，孝弟而已矣。子服堯之服，誦堯之言，行堯之行，是堯而已矣；子服桀之服，誦桀之言，行桀之行，是桀而已矣。」言爲善爲惡，皆在我而已。詳曹交之問。淺陋麤率，必其進見之時，禮貌衣冠言動之間，多不循理，故孟子告之如此兩節云。　曰：「交得見於鄒君，可以假館，願留而受業於門。」假館而後受業，又可見其求道之不篤。曰：「夫道，若大路然，豈難知哉？人病不求耳。子歸而求之，有餘師。」言道不難知，若歸而求之事親敬長之間，則性分之內，萬理皆備，隨處發見，無不可師，不必留此而受業也。曹交事長之禮既不至，求道之心又不篤，故孟子教之以孝弟，而不容其受業。蓋孔子餘力學文之意，亦不屑之教誨也。問云云。曰：「楊氏之説有曰：『佛者龐蘊有神通，并妙用運水及般柴，此乃自得之言，最爲達理。但其言周遮，便更能通徹，亦須把來做一件事。』若孟子之言，則無適不然矣。愚竊惑之。夫釋氏之言，偶與聖賢相似者多矣，但其本不同，則雖相似而實相反也。蓋如此章孟子之言，均是行也，而一疾一徐，其間便有堯、桀之異。是乃物則民彝，自然之實理，而豈人之所能爲哉？若釋氏之言，則但能運水般柴，則雖倒行逆施，亦無所適而不可矣，何必徐行而後可以爲堯哉？蓋其學以空爲真，以理爲障，而以縱横作用爲奇特，故與吾儒之論，正相南北，至於如此。今不察焉，而以達理自得稱之，至語其病，則以爲特在於周遮著意而已。如此，則是凡爲佛者，去此二病，而遂與吾學不殊也。程子有言：『以吾觀於釋氏，句句同，事事合。然以其本之不正，是以卒無一事之同。』正謂此爾。或問於胡文定公，曰：『禪者以拈槌竪拂爲妙用，如何？』公曰：『以此爲用，用而不妙，須是動容周旋中禮，始是妙用處。』求之楊氏之言，其得失可見矣。」

右專言道

《易·大畜·彖》曰：大畜，剛健篤實輝光，日新其德。程子曰：「以卦之才德而言也。乾體剛健，艮體篤實。人之才剛健篤實，則所蓄能大，充實而有輝光。畜之不已，則其德日新。」乾四德見前。諸卦象之言德者，皆別見。

《恒》九三：不恒其德，或承之羞，貞吝。程子曰：「三，陽爻，居陽位，處得其位，是其常處也。乃志從於上六，不唯陰陽相應，風復從雷，於恒處而不處，不恒之人也。其德不常，則羞辱或承之。或承之，謂有時而至也【三】。貞吝，固守不恒以爲恒，豈不可羞吝乎？」《象》曰：不恒其德，無所容也。人既無常，何所容處？

子曰：「南人有言曰：『人而無恒，不可以作巫醫。』善夫！」朱子曰：「南人，南國之人。恒，常久也。巫，所以交鬼神。醫，所以寄死生。故雖賤役，而尤不可以無常。孔子稱其言而善之。」不恒其德，或承之羞。」子曰：「不占而已矣。」南軒曰：「謂理之必然，不待占而可知也。」

子曰：「德不孤，必有鄰。」朱子曰鄰，猶親也。德不孤立，必以類應。故有德者，必有其類從之，如居之有鄰也。」南軒曰：「德立於己則衆善從之，其爲不孤，蓋理之必然。如善言之集，良朋之來，皆所謂有鄰也。語其至，則天下歸仁亦是也。」《易》敬義立而德不孤，又是一義，見本篇。

子曰：「由！知德者鮮矣。」朱子曰：「德，謂義理之得於己者，非己有之，不能知其意味之實也。」南軒曰：「知德者鮮，以其踐履之未至，故不能真知其味。夫子以此告子路，使之勉進於德，而不以聰明彊力爲可恃也。」

子張問崇德、辨惑。子曰：「主忠信，徙義，崇德也。朱子曰：「主忠信，則本立。徙義，則日新。」愛之欲其生，惡之欲其死。既欲其生，又欲其死，是惑也。」愛、惡，人之常情也。然人之生死有命，非可得而欲也。以愛惡而欲其生死，則惑矣。既欲其生，又欲其死，則惑之甚也。楊氏曰：「堂堂乎張也，難與並爲仁矣。則非誠善補過，不蔽於私者，故告之如此。」或問：「崇德辨惑，何以有是目，而子張、樊遲皆以爲問也？」曰：「胡氏以爲或古有是言，或世有是名，聖人標而出之，使諸弟子隨其所欲知，思其所未達，以爲入道之門户也。其説得之矣。」曰：「主忠信、徙義之所以爲崇德，何也？」曰：「主忠信，則其徙義也有地而可據；能徙義，則其主忠信也有用而日新。内外本末，交相培養，此德之所以日積而益高也。」曰：「愛之欲其生，惡之欲其死，既欲其生，又欲其死，所以爲惑者，何也？」曰：「溺於愛惡之私，而以彼之死生定分，爲可以隨己之所欲，且又不能自定，而一生一死交戰於胸

【三】或承之謂 「或承之謂」原脱，據《大易粹言》卷三十二補。

中，虛用其力於所不能必之地，而實無所損益於彼也，可不謂之惑乎？」　南軒曰：「崇德、辨惑，脩身之切務也。以忠信爲主，而見義則徙焉，則本立而日新，德之所以崇也。不主忠信，則無徙義之實；不能徙義，則所主亦有時而失其理矣。二者蓋相須也。」　愚按：欲生欲死，必有所爲而言，所以箴子張之失也。

樊遲從遊於舞雩之下，曰：「敢問崇德、脩慝、辨惑。」胡氏曰：「慝之字從心從匿，蓋惡之匿於心者。脩者，治而去之。」子曰：「善哉問！朱子曰：「善其切於爲己。」先事後得，非崇德與？攻其惡，無攻人之惡，非脩慝與？一朝之忿，忘其身以及其親，非惑與？」先事後得，猶言先難後獲也。爲所當爲而不計其功，則德日積而不自知矣。專於治己而不責人，則己之惡無所匿矣。知一朝之忿爲甚微，而禍及其親爲甚大，則有以辨惑而懲其忿矣。樊遲麄鄙近利，故告之以此，三者皆所以救其失也。　范氏曰：「先事後得，上義而下利也。人唯有利欲之心，故德不崇。唯不自省己過而知人之過，故慝不脩。感物而易動者莫如忿，忘其身以及其親，惑之甚者也。惑之甚者必起於細微，能辨之於早，則不至於大惑矣。故懲忿所以辨惑也。」　南軒曰：「先其所事，而不計其得，此德所以崇也。若先有求得之心，反傷於德矣。」　愚按：范氏以利欲爲得，與先難後獲異，而《集注》兼取之【四】，蓋並存兩説也。

子曰：「鄉原，德之賊也。」朱子曰：「鄉者，鄙俗之意。原，與愿同。《荀子》『原愨』注作『愿』，是也。鄉原，鄉人之愿者也。蓋其同流合污以媚於世，故在鄉人之中獨以愿稱。夫子以其似德，而反亂乎德，故以爲德之賊而深惡之。」

萬章問曰：「孔子在陳曰：『盍歸乎來！吾黨之士狂簡，進取不忘其初。』孔子在陳，何思魯之狂士？」狂簡，謂志大而畧於事。進取，謂求望高遠。不忘其初，謂不能改其舊也。此與《論語》少

【四】兼取之　「之」原作「於」，據四庫本改。「兼」前似有「一」字，據文意删。

異。孟子曰：「孔子『不得中道而與之，必也狂獧乎！狂者進取，獧者有所不爲也』。孔子豈不欲中道哉？不可必得，故思其次也。」有所不爲者，知耻自好，不爲不善之人也。「敢問何如斯可謂狂矣？」曰：「如琴張、曾晳、牧皮者，孔子之所謂狂矣。」琴張，名牢，字子張。子桑户死，琴張臨其喪而歌。季武子死，曾晳倚其門而歌。牧皮，未詳。「何以謂之狂也？」萬章問。曰：「其志嘐嘐然，曰『古之人，古之人』。夷考其行而不掩焉者也。嘐嘐，志大言大也。重言古之人，見其動輒稱之，不一稱而已也。夷，平也。掩，覆也。言平考其行，不能覆其言也。程子曰：「曾晳言志，而夫子與之。蓋與聖人之志同，便是堯、舜氣象，特行有不掩焉，此所謂狂也。」狂者又不可得，欲得不屑不潔之士而與之，是獧也，是又其次也。此因上文所引，遂解所以思得獧者之意。狂，有志者也；獧，有守者也。有志者能進於道，有守者不失其身。屑，潔也。孔子曰：『過我門而不入我室，我不憾焉者，其惟鄉原乎！鄉原，德之賊也。』」曰：「何如斯可謂之鄉原矣？」以其不見親就爲幸，深惡而痛絶之也。曰：「何以是嘐嘐也？言不顧行，行不顧言，則曰：『古之人，古之人。行何爲踽踽涼涼？生斯世也，爲斯世也，善斯可矣。』閹然媚於世也者，是鄉原也。」踽踽，獨行不進之貌。涼涼，薄也，不見親厚於人也。鄉原譏狂者曰：何用如此嘐嘐然，行不掩其言，而徒每事必稱古人耶？又譏獧者曰：何必如此踽踽涼涼，無所親厚哉？人既生於此世，則當但爲此世之人，使當世之人皆以爲善則可矣，此鄉原之志也。閹，如奄人之奄，閉藏之意也。媚，求説於人也。孟子言此深自閉藏，以求親媚於世，是鄉原之行也。萬子曰：「一鄉皆稱原人焉，無所往而不爲原人，孔子以爲德之賊，何哉？」原，謹厚之稱，而孔子以爲德之賊，故萬章疑之。

曰：「非之無舉也，刺之無刺也；　同乎流俗，合乎汙世；　居之似忠信，行之似廉潔；衆皆悦之，自以爲是，而不可與入堯、舜之道，故曰德之賊也。呂侍講曰：「言此等之人，欲非之則無可舉，欲刺之則無可刺也。」流俗者，風俗頽靡【五】，如水之下流，衆莫不然也。汙，濁也。非忠信而似忠信，非廉潔而似廉潔。孔子曰：『惡似而非者：惡莠，恐其亂苗也；惡佞，恐其亂義也；惡利口，恐其亂信也；惡鄭聲，恐其亂樂也；惡紫，恐其亂朱也；惡鄉原，恐其亂德也。』鄉原不狂不猥，人皆以爲善【六】，有似乎中道而實非也，故恐其亂德。君子反經而已矣。經正，則庶民興；庶民興，斯無邪慝矣。」反，復也。經，常也，萬世不易之常道也。興，興起於善也。邪慝，如鄉原之屬是也。世衰道微，大經不正，故人人得爲異説以濟其私，而邪慝並起，不可勝正，君子於此，亦復其常道而已。常道既復，則民興於善，而是非明白，無所回互，雖有邪慝，不足以惑人矣。南軒曰：「道以中爲貴，然中道而立爲難，故非極高明則不能以道中庸。孔子固欲中道者而與之，惟其難得，故思其次。狂者所知進於高遠，猥者所守執之堅介，嘐嘐然曰『古之人，古之人』，以古之聖賢爲慕者，以其知足以及之也。至於考其所行，則有未能掩其言者，以其言之高，行有所未能踐故耳。《中庸》所謂『知者過之』，其狂者歟？『賢者過之』，其猥者歟？云云。鄉原自以爲是，惟其自以爲是，此其所以終爲鄉原，不可反也。堯、舜之道，大中至正，天理之存乎人心者也，此所謂善也。若鄉原之所謂善，則出於一己之私，竊中庸之名而已。異端之於正道，如黑之與白，本不足以賊德。其如道之不明，世俗之見易以惑溺，故以爲德之賊也，云云。經者天下之常理，中之見於庸者也。君臣、父子、兄弟、朋友敕而惇之，而其倫有序；仁義禮智推而達之，而其道不窮，所謂經也。惟人背而去之，莫知所止，故君子反經以爲民極。經正則人興於善，而邪慝自不能作，此中庸之所以爲至也。帝王之所以治，孔子之所以教，不越於反經而已矣。」黄氏曰：「德者，務合乎理者也。鄉原求媚於世，則不必皆

【五】風俗頽靡　「頽」原作「顔」，據四庫本、《孟子纂疏》卷十四改。

【六】皆以爲善　「善」原作「義」，據四庫本、乾隆本改。

合乎理，而委曲遷就，似乎理而實非理，使人之爲善者，莫知乎理之正。是天下之正理，反爲鄉原所害也。如廉潔，理之正也，鄉原不欲爲廉潔以異俗，故亦同乎汙俗，而外爲説以自蓋，使人視之似廉潔，而實非廉潔，而反以害廉潔之正也。故貪夫不足以害廉，惟假廉者乃所以害夫廉。夫子所以深惡之也。」

子曰：「道聽而塗説，德之棄也。」朱子曰：「雖聞善言，不爲己有，是自棄其德也。」　王氏曰：「君子多識前言往行以畜其德，道聽塗説，則棄之矣。」　南軒曰：「聞善者存而體之，則其德蓄聚，若徒以資談説而已，則於德何有哉？是棄之也。」

子曰：「巧言亂德，小不忍則亂大謀。」朱子曰：「巧言，變亂是非，聽之使人喪其所守。小不忍，如婦人之仁、匹夫之勇皆是。蓋婦人之仁不能忍其愛，匹夫之勇不能忍其暴，其爲不忍一也。」

子夏曰：「大德不踰閑，小德出入可也。」朱子曰：「大德、小德，猶言大節、小節。閑，闌也，所以止物之出入。言能先立乎大者，則小節雖或未盡合理，亦無害也。」吴氏曰：「此章之言，不能無弊。學者詳之。」　吴氏謂此章不能無弊，學者正不可以此自恕，一以小差爲無害，則於大節必將有枉尋而直尺者矣。　問：「伊川謂小德如援溺之事，如何？」曰：「援溺事却是大處。嫂溺不援是豺狼，這處是當做，更有甚麽出入。」　子夏之説自有病，只是他力量有行不及處。然既是有力不及處，不免有些子小小事放過者，已是不是，豈可謂之可也？蓋子夏爲人不及，其質亦弱，夫子亦每提他，如「汝爲君子儒，無爲小人儒」、「無欲速，無見小利」之類。　南軒曰：「大德，大體也；小德，萬目也。君子所存大體固有定，至其酬酢之際，用權以取中，初無一定之勢，然未嘗不同歸焉。如可以取、可以無取，可以與、可以無與之類是也。然而斯言以『大德不踰閑』爲本，必大德不踰閑，而後小德可以出入。蓋未嘗不在其閑之中，故曰『可也』。不然，本之不立而謂出入爲可，是小人之無忌憚而已。」　南軒説甚善，然非子夏本意，姑存之。

《中庸》：小德川流，大德敦化，此天地之所以爲大也。朱子曰：「小德者，全體之分；大德者，萬殊之本。川流者，如川之流，脉絡分明而往不息也。敦化者，敦厚其化，根本盛大而出無窮也。此言天地之道。」以天地言之【七】，則高下散殊者，小德之川流；於穆不已者，大德之敦化。以聖人言之，則物各付物者，小德之川流；純亦不已者，大德之敦化也【八】。大德是那敦化底，小德是流出那敦化底。這便如忠恕，忠便是做那恕底，恕便是流出那忠來底。如中和，中便是「大德敦化」，和便是「小德川流」。自古亘今，都只是這一個道理。聖人做出許多禮樂法度、功勳事業，只是這個道理做出來。《輯畧》程子曰：「川流是日用處，大德是存主處，如俗言『敦本』之意。」又曰：「『大德敦化』，於化育處敦本也。『小德川流』，日用處也。此言仲尼與天地合德。」張子曰：「接物處皆是小德，統會處便是大德。」

《禮記》：禮樂皆得，謂之有德。德者，得也。《樂記》。

德也者，得於身也。故曰古之學術道者，將以得於身也。《鄉飲酒義》。程子曰：「得之於心，謂之有德，自然見面、盎背、四體不言而喻，豈待勉强也？」又曰：「德者，得也，須是實到這裏方得。」以上言德，所指不同，其實一也，宜參繹之。

《書》：臯陶曰：「都！亦行有九德。亦言其人有德，乃言曰：『載采采。』」禹曰：「何？」臯陶曰：「寬而栗，柔而立，愿而恭，亂而敬，擾而毅，直而温，簡而廉，剛而塞，强而義。彰厥有常，吉哉！」程子曰：「九德最好。」張氏曰：「自寬至强，皆天資，自栗至義，皆學力。任性以行，非過則不及，以學輔之，則爲有用之德。」愚按：此所謂氣質之性也。蘇氏曰：「横流而濟曰亂，故才過人，可以濟大難者曰亂。『亂臣十人』是也。」又曰：「德惟一，動罔不吉，故常於是德，然後爲吉也。」林氏曰：「一德之常，如霍光可謂有濟亂之才矣，而在漢武左右小心謹敬，出殿門進止有常處。郎僕射竊識視之，不失尺寸者二十餘年，此亂而敬之有常者。武帝彰而用之，遂能擁昭立宣，况於九德咸事，其效宜如何哉！」陳氏曰：「常者，德之所安也。

【七】以天地言之　「地」原作「道」，據四庫本改。

【八】大德之敦化　「敦」原作「厚」，據四庫本改。

人固有勉强矯拂，亦足以欺人者。能矯拂於暫而不能矯拂於久，能矯拂於一時而不能矯拂於歲月，惟其安而非有所勉强矯拂者，乃德之常也。至於常則不變矣，朝夕如此，窮達如此，變故如此，而其德曾不少變，人主得斯人而彰顯之，國之福也。」蔡氏曰：「寬而栗，云云。而，轉語辭，正言而反應者，所以明其德之不偏；皆指其成德之自然，非以彼濟此之謂。」愚按：張氏以學力言，蔡氏以成德言，二説不同。蓋嘗思之，德不待學而成者，生知安行者也。自非聖人，其氣質必有所偏，學以治之，然後能復其性之全。故舜命夔典樂以教冑子，直而温，寬而栗，剛而無虐，簡而無傲，正此意也。又九德之訓，諸家各有得失。今取其長合爲一説。蓋寬洪者，易失於踈闊，必以縝密濟之。栗，木性之最密者也。柔順者，易流於委靡，必以植立濟之。謹愿者，未必能恭肅。有辨治之才者，未必能敬謹。馴順之人，少果毅。徑直之人，少温和。簡者多務大體，未必事廉隅。剛者或出血氣，未必能篤實。强者見事勇爲，未必能合義。學以成德，則無一偏之失。柔而立，剛而塞，雖各爲一德，然寬也，愿也，擾也，簡也，皆近柔，故以栗、以恭、以毅、以廉濟之，皆剛之屬也。亂也，直也，强也，皆近剛，故以敬、以温、以義濟之，皆柔之屬也。此皋陶爲禹陳知人之法也。日宣三德，夙夜浚明有家。日嚴祗敬六德，亮采有邦，翕受敷施。」蔡氏曰：「宣，明也。三德、六德者，九德之中有其三、有其六也。浚，治也。亮，亦明也。有家，大夫也。有邦，諸侯也。浚明、亮采，皆言邦家政事明治之義。氣象則有大小之不同，三德而爲大夫，六德而爲諸侯。以德之多寡、職之大小概言之。夫九德有其三，固不可有怠心，必日宣而充廣之，而使之益以著；九德有其六，尤不可有忽心，必日嚴而祗敬之，而使之益以謹也。翕，合也。德之多寡雖有不同，人君惟能合而受之，布而用之。如此，則九德之人咸事其事，而俊乂皆在其官，以天下之才任天下之治。唐、虞之朝下無遺才，而上無廢事者，良以此也。師師，相師法也。言百僚皆相師法，而百工皆及時以趨事也。百僚、百工，皆謂百官。言其人之相師則曰『百僚』，言其人之趨事則曰『百工』，其實一也。撫，順也。五辰，四時也。木、火、金、水王於四時，而土則寄王於四季也。凝，成也。言百工趁時，而衆功皆成也。」

《立政》周公作。曰：古之人，迪惟有夏，乃有室大競，籲俊尊上帝，迪知忱恂于九德之行。蘇氏曰：「夏后氏之世，王室所以大强者，以求賢爲事天之實也。」林氏曰：「迪知其忱恂，是其心誠安於此，而無所矯僞於其間，故可以信其誠有是德。不然，則有以聲音笑貌而爲之者矣。」蔡氏曰：「迪知者，蹈知而非苟知也。忱恂者，誠信而非輕信也。」以上論九德。

伊尹作《咸有一德》，呂氏曰：「自古以來，聖賢入道各有自得處：在堯、舜、禹，謂之執中；在伊尹，謂之一德；在孔子，謂之忠恕；在子思，謂之中庸；在孟子，謂之仁義，皆所以發明前聖所未明處。太甲悔過既力，故伊尹以入道極處告之。」曰：惟尹躬暨湯咸有一德。又曰：終始惟一，時乃日新。又曰：德惟一，動罔不吉；德二三，動罔不凶。無垢張氏曰：「一者天理，故無往而不吉。二三者人欲，故無往而不凶。」又曰：德無常師，主善爲師。善無常主，協于克一。朱子曰：「伊尹告太甲許多語言，句句是天理。」横渠曰：「德主天下之善，善原天下之一，説得極好。蓋從一中流出者，無有不善，所以伊尹曰常厥德，曰庸德，曰一德。常也，庸也，一也，只是一理。」又曰：「此四句三節，一節緊似一節。德且是大體説，有吉德，有凶德，必主於善始爲吉耳。善亦且是大體説，惟是協于克一【九】，是乃爲善。蓋善因一而後定也。德以事言，善以理言，一以心言。大抵此篇精神全在幾箇一字上，此心纔一，便終始不變而有常。協字雖訓合，乃是以此合彼之合，非己相合之合，與《禮記》『協於分藝』，《書》『協時月正日』之『協』同義，蓋若揆度參驗之意耳。」南軒曰：「自《虞書》精一之外，惟此語最親切。」蔡氏曰：「德者，善之總稱；善者，德之實行。一者，其本原統。語其運則無息，語其體則并包而無遺也。」《咸有一德》【一〇】。此章言一德。

《洪範》：六、三德：一曰正直，二曰剛克，三曰柔克。平康正直，彊弗友剛克，燮友

【九】協于克一　「協」原作「叶」，據四庫本改。下同。

【一〇】咸有一德　「德」後原有「之」字，據四庫本删。

柔克。沉潛剛克，高明柔克。蘇氏曰：「不剛不柔曰正直。」張氏曰：「三德即皇極之見於用者。」呂氏曰：「正直言皇極本體，剛柔言皇極之用。」愚按：「平康正直」三句，孔氏謂：「世平安，用正直治之；世强禦不順，以剛治之；世和順，以柔治之。」此説爲善，所謂因時而施之者也。杜氏曰：「沉潛，猶滯溺也。高明，猶亢爽也。言各當以剛柔勝其本性，乃能成全。」此説爲近，所謂因人而施之者也。上三句以時言，下二句以人言，蓋治其過不及而歸之中者，君師之職，故曰「乂用三德」。沉潛、高明，本皆美質，但深沉者易偏於柔，故濟之以剛。杜氏滯溺之訓，恐非。先儒於此章多異説，自孔安國從《左氏傳》，以高明爲天，沈潛爲地，謂地雖柔，亦有剛克，能出金石；天爲剛德，亦有柔克，不干四時；喻臣當執剛以正君，君當執柔以綱臣。不知此疇曰乂用，則皆治人之事，若君臣以剛柔相濟，則治己之事矣，故今獨取杜氏之説。而蔡氏有曰：「平康正直，無事乎矯拂者也。强弗友剛克，以剛克剛也；燮友柔克，以柔克柔也；沉潛剛克，以剛克柔也；高明柔克，以柔克剛也。正直之用一，而剛柔之用四也。聖人撫世酬物，因時制宜，三德迭用。陽以舒之，陰以斂之，執其兩端，用其中于民，所以納天下民俗於皇極者蓋如此。」其説亦善，故附見焉。《吕刑》：「惟敬五刑，以成三德。」又《左氏》昭十二年，南蒯將叛，筮遇《坤》之《比》，曰：「黄裳元吉。」以爲大吉也。示子服惠伯，曰：「即欲有事，何如？」惠伯曰：「吾嘗學此矣，忠信之事則可，不然必敗。外强内温，忠也；和以率貞，信也；故曰『黄裳元吉』。黄，中之色也。裳，下之節也。元，善之長也。中不忠，不得其色。下不共，不得其飾。事不善，不得其極。外内倡和爲忠，率事以信爲共【一一】，供養三德爲善，非此三者弗當。」杜氏曰：「三德謂正直、剛克、柔克也。」東萊吕氏曰：「《正義》云：『剛則抑之，柔則進之，以志意供給長養，使合於中道。』今姑從之。」此章言三德。

《中庸》「三達德」，已見前。

右專言德

《書·旅獒》其末曰：嗚呼！夙夜罔或不勤，不矜細行，終累大德。爲山九仞，功虧

【一一】以信爲共　「信」原作「供」，據《春秋左傳注疏》卷四十五改。

一簣。孔氏曰：「輕忽小物，積害毀大，故君子謹其微。」　王氏曰：「大德，細行之積也。」　愚按：武王，大聖人也。西旅貢獒，初未之受，召公恐其恃大德而忽細行，以獻獒之受爲無損，故豫戒之如此。蓋積行而成德，猶累土而成山，一行失則全體皆失，亦猶一簣虧而全功俱虧也。彼以聖人而猶致其謹，今人未有寸善，則曰吾知顧其大，不暇卹其細，可乎哉？

《周禮·大司徒》：以鄉三物教萬民而賓興之：一曰六德：知、仁、聖、義、忠、和。二曰六行：孝、友、睦、婣、任、恤。鄭氏曰：「知，明於事。仁，愛人以及物。聖，通而先識。義，能斷時宜。忠，言以中心。和，不剛不柔。善於父母爲孝，善於兄弟爲友。睦，親於九族。婣，親於外親。任，信於友道。恤，賑於憂貧者。」三曰六藝：禮、樂、射、御、書、數。愚按：三物之教，先以德行，而次以六藝，即孔子行有餘力則以學文之意。　又《程子答學者問書》「忠和」作「中和」，蓋《大司徒》下文云教之中、教之和，不應此獨爲忠故也。

師氏以三德教國子：一曰至德，以爲道本；二曰敏德，以爲行本；三曰孝德，以知逆惡。教三行：一曰孝行，以親父母；二曰友行，以尊賢良；三曰順行，以事師長。鄭氏曰：「德行内外之稱，在心爲德，施之爲行。」　朱子曰：「至德者，誠意、正心，端本清原之事；　道則天人性命之理，事物當然之則，脩身、齊家、治國、平天下之術也。敏德者，强志力行，崇德廣業之事；　行則理之所當爲，有可見之迹也【一二】。孝德者，尊祖愛親，不忘其所由生之事；　知逆惡則以得於己者篤實深固，有以真知彼之逆惡而自不忍爲者也。」　又曰：「至德云云，明道先生以之敏德云云，司馬温公以之孝德云云，則趙無愧、徐節孝之徒是也。凡此三者，雖曰各以其材品之高下，資質之所宜而教之【一三】。然亦未有專務其一，而可以爲成人者也。是以列而言之，以見其相須爲用，而不可偏廢之意。」其又曰：「教三行，何也？曰：德也者，得於心而無所勉者也，行則其所行之法而已。不本之以其德，則無所自得，而行不能以自脩；　不實之以其行，則無所持循，而德不能以自進。是以既教之以三德，而必

【一二】有可見之迹　「有」原作「日」，據四庫本、乾隆本改。

【一三】資質之所宜　「質」原作「資」，據四庫本改。

以三行繼之，則雖其至末至粗，亦無不盡，而德之脩也，不自覺矣。」或曰：「三德之教，大學之學也；三行之教，小學之學也。」愚按：孝德者，躬行孝道而實有得焉者也。惟其實有是德，故於事親之道，有一毫之未順，則知其爲逆，有一毫之未善，則知其爲惡，凜凜焉，惟恐其犯之也。世之不孝其親者，豈自知其爲逆惡哉？知之則不肯爲之矣。然所謂逆惡者，非必如法令所指「五逆十惡」之類也，於事親之道，苟有所違悖焉，皆逆且惡也。爲人子者，其可忽諸？

《易》：山下出泉，蒙，君子以果行育德。程子曰：「山下出泉，出而遇險，未有所之，蒙之象也。若人蒙穉未知所適也。君子觀蒙之象，以果行育德，觀其出而未能通行，則以果決其所行。觀其始出未有所向，則以養育其明德。」南軒《蒙齋銘》曰：「下坎上艮，其卦曰《蒙》。其蒙伊何？源泉在中。泉之始行，其行未達。雖則未達，而理孰遏？君子體之，于以果行，黽勉在中，動畏天命。泉之始萌，其勢則止，止乃日澄，源源曷已？君子體之，于以育德。篤敬不逾，靜保天則。惟養于中，大本攸立。惟敏于外，達道攸飭。內外交修，相須以成。久而有常，則能日新。」又曰：「蒙之義，蓋謂泉始出而遇險，未有所之，如人蒙穉未有所適，貴於果行育德，充而達之也。育德之義，尤當深體。」愚按：《蒙》象之義，南軒得之。蓋泉之始出也，涓涓之微，壅於沙石，豈能遽達哉？惟其果決必行，雖險不避，故終能流而成川。然使其源之不深，則其行雖果而易以竭。艮之象山也，其德止也。山惟其靜止，故泉源之出者無窮，有止而後有行也。君子觀《蒙》之象，果其行如水之必行，育其德如水之有本，則其體盛大而其用周流矣。夫德者，行之自出行者，德之所形，體用之謂也。有體而後有用，所養者厚，則其應不窮。《中庸》曰：「溥博淵泉，而時出之。」又曰：「小德川流，大德敦化。」皆此義也。

水洊至，習坎，君子以常德行習教事。程子曰：「坎爲水，水流仍洊而至。兩坎相習，水流仍洊之象也。水自涓滴至于尋丈，至于江海，洊習而不驟者也。其因勢就下，信而有常。故君子觀坎水之象，取其有常，則常久其德行。人之德行，不常則僞也，故當如水之有常，取其洊習相受，則以習熟其教令之事。夫發政行教，必使民熟於聞聽，然後能從，故三令五申之。若驟告未喻，遽責其從，雖嚴刑以驅之不能也，故常如水之洊習。」朱子曰：「治己、治人皆必重習，然後熟而安之。」

澤上有水，節，君子以制數度，議德行。程子曰：「澤之容水有限，過則盈溢，是有節，故爲節也。君子觀節之象，以制立數度。凡物之大小、輕重、高下之質，皆有數度，所以爲節也。數，多寡。度，法制。議德行者，存諸中爲德，發於外爲行。人之德行當義則中節。議，謂商度求中節也。」

《乾·文言》曰：君子以成德爲行，日可見之行也。潛之爲言也，隱而未見，行而未成，是以君子弗用也。此釋「潛龍勿用」之義。程子曰：「德之成，其事可見者行也。德成而後可施於用。初方潛隱未見，其行未成。未成，未著也，是以弗用。」德行恒易、恒簡，見後《乾坤》篇。

右兼言德行

孔門四科別見。

《易大傳》：乾以易知，坤以簡能。易則易知，簡則易從。易知則有親，易從則有功。有親則可久，有功則可大。可久則賢人之德，可大則賢人之業。朱子曰：「乾健而動，即其所知，便能始物而無所難，故以爲易而知太始。坤順而靜，凡其所能，皆從乎乾而不自作，故以爲簡而作成物。人之所爲，如乾之易，則其心明白而人易知。如坤之簡，則其事要約而人易從。易知，則與之同心者多，故有親。易從，則與之協力者衆，故有功。有親則一於內，故可久。有功則兼於外，故可大。德，謂得於己者。業，謂成於事者。上言乾坤之德不同，此言人法乾坤之道，至此則可以爲賢矣。」

顯諸仁，藏諸用，鼓萬物而不與聖人同憂，盛德大業至矣哉！朱子曰：「顯，謂自內而外也。仁，謂造化之功，德之發也。藏，謂自外而內也。用，謂機緘之妙，業之本也。」程子曰：「天地無心而成化，聖人有心而無爲。」富有之謂大業，日新之謂盛德。張子曰：「富有者，大無外；日新者，久無窮。」朱子曰：「盛德大業以下，都是説《易》之理，不是指聖人。」先説箇「富有」，方説「日新」，此與説宇宙相似。先是有這物事，方始相連相續去。愚按：此雖言易之理，然易也、天地也、聖人也，一而已矣。生物無窮，天地之大業也。運行不息，天地之盛德也。功及萬世，聖人之大業也。終始日新，聖人之盛德也。學者有志於進德修業者，亦必以天地聖人爲法。蓋非富有不可以言大業，非日新不可以言盛德，故劖而著之於此。

夫《易》，聖人所以崇德而廣業也。知崇禮卑，崇效天，卑法地。朱子曰：「窮理則知崇如天而德崇，循理則禮卑如地而業廣。」

《乾·文言》九三曰：「君子終日乾乾，夕惕若厲，无咎。」何謂也？子曰：「君子進德脩業，忠信，所以進德也，脩辭立其誠，所以居業也。知至至之，可與幾也。知終終之，可與存義也。是故居上位而不驕，在下位而不憂，故乾乾因其時而惕，雖危无咎矣。」程子曰：「三居下之上，而君德已著，將何爲哉？唯進德脩業而已。內積忠信，所以進德也。擇言篤志，所以居業也。知至至之，致知也。求知所至而後至之，知之在先，故可與幾，所謂『始條理者知之事也』。知終終之，力行也。既知所終，則力進而終之，守之在後，故可與存義，所謂『終條理者聖之事也』。此學之始終也。君子之義如是，故知處上下之道，而無驕憂，不懈而知懼，雖在危地而无咎也。」朱子曰：「忠信，主於心者，無一念之不誠也。脩辭，見於事者，無一言之不實也。雖有忠信之心，然非脩辭立誠，則無以居之。知至至之，進德之事；知終終之，居業之事。所以終日乾乾而夕猶惕若者，以此故也。可上可下，不驕不憂，所謂无咎也。」「知至」是要知所至之地，「至之」便是已到那地。「知終」是知得合如此，「終之」便須下終底工夫。「幾」是知之初，方見得事幾，便須是至之。「存義」是守得定，方存得這義。上「至」字是至處，下「至」字是到那至處。「知終」是終處，「終之」是終之而不去，蓋求必終於是，而守之不去也。

九四曰：「或躍在淵，无咎。」何謂也？子曰：「上下无常，非爲邪也。進退无恒，非離羣也。君子進德脩業，欲及時也，故无咎。」程子曰：「或躍或處，上下無常。或進或退，去就從宜。非爲邪枉，非離羣類，進德脩業，欲及時耳。時行時止，不可常也，故云或。深淵，龍之所安也。在淵，謂躍就所安之義。或，疑辭，隨時而未可必也。君子之順時，猶影之隨形，可離非道也。」朱子曰：「内卦以德學言，外卦以時位言，『進德脩業』，九三備矣，此則欲其及時而進也。」愚按：《乾》卦皆聖人事，而九三、九四皆以進德脩業爲言，蓋德不進則退，業不脩則壞。故堯兢兢，舜業業，周公坐而待旦，孔子終日不食，凡以此也。然則學者奈何其不自力哉！

右兼言德業

圖書在版編目(CIP)數據

全宋筆記. 第十編 / 上海師範大學古籍整理研究所編.— 鄭州 : 大象出版社, 2018. 4
ISBN 978-7-5347-9756-9

Ⅰ.①全… Ⅱ.①上… Ⅲ.①中國歷史—史料—宋代 Ⅳ. ①K244. 066

中國版本圖書館 CIP 數據核字(2018)第 063940 號

全宋筆記 第十编

出版人 王劉純
特約編輯 陳 新
責任編輯 郭一凡
整體設計 張 勝
出版發行 大象出版社
鄭州市開元路16號(450044)
製 版 上海杰申電腦排版有限公司
印 刷 北京匯林印務有限公司
版 次 2018年4月第1版 2018年4月第1次印刷
開 本 640mm×960mm 1/16 316印張
字 數 348万千字
印 數 1—1000册
定 價 1026.00元(全12册)